Thorsten Droste

Die Provence

Ein Begleiter zu den Kunststätten und Naturschönheiten
im Sonnenland Frankreichs

DuMont Buchverlag Köln

Umschlagvorderseite: Romanische Kapelle St-Sixte bei Eygalières, Alpilles (Foto: Thorsten Droste)
Umschlaginnenklappe vorn: Lavendelfeld in der Haute-Provence (Foto: Thorsten Droste)
Umschlagrückseite: Avignon, Papstpalast, Fresken des Matteo Giovanetti da Viterbo in der Kapelle St-Martial (Foto: Prenzel/IFA)

Meinem Freund
Joseph Hierling

CIP-Kurztitelaufnahme der Deutschen Bibliothek

Droste, Thorsten:
Die Provence: e. Begleiter zu d. Kunststätten u.
Naturschönheiten im Sonnenland Frankreichs / Thorsten
Droste. – Köln: DuMont, 1986.
  (DuMont-Dokumente: DuMont-Kunst-Reiseführer)
  ISBN 3-7701-1727-1

© 1986 DuMont Buchverlag, Köln
2., verbesserte Auflage 1986
Alle Rechte vorbehalten
Satz, Druck und buchbinderische Verarbeitung: Boss-Druck, Kleve

Printed in Germany   ISBN 3-7701-1727-1

Kunst-Reiseführer in der Reihe DuMont Dokumente

Zur schnellen Orientierung – die wichtigsten Orte, Landschaften und kulturellen Stätten im Rhônetal und in der Provence auf einen Blick:

(Auszug aus dem ausführlichen Ortsregister S. 385)

In der vorderen Umschlagklappe: Karte der Provence

In der hinteren Umschlagklappe: Kräuter der Provence

Vincent van Gogh, Landschaft bei St-Rémy, 1889. Kohlezeichnung, National-museum Vincent van Gogh, Amsterdam

Inhalt

Das Land und seine Geschichte

Reise-Routen

Erläuterung der Symbole in den Plänen:

⚲	Kirche bzw. Kloster	⁘	Antike Ruinen
⚲	Kirchen- oder Klosterruine	**M**	Museum
⚲	Schloß bzw. Burg	✈	Flughafen
⚲	Schloß- oder Burgruine	**P**	Parkplatz bzw. Garage
⊓	Römisches Bauwerk	**SI**	Syndicat d'Initiative

Das Land und seine Geschichte

Notizen zur Naturkunde

Der geographische Raum

>»Die Jahreszeiten der Provence wechseln leise in der Nacht. Du siehst,
du hörst sie nicht kommen. Eines Morgens wachst du auf und hast einen
neuen Schatz. Das Blühen findet kein Ende von Valence, dem Tor des
Sonnenreiches, bis hinunter ans Meer, dem die hellen Götter entstiegen.
Selbst in den kahlsten Monaten, November und Dezember, blühen
noch immer Rosen, roter Centranthus und weißer Thymian an Rain
und Feld, Geranien und Ringelblumen in den Gärten, im Pinienwald
das hohe Heidekraut, es blühen schon die frühen Mimosen, die
Nelken.«
>René Schickele in der Einleitung zu seinem Roman »Die Witwe Bosca«

Die Provence ist geologisch gesehen verhältnismäßig jung. Vor rund 600 Millionen Jahren, als
vom Gebiet des heutigen Frankreichs nur die Sockel des Zentralmassivs und des Armorikani-
schen Rückens (Bretagne) aus dem Meer ragten, war der Graben des Rhône-Saone-Beckens noch
vom Wasser des sogenannten Thetysmeeres bedeckt. Auf dem Meeresboden haben sich über
Jahrmillionen Sedimente abgelagert, vorwiegend Muschelkalk. Erst in der Epoche des Tertiärs,
vor etwa 60 Millionen Jahren, begann sich der heutige Umriß Südfrankreichs herauszubilden.
Der alte marine Kalksockel geriet dabei unter den Druck der Auffaltungen der Alpen im Osten
und der Pyrenäen im Westen und wurde an vielen Stellen mitangehoben. So entstanden die zahlreichen Höhenzüge, die die Provence in ostwestlicher Richtung durchziehen. Das Ergebnis ist
ein lebhafter Wechsel zwischen Ebenen und Gebirgen, der heute den großen landschaftlichen
Reiz der Provence ausmacht.

Die Provence gliedert sich in folgende Landschaften: Von Norden nach Süden markiert
der Lauf der Rhône – im Französischen übrigens: le Rhône – die Trennungslinie zwischen
der Provence und der Languedoc. Bei Valence, also noch im Bereich der Dauphiné, ist das
Tal recht eng. Hier stoßen die Ausläufer der Alpen nahe an das Zentralmassiv. Weiter nach
Süden, in der Gegend von Montélimar, beschreiben dann die südlich an das Zentralmassiv
anschließenden Cevennen einen südwestlich führenden Bogen, so daß sich das Rhônetal deutlich verbreitert, um sich dann unterhalb von Arles in der endlosen Weite der Camargue zu
verlieren.

Die Camargue wird von den zwei Mündungsarmen der Rhône wie von den Fingern einer
Hand umschlossen. Man unterscheidet zwischen der »Großen« und der »Kleinen Rhône«;
erstere bildet die Ost-, letztere die Westgrenze der Camargue. Im Herzen der Camargue breitet
sich der Etang de Vaccarès aus, ein Brackwassersee, an dessen Ufern sich eine vielgestaltige
Vogelwelt beobachten läßt.

Während die Camargue ein ausgedehntes Sumpfgebiet darstellt, ist die östlich des großen Rhônearmes anschließende Ebene der »Großen Crau« ein steiniger, unwirtlicher Landstrich, den man seit dem 16. Jh. durch ein aufwendiges Bewässerungssystem landschaftlich nutzbar zu machen versucht. Dennoch liegen auch heute noch weite Teile der Großen Crau brach. Der antiken Sage zufolge sollen in diesem öden Boden die Gebeine der von Herakles getöteten Giganten ruhen, die sich dem nach Griechenland heimkehrenden Heros in den Weg gestellt hatten.

Nach Norden wird die Große Crau vom Höhenzug der Alpilles begrenzt. Sie sind der am weitesten nach Westen vorgeschobene Arm der im Tertiär aufgefalteten Kalkgebirge. Obwohl sie nur eine Höhe von maximal 400 m erreichen, wirken sie wegen ihrer bizarren Verkarstungen wild und pittoresk. Auf einem Sporn ihrer südlichen Ausläufer erhebt sich die eindrucksvolle Ruine der Herren von Baux.

Nach Norden senken sich die Alpilles zu einer fruchtbaren Ebene ab, der »Kleinen Crau«, die durch Frédéric Mistrals Versepos »Mirèio« in die Weltliteratur eingegangen ist. Der Dichter ist in Maillane, einem Dorf im Herzen der Kleinen Crau, beigesetzt.

Die nördliche Begrenzung der Kleinen Crau bildet das Tal der Durance. In früheren Zeiten hat dieser Fluß die umliegenden Landstriche oftmals durch verheerende Überflutungen heimgesucht. Das bekannte Sprichwort »Mistral, Parlement et Durance sont les trois fléaux de la Provence« (Der Mistral, das Parlament [von Aix] und die Durance sind die drei Geißeln der Provence) erinnert daran. Heute ist dieser einstmals wilde Strom gezähmt. Mehrere Stauseen – darunter der größte Stausee Europas, Lac de Serre-Ponçon – bewirken, daß die Durance nahe Avignon ihre Wasser recht gemächlich der Rhône zuführt.

Auf dem Nordufer der Durance erhebt sich, parallel zu den Alpilles, ein weiterer Höhenzug: das Lubérongebirge. Seinen westlichen Teil nennt man den »Kleinen Lubéron«, den östlichen, dessen Ausläufer bis zur Geburtsstadt Jean Gionos, Manosque, reichen, den »Großen Lubéron«. Seine höchsten Erhebungen reichen bis 1100 m ü. d. M.

In der Reihe der parallel gestaffelten Höhenzüge schließt sich nördlich an den Lubéron, von ihm durch das Tal des Coulon getrennt, das Vauclusehochland an, eine Karstlandschaft mit den für solche Regionen charakteristischen Bildungen von Höhlen, Quelltöpfen und Karstquellen. Deren bekannteste ist die Sorguequelle nahe Fontaine-de-Vaucluse, das als Refugium Francesco Petrarcas zu ewigem Ruhm gelangte.

Nach einer Absenkung im Bereich um die Stadt Carpentras steigt das Gelände nach Norden erneut an und gipfelt schließlich in der höchsten Erhebung der Provence, dem Mont Ventoux (1909 m ü. d. M.). Dessen mächtigem Massiv sind die gezackten Felsformationen der »Dentelles de Montmirail« im Westen vorgelagert. Die weiter im Norden anschließenden Verwerfungslinien der »Baronnies« schließlich bilden den Übergang zur Dauphiné. Nach Osten verlängert sich das Ventouxmassiv in das Luregebirge, das bei Sisteron seinerseits in die Voralpen überleitet.

Die weite Ebene um Aix-en-Provence, die nach Norden durch den Querriegel des Lubéron einen wirkungsvollen Schutz gegen den Mistral besitzt, wird nach Osten durch das Massiv der Montagne Ste-Victoire beschlossen, das durch die Bilder Paul Cézannes weltweit bekannt geworden ist. Einen Wall zur Meerseite hin bieten die Felsrücken von L'Estaque und das Etoile-gebirge, das Marcel Pagnol in seinen Kindheitserinnerungen so eindrucksvoll beschrieben hat.

Die östliche Provence, grob gesagt: den Bereich östlich des Durancebogens, der zu den Gip-feln der Seealpen aufsteigt, nennt man die Haute-Provence. In ihre Felsen haben die Flüsse zum Teil mehrere hundert Meter tiefe Furchen gegraben. Die bekanntesten dieser imposanten Taleinschnitte sind die »Gorges du Verdon«. Die karge, aber grandiose Bergwelt der Haute-Provence hat die Kulisse für die Romane Jean Gionos abgegeben. Sie erinnert in ihrer herben Schönheit gebietsweise an Arkadien; aber inmitten der Einsamkeit setzt das 20. Jh. Zeichen: Ein umfangreiches Terrain zwischen den Gorges du Verdon und der Stadt Draguignan ist militä-rische Sperrzone, in der die Force de Frappe den größten Teil ihrer mit atomaren Sprengköpfen ausgerüsteten Raketenbasen installiert hat.

In der Revolution wurde die historische Provence in die Departements Alpes-Maritimes (Hauptstadt Nizza), Alpes de Haute-Provence (Digne), Var (Toulon), Vaucluse (Avignon) und Bouches-du-Rhône (Marseille) aufgeteilt. Anläßlich der Neugliederung Frankreichs 1974 in wirtschaftliche und kulturelle Schwerpunktregionen hat man den historisch gewachsenen Kontext zwischen diesen Departements wiederhergestellt. Sie wurden unter dem Signum »Pro-vence – Côte d'Azur«, mit Marseille als Hauptstadt, zusammengefaßt.

Klima und Vegetation

Das atlantische Klima wird in Südfrankreich bis weit in die Cevennen wirksam, doch die Provence steht ganz unter dem Einfluß des mediterranen Milieus. In den Frühjahrsmonaten gehen zum Teil wolkenbruchartige Regenfälle herunter. Obwohl die Zahl der Regentage gering ist (im Jahresdurchschnitt etwa 90), ist die Niederschlagsmenge überraschend hoch, ja, die Pro-vence hat im Jahresmittel sogar die größte Niederschlagsmenge aller französischen Landschaf-ten, mehr noch als die Normandie oder die Bretagne. Der Sommer dagegen ist heiß und trocken (rund 2800 Sonnenstunden pro Jahr, zum Vergleich Paris: 1700 Stunden). Bei durchschnitt-lichen Tagestemperaturen um 30° in den Monaten Juli und August wird man als Autoreisender zumindest die Mittagstunden ungern für Fahrt oder Besichtigungen nutzen. Der Herbst bringt zwar eine spürbare Abkühlung, tritt aber, da weite Gebiete der Provence von immergrünen Pflanzen bewachsen sind, optisch kaum in Erscheinung. Die Wintermonate sind in Küstennähe auffallend mild. Schon im Februar verwandeln die Mimosen die Riviera in ein Blütenmeer. Zur Haute-Provence entsteht in dieser Zeit ein beträchtliches Temperaturgefälle, da es in den Höhenlagen zu anhaltenden Kälteperioden kommen kann. Über 1000 m sind bis zu hundert Frosttage im Jahr keine Seltenheit. Ungewöhnlich war der harte Wintereinbruch im Januar 1985, als selbst in der geschützt liegenden Stadt Aix Temperaturen bis 25° minus gemessen wur-den. In diesen Tagen hat ein Pflanzen- und Tiersterben katastrophalen Ausmaßes stattgefunden, dessen Spuren noch über Jahre hinweg sichtbar bleiben werden.

Die Durance ist gebändigt, das Parlament von Aix gehört der Vergangenheit an, aber die dritte der Geißeln der Provence, der Mistral, wird dem Land alle Zeiten erhalten bleiben. Dieser schneidend kalte Wind, der von Nordwesten her, vom Zentralmassiv und den Cevennen, das Tal der Rhône hinunterbraust, entsteht vorwiegend in den Frühjahrsmonaten, wenn zwischen einem warmen Tief über dem Mittelmeer und einem kalten Hochdruckgebiet über dem Zentralmassiv ein starkes Luftdruckgefälle entsteht. Er kann aber zu jeder Jahreszeit auftreten und läßt im Sommer das Thermometer in kurzer Zeit um 10° oder noch mehr sinken. Der Mistral hat im Mittelalter sogar den Kirchenbau in der Provence mitbestimmt. Bauten in landschaftlich exponierter Lage wurden an ihrer Nordseite nicht durchfenstert, um dem luftigen Angreifer keine Schwachstellen zu bieten. Aber der Mistral hat auch eine gute Seite: Er wischt alle Wolken vom Firmament und schafft eine ähnlich klare Weitsicht, wie sie im bayerischen Alpenvorland bei Föhn herrscht. An solchen Tagen kann man von der Höhe des Mont Ventoux die gesamte Provence bis hin zum Mittelmeer und zu den Alpen überblicken. Die Provençalen schwören darauf, daß der Mistral entweder drei, sechs oder neun Tage bläst. Tatsächlich aber hält sich dieser launische Wind nur selten an den Volksglauben. Das Gegenstück zum Mistral ist der Schirokko, ein heißer Südwind, der gelegentlich aus der Sahara herüberweht. Er überzieht das Land mit einer feinen Sand- und Staubschicht.

Das mediterrane Klima begünstigt eine vielgestaltige Pflanzenwelt. Auf den Kalkböden verkarsteter Anhöhen ist die *garrigue* verbreitet, ein dichtes Gestrüpp aus immergrünen Sträuchern, das sich im Frühjahr stellenweise in ein farbenprächtiges Blütenmeer verwandelt. Das Gelb des Dornginsters *(Calicotome spinosa)* bildet den auffälligsten Akzent, daneben blühen der blauviolette Schopflavendel *(Lavandula stoechas)* und die weiße, salbeiblättrige Zistrose *(Cistus salvifolius)*. Der Landstrich zwischen Nîmes und dem Pont du Gard wird nach seinem dichten gleichnamigen Bewuchs »Garrigue« genannt.

Während die garrigue aus niedrig wachsenden Sträuchern besteht, mischen sich unter die auf silikathaltigen Böden wachsenden *macchie* auch Bäume. Aus dem oft undurchdringlichen Gestrüpp von Ginster und anderen Sträuchern erheben sich Steineichen, der Erdbeerbaum mit seinen weißen Blüten, der Judasbaum und verschiedene Kiefernarten.

Dem Sammler von Erdorchideen bietet die Provence ein Eldorado. Verbreitet sind das Kuckucksknabenkraut *(Orchis mascula)*, die Händelwurz *(Gymnadenia conopea)*, Waldhyazinthe *(Platanthera bifolia)*, das Langblättrige Waldvögelein *(Cephalanthera longifolia)*, Serapias *(Serapias neglecta)*, die hochwachsende Bocksriemenzunge *(Himantoglossum hircinum)* und zahlreiche andere, vor allem Knabenkrautgewächse. Im März und April sind ganze Landstriche vom Affodill *(Asphodelus microcarpus)*, der Blume des Apoll, übersät.

Viele Pflanzenarten, die heute zum charakteristischen Erscheinungsbild der Provence gehören, sind allerdings »Importe«, namentlich von den Engländern, die im 19. Jh. die Küstenorte in großer Zahl aufsuchten und sich dort ihre Villen anlegten, in das Land gebracht: Palmen (aus Afrika), Agaven (aus Mexiko), der Eukalyptusbaum (aus Australien), die Araukarie (aus Chile), der Pfefferbaum (aus Südamerika), um nur einige der auffallendsten zu nennen. Die ältesten dieser »Fremdpflanzen«, der Ölbaum und der Weinstock, wurden schon von den Griechen in der Provence heimisch gemacht. Im 15. Jh. führte König René der Gute, der letzte Souverän der Provence, aus Persien den Maulbeerbaum ein, mit dessen Blättern die Seidenraupen gefüttert werden. So spiegelt sich selbst in der Flora des Landes die uralte Bestimmung der Provence als Begegnungsstätte unterschiedlicher Völker und Kulturen wider.

Damit kommen wir sogleich zu jenen Pflanzen, die wirtschaftlich genutzt werden. Da ist in erster Linie der Lavendel *(Lavandula officinalis)* zu nennen, der über weite Gebiete der Provence verbreitet ist. Von Sault im Vauclusehochland über Forcalquier und Riez bis nach Moustiers-Ste-Marie in der Haute-Provence erstreckt sich in den Monaten Juli und August ein nicht endenwollender blauvioletter Teppich. Eine Wanderung durch die Haute-Provence zu dieser Zeit ist ein sinnenbetörendes Erlebnis, nicht nur für die Augen, sondern auch für den Geruchssinn. Die Ernte der Blüten beginnt in den frühen Augusttagen. In einer Art Destillierverfahren wird der Pflanze das ätherische Öl entzogen, das man als begehrten Geruchsstoff in alle Welt exportiert. Die Provence liefert 85% der Weltproduktion an Lavendelöl. Eine ähnliche Monopolstellung kommt der Stadt Grasse im Hinblick auf die Parfümerzeugung zu. Dort werden alljährlich 10 Millionen Kilogramm Blüten zu wohlduftenden Essenzen verarbeitet. Ebenfalls den Sinnengenüssen, nämlich den Gaumenfreuden, dienen die berühmten »Herbes de Provence« (Kräuter der Provence), die im Gegensatz zum Lavendel und zu den Blumen für die Parfümherstellung nicht systematisch angebaut werden. Die wichtigsten Kräuter sind (vgl. die Abbildungen in der hinteren Umschlagklappe): der Rosmarin (lat. *Rosmarinus officinalis*, frz. *le romarin*), dessen Strauch etwa eineinhalb Meter hoch wird und blaue Blüten treibt. Er war schon in der Antike als Fleischgewürz beliebt. Der wilde Fenchel (lat. *Foeniculum vulgare*, frz. *le fenouil*), dem man eine verdauungsfördernde Wirkung nachsagt, gibt der berühmten provençalischen Fischsuppe, der Bouillabaisse, ihr charakteristisches Aroma und findet auch in dem Likör »Grande Chartreuse« Verwendung. In keiner Kräutermischung fehlt Thymian (lat. *Thymus vulgaris*, frz. *le thym*), ein Lippenblütler, mit seinen weißen oder zartrosa gefärbten Blüten. Er wird häufig zum Abschmecken von Fleischgerichten genommen. Vorwiegend in Gemüsespeisen findet man das Bohnenkraut (lat. *Satureja montana*, frz. *la sarriette*). Der zur Würzung von Geflügel beliebte Majoran (lat. *Majorana hortensis*, frz. *le marjolaine*), der auch den Griechen und Römern geläufig war, hat früher seiner krampflösenden Wirkung wegen oft Verwendung in der Heilkunde gefunden. Durch die Kreuzzugsbewegung gelangte der Estragon (lat. *Artemisia dracunculus*, frz. *l'estragon*) in die Provence. Man nimmt ihn gerne zur Verfeinerung von Saucen und Suppen. Ferner wäre noch der Salbei zu nennen (lat. *Salvia officinalis*, frz. *la sauge*). Er wird als Heilpflanze – antiseptische, auch harn- und schweißtreibende Wirkung – ebensooft verwendet wie in der Küche. Schließlich darf man das schon durch seinen Namen »königliche« Gewächs unter den Kräutern nicht vergessen, das Basilikum (aus dem Griechischen: das Königskraut; lat. *Ocimum basilicum*, frz. *le basilic*), das eine Fülle von Anwendungsmöglichkeiten bietet: als Teeaufguß gegen Verdauungsbeschwerden, als Gewürz für Fleisch- und Gemüsegerichte, zum Einlegen von Gurken, in der Likör- und nicht zuletzt auch in der Parfümherstellung.

Insgesamt bietet die Pflanzenwelt der Provence eines der reichhaltigsten Bilder der gesamten Mittelmeerflora. Wer sich dafür besonders interessiert, führt am besten ein Pflanzenbestimmungsbuch im Reisegepäck mit.

Die Fauna

An Großtierarten ist die Provence vergleichsweise arm. Um so reichhaltiger ist dafür die Vogel-
und Insektenwelt. Hier bietet das Naturschutzgebiet in der Camargue unerschöpfliche Ent-
deckungsmöglichkeiten. In den bergigen Gegenden sind vor allem zahlreiche Reptilien zu
beobachten. Man kennt allein drei verschiedene Arten des Geckos, der sich mit Hilfe seiner mit
Saugnäpfchen versehenen Füße schnell und sicher auch an steilen und glatten Fels- oder Haus-
wänden fortzubewegen vermag. Zahllos sind die Eidechsen, die sich an warmen Felsen sonnen,
am bekanntesten die Mauer- und die Ruineneidechse. Besonders farbenprächtig zeigen sich die
selteneren Smaragd- und Perleidechsen. Mit etwas Glück begegnet man auch einer der nur noch
vereinzelt vorkommenden Landschildkröten. Mannigfach ist das Spektrum der Schlangen-
arten; vor allem gibt es zahlreiche ungiftige Natternarten. Irritierend wirkt das Verhalten der
Zornnatter, die bis zu 1,5 m lang werden kann. Bei drohender Gefahr ringelt sie sich zusammen
und nimmt das Gebaren einer Giftschlange an, indem sie heftig züngelt und mit dem Kopf vorstößt, als wolle sie zubeißen. Giftschlangen sind demgegenüber in weit geringerer Zahl vertreten. Für den Menschen sehr gefährlich kann der Biß der Aspisviper sein, der man vor allem im
Lubéron und in der Haute-Provence begegnet. Vorsicht ist allemal geboten, wenn man frei
durch das Gelände streift. Man sollte niemals barfuß oder mit leichten Schuhen, sondern immer
nur mit festem Schuhwerk auf die Pirsch gehen.

Zuletzt erwähnen wir noch die Zikade, die für die Provence geradezu Symbolcharakter hat.
Es kommen zwei Arten vor: die kleine Bergzikade und die etwas größere (bis 6,5 cm Körper-
länge) Singzikade. Letztere ist es, deren lautes Zirpen an sommerlichen Tagen die ganze Landschaft erfüllt. Ihrer bräunlichen Tarnfarbe wegen sieht man sie nur selten, aber akustisch ist sie
immer präsent.

Grundzüge der Geschichte

»... und wenn einmal ein Engel des Herrn die Bilanz aufmachen sollte,
ob das von Antoninus Pius beherrschte Gebiet damals oder heute mit
größerem Verstande und mit größerer Humanität regiert worden ist, ob
Gesittung und Völkerglück im allgemeinen seitdem vorwärts- oder
zurückgegangen sind, so ist es sehr zweifelhaft, ob der Spruch zu
Gunsten der Gegenwart ausfallen würde.«
Theodor Mommsen, in: Römische Geschichte, Achter Band, über
den väterlicherseits aus Nîmes stammenden Kaiser Antoninus Pius

Im Dämmerlicht der Vor- und Frühgeschichte

Spuren menschlichen Lebens sind in der Provence bis tief in die Altsteinzeit zurückzuverfolgen.
Knochenfunde lassen auf eine Besiedlung durch prähominide Formen – Vorläufer des Homo
sapiens – schon in der Epoche des Abbevillien, dem Interglazial zwischen der Günz- und der
Mindeleiszeit, vor einer Million Jahren schließen. Früheste kulturelle Äußerungen reichen in
das Interglazial zwischen Mindel- und Rißeiszeit zurück, das heißt, bis vor etwa 500 000 Jahren.
Die Prähominiden dieser Epoche kannten bereits den Umgang mit dem Feuer und bearbeiteten
Steine zu Werkzeugen. Vor etwa 150 000 Jahren, mit dem Beginn der mittleren Altsteinzeit, die
zugleich das letzte Interglazial einleitete (zwischen Riß- und Würmeiszeit), tritt in Mittel- und
Südeuropa der Neandertaler auf. In Frankreich wurden an verschiedenen Fundorten Schädel
mit geringfügig unterschiedlichen rassischen Merkmalen geborgen. Man unterscheidet zwischen dem Moustiers-, dem Ferrassie- und dem Chapelle-aux-Saints-Typus. Die Steinwerkzeuge
dieser Menschen zeigen eine differenziertere Bearbeitung. Zu Beginn der letzten Eiszeit starb
der Neandertaler aus. Seine Nachfolge trat der erste Typus des Homo sapiens an, der Cro-
Magnon-Mensch, der den Raum des heutigen Südfrankreichs in der Zeit zwischen etwa 40 000
und 10 000 Jahren v. Chr. besiedelte. Er ist der Schöpfer der ersten menschlichen Hochkultur
gewesen, die man nach den Stätten ihres häufigsten Vorkommens den frankokantabrischen
Kunstkreis nennt. Den natürlichen Lebensraum dieser Menschen boten fast ausschließlich
Gegenden mit Kalkformationen, in denen durch Erosion und Korrosion Höhlen und Fels-
dächer (sogenannte Abris) entstanden waren. Nahe dem Pont du Gard wurden 1940 in der
Grotte Baume-Latrone Tierdarstellungen entdeckt – mehrere Elefanten, ein Rhinozeros, eine
Schlange –, die mit lehmigen Fingern auf die Felswand aufgetragen wurden. Nach ihrem
archaischen Stil konnten die Bilder in das Aurignacien datiert werden, das bedeutet, grob gesagt,
in die Spanne zwischen 30 000 und 20 000 v. Chr. Weitere Funde aus dieser Epoche, die den
Beginn der Steinzeitkunst markiert, wurden in den Schluchten der Ardèche, nördlich der
Provence, gemacht (Chabot, Ebbou, Colombier u. a.). Die Blüte der Steinzeitkunst entfaltete

sich jedoch im Raum des heutigen Südwestfrankreichs (Aquitanien), in den Tälern der Vézère, der Dordogne und des Lot. Aus dieser Epoche, dem Magdalénien (18 000 bis 10 000 v. Chr.), kennt man in der Provence nur vereinzelte Kleinkunstgegenstände, Gravierungen und Ritzungen in Knochen oder Stein. Offenbar war der Wildbestand, vor allem das Vorkommen des Ren, wichtigstes Beutegut des eiszeitlichen Jägers, im heutigen Aquitanien besser als in der Provence, wo weite Teile der Landschaft versumpft und unwirtlich waren.

Das Bild ändert sich mit dem Ende der letzten Eiszeit. Im Mesolithikum, dem zeitlichen Übergang von der Alt- zur Jungsteinzeit, bahnt sich der Wandel von der reinen Jäger- zur Hirten- und Ackerbauernkultur an, der dann seit etwa 4500 v. Chr., im Neolithikum, vollzogen wird. Diese Zeit ist in der Provence gut belegt. Die zahlreichen Megalithgräber – das größte von ihnen ist der Dolmen »Pierre de la Fée« bei Draguignan – und verschiedene Grabkammern, unter ihnen die (leider nicht zugängliche) Feengrotte bei Arles, zeugen von einem differenzierten Kult. Der Mensch lernte wildlebende Tiere zu domestizieren, das Land zu bebauen und Vorräte zu horten. Aus letzterem erklärt sich das Auftreten der Keramik seit ca. 4250 v. Chr. Dennoch wäre es wohl verfehlt, daraus auf ein völliges Aussterben der nomadisierenden Jägersippen zu schließen. Bis in das letzte vorchristliche Jahrtausend scheint es ein Nebeneinander beider Kulturrichtungen in der Provence gegeben zu haben. Rolf Legler hat die rätselhaft-abstrahierenden Felsbilder vom Mont Bego in der Haute-Provence aus dem Beginn der Metallzeitalter als Dokument der Auseinandersetzung zwischen Ackerbauern und Jägern interpretiert.[1] Da es dabei erstmalig zu Kämpfen zwischen verschiedenen Menschengruppen in der Provence kam, war zugleich etwas bis dahin Unbekanntes geboren, das die Provence in der Folgezeit wellenartig immer wieder heimsuchen sollte: der Krieg.

Um 1000 v. Chr. begannen die Ligurer einzuwandern, die sich in Oberitalien und in der Provence festsetzten und die einheimische Bevölkerung überfremdeten. Diese völkische Vermischung scheint sich, wie auch die ein halbes Jahrtausend später anschließende Landnahme durch keltische Stämme, relativ friedfertig vollzogen zu haben. Die so seit dem 6. Jh. v. Chr. entstandene Mischbevölkerung nennt man keltoligurisch.

Während sich dies alles nur stückweise durch Funde aus archäologischen Grabungen rekonstruieren läßt, beginnt mit der Einwanderung der Griechen durch nun anhebende schriftliche Überlieferung die eigentliche historische Zeit der Provence.

Die griechische Kolonisation

Schon in der griechischen Sagenwelt hatte die Provence ihren festen Platz. Um in den Rang der Unsterblichkeit aufzusteigen, mußte Herakles zwölf Aufgaben bewältigen. Die zehnte führte ihn auf die Insel Eurytheia, von wo er die Rinder des Geryon nach Griechenland bringen sollte. Auf seinem Rückweg von der Meerenge bei Gibraltar, wo er die legendären »Säulen des Herakles« errichtete, führte er die Herde auf dem seither als »Straße des Herakles« apostrophierten Landweg von Spanien entlang der Mittelmeerküste durch die Provence. In der Großen Crau

Herakles aus dem Ostgiebel des Aphaia-Tempels auf Ägina. München, Glyptothek

stellten sich ihm die Giganten entgegen, Sinnbilder der feindlich gesonnenen Barbaren, die der Heros mit Steinen aus den Alpilles erschlug. Die zahlreichen Herkulesaltäre noch aus römischer Zeit verdeutlichen, daß der Held über die Jahrhunderte hinweg eine ungebrochene Popularität in der Provence hatte.

Im 7. Jh. v. Chr. kam es zu ersten historisch belegten Begegnungen zwischen Keltoligurern und Griechen. Das Tal der Rhône bot einen natürlichen Weg nach Norden, über die Ile de France hinaus bis zu den britischen Inseln, woher die Griechen das begehrte Zinn bezogen. Die eifrigsten Händler scheinen die Rhodier gewesen zu sein, deren nach Gallien exportierte Keramik an zahlreichen Stellen gefunden wurde. Der Name der Insel Rhodos soll bei der Benennung der Rhône Pate gestanden haben.

Um 600 v. Chr. begann dann die systematische Kolonisation der Küste der Provence durch Griechen aus der kleinasiatischen Stadt Phokäa. Die Phokäer waren durch die Perser unter Druck geraten und hatten bei ihren Fahrten entlang der Mittelmeerküste das von der Natur geschaffene Hafenbecken der späteren Stadt Marseille entdeckt. Dieser historische Hintergrund hat den Stoff für eine vielzitierte Sage abgegeben: Danach sollen die Griechen just an dem Tage am Gestade der Provence gelandet sein, als der Keltenkönig Nann seine Tochter Gyptis vermählen wollte. Nach alter Landessitte versammelten sich aus diesem Anlaß alle heiratsfähigen Adligen des Stammes, und die Königstochter sollte nun dem Mann ihrer Wahl einen Pokal überreichen. Als die Prinzessin des jungen Protis, des Anführers der hellenischen Delegation, ansichtig wurde, schritt sie spontan auf den schönen Fremdling zu und reichte ihm das Gefäß. Als Mitgift brachte Gyptis jenen Hügel mit in die Ehe, auf dem sich heute hoch über Marseille die Wallfahrtskirche Notre-Dame-de-la-Garde erhebt. Der harmonische Charakter dieser Gründungslegende von Marseille ist ein lebendiger Spiegel dafür, wie sich auch in der Folgezeit eine friedfertige Koexistenz zwischen Griechen und keltoligurischer Ureinwohnerschaft entwickelte. Der antike Name der Stadtgründung liegt auf derselben Linie. Die uralte, auch heute noch gebräuchliche Bezeichnung für Siedlung bzw. Haus im provençalischen Sprachraum, »Mas«, wurde mit dem Namen des Keltenstammes der Salier (oder Saluvier) zu »Massalia« verschmolzen. Man wertet diese auf die keltoligurischen Einwohner Bezug nehmende Namensgebung der griechischen Pflanzstätte als eine Art politischer Willensbekundung. Einen enormen Bevölkerungszuwachs erfuhr Massalia kurz nach der Mitte des 6. Jh. v. Chr., als fast die gesamte Einwohnerschaft der Mutterstadt, Phokäa, vor der persischen Bedrohung flüchtete und in die Tochtergründung an der Küste der Provence übersiedelte. Von nun an erlebte Massalia einen raschen Aufstieg und gewann großen Einfluß auf die keltoligurische Bevölkerung des Umlandes, die das urbane Bauen und den Geldverkehr anstelle des Tauschhandels von den Hellenen übernahm. Die Griechen waren engagierte Geschäftsleute, denen viel an einer gut-nachbarschaftlichen Beziehung lag – anders als die Römer, deren Interesse später auf den Gewinn territorialen Besitzes gerichtet war.

Wie rege der Warenaustausch zwischen Nord und Süd in dieser Zeit bereits war, zeigen eindrucksvoll der 1953 in Burgund gehobene »Schatz von Vix« mit dem größten Bronzekrater der Antike (164 cm hoch) sowie das erst 1979 freigelegte späthallstattzeitliche Fürstengrab von Hochdorf bei Stuttgart, in dem ebenfalls griechische Importstücke gefunden wurden.

Die Handelsambitionen der Griechen erlitten jedoch im 5. Jh. v. Chr. einen vorübergehenden Rückschlag, als eine erneute keltische Wanderungswelle die Wege nach Norden unterbrach. Nach dem Abebben dieser Invasion konnte Massalia seinen faszinierenden Aufstieg ungehindert fortsetzen. Es entstanden entlang der Küste und dem Weg nach Norden zahlreiche Stützpunkte und Tochtergründungen, unter ihnen Antipolis (Antibes), Nikäa (Nizza) und Glanon (St-Rémy). Die Glanzzeit Massalias fiel in das 4. Jh. Um neue Handelswege zu finden, durchsegelten massaliotische Expeditionen die Straße von Gibraltar. Zu den großen Entdeckerpersönlichkeiten Europas gehört Pytheas, der gegen das ausgehende 4. Jh. die Küsten Spaniens und Frankreichs hinaufsegelte und, vorbei an den Shetland- und Orkneyinseln, vermutlich bis nach Island vorstieß. Sein Bericht »Über den Ozean« ist zwar nicht erhalten, aber durch Zitate bei anderen antiken Autoren zumindest in Fragmenten überliefert. Pytheas, diesem Marco Polo

Nachzeichnung des Frieses vom Bronzekrater aus dem »Schatz von Vix«. Châtillon-sur-Seine, Museum

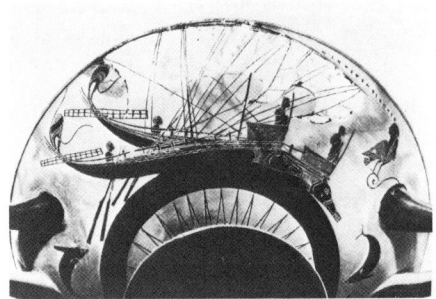

*Griechische Seeschiffe auf einer Schale des Malers
Nikosthenes. Paris, Musée du Louvre*

der griechischen Provence, wurde, wie später seinem venezianischen Nachfahr, von den eigenen Zeitgenossen wenig Glauben geschenkt. Heute weiß man, daß seine Berichte über die Küstenvölker und seine astronomischen Berechnungen auf Wahrheit beruhen.

Eine neuerliche keltische Invasion im späten 2. Jh. v. Chr. beendete dann die Epoche der weitgehend aggressionsfreien Koexistenz von Griechen und Ureinwohnern. Massalia geriet zunehmend unter Druck und war schließlich gezwungen, die Römer, denen man schon seit geraumer Zeit durch einen Freundschaftsvertrag verbunden war, zu Hilfe zu rufen. Damit begann das Kapitel der römischen Okkupation. Wenn dadurch auch in der Folgezeit das griechische Erbe überlagert wurde, so steht doch eines unbestreitbar fest: Die Griechen haben der Provence die Zivilisation gebracht, sie haben dem Land den Olivenbaum und den Rebstock geschenkt, Städte gegründet, Handelswege angelegt und griechisch-humanistisches Denken verbreitet und damit letztlich ein Gefühl der Überlegenheit gegenüber dem »barbarischen« Norden vermittelt. Die heute noch lebendige Abneigung der Südfranzosen gegenüber den »boches du nord«, wie sie die Nordfranzosen jenseits des Loirebogens zum Teil bissig nennen, ist tief in der Geschichte verwurzelt.

Die römische Landnahme

Das Eindringen der Römer in die Provence geschah keineswegs in einem Zuge und hat zudem vielschichtige Hintergründe. Nachdem Rom im Laufe des 3. Jh. v. Chr. seine Stellung als führende Kraft in Italien gefestigt und damit begonnen hatte, seinen Einfluß über die geographischen Grenzen Festlanditaliens auszudehnen, mußte es zwangsläufig zur Kollision mit der damals größten Handelsmacht, Karthago, kommen. Der Zankapfel hieß Sizilien, um das der Erste Punische Krieg (264–241) entbrannte. Mit ihrem Sieg und der Einrichtung der ersten Provinz auf Sizilien hatten die Römer ein Zeichen des beginnenden Imperialismus gesetzt. Die unterlegenen Karthager suchten sich in Spanien Ersatz, der Ebro wurde zwischen den verfeindeten Mächten als Grenze der Interessensphären festgelegt. Die Allianz, die Rom mit dem

20

südlich des Ebro gelegenen Sagunt schloß, löste den Zweiten Punischen Krieg aus (218–202), in dessen Verlauf sich Massalia als treuer Bündnispartner Roms auszeichnete. Nicht nur, daß die Flotte der Massalioten ein Jahr nach Kriegsausbruch die karthagische Seestreitmacht unter deren Führer Himilcon schlug; Hannibal selbst war bei seinem Zug von Spanien nach Italien gezwungen, das starke Massalia zu umgehen und den verlustreichen Weg über die Alpen einzuschlagen. Zwar gelang es dem genialen Feldherrn der Karthager, die Römer bei Cannae vernichtend zu schlagen, aber deren anschließende Verzögerungstaktik rieb letztlich seine Reserven auf. Als die Römer auch noch entscheidende Vorteile auf spanischem Boden errangen, mußte Hannibal seine Streitkräfte nach Afrika zurückverlegen, wo sie schließlich von den Römern gestellt und besiegt wurden. Zu den harten Friedensbedingungen gehörte es, daß Karthago seinen Anspruch auf Spanien aufzugeben hatte, wo die Römer nun ihrerseits zwei neue Provinzen einrichteten.

Anläßlich der Landnahme Spaniens mußten die Römer die Gefährlichkeit der Keltoligurer in der Provence erstmalig am eigenen Leibe erfahren. Der Heerzug des Konsuls Lucius Baebius, dem man die Verwaltung der neuen spanischen Provinzen übertragen hatte, wurde nahe bei Massalia überfallen und bis auf den letzten Mann vernichtet. Baebius konnte sich als angeblich einziger Überlebender dieses Blutbads nach Massalia retten, wo er aber kurz darauf seinen schweren Verletzungen erlag. Massalia, das den Römern so erfolgreich gegen die Karthager zur Seite gestanden hatte, geriet schon bald selbst unter massiven Druck. Nach einem verlustreichen Übergriff auf massaliotische Schiffe durch Piraten aus dem Stamm der Inaugner rief man 181 v. Chr. die Römer zu Hilfe. Obwohl deren Eingreifen erfolgreich war, schwelten die Feindseligkeiten weiter; regelmäßig wurden nun Händler und Reisende überfallen. Die Unruhestifter kamen aus den Stämmen der Oxybier und Deceaten, gegen die sich 154 v. Chr. unter Führung des Quintus Opimius von Rom aus eine Streitmacht in Bewegung setzte. Zahlreiche Oppida wurden zerstört und die beiden Stämme zur Räson gebracht. Als in der Folgezeit die Saluvier die Aggressionspolitik gegenüber Massalia fortsetzten, schien in den Jahren um 120 das Maß voll. Dem erneuten Hilferuf der Hafenstadt kam Rom mit mehreren rasch aufeinanderfolgenden militärischen Unternehmungen nach. Bislang war der zur Weltmacht aufgestiegenen Stadt vorwiegend daran gelegen, einerseits den Verbündeten nicht im Stich zu lassen, zum anderen den Landweg in die spanischen Provinzen zu sichern. Als nun 125 v. Chr. Marcus Fulvius Flaccus das Kommando über die Legionen übernahm, die gegen die Saluvier zu Felde ziehen sollten, kam offenbar ein dritter Interessenfaktor hinzu: der Wunsch nach Landbesitz. Der Hintergrund sei mit wenigen Worten skizziert: Tiberius Sempronius Gracchus hatte etwa zehn Jahre zuvor angesichts der wachsenden sozialen Spannungen in Italien und der Verelendung besitzlos gewordener Bauern, deren Land von Großgrundbesitzern vereinnahmt worden war, ein ehrgeiziges Reformwerk in Angriff genommen. Kernpunkt der Reform sollte eine Neu- bzw. Umverteilung des Grundbesitzes sein. 133 v. Chr. wurden Tiberius S. Gracchus sowie zahlreiche seiner Anhänger ermordet, als er mit der gewaltsamen Übernahme des Tribunenamtes den Bogen offenbar überspannt hatte. Die Idee einer Landreform griff sein Bruder, Gaius Sempronius Gracchus, auf. Trotz einer starken Opposition aus den Reihen des Adels konnte Gaius S. Gracchus auf einen großen Kreis von Befürwortern rechnen. Nur die Voraussetzung für die Durchführung der Reform war in Italien selbst nicht gegeben: Es fehlte an Land!

Wenn es auch keine sichere Quelle für diese Vermutung gibt, spricht doch einiges für die Annahme, daß hinter der militärischen Operation des M. Fulvius Flaccus der Wunsch stand, durch Landgewinn in unmittelbarer Nachbarschaft zu Oberitalien das Reformwerk der Gracchen durchzusetzen, denn Flaccus selbst war ein enger Vertrauter des Gaius S. Gracchus. Aber der Vormarsch des Flaccus geriet zunächst ins Stocken. Erst seinem Nachfolger, dem Konsul C. Sextius Calvinus, gelang es 124 v. Chr., den Hauptort der Saluvier, das Oppidum Entremont, einzunehmen und zu zerstören. Zwei Jahre später wurde am Fuße des Berges, auf dem Entremont gelegen hatte, die römische Siedlung Aquae Sextiae (Aix) gegründet. Im folgenden Jahr kam Gaius S. Gracchus in Rom ums Leben. Der Grundgedanke seines Reformwerks, die Neuverteilung von Grund und Boden an Besitzlose, versickerte rasch; aber die Römer, die nun im südlichen Gallien Fuß gefaßt hatten, verfolgten ihre imperialistische Politik energisch weiter. Reform hin, Reform her – jetzt ging es nur noch um die Eroberung. Anders läßt sich das kompromißlose Nachgreifen nicht interpretieren, mit dem der Nachfolger des Calvinus, Konsul Domitius Ahenobarbus, den Kampf fortsetzte. Der Saluvierkönig, Tautomalius, war zu den Allobrogern geflohen, die sich weigerten, den einstigen Herrn von Entremont auszuliefern. Ahenobarbus rückte daraufhin gegen die Allobroger vor, die er im Tal der Durance besiegte. Die Lage wurde für die Römer kritisch, als angesichts des weiteren Vordringens des Ahenobarbus nach Norden die Allobroger ein Bündnis mit dem mächtigen Stamm der Arverner eingingen. Unter dem Befehl des Quintus Fabius Maximus wurde deshalb ein zusätzliches Heereskontingent gegen die Gallier aufgeboten. Gemeinsam zwangen Ahenobarbus und Maximus die Arverner in die Knie, deren König, Bituitus, gefangengenommen und im Triumphzug des Maximus in Rom mitgeführt wurde.

Damit war der gallische Widerstand vorerst gebrochen. Domitius Ahenobarbus ließ die nach ihm benannte Via Domitia als feste Landbrücke zwischen Italien und Spanien anlegen. Massalia – es hieß fortan Massilia –, das die Römer so bereitwillig ins Land gerufen hatte, verlor an Bedeutung. Offenbar wollten die neuen Landesherren ein Gegengewicht zu der mächtigen Griechenmetropole schaffen, indem sie die im Auftrag des Ahenobarbus von Narbo Martius an der Mündung des Atax (Aude) gegründete und nach ihm benannte Colonia Narbo (Narbonne) 118 v. Chr. zur Provinzhauptstadt erhoben. Von hier aus verwaltete ein Prokonsul die neu eingerichtete Provincia Gallia Narbonensis, die sich von den piemontesischen Alpen bis zu den Pyrenäen erstreckte.

Festigung der römischen Herrschaft

Mit der Gründung von Narbonne und Aix schloß gleichsam der erste Akt der römischen Landnahme in Gallien. Die folgenden hundert Jahre mußten darauf verwandt werden, diesen neuen Besitz zu sichern. Schon bald zog von Norden her ein unerwarteter Gegner auf: Die Germanenvölker der Kimbern und Teutonen hatten den Rhein überschritten und rückten im Rhônetal südwärts vor. Die Kimbern prallten im Herbst 105 v. Chr. bei Arausio (Orange) auf die römischen Legionen und bezwangen sie mühelos. Nichts stellte sich ihrem weiteren Vormarsch durch Aquitanien und über die Pyrenäen in den Weg. Erst in Spanien wurden sie durch die erfolgreiche Gegenwehr der Keltoiberer zur Umkehr gezwungen. Auf ihrem Weg durch das mittlere Gallien vereinigten sie sich mit den Teutonen. Ihr Ziel war es nun, die Alpen nordwärts zu umgehen und dann in Italien einzufallen. Die Teutonen hingegen waren mehr an der Narbonensis interessiert. Sie trennten sich wieder von den Kimbern und nahmen Marsch in Richtung auf das Rhônedelta. Dort war es Marius, der mit Muße den römischen Widerstand hatte organisieren können, inzwischen gelungen, eine gewaltige Streitmacht zusammenzuziehen. 102 v. Chr. kam es in der Ebene südöstlich von Aix zur Entscheidungsschlacht, die mit der völligen Niederlage der Germanen endete. Nach zwei Tagen des Kampfes sollen an die 200 000 erschlagene Teutonen zurückgeblieben sein; die wenigen Überlebenden – vor allem Frauen und Kinder – gerieten in Gefangenschaft und wurden in die Sklaverei verkauft. Der Berg, an dessen Fuß sich dieses Ringen abgespielt hatte, wurde seitdem der Siegesberg genannt. Die christliche Ära hat dem nachträglich noch die Aura des Heiligen beigegeben: Montagne Sainte-Victoire. Nachdem die Kimbern im Jahr darauf in Oberitalien dasselbe Schicksal erlitten hatten, war die Germanengefahr vorerst gebannt. Aber das Imperium hatte einen Vorgeschmack auf jene Ereignisse bekommen, die ein halbes Jahrtausend später zu seinem Untergang führen sollten.

In den folgenden Jahrzehnten kam es wiederholt zu Aufständen der Gallier, die mit rücksichtsloser Härte niedergeschlagen wurden. Das Vorgehen des jungen Pompeius gegen die Saluvier, deren Stamm er praktisch ausrottete, würde man heute als Völkermord bezeichnen. Als Gaius Julius Caesar seine Eroberungsfeldzüge in Gallien begann (58 v. Chr.), war die Narbonensis so weit »befriedet«, daß sie dem machthungrigen Feldherrn als feste Ausgangsbasis dienen konnte.

Mit der Niederschlagung der letzten großen nationalen Erhebung unter dem Arvernerfürst Vercingetorix (52 v. Chr.) war das Keltentum in Gallien endgültig niedergerungen. Caesar wandte sich nun gegen Pompeius, seinen einstigen Mitstreiter, der inzwischen in Rom zum Alleinherrscher – Consul sine collega – hatte aufsteigen können. Massilia hatte sich in dieser Auseinandersetzung auf die Seite des späteren Verlierers geschlagen. Fast ein halbes Jahr mußte Caesar darauf verwenden, den Widerstand der unbotmäßigen Hafenstadt zu brechen. Nach der Einnahme durch seine Legionen wurden die Stadtmauern Massilias geschleift, ihre Flotte vernichtet und der größte Teil ihrer Besitzungen entlang der Küste und im Hinterland konfisziert. Für Jahrhunderte war Massilia dadurch zu provinzieller Bedeutungslosigkeit verurteilt. Das wiederum begünstigte die Emanzipation von Arles.

Caesar seinerseits, nachdem er bei Pharsalos über Pompeius obsiegt hatte, wurde 44 v. Chr. wegen seines Planes, eine Alleinherrschaft zu errichten, ermordet. Aber die römische Republik war derart brüchig geworden, daß es dem jungen Caesar Octavian gelang, Caesars Monarchieidee in die Tat umzusetzen. Dem Bezwinger des Marcus Antonius wurde vom Senat der Titel »Augustus« (der Erhabene) verliehen, womit im Jahr 27 v. Chr. die Epoche der römischen Kaiserzeit begann. Diese Umwälzungen im Zentrum der Macht sollten nicht ohne Auswirkungen auf die Narbonensis bleiben.

Pax Romana

Gut hundert Jahre, seit der Reformversuche der Gracchen nämlich, hatten die Bürgerkriegszustände in Rom geherrscht, an deren Ende der Zusammenbruch der republikanischen Verfassung und der Beginn der Kaiserzeit standen. Das erklärte Ziel des Augustus war die Befriedung des Reiches im Innern wie nach außen. So sind seine ersten Regierungsjahre noch von weiteren militärischen Operationen im Bereich der heutigen Haute-Provence gekennzeichnet. Zahlreiche unruhige Bergstämme galt es untertan zu machen. Zugleich wurde dem Ausbau des Straßennetzes besondere Aufmerksamkeit gewidmet. Augustus ließ Tausende von Veteranen in der Provence ansiedeln, was die Durchdringung der keltoligurischen Kultur mit römischer Zivilisation rasch vorantrieb. Sein enger Vertrauter und Schwiegersohn, Marcus Vipsanius Agrippa, wurde 19 v. Chr. Statthalter in der Narbonensis, wo er mit der Errichtung des Pont du Gard seine unauslöschlichen Spuren hinterließ. Dieses Teilstück einer Wasserleitung, die die Colonia Nemausus (Nîmes) versorgte, eine Meisterleistung römischer Ingenieurskunst, hat geradezu Symbolcharakter für eine ganze Epoche abendländischer Geschichte. Mit der Verlängerung der Via Aurelia über Aix hinaus bis nach Arles, wodurch der Anschluß an die Via Domitia geknüpft wurde, und der Via Agrippa nach Norden war das römische Straßennetz in der Provence noch in Augusteischer Zeit fertiggestellt.

Daß im Zuge der Romanisierung Galliens der alte keltische Götterkult und die Lehrtätigkeit der Druiden systematisch verdrängt wurden – keltische Heiligtümer wurden rücksichtslos mit römischen Tempeln überbaut –, hat noch einmal, unter Tiberius, des Augustus Nachfolger, eine Welle des nationalen Widerstands ausgelöst. Bezeichnenderweise war Augustodunum (Autun, im heutigen Burgund), eine Hochburg des Druidentums, Keimzelle dieser Erhebung, der sich unter den provençalischen Städten besonders Arausio mit Nachdruck anschloß. Derartige Unbotmäßigkeiten wurden aber mit aller Schärfe und Überlegenheit unterdrückt. Arausio wurde dem Erdboden gleichgemacht und mußte praktisch von Grund auf neu erbaut werden.

Die zweite Hälfte des 1. Jh. n. Chr. ist in Rom gekennzeichnet von der Dekadenz der beiden aufeinanderfolgenden Herrscherdynastien. Im Jahr 69 n. Chr. war der letzte Sproß der julisch-claudischen Familie, Kaiser Nero, in Wahnsinn geendet. Die Generäle Otho, Vitellius, Galba und Vespasian rangen um die Macht, die schließlich letzterer, der aus dem italischen Landadel stammte, an sich reißen konnte. Doch schon nach knapp dreißig Jahren war auch das flavische Geschlecht am Ende. In dieser Situation kam der Senat ein letztes Mal in der römischen Geschichte zu unerwarteter Bedeutung. Er wählte aus seiner Mitte den greisen Nerva zum Kaiser, der die Nachfolge Domitians antrat. Seine Regierungszeit war kurz (96–98), aber von nachhaltiger Wirkung: Rückblickend auf ein Jahrhundert der Kaiserherrschaft über das Imperium erkannte Nerva die Problematik der Erblichkeit der Herrscherwürde durch Blutsverwandtschaft, die dem Zufall letztlich Tor und Tür öffnete. Er setzte deshalb das Prinzip der Adoptionsfolge durch. Fortan sollte es Verwandten des jeweils amtierenden Kaisers unmöglich gemacht werden, dessen Nachfolger zu werden. Vielmehr wurde der Kaiser verpflichtet, zu Lebzeiten einen ihm geeignet erscheinenden Nachfolger zu bestimmen und in das Amt einzu-

Augustusstatue aus der Villa der Livia bei Primaporta (Rom).
Rom, Vatikanische Museen. Ein Bronzeabguß ist an der Porte
d'Auguste in Nîmes aufgestellt.

führen. Nerva selbst bewies mit der Wahl des jungen Trajan (98–117) eine glückliche Hand. Mit ihm begann das Säkulum der Adoptivkaiser, die man später auch als die »Guten Kaiser« tituliert hat. Da das von Nerva ersonnene Prinzip der Adoptionsfolge vorsah, daß nur der Beste in den höchsten Rang aufrücken sollte, spielte der Gesichtspunkt der Herkunft fortan nur noch eine untergeordnete Rolle. So wurde es möglich, daß auch Provinzialen Kaiser wurden. Trajan selbst stammte aus Spanien, und der von ihm zur Nachfolge erkorene Hadrian (117–138) kam ebenfalls von der iberischen Halbinsel.

Die von Trajan und Hadrian eingeleitete Epoche des Friedens und Wohlstands fand Mitte des 2. Jh. in der Gestalt des Antoninus Pius ihre Vollendung (138–161). Dieser Kaiser, der das »Goldene Zeitalter« des Imperium Romanum personifiziert, war seiner Herkunft nach Provençale; sein Vater stammte aus Nîmes. Er selbst wurde in Lanuvium am Fuße der Albanerberge geboren. Wenn man von einer militärischen Aktion in Britannien und der Niederschlagung einiger kleiner lokaler Aufstände absieht, hat es in der fast ein Vierteljahrhundert währenden Regierungszeit des Antoninus Pius keine Kriege in dem gewaltigen Reich gegeben. Die auffallend sparsame Hofhaltung und die kluge Finanzpolitik des Palatins setzten beträchtliche Mittel zur Errichtung öffentlicher Bauten in der Hauptstadt und in den Provinzen frei. Dabei genoß die Provence als Vaterland des Kaisers seine besondere Wertschätzung. Ihr Straßennetz wurde weiter verbessert, man errichtete zahlreiche neue Tempel, Theater etc. Es wurde aber nicht nur am Image des Imperiums poliert; auch Minoritäten profitierten von der sprichwörtlichen Milde des Kaisers. Er verbot alle Gewaltmaßnahmen gegen Christen, richtete Waisenhäuser ein und

Büste des Kaisers Antoninus Pius (138–161 n. Chr.).
München, Glyptothek

schuf – gerade das ist signifikant für das geistige Klima dieser Zeit – Pensionen für verdiente Rhetoren und Philosophen (vgl. das Zitat am Kapitelanfang). Von der Provincia Gallia Narbonensis sprach niemand mehr. Sie war so sehr zum »Musterländle« des Reiches geworden, daß die bloße Nennung des Terminus Provincia ausreichte, damit jeder wußte, was gemeint war. Dieser Name blieb dem Land bis heute erhalten.

Das Ende der Römerherrschaft

Als Antoninus Pius 161 n. Chr. starb, wußte er das Imperium in guten Händen, denn mit Marcus Aurelius (161–180) hatte er einen klugen, umsichtigen Mann zum Erben gewählt. Aber der Verfasser der vielgelesenen »Selbstbetrachtungen« ist zugleich eine der tragischsten Herrscherpersönlichkeiten der römischen Geschichte. Kriegerische Unternehmungen banden ihn jahrelang weitab der Hauptstadt in Pannonien. Er verlor den Überblick über die Hofintrigen, und das mag den folgenschweren Fehler erklären, den er damit beging, daß er seinen leiblichen Sohn Commodus zum Mitregenten und Nachfolger erhob. Damit endete die glückliche Ära des Adoptivkaisertums, und prompt trat wieder ein, was der weitblickende Nerva hatte verhindern wollen. Commodus war ein brutaler Potentat vom Schlage eines Nero oder Domitian. Nach seinem gewaltsamen Tode 190 kam das severische Geschlecht an die Macht, und nach dessen

Aussterben (235) brach das Chaos vollends aus. Soldatenkaiser, heute auf den Schild gehoben, bald schon wieder herabgezerrt, wechselten einander in rascher Folge ab. Von insgesamt fünfzehn Kaisern in dem Zeitraum zwischen 235 und 285 – man vergleiche dagegen die auffallend langen Regierungszeiten der Adoptivkaiser – starb nur einer eines natürlichen Todes. Diese Schwächung des Imperiums im Innern machte es an seinen Flanken verletzlich. Von Norden begannen nun die Germanenvölker zunehmend Druck auszuüben. In zwei Wogen – um 259 und zwischen 270 und 280 – zogen alemannische Stämme durch die Provence, eine Spur der Verwüstung hinter sich lassend.

Kaiser Diokletian (285–305) gelang es noch einmal, das Ruder herumzureißen. Mit ihm ging die Ära der Soldatenkaiser zu Ende. In der Erkenntnis, daß das Riesenreich nicht mehr zentral zu regieren war, begründete er das Prinzip der Tetrarchie. Insgesamt vier Kaiser – neben Diokletian regierten Maximian, Galerius und Constantius Chlorus – teilten sich das höchste Amt. Rom hatte seine Rolle als Hauptstadt ausgespielt; die neuen Zentren waren Trier, Mailand, Sirmium (im heutigen Jugoslawien) und Nicomedia (in Kleinasien). Der besseren Organisation halber wurden die vordem zum Teil riesengroßen Provinzen in kleinere Verwaltungseinheiten unterteilt. Die Rhône war fortan Grenze zwischen der Provincia Narbonensis Prima mit Narbonne als Hauptstadt und der Narbonensis Secunda, die von Vienne aus verwaltet wurde. Arles geriet dadurch vorübergehend ins Hintertreffen. Das System der Tetrarchie blieb mit der Person Diokletians verbunden. Kaum hatte er die Regierung niedergelegt – 303 trat er zurück und lebte noch zwei Jahre in seinem zum Teil erhaltenen Palast in Spalato (Split) an der dalmatinischen Küste –, machte sich der Sohn des Constantius Chlorus, Konstantin, daran, alle Macht wieder in einer Hand zu vereinen. Als Konstantin 308 Arles zu seiner Hauptstadt erkor, erlebte die Stadt die größte Blüte ihrer Geschichte. In der Folgezeit richtete sich Konstantins Blickrichtung nach Osten, wo es galt, den letzten der einstigen Mitregenten, Licinius, aus dem Weg zu räumen. Nachdem dies gelungen war (324), erhob er die alte Stadt Byzanz am Bosporus zur neuen Metropole. Der Stellung Arles' tat diese Kräfteverschiebung nach Osten zunächst keinen Abbruch. Die Stadt erhielt unter den Nachfolgern Konstantins des Großen prachtvolle Bauten, und es entstanden die Bildhauerateliers, in denen Sarkophage gemeißelt wurden, für die Arles in der Spätantike in ganz Europa bekannt war. Der bedeutende aus Aquitanien stammende Poet der späten Kaiserzeit, Decimus Magnus Ausonius, pries Arles als das »Rom Galliens«. Als 395 der Präfekt Vincentius die Verwaltung aller gallischen Provinzen inklusive Spaniens und Britanniens nach Arles verlegte, war die Stellung der Stadt in einem Maße gefestigt, daß sie noch über den Zusammenbruch des Imperiums hinweg im Mittelalter an die im 4. Jh. gewonnene Position anknüpfen konnte – der Bischof von Arles war der Primas der Kirche Galliens.

In diesem selben Jahr 395 brachen die Westgoten unter König Alarich I. von ihrem Land zwischen Balkan und Donau auf, das ihnen Theodosius der Große nach ihrem Eindringen in das Reich zugewiesen hatte. Das leitete den endgültigen Umsturz der alten Ordnung ein. Nach der Eroberung Roms scheiterte Alarichs Plan eines Übersetzens nach Nordafrika. Die Westgoten zogen weiter nach Südfrankreich, wo sie zwar offiziell als »foederati« angesiedelt wurden, aber de facto war die römische Herrschaft nur noch nominell. Das Reich der Westgoten war der erste Germanenstaat auf dem Boden des Imperium Romanum. Jetzt war das Vordringen der Germanen nicht mehr zu bremsen. Die Vandalen durchzogen auf ihrem Weg nach Afrika die Provence, die Burgunder wurden in der Sapaudia (Savoyen) angesiedelt, die Alanen zogen in das westliche Gallien (Poitou). Das weströmische Kaisertum – 395 war das Reich in Ost- und Westrom geteilt und an die Söhne des Theodosius, Honorius und Arkadius, vergeben worden – siechte in Tatenlosigkeit dahin, bis schließlich der Germanenfürst Odoaker einen Schlußstrich zog, indem er den letzten Kaiser Westroms, Romulus Augustulus, 476 absetzte.

Die Verbreitung des Christentums

Unter den zahllosen Legenden der Provence hat die, die im Zusammenhang mit dem Wallfahrtsort Les Saintes-Maries-de-la-Mer berichtet wird, eine herausragende Bedeutung. Danach soll im Zuge der ersten Christenverfolgung, nur wenige Jahre nach dem Opfertod Jesu, ein steuerloses Boot vom Heiligen Land aus ins Meer gestoßen worden sein, in dem sich die drei Marien befanden: die Büßerin Maria Magdalena, Maria Kleophas, die Mutter des Apostels Jakobus d. J., und Maria Salome, die Mutter des jüngsten und des ältesten der Jünger Christi, Johannes und Jakobus d. Ä. Neben Lazarus, den Christus zum Leben wiedererweckt hatte – das letzte Wunder des Heilands –, und seiner Schwester Martha sollen sich die Heiligen Trophimus, Martial, Saturninus und Eutropius an Bord der Barke befunden haben. Dank göttlicher Fügung wurde das Gefährt an die Gestade der Provence gelenkt. Dort trennten sich die Wege der Heiligen. Martha bezwang das Ungeheuer Tarasque, ein noch aus heidnischer Zeit stammendes Urbild der allesverschlingenden Rhône, Lazarus bekehrte die Einwohner von Marseille, Trophimus wurde erster Bischof von Arles, Martial christianisierte das Limousin, Saturninus die Einwohner von Toulouse und Eutropius die von Saintes. Dieser Bericht führt exemplarisch vor Augen, wie sich in den christlichen Mythen, ähnlich wie in den Sagen des klassischen Altertums, Legende und ein verbürgter historischer Hintergrund miteinander verknüpfen. Trophimus, Eutropius, Saturninus und Martial sind Persönlichkeiten, die nachweislich erst im 4. Jh. n. Chr. lebten, also unmöglich Gefährten der Marien gewesen sein können. Aber das Bild von der Landung des Schiffes mit seiner heilbringenden Fracht ist dennoch treffend, weil über die Provence das Christentum Eingang in Gallien fand.

Vermutlich bildeten sich schon im Laufe des 2. Jh. n. Chr. die ersten Gemeinden, doch ist die Frühzeit des Christentums überschattet von wiederholten Verfolgungen, und zudem ist die Quellenlage denkbar dürftig. So wurden noch unter Diokletian Massenpogrome gegen die neue Glaubensrichtung in Szene gesetzt. Der Wandel zeichnete sich aber schon in dieser Zeit ab. Diokletians Mitregent Galerius hatte ein Edikt erlassen, das die Verfolgung der Christen verbot. Zum Durchbruch kam es unter Konstantin dem Großen, selbst Sohn einer Christin, der hl. Helena, der, einer göttlichen Eingebung zufolge, am Tag vor der Entscheidungsschlacht gegen Maxentius an der Milvischen Brücke (28. Oktober 312) das Kreuz seinem Heer als Standarte vorantragen ließ. Im Jahr darauf erließ er zu Mailand jenes Toleranzedikt, das den Christen die freie Ausübung ihrer Religion im ganzen Reich garantierte. Noch im selben Jahrhundert wurde das Christentum durch Theodosius den Großen (395) zur offiziellen Staatsreligion erhoben. Die Zahlen sprechen für sich: Man schätzt, daß beim Regierungsantritt Konstantins des Großen höchstens ein Zehntel aller römischen Bürger Christen waren; bis zur Mitte des 4. Jh. soll sich ihre Zahl von fünf auf zehn Millionen verdoppelt haben.[2] Konstantins persönliche Haltung zum Christentum mag zwiespältig gewesen sein, er selbst ließ sich erst auf dem Sterbelager taufen. Aber er hatte die staatstragende und vor allem staatserhaltende Kraft der Religion erkannt, war deshalb lebhaft an allen Glaubensfragen interessiert und griff direkt in innerkirchliche Angelegenheiten ein. 314 berief er das erste allgemeine Konzil ein, das in seiner damaligen Residenz Arles zusammentrat. Es sollte eine Entscheidung im sogenannten Donatistenstreit herbeiführen, eine in den Gemeinden Nordafrikas gärende Uneinigkeit.

Auf den Lérinsinseln und in Marseille bildeten sich bereits im 4. Jh., noch vor der Ordensgründung des hl. Benedikt von Nursia, die ersten Mönchsgemeinschaften.

In dem Maße, wie im Laufe des 5. Jh. die Stellung des weströmischen Kaisers an Bedeutung verlor, erstarkte die Position des Bischofs von Rom, des Papstes. Ebenso profilierten sich nun zunehmend die Bischöfe in den Kirchenprovinzen als Statthalter der alten Ordnung und des rechten Glaubens, den sie letztlich erfolgreich gegen das arianische Bekenntnis der neuen Landesherren behaupten konnten. So wurde das Christentum über alle Umwälzungen hinweg zur tragenden Brücke zwischen der Antike und dem Mittelalter. Deshalb wird gerade in der Provence, wo das Christentum früher als im übrigen Gallien hatte Wurzeln schlagen können, die Kunst des Mittelalters nur verständlich, wenn man in ihr das späte Erbe der antiken Kultur erkennt.

Die Provence im Umbruch

Bis zum Anbruch dieser neuen Blütezeit jedoch erlebte die Provence ein wechselvolles Schicksal. Die Westgoten, deren Herrschaftsbereich sich anfangs auf den Westen Südfrankreichs beschränkt hatte, dehnten ihren Einfluß nach Osten hin aus. Hierbei kam es zu Streitigkeiten mit den Burgundern, die ihrerseits von Savoyen die Fühler nach Süden ausgestreckt hatten. Die Provence, uralte Drehscheibe der Völker, hat zu allen Zeiten ihre Faszination ausgeübt. 507 aber unterlagen die Westgoten den Franken (Schlacht bei Vouillé), die beharrlich von Norden her ihren Einflußbereich nach Süden erweiterten. Der Schwerpunkt des Westgotenreiches verlagerte sich nach Spanien. Doch fiel die Provence den Franken keinesfalls in den Schoß; zuvor etablierten sich dort die Ostgoten Theoderichs, der als Sieger über Odoaker die Herrschaft über Italien angetreten hatte. Theoderichs Ziel war die Beendigung der Feindseligkeiten unter den Germanenvölkern. Er führte Eheschließungen zwischen vandalischen, westgotischen, thüringischen, ostgotischen und fränkischen Prinzen und Prinzessinnen herbei. Aber diese Friedenspolitik scheiterte an dem ungestümen Landhunger der Franken. Als nach Theoderichs Tod (526) das Ostgotenreich zerfiel, bemächtigten sie sich der Provence, die nun Teil des entstehenden fränkischen Großreiches wurde. Doch zur Ruhe kam das Land deshalb noch lange nicht. Seit dem 8. Jh. wurden die Küstenstädte wiederholt von Arabern und Normannen überfallen. Die großangelegte Offensive der Sarazenen in Richtung Norden konnte zwar durch Karl Martell, den Großvater Karls des Großen, 732 bei Tours und Poitiers abgefangen werden, aber der moslemische Feind setzte sich in der Provence fest. 838 wurde Marseille angegriffen und dem Erdboden gleich gemacht. Die Provence verteidigte sich praktisch an zwei Fronten: Nach Süden galt es die lästigen Mauren abzuschütteln, nach Norden war man auf Abgrenzung gegen die Franken bedacht, deren Zugriff auf das Land immer als Fremdherrschaft empfunden wurde. Als die Nachfolger Karls des Großen das gewaltige Reich untereinander aufteilten (Vertrag von Verdun, 843), wurde die Provence dem Mittelreich Kaiser Lothars zugeschlagen, das nach dessen Tod unter seine Söhne Ludwig II. und Lothar II. geteilt wurde. Ludwigs Erbe traten wiederum zwei Söhne an, die aber, da Ludwig ihre Mutter verstoßen hatte, als Bastarde galten. Dies diente dem provençalischen Adel, der die Schwächung in der Zentralgewalt geschickt für sich zu nutzen verstand, als Vorwand, die karolingischen Herrscher als illegitim abzulehnen, und man wählte 879 Boso von der Provence zum Souverän über die Provence. Jedoch stand das Argument für diese Inthronisation auf tönernen Füßen, denn nach Bosos eigener Rechtsauffassung, wonach nur ein legitimer Erbe Anspruch auf die Sukzession haben sollte, hätte die Provence – juristisch korrekt betrachtet – an die Karolinger des Ostreiches fallen müssen. Boso ummäntelte seinen Königsstatus mit dem Anschein der Rechtmäßigkeit, indem er über seine Frau, eine Tochter Ludwigs II., eine Verwandtschaft mit der karolingischen Dynastie vorweisen konnte. Letztlich war er aber »in dem karolingischen Reiche ein rechtlich unzulässiger König«.[3] Bosos Reich nannte man Niederburgund oder, nach seiner Hauptstadt, auch das Arelat.

Kennzeichnend an diesem Vorgang ist der kraftvolle Wille zur Unabhängigkeit, der auch das politische Geschehen der folgenden Jahrhunderte bestimmte. Wir wollen nicht das Labyrinth der wiederholten Teilungen und Erbvorgänge nachzeichnen. Es ist festzuhalten, daß die Provence im 11. Jh. schließlich auf dem Wege der Erbfolge an das Königreich Burgund kam. Als 1033 Rudolf III. von Burgund kinderlos starb, leitete das geltende Erbfolgerecht – Rudolf war ein Neffe Konrads II. – den Anspruch auf die Provence an den deutschen Kaiser weiter. Die Rhône, schon zu Zeiten Diokletians zur Grenze zwischen zwei Provinzen geworden, markierte nun für Jahrhunderte die Scheide zwischen den Königreichen Deutschland und Frankreich. Doch der Anspruch der deutschen Krone auf die Provence bestand letztlich nur auf dem Papier. Wieder gelang es dem provençalischen Adel, eine real von der Zentralgewalt abgekoppelte Stellung zu behaupten. Da man sich andererseits mit dem Kaiser auf guten Fuß zu stellen wußte, gelang es darüber hinaus, sich auf kirchlichem Gebiet gegen den Papst abzuschotten. Die provençalische Nobilität vergab die Bistümer nach eigenem Gutdünken. Als der Reformpapst Gregor VII. diesen – aus der Sicht Roms – Mißständen abzuhelfen gedachte, indem er den Erzbischof von Arles und Marseille, Aicard, 1080 absetzte, stellte sich dieser ostentativ unter den Schutz Heinrichs IV. Weil man aus den Händeln zwischen Papst und deutschem Kaisertum seinen Nutzen zu ziehen wußte, der französische König keinen direkten Zugriff im Süden seines Reiches hatte, wo sich das mächtige Herzogtum Aquitanien als Pufferzone zwischen die Ile de France und das Midi geschoben hatte, und schließlich schon Ende des 10. Jh. die letzten Mauren aus dem später nach ihnen benannten Höhenzug östlich von Marseille verjagt worden waren, bildete die Provence im 12. Jh. gleichsam einen Ruhepol am Rande des Spannungsfeldes der Großmächte.

Das 12. Jahrhundert – die zweite Blütezeit

Der Sarazenenbezwinger von 972, Graf Wilhelm, der die Mauren aus ihrer letzten Festung, Le Freinet, vertrieben hatte, begründete das Grafengeschlecht, das bis in das 13. Jh. die Geschicke der Provence lenkte. Da ein für das damalige Europa ungewöhnliches Gesetz die Erbfolge auch in der weiblichen Linie zuließ, wurden im 12. Jh. die Grafen von Toulouse und Barcelona zu Landesherren über Teile der Provence. Gleichwohl läßt sich diese Epoche nicht als von Fremdherrschaft geprägt interpretieren, denn die seit der Römerzeit bestehende kulturelle Einheit des ganzen südfranzösischen Raumes, die in der Ausbildung einer eigenen Sprache ihren deutlichsten Niederschlag gefunden hatte, erlebte damit ihre politische Manifestation.

Unbeschadet von Zänkereien um Erbfolge und Vorherrschaft erfuhr die Provence im Laufe des 12. Jh. – nach der Antoninischen Ära im 2. Jh. n. Chr. – ihr zweites »Goldenes Zeitalter«. Vor dem Hintergrund einer politisch stabilen Großwetterlage konnten Handel und Wirtschaft wieder eine Rolle übernehmen, die sie schon seit Jahrhunderten nicht mehr gespielt hatten. Dadurch wurde eine neue Kraft geweckt, das aktive Bürgertum, das, wie in zahlreichen Städten des europäischen Mittelalters, nach Autonomie strebte. Marseille, Aix und Arles machten sich von der gräflichen Aufsicht praktisch unabhängig und bildeten kommunale Selbstverwaltungen nach dem Vorbild italienischer Stadtstaaten. Wenngleich die großen Seemächte Venedig, Pisa und Genua den Mittelmeerhandel unangefochten beherrschten, vermochte Marseille an seine traditionsreiche Geschichte anzuknüpfen, und das heute versandete St-Gilles entwickelte sich zu einem der führenden Häfen der französischen Mittelmeerküste.

Mit der wirtschaftlichen Prosperität ging die Entfaltung der Künste Hand in Hand. Die romanischen Kirchen der Provence sind bleibende Zeugen ihrer zweiten großen Blütezeit. Namentlich in ihren Portalen – allen voran St-Gilles und St-Trophime in Arles – ist die Formensprache der Antike lebendig geblieben, wie auch die Architektur dieser Zeit ein Ergebnis der Auseinandersetzung mit römischen Leistungen darstellt. Die wichtigste Aufgabe der Baukunst, das Einwölben großer Räume, konnten die Architekten exemplarisch an dem damals noch fast vollständig erhaltenen Dianatempel in Nîmes studieren. Nicht hoch genug ist die zivilisatorische Leistung der Orden zu bewerten. Die Benediktiner von Montmajour trieben die Trockenlegung der Sümpfe am Nordrand der Camargue voran, die damit wirtschaftlich nutzbar wurden; die Zisterzienser erschlossen abgelegene Wildnisse und machten sie urbar.

Einen entscheidenden Anteil an dem allgemeinen Aufschwung hatte nicht zuletzt die Pilgerbewegung. Die Provence war zugleich Ziel und Ausgangspunkt zahlreicher Wallfahrer. In Montmajour, Arles und St-Gilles besaß das Land Pilgerstätten von großer Anziehungskraft. Der »Pardon de Montmajour«, ein Ablaß, der einmal im Jahr gewährt wurde, zog noch im

15. Jh. bis zu 150 000 Menschen an. Seitdem die abendländische Christenheit den Weg zum Grabe des Apostels Jakobus zur Paradewallfahrt gemacht hatte, nahm die Provence eine Schlüsselstellung ein. St-Gilles wurde zum Sammelbecken aller aus Südeuropa, vor allem Italien, kommenden Gläubigen, die von hier in größeren Trupps ihren beschwerlichen Weg nach Santiago de Compostela antraten. Neben dem wirtschaftlichen Aspekt – Pilger bedeuteten immer eine sichere Einnahmequelle – erleben wir hierin die Provence wieder als ein Land, in dem sich, wie seit alters, die unterschiedlichsten Völker und Kulturen des europäischen Kontinents begegneten.

Die Ausbildung einer höfischen Kultur fand in einer eigenen Literaturgattung, der Troubadourlyrik, ihren Ausdruck:

>»In den Talen der Provence
>Ist der Minnesang entsprossen,
>Kind des Frühlings und der Minne
>Holder inniger Genossen.«

Mit diesen Zeilen hat Ludwig Uhland im 19. Jh. ein verklärtes Bild gezeichnet, das genau betrachtet nicht ganz zutrifft. Die eigentliche Wiege der Troubadourlyrik war Aquitanien, dessen Herzog Wilhelm IX., der Großvater der legendären Eleonore von Aquitanien, als der erste Troubadour gilt. Von dort fand die Kunst der Troubadours Eingang in die Provence; an den Höfen von Orange, Les Baux und Aix wurde sie besonders gepflegt. In dem zentralen Thema der Troubadourgesänge, der Verehrung einer angebeteten Frau, wird erkennbar, daß dem hemmungslosen Raubrittertum Zügel angelegt wurden und sich ein Wandel zu höfischer Gesittung vollzog. Von der Provence ausgehend fand die Troubadourlyrik, das Fundament der europäischen Dichtung, Verbreitung im ganzen Abendland, »zunächst in provençalischer Sprache, bald aber in der jeweiligen Sprache des Landes, überall in charakteristischer Weise weitergebildet. Die lyrische Kunst Dantes ist – historisch gesehen – eine Vertiefung und Höherentwicklung der Troubadourkunst, und auch Petrarca wäre ohne die Provençalen nicht denkbar. Selbst der deutsche Minnesang ist, zumal in seiner Anfangszeit, tief von ihr beeinflußt.«[4]

Das hohe Mittelalter

1177 war Venedig Schauplatz eines welthistorischen Ereignisses gewesen: Der Doge Sebastiano Ziani hatte Papst Alexander III. und den deutschen Kaiser Friedrich I. Barbarossa miteinander ausgesöhnt. Seinen Rückweg nutzte der Staufer zu einem Umweg über die Provence, wo er sich in Arles zum König über das Arelat krönen ließ, dessen oberster Lehnsherr der deutsche Kaiser seit 1033 war. Aber diese Demonstration entbehrte der Wirkung wie auch derselbe Vorgang, den Karl IV. rund zweihundert Jahre später ebendort noch einmal inszenierte. Der Herrschaftsanspruch des deutschen Kaisers blieb nominell. Dagegen wurden schon bald die Machtgelüste der französischen Könige geweckt, deren beharrliches Engagement letztendlich zum Erfolg führte.

Kaiser Friedrich I. Barbarossa mit seinen Söhnen Heinrich IV. und Friedrich von Schwaben. Aus einem Manuskript des 12. Jh.

Am Beginn der französischen Landnahme im okzitanisch sprechenden Süden stand der Albigenserkreuzzug. Die Sekte der Katharer, Anhänger einer streng dualistischen Glaubenslehre, die aus dem Osten nach Frankreich eingedrungen war, wich in wesentlichen Punkten von der römisch-katholischen Doktrin ab. Innozenz III., die mächtigste Gestalt in der Geschichte des Papsttums, rief nach der Ermordung seines Legaten Peter von Castelnau in St-Gilles (1209) zum Kreuzzug auf. Der französische König, Philipp II. Auguste, dessen Kräfte zu diesem Zeitpunkt noch durch den Krieg gegen Englands Johann Ohneland gebunden waren, beteiligte sich anfangs nur zögernd an diesem beispiellosen Kreuzzug von Christen gegen Christen. Hauptschauplatz war zwar die Languedoc, aber auch die Provence blieb von den Geschehnissen nicht unbeeinträchtigt. Das Massaker von Béziers, dem 1209 die gesamte Einwohnerschaft der Stadt – 20 000 Menschen, Ketzer wie Rechtgläubige – zum Opfer fiel, ertränkte gleich zu Beginn des würdelosen Feldzugs die blühende Kultur Südfrankreichs in einem Strom von Blut. Unter Simon von Montfort wandelte sich der Glaubenskrieg binnen kurzem zu einem territorialen Eroberungsfeldzug der französischen Feudalaristokratie. Da mochte auch der König nicht länger hintanstehen. 1226 übernahm Ludwig VIII., der Sohn und Nachfolger Philipps II., die Leitung des Feldzugs persönlich. Sein Heer bewegte sich auf der uralten Straße im Rhônetal abwärts, und die Städte Orange, Tarascon, Nîmes, Arles, ja selbst Marseille huldigten dem König unverzüglich. Der Schock von Béziers war noch frisch im Gedächtnis. Lediglich Avignon probte den Widerstand, wurde aber nach dreimonatiger Belagerung eingenommen und leistete ebenfalls den Treueid. Ludwig starb noch im selben Jahr auf der Rückkehr von dem eroberten Toulouse nach Paris. Seine Frau, Blanche von Kastilien, die die Regentschaft für den

Papst Innozenz III. Fresko von Raffael in den Stanzen des Vatikans

Siegel Raimunds VII., Graf von Toulouse

gerade erst elfjährigen Ludwig IX. führte, brachte den Albigenserkrieg 1229 zu einem Abschluß, der ganz im Interesse der Krone lag. Graf Raimund VII. von Toulouse wurde zu einem demütigenden Frieden gezwungen, der seinen Einflußbereich auf ein Schrumpfgebiet um Toulouse selbst reduzierte. Sein vormaliger Besitz in der Provence wurde zum Teil Kronlehen, ein Teil verblieb bei dem Grafen Raimund-Berengar V. von Barcelona, die Grafschaft Venaissin wurde dem Kirchenstaat zugesprochen.

Die Anbindung der Provence an die französische Krone wurde noch enger, als Raimund-Berengar 1245 ohne männlichen Erben starb. Seine Nachfolge trat Karl von Anjou an, Bruder Ludwigs IX., der mit einer Tochter Raimunds verheiratet war. Die großen Städte widersetzten sich dem neuen Landesherrn, der 1248 mit seinem königlichen Bruder zum dritten Kreuzzug aufgebrochen war. Aber schon nach zwei Jahren kehrte Karl überraschend früh zurück und nahm 1251 Arles und Avignon, im Jahr darauf Marseille ein. Damit wurde die Provence zum Sprungbrett des Anjou für seine Eroberungen in Italien. 1265 belehnte ihn Papst Clemens IV. mit Neapel und Sizilien, um die staufischen Nachfahren des geächteten Friedrichs II. auszuschalten. Karl siegte über den letzten Staufer, Konradin, und ließ ihn im Oktober 1268 ungeachtet seines jugendlichen Alters – er war eben sechzehnjährig – in Neapel enthaupten. Mit derselben Rücksichtslosigkeit verfochten die Anjous ihren Anspruch auf die Provence. Karl II. unterdrückte systematisch die weltlichen Ambitionen der Bischöfe und die republikanischen Bestrebungen des städtischen Bürgertums.

In den Mittelpunkt des weltpolitischen Geschehens rückte die Provence noch einmal, als 1309 Papst Clemens V. Avignon zur Residenz der Päpste wählte. Fast ein Dreivierteljahrhundert währte dieses »Babylonische Exil«, als welches es Dante gebrandmarkt hat. Mit dem Fortgang der Päpste 1376 verlor die Provence an politischer Bedeutung. Das Haus Anjou gebot noch gut hundert Jahre über die Grafschaft, bis der letzte aus diesem Geschlecht, der populäre Graf René der Gute (er trug daneben den wohlklingenden Titel eines Königs von Neapel und Jerusalem – zu diesem Zeitpunkt nur mehr Titularkönigtümer des Hauses Anjou), 1480 ohne Nachkommen starb. Die Grafenwürde ging auf Karl III. von Maine über, der aber schon ein Jahr später starb und die Provence, da er gleichfalls keine Erben hatte, testamentarisch der französischen Krone überließ – ein nach den geltenden Feudalgesetzen legaler Vorgang.

Die Provence im Schatten der Krone

Zwar war die Provence im späten 15. Jh. endgültig französisch geworden, aber der seit dem 11. Jh. existierende Anspruch des deutschen Königs auf die Herrschaft bestand formell weiter. Karl V. unternahm deshalb noch zwei Versuche, sich gewaltsam in den Besitz der Provence zu bringen. Die erste Gelegenheit bot sich 1524, als Franz I. in der größten Schlacht des 16. Jh., bei Pavia, gegen den deutschen Kaiser unterlegen und in Gefangenschaft geraten war. Doch der Vorstoß Karls scheiterte an der erbitterten Gegenwehr der provençalischen Städte, die loyal zu ihrem König hielten. 1536 unternahm Karl V. einen zweiten Anlauf, der ebenso wie der erste ohne Ergebnis blieb. Von nun an war die Provence unverbrüchlich Bestandteil des französischen Königreichs – indes zur Ruhe sollte das Land deshalb auch weiterhin nicht kommen. Der stets lebendige Wille der Provençalen zur Unabhängigkeit hatte schon Ludwig XII. 1501 dazu bewogen, in Aix ein Parlament einzurichten, das er mit Nichtprovençalen besetzte, um die

Siegel Karls II. von Anjou

35

Autonomiegelüste des Landes in Grenzen zu halten. So ist denn auch dieses Parlament bezeichnenderweise als eine der drei Geißeln der Provence in dem bereits zitierten Sprichwort genannt. Und in der Tat führte sich das Gremium wie alle Fremdherrscher, die im Laufe der Jahrhunderte über die Provence hergefallen waren, in traditioneller Weise ein: Wieder mußte Blut fließen. Diesmal waren die Verfolgten die Waldenser, eine Sekte, die schon im 12. Jh. durch Petrus Waldus, einen Kaufmann aus Lyon, gegründet worden war, deren vermeintliche Bedrohung für den wahren Glauben jedoch anfangs vom Albigensertum überdeckt wurde. Als Franz I. durch seine Kontakte mit deutschen protestantischen Fürsten und dem türkischen Sultan in den Verdacht der Ketzerei geriet, fand er in der Ausrottung der Waldenser die passende Gelegenheit, sich als aufrechter Katholik zu rehabilitieren. Die Pogrome gipfelten 1545 in einem Massaker, dem mehrere tausend Waldenser zum Opfer fielen.

Mittlerweile war auch die Reformbewegung des Protestantismus in die Provence vorgedrungen. Obwohl die Hauptschauplätze der nach Mitte des 16. Jh. anhebenden Religionskriege im Westen des Königreiches lagen, wurde auch die Provence in den Strudel dieses unseligen Bürgerkrieges hineingezogen, da sich weite Teile ihrer Bevölkerung dem neuen Glauben angeschlossen hatten. Nîmes entwickelte sich rasch zu einer Hochburg des Calvinismus. 1567 wurden zahlreiche Hugenotten in der Stadt von Katholiken ermordet. Zwei Jahre später gelang es protestantischen Truppen, Nîmes wieder in ihre Gewalt zu bringen. 1598 fand diese Epoche der religiösen Auseinandersetzung durch das von Heinrich IV. zu Nantes erlassene Edikt ein vorläufiges Ende.

Das Parlament hatte indes eine Kehrtwendung vollzogen, die dem König ein Dorn im Auge sein mußte. Ursprünglich als Vollstrecker der Zentralgewalt eingerichtet, hatte es sich zunehmend zum Interessenvertreter der Provence gewandelt. Als mit den Kardinälen Richelieu und nach ihm Mazarin kompromißlose Verfechter des absolutistischen Königtums auf den Plan traten, kam es zwangsläufig zu Spannungen. Ein militärisches Vorgehen gegen die aufrührerische Provinz, wie es Richelieu 1628/29 so unerbittlich gegen La Rochelle in Szene gesetzt hatte, blieb der Provence erspart. Kardinal Mazarins Bruder, Michel Mazarin, konnte in seiner Funktion als Bischof von Aix schließlich eine Verständigung mit der Krone herbeiführen. Dem Parlament wurden Befugnisse eingeräumt, die praktisch einer Selbstverwaltung der Provence gleichkamen. Marseille aber, das sich am nachdrücklichsten gegen die königliche Hegemonie zur Wehr gesetzt hatte, wurde dadurch bestraft, daß der Sitz der mittelmeerischen Kriegsflotte Frankreichs nach Toulon verlegt wurde, was die Handelsstadt nicht unbedingt als Verlust empfunden haben dürfte. Schmerzlicher war da sicher der Ausbau der beiden Forts St-André und St-Nicolas an der Hafeneinfahrt der traditionsreichen Stadt, die den Machtanspruch Ludwigs XIV. auf martialische Weise verewigten.

Nach fast hundert Jahren des religiösen Friedens riß der Sonnenkönig 1685 die alten Wunden wieder auf. Er widerrief das Edikt seines Großvaters, Heinrichs IV., und leitete damit einen Massenexodus der Hugenotten ein. Viele, die nicht ihr Vaterland verließen, wurden – oftmals für Jahrzehnte – eingekerkert.

Wenn auch die Zentralisierung bedrückende Ausmaße annahm, versank die Provence dank ihrer Sonderstellung nicht in jener schemenhaften Bedeutungslosigkeit, die das Gesicht so vieler anderer Provinzen Frankreichs seit dem ausgehenden 17. Jh. verschleierte. War die Kunst der Gotik und auch die der Renaissance fast spurlos an der Provence vorübergegangen, die seit den Albigenserkreuzzügen bis zu den Fehden zwischen Katholiken und Protestanten kaum zur Ruhe gekommen war, hat der »Stile classique« der Barockära das Erscheinungsbild der Städte, allen voran das von Aix, um eine reizvolle Note bereichert. Die großzügige Parkanlage des Jardin de la Fontaine in Nîmes, die Barockkirchen in Avignon, Arles, Nîmes, Beaucaire und anderen Städten sowie die zahlreichen Stadtpalais in Aix sind sinnbildhafter Ausdruck für das Selbstwertgefühl eines Landes, das niemals den Glauben an seine Eigenständigkeit aufgegeben hat.

Im Spannungsfeld zwischen Tradition und Fortschritt

Als 1789 das morsch gewordene System des Absolutismus unter dem Ansturm der Revolution zerbrach, war auch die Bevölkerung der Provence von Anbeginn mit Feuereifer an der Umwälzung beteiligt. Als erstes hat man den letzten Rest überkommener Fremdherrschaft beseitigt: 1791 wurde die Grafschaft Venaissin, die immer noch zum Patrimonium Petri gehörte, annektiert. Sechs Jahre später stimmte der Papst der Gebietsabtretung im Frieden von Tolentino offiziell zu. Erst jetzt war die Provence ohne die geringste Ausnahme französisches Territorium.

Aus dem provençalischen Adel ging mit Mirabeau eine der schillerndsten Gestalten der Revolution hervor. Der geniale Taktiker hatte sich ostentativ auf die Seite des Volkes gestellt, focht aber für eine gemäßigte Reform. Sein früher Tod 1791 machte den Weg frei für die Radikalisierung der Revolution.

1792 entsandte Marseille eine Abteilung von 500 Freiwilligen als Verstärkung der Revolutionstruppen in die Hauptstadt. Bei ihrem Einzug in Paris schmetterten sie den von C. J. Rouget de Lisle ursprünglich als »Chant de guerre pour l'armée du Rhin« komponierten Gesang, ein Kampflied für den bevorstehenden Krieg mit Preußen und Österreich, der spontan von allen Revolutionären aufgegriffen wurde. Seitdem nannte man den Schlachtgesang mit der berühmten Anfangszeile »Allons, enfants de la patrie! Le jour de gloire est arrivé!« die Marseillaise, die seitdem Frankreichs Nationalhymne ist.

Auf die erste Begeisterung folgte allerdings bald die Ernüchterung. Marseille bezog Front gegen das brutale Vorgehen des Konvents und schloß sich der von Bordeaux ausgehenden gemäßigteren Bewegung der sogenannten Girondisten an. Doch wieder einmal erwies sich Paris als stärker; die Opposition wurde niedergeschlagen und Marseille vorübergehend zur »Stadt ohne Namen« degradiert.

Inzwischen war der Name »Provence« von der Landkarte getilgt, das Gebiet zwischen Seealpen und Rhône in fünf Departements unterteilt worden. Aix verlor dabei seine alte Vorrangstellung.

Noch einmal richteten sich aller Augen auf die Provence, als Napoleon am 1. März 1815, aus seinem Exil auf Elba zurückkehrend, in der Nähe von Cannes französischen Boden betrat, um

François Rude, Relief mit der Verherrlichung der Marseillaise vom Arc de Triomphe in Paris

die wiedereingesetzten Bourbonen zu vertreiben. Bei seinem Marsch nach Norden mied er das Rhônetal. Über Grasse, Castellane, Digne und Sisteron erreichte er Grenoble, das ihm einen begeisterten Empfang bereitete. Aber nach hundert Tagen zerbrachen auf dem Schlachtfeld von Waterloo die Hoffnungen des Kaisers auf eine Wiedererlangung der einstigen Stellung.

Von nun an entfaltete sich Marseille zusehends zu einer Drehscheibe des internationalen Handels, während die anderen Städte der Provence in provinzieller Abgeschiedenheit dahinschlummerten. Die fatale Zentralisierung Frankreichs zur Zeit der absolutistischen Könige wurde in der Revolution und der anschließenden Restauration beibehalten; lediglich Marseille konnte sich behaupten. Dem kam die Eroberung Algiers 1830 unter Karl X. zugute und vor allem die Eröffnung des Suez-Kanals 1869, wodurch Marseille der wichtigste Seehafen im westlichen Mittelmeer wurde.

Jetzt begann auch die Erschließung der Provence als Urlaubsland. Die Engländer, traditionelle Wegbereiter des Tourismus, entdeckten die Küste des Sonnenlandes als ideales Winterquartier, und dem damit verbundenen Aufschwung der Küstenorte folgte nach 1945 auch das Binnenland. Die Anziehungskraft der Provence blieb nicht auf Ausländer beschränkt. Einer erst kürzlich durchgeführten Umfrage zufolge würden 80 Prozent aller Franzosen, gesetzt den Fall, sie können ihren Wohnsitz frei bestimmen, nach Aix-en-Provence oder in die Umgebung dieser Stadt übersiedeln. So überrascht es nicht, daß die Region Provence – Côte d'Azur seit Jahren einen enormen Bevölkerungszuwachs verzeichnet, während fast alle anderen Regionen Frankreichs weiterhin mit dem Problem der Abwanderung, namentlich der Landbevölkerung, zu kämpfen haben. In Burgund etwa gibt es Gemeinden, deren Einwohnerzahl gegenüber dem 19. Jh. um mehr als die Hälfte zurückgegangen ist. Dagegen ist Marseille zur drittgrößten Stadt Frankreichs angewachsen; Städte wie Avignon, Aix und besonders Nîmes erlebten in den letzten Jahren einen rasanten Zuwachs. Die Einwohnerzahl von Nîmes etwa ist seit Mitte der sechziger Jahre von 90 000 auf mittlerweile 140 000 angestiegen.

Goethes Vision von einem Frankreich, für das es eine »Wohltat wäre, wenn es statt eines großen Zentrums zehn hätte, die überall Licht und Leben verbreiten würden«, nimmt in diesen Dezennien konkrete Gestalt an. Mit dem Ausruf »Es lebe die Provinz« endete ein im Mai 1985 erschienener Artikel des »Nouvel Observateur«. Diese Entwicklung wird durch die zunehmende Industrialisierung des Midi begünstigt. Die Industrie drängt zu den Rohstoffquellen. Im Bereich um Fos-sur-Mer und Port-de-Bouc entsteht seit Jahren ein petrochemisches Industrieagglomerat, gefolgt von Stahlwerken und anderen Fabrikationsstätten, das auf dem besten Wege ist, sich zum Ruhrgebiet Frankreichs zu entwickeln.

Aber die Industrialisierung ist hier, wie überall, ein zweischneidiges Schwert. Vormals unberührte Landschaften sind dem Fortschritt geopfert worden. Die großen Ölreservoirs und Raffinerien, die man auf dem Wege von Arles nach Marseille beobachtet, bieten eine gespenstische Kulisse. Die dort entstehenden Schadstoffemissionen, die zu einem großen Teil über dem Naturschutzgebiet der Camargue niedergehen, haben bereits ein nicht mehr wiedergutzumachendes Vernichtungswerk in der Tier- und Pflanzenwelt in Gang gesetzt. Im Tal der Rhône gibt es ein dichtes Netz von Atomkraftwerken. Jean Giono, der sich zum wortgewaltigen Gegner der umstrittenen Energie gemacht hatte, antwortete, als man ihm die angebliche Harmlosigkeit der Atommeiler klarmachen wollte, warum sie dann nicht vor den Toren von Paris errichtet würden.

Urbanen Wildwuchs, weitere Landschaftszerstörung durch Ausbau des Straßennetzes, Verseuchung der Flüsse und des Mittelmeeres und zahlreiche andere Probleme zieht die Industrialisierung des Südens nach sich. Und schon ist wieder vieles von dem gerade Begonnenen in Frage gestellt. Hatte die Stahlproduktion in Fos den Niedergang der lothringischen Hochöfen eingeleitet, so steht man nun dort inzwischen selbst vor dem Scherbenhaufen der Rezession der achtziger Jahre. Viele, die meinten, in den neuen Industrierevieren einen sicheren Arbeitsplatz zu finden, sind jetzt ohne Job. Die Provence wird damit leben müssen, daß sie, indem sie den Status der führenden Industrieregionen dieser Welt erreicht hat, auch mit allen damit verbundenen Konflikten konfrontiert wird.

Doch auch in kultureller Hinsicht hat das Land aufgeholt, es verläßt sich nicht mehr allein auf seine Vergangenheit. Mittlerweile gibt es genügend Beispiele dafür, wie das Erbe früherer Zeiten mit den Ausdrucksmöglichkeiten und Bedürfnissen unserer Tage in Einklang gebracht werden kann: Aix hat mit seiner Universität und seinem breiten kulturellen Angebot wieder die Rolle einer Metropole der Wissenschaft und der Kunst zurückerobert; der zu Teilen zu einem Kongreßzentrum umgebaute Papstpalast in Avignon ist nicht mehr bloß ein lebloser Steinkoloß inmitten der quirligen Stadt; das Vasarely-Museum im Schloß zu Gordes führt die gelungene Verbindung von Vergangenheit und Gegenwart vor Augen, womit nur einige besonders prägnante Erscheinungen zitiert werden.

Reise-Routen

Im Tal der Rhône nach Süden

Vienne 41 – Valence 48

> »Lyon ist das Tor zum Süden« (Peter Jokostra)
> »Valence, das Tor des Sonnenreiches ...« (René Schickele)
> »Das Tor zur Provence ist der Triumphbogen von Orange ...«
> (Wolfgang Koeppen)

Während die Rhône nach Westen, die Mittelmeerküste nach Süden und die Alpen nach Osten klare geographische Grenzen der Provence sind, scheint ihre Ausdehnung nach Norden dem Geschmack des einzelnen Interpreten anheimgestellt. Die Zitate oben belegen das Dilemma. Und doch hat jeder der genannten Autoren auf seine Weise recht. Lyon markiert eine deutliche Klimascheide, was sich dem Reisenden im sich wandelnden Bild der Vegetation mitteilt: Von nun an nimmt die Landschaft unverkennbar mediterrane Züge an. Aus historischer Perspektive betrachtet ließe sich Valence als Tor zur Provence reklamieren, reichte doch die römische Provinz der Narbonensis ursprünglich bis in diesen Teil des Rhônetals. Berücksichtigt man jedoch die territoriale Gebietseinteilung im Mittelalter, so beschreibt der Flußlauf des Aigues, der in der Nähe von Orange in die Rhône mündet, die nördliche Grenze der Provence. Diese seitdem bestehende »offizielle« Definition legen wir unseren Beschreibungen zugrunde.

Da nicht jeder Reisende auf dem schnellsten Wege, das heißt auf der Autobahn A 7 *(Autoroute du Soleil)* der Provence entgegenstrebt, bieten die beiden ersten Routenbeschreibungen Anregungen, wie sich die Fahrt in reizvolle Etappen einteilen läßt.

Vienne

Blick in die Geschichte

Der aus Spanien stammende römische Dichter Martial (ca. 40–102 n. Chr.) prägte für seinen Eindruck von Vienne die knappe Formel: »Vienna pulchra« – Schönes Vienne! Die erhaltenen Bauten aus der Antike vermögen auch heute noch ein lebendiges Bild von der Größe und dem

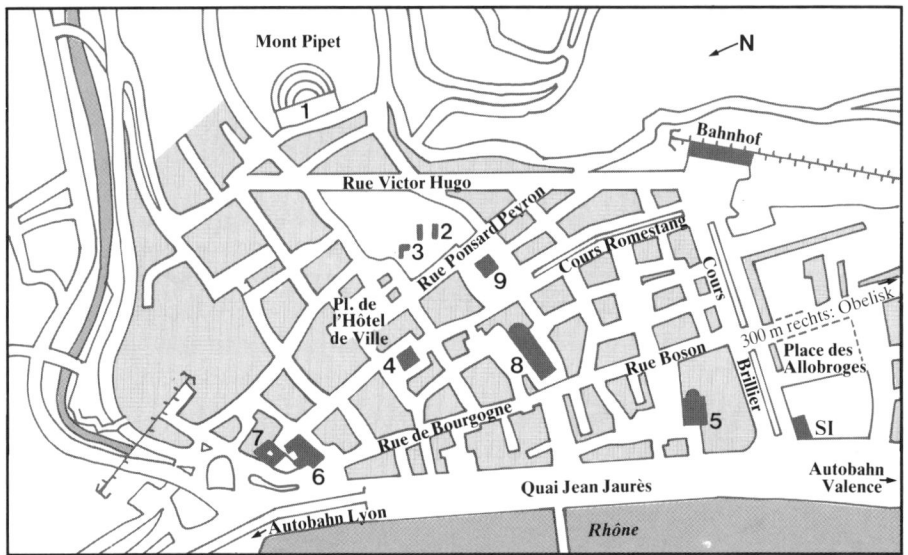

Vienne:
1 Römisches Theater   2 Kybele-Heiligtum   3 Römischer Doppelbogen   4 Tempel des Augustus und der Livia   5 St-Pierre mit dem Archäologischen Museum   6 St-André-le-Bas   7 Kreuzgang von St-André-le-Bas 8 Gotische Kathedrale St-Maurice   9 Musée des Beaux-Arts

Rang der einstigen Provinzhauptstadt zu vermitteln. Nachdem der im Bereich um Vienne siedelnde Stamm der Allobroger bereits unter Quintus Fabius Maximus 121 v. Chr. geschlagen worden war, hat erst Caesar ihn endgültig unterworfen. In den Regierungsjahren des Augustus erhielt die Stadt dann ihre prachtvolle bauliche Gestaltung, die Martial so tief beeindruckt hatte. Seit der Neugliederung des Imperiums durch Kaiser Diokletian nahm Vienne den Rang der Provinzhauptstadt der Narbonensis Secunda ein. Aus dieser Zeit leitet sich das Selbstbewußtsein der Stadtherren her, eine Rolle, die im beginnenden Mittelalter die Bischöfe einnahmen. Sie machten den Amtskollegen in Arles sogar den Anspruch auf den Primat in der gallischen Kirche streitig.

Obwohl das Viennois bereits im frühen 14. Jh. an die französische Krone kam, behauptete die Stadt noch weitere 150 Jahre ihre Selbständigkeit. Erst 1450 vollzog Erzbischof Jean de Poitiers den formellen Anschluß an die Krone. Seitdem hat Vienne viel von seinem einstigen Rang verloren und ist schließlich völlig in den Schatten der seit der Einführung der Seidenweberei im 15. Jh. aufstrebenden Rivalin Lyon geraten. Ab 1801 wurde die einstige Kathedrale dem damals neugeschaffenen Bistum Grenoble als Pfarrkirche unterstellt.

Selbst wer auf dem Weg in die Provence zügig vorankommen möchte, sollte einen Abstecher nach Vienne nicht versäumen, da man sich hier, besser als irgendwo sonst im Rhônetal, auf die Stätten des Südens einstimmen kann.

Das römische Theater (Abb. 2)

Der Autofahrer folgt am besten der Ausschilderung zur Tiefgarage St-Marcel, die am Fuße des Pipet-Hügels, nur wenige Schritte vom römischen Theater entfernt, liegt. Von hier aus läßt sich bequem ein Rundgang durch die Stadt zu Fuß unternehmen.

Das antike Theater, das vermutlich schon zu Zeiten des planmäßigen Ausbaus der Stadt unter Augustus angelegt wurde, ist tief in den Pipet-Hügel hineingemuldet. Mit seinen imposanten Ausmaßen von 130 m im Durchmesser war es das größte Bauwerk seiner Art in Gallien und überragt die Stadt auch heute noch weithin sichtbar. Als nach der Mitte des 3. Jh. n. Chr. die ersten germanischen Völkerströme die Städte des Rhônetales heimsuchten, erlitt es erste Beschädigungen. Im Mittelalter als Steinbruch mißbraucht, war das Theater bald dem Verfall preisgegeben. Schließlich verschwand die Ruine nach und nach unter den Schuttmassen, die vom Hügel heruntergeschwemmt wurden. Zu Beginn unseres Jahrhunderts wurden die Überreste freigelegt und die Zuschauerreihen teilweise rekonstruiert, so daß 1938 die erste Freilichtaufführung wieder stattfinden konnte. Seitdem werden regelmäßig in den Sommermonaten Darbietungen veranstaltet.

Insgesamt steigen 46 Zuschauerreihen hügelan (neun mehr als in Orange), die Platz für schätzungsweise 13 000 Menschen boten. Teile der untersten Sitzbank, auf der die Prominenz Platz nahm, sind erhalten, desgleichen Fragmente von der Bühnenbrüstung, an der man Tiergestalten in Marmorreliefs entdeckt (Abb. 2). Über Bedeutung und genauen Aufbau eines römischen Theaters wird noch im Zusammenhang mit Orange ausführlicher zu sprechen sein.

Das Kybele-Heiligtum und der römische Doppelbogen (Abb. 4)

Stadteinwärts gehend überquert man bald unterhalb des Theaters den breiten Boulevard Victor Hugo und gelangt in den Parc Archéologique. Hier wurden Fundamente freigelegt, die nach den dort gefundenen inschriftlichen Fragmenten zu einem Kybele-Heiligtum gehörten. Die Römer haben den Kult dieser ursprünglich in Phrygien (Kleinasien) beheimateten Naturgöttin übernommen und ihn im Sinne eines Schutzpatronats für bedeutende Stadtgründungen umgedeutet. Die Verehrung der Kybele erfreute sich deshalb gerade in der frühen Kaiserzeit großer Beliebtheit. Linkerhand – talwärts schauend – sieht man die Reste von Baulichkeiten, die vermutlich der Priesterschaft als Wohnräume dienten. Nach rechts schließt sich ein kleines Theater an, dessen Seiten durch Mauern aus gewaltigen Quadern eingefaßt sind. An dieser Stelle fanden kultische Aufführungen zu Ehren der Gottheit statt.

Einen markanten Akzent setzt der Doppelbogen, der ursprünglich ein viertoriges Bauwerk war, ähnlich dem »Janus Quadrifrons« in Rom. Ihm kam in der römischen Stadtstruktur eine wichtige Bedeutung zu: An der Südostecke des Forums plaziert, stellte er eine städtebauliche Verbindung zwischen Marktplatz und dem heiligen Bezirk her (Abb. 4).

Der Tempel des Augustus und der Livia (Abb. 3)

Das einstige Forum ist heute zwar weitgehend überbaut und in seinen ursprünglichen Abmessungen kaum mehr zu erahnen, aber sein wichtigstes Bauwerk, der Tempel, hat die Zeiten überdauert (Abb. 3). Er ist das bedeutendste Denkmal der Stadt und zugleich eine der besterhaltenen Tempelanlagen des gesamten Imperiums. Seine Erbauung wird in die Regierungszeit des Augustus datiert. Möglicherweise schon nach wenigen Jahren schadhaft geworden, wurde unter Kaiser Claudius eine Renovierung erforderlich, anläßlich der der Tempel neu konsekriert wurde. Die traditionell am Architrav angebrachte Inschrift ist zwar nicht mehr erhalten, aber aus der Anordnung der Dübellöcher für die bronzenen Buchstaben ließ sich eine Dedikation an Jupiter, Augustus und Livia, dessen Gemahlin, die von Claudius postum vergöttlicht wurde, stichhaltig entziffern.

Seine Erhaltung verdankt der Tempel, wie meist in solchen Fällen, der Tatsache, daß er im Mittelalter als Kirche benutzt wurde. Die dafür nötigen baulichen Veränderungen wurden im 19. Jh. wieder rückgängig gemacht. Zuletzt war das Denkmal arg heruntergekommen und akut vom Einsturz bedroht, bis die kürzlich durchgeführte, erst 1980 abgeschlossene Restaurierung einem weiteren Verfall vorgebeugt hat.

Das Bauwerk vertritt den Typus des sogenannten Podiumtempels, der auf ein hohes Postament gestellt und nur an der vorderen Schmalseite über Stufen zu erreichen ist. Eine offene Säulenhalle umstellt die Cella, die sich zwischen den beiden letzten Säulenpaaren nach außen verbreitert. So entsteht ein T-förmiger Grundriß der Cella, eine singuläre Erscheinung, für die es bis heute keine schlüssige Erklärung gibt.

So eindrucksvoll diese erste Begegnung mit der Baukunst der römischen Antike für den Reisenden auch ist, muß man sich doch vor Augen halten, daß die späteren Aufschüttungen – der Betrachter steht heute gut zwei Meter über dem einstigen Platzniveau des Forums – das Erlebnis erheblich beeinträchtigen. Aus der jetzigen Perspektive verliert der Tempel an Wirkung, und dieser Umstand erschwert das Verständnis für die inhaltliche Aussage des Bauwerks. Da uns in Nîmes ein ähnlicher und sogar noch besser erhaltener Tempel erwartet, der ein unverfälschteres Bild bietet, wollen wir die Bedeutung des Podiumtempels erst beim dortigen Besuch erörtern.

St-Pierre und das Archäologische Museum

Vom Augustustempel sind es zwar nur wenige Schritte hinüber zur gotischen Kathedrale, deren Besuch jeder, der in Vienne Station macht, in sein Programm einbeziehen sollte; wer aber genügend Zeit hat, wird den kleinen Abstecher zur Kirche St-Pierre unternehmen, die einen wichtigen Baustein in der Abfolge der unterschiedlichen Epochen darstellt. Schon seit dem 5. Jh. in den Quellen genannt, zählt die Kirche damit zu den ältesten christlichen Bauwerken Frankreichs. Sie wurde zwar mehrfach in Mitleidenschaft gezogen und wieder instandgesetzt, hat aber im wesentlichen – zumindest in ihrem äußeren Erscheinungsbild – ihr ursprüngliches Aussehen in Form eines schlichten Kastens mit einem Satteldach bewahrt. Lediglich der Glockenturm im Westen ist eine Neuschöpfung des 12. Jh.

Der Innenraum wirkt merkwürdig instabil. Hoch aufgehende Arkadenbögen teilen den Raum in drei Schiffe. Diese Raumgliederung ist das Ergebnis eines Umbaus, der vermutlich im 11. Jh. vorgenommen wurde. Zuvor befanden sich in den Seitenschiffen Emporen, die im Zuge der Renovierung weichen mußten. Emporen in einer frühchristlichen Basilika sind auffallend unrömisch und sprechen für einen Einfluß aus dem Osten, was mit der Situation Viennes als Handelsstadt an der Rhône erklärbar wäre.

Die in der Säkularisation aufgelöste Kirche birgt seit dem 19. Jh. das Antikenmuseum der Stadt, in dem hauptsächlich Funde aus Vienne selbst ausgestellt sind. Es handelt sich überwiegend um Architekturfragmente und Skulpturen, letztere meist römische Kopien nach griechischen Originalen von minderer Qualität. Herausragende Exponate sind die Mosaiken mit Darstellungen von Jagdszenen, ein anderes mit Orpheus und dem trunkenen Lykurgos, die aus aristokratischen Villen außerhalb Viennes stammen.

St-André-le-Bas (Abb. 5)

Am Ende der schmalen Rue de Bourgogne lernt man in St-André-le-Bas ein weiteres sakrales Bauwerk kennen, dessen Geschichte weit zurückreicht. Ein an dieser Stelle schon seit dem 6. Jh. bestehendes Nonnenkloster fiel den Sarazeneneinfällen im 8. Jh. zum Opfer. Boso von der Provence veranlaßte den Wiederaufbau im 9. Jh. Die Tatsache, daß Boso persönlich dem Stift als Rektor vorstand, führt die Bedeutung von St-André nachdrücklich vor Augen. Das später zum Benediktinerkloster umgewandelte Stift erlebte eine glänzende Geschichte, nannte ausgedehnte Güter sein eigen, und der Abt besaß das päpstliche Privileg, die Mitra zu tragen. In der Blütezeit des 12. Jh. wurde die Kirche erweitert und der romanische Kreuzgang angelegt.

Im *Außenbau* sind die unterschiedlichen Bauphasen deutlich zu erkennen. Das kleinteilige Mauerwerk aus Bruchsteinen an den Langhauswänden ist charakteristisch für die karolingische Bauweise. Der gedrungene Vorbau im Westen mit seinen regelmäßig bearbeiteten Quadern gehört dem 12. Jh. an. 1152 wurde der Innenraum eingewölbt. Die veränderten baustatischen Verhältnisse machten mächtige Strebebögen am Außenbau notwendig, die den Schub der Tonne abfangen.

Im einschiffigen *Innern* wurden der Wand zur zusätzlichen Verstärkung Blendarkaden aufgelegt, ein Motiv, das uns noch an zahlreichen romanischen Kirchen der Provence wiederbegegnen wird. Von hervorragender bildhauerischer Qualität sind die Gesimse, Profilleisten und vor allem die Kapitelle. Die Fülle ornamentaler Figuren ist dem Formenschatz der Antike entlehnt; auch in dieser Hinsicht erweist sich St-André der provençalischen Romanik eng verwandt. Die wenigen szenischen Darstellungen an den Kapitellen sind nur in Einzelfällen zu deuten.

Der nördlich an die Kirche angrenzende *Kreuzgang* entstand zugleich mit den baulichen Veränderungen an der Kirche, also kurz nach der Mitte des 12. Jh. Er ist über einem unregelmäßigen, leicht trapezförmigen Grundriß errichtet. Während die Kirche ein Vorbote der provençalischen Romanik ist, weist der Kreuzgang mehr auf nördliche Einflüsse. Die Bögen zur Hofseite sind nicht, wie allgemein in der Provence üblich, unter übergreifenden Bögen zusammengefaßt, außerdem ist der Gang nicht überwölbt, sondern flach gedeckt. Desgleichen ist der plastische Dekor spärlich, er beschränkt sich weitgehend auf Abwandlungen zum Thema der korinthischen Blattkapitellform.

Das Prunkstück von St-André ist der an der Südseite der Kirche befindliche *Glockenturm* des 12. Jh. (Abb. 5). Im Fundament wurden Teile einer karolingischen Substruktion ermittelt.

Ursprünglich stand der Turm danach frei neben der Kirche, an die er sich jetzt anlehnt. Über dem blockhaft geschlossenen Untergeschoß gehen die oberen Zonen auf, die Schritt um Schritt nach oben an Leichtigkeit und plastischer Durchformung gewinnen. Das glatte Mauerwerk tritt vollständig zurück. In der Abfolge seiner Geschosse führt der Turm die Entwicklung der Baukunst im 12. Jh. exemplarisch vor, deren Weg von der geschlossenen Wandfläche über die Durchbrechung und Plastizierung der Baukörper schließlich zur völligen Auflösung der Wand in der Gotik führte.

Kathedrale St-Maurice (Abb. 6, 7)
In die zuletzt genannte Epoche des Mittelalters, die Gotik, führt der Besuch der Kathedrale, deren Patrozinium im Lauf der Zeit mehrfach wechselte. Erst Innozenz IV., der 1251 die Konsekrierung des Chores vornahm, weihte sie dem hl. Mauritius. Die Bauzeit zog sich über mehrere Jahrhunderte hin. Die ersten sieben Joche (vom Chor an gezählt) wurden im 12. Jh. errichtet. Ab 1140 blieb der Bau zunächst unvollendet liegen, bis kurz vor der Mitte des 13. Jh. der Chor angelegt wurde. Die Verlängerung des Langhauses um vier weitere Joche nach Westen erfolgte im 14. Jh., die Fassade wurde im späten 15. Jh. begonnen und erst im 16. Jh. fertiggestellt.

Der untere Teil der reichdekorierten *Fassade* wird von den drei Portalen beherrscht, deren einstiger Skulpturenschmuck mit Ausnahme der Archivoltenfiguren während der Revolution weitgehend vernichtet wurde (Abb. 7). Das Zentrum der ganzen Anlage bildet ein mächtiges Flamboyantfenster, dessen Lanzetten sich nach oben in spitze Bögen verlängern und in die kreisende Bewegung einer Rosette aus verschlungenem Maßwerk einmünden. Da die Kathedrale zum Ausgleichen des nach Osten leicht ansteigenden Terrains auf ein Postament gestellt ist, das man auf der Fassadenseite über eine breite Treppe erreicht, wird der Eindruck der gewaltigen Schauseite ins Kolossale gesteigert.

Vienne, Grundriß der gotischen Kathedrale St-Maurice

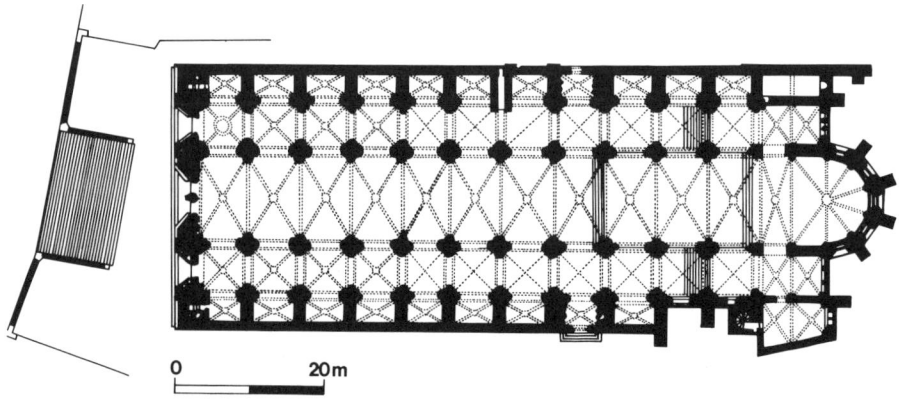

0   20 m

Sehr viel rationaler nimmt sich demgegenüber der *Innenraum* aus, der sich über die imposante Länge von 90 m erstreckt (Abb. 6). In seiner klaren Struktur stellt er eine der gelungensten Raumschöpfungen des französischen Mittelalters dar. Es handelt sich um eine dreischiffige Basilika. Das Mittelschiff ist, dem klassischen Kanon gotischer Bauweise folgend, in drei Geschosse unterteilt: Arkadenzone, Triforium und Obergaden. Weil St-Maurice jedoch weitab vom Kernland der Gotik, der Ile de France, entstand, weist der Bau erhebliche Abweichungen von den Schulbauten Nordfrankreichs auf. Es wurde nicht nur auf den üblichen Chorumgang mit Kapellenkranz, sondern darüber hinaus auch auf ein Querhaus verzichtet. Da der im 12. Jh. festgelegte Bauplan trotz der langen Bauzeit getreulich beibehalten wurde, ist so ein Raum von stringenter Einheitlichkeit entstanden. Paradoxerweise erscheint gerade dadurch St-Maurice in seinem Wesen gotischer als manche »klassische« Kathedrale, denn neben dem Höhenstreben ist die Vereinheitlichung eines Bauwerks das erklärte Ziel der gotischen Kunst. In der Vertikalen versehen die den Säulen vorgelegten Rundstäbe diesen Dienst, alle Geschosse miteinander zu verbinden. Sie schaffen die Verklammerung der Hochschiffwand mit der Gewölbezone, in die sie sich als Kreuzrippen verlängern. In der Horizontalen kommt dem Triforium und den dieses begleitenden Gesimsen dieselbe Aufgabe zu, indem sie alle Joche der Kirche miteinander verzahnen. Unter dem Aspekt der Vereinheitlichung stellt aber gerade das Querhaus immer einen gewissen optischen Bruch dar. Daß man dennoch in der Regel am Querhaus festhielt, ist nur mit der symbolischen Bedeutung des Kirchengrundrisses zu erklären, der das Kreuz des Erlösers darstellt, wobei das Querhaus für die Kreuzesarme steht. Der Bau von St-Maurice mutet insofern geradezu revolutionär an. Aber es hieße, bei der Interpretation zu weit zu gehen, wenn man den Bau als letzte Steigerung gotischen Ausdruckswillens sähe. Vielmehr ist das für die Gotik Revolutionäre des Bauwerks ein Rückgriff auf bodenständige Traditionen des Südens, in dem immer die klare Struktur gegenüber dem nordischen Irrationalismus vorherrscht. So gesehen stellt St-Maurice eine Synthese aus Gedanken des Nordens und des Südens dar.

Die älteren Teile der Kirche weisen einen üppigen Kapitellschmuck auf, der stilistisch den Arbeiten in St-André-le-Bas nahesteht. Zeitlich früher anzusetzen sind die drei Relieffiguren, die in die Wand neben dem Nordportal eingelassen sind. Man erkennt Petrus, Johannes und Paulus. Letzterer ist die besterhaltene der drei Gestalten, deren Entstehung um 1100 oder kurz danach anzusetzen ist. Weiterer plastischer Dekor aus romanischer Zeit findet sich außen am Nordportal, das einst in den im 19. Jh. abgerissenen Kreuzgang führte. Den Bogen über dem Portal bildet ein kunstvoll gearbeiteter Rankenfries, dessen Ende sich den Mündern zweier menschlicher Köpfe entrollen. Den Architrav zieren vier Chimären. Die Ornamentstreifen darunter sind in ihrer Vielgestaltigkeit und handwerklichen Präzision jedem römischen Tempel ebenbürtig.

Der Obelisk

Man sollte Vienne nicht verlassen, ohne zuvor noch einen Abstecher zu dem Obelisken zu machen (wegen des weiteren Weges dorthin vielleicht besser mit dem Wagen). Das 15 m hohe Bauwerk besteht aus einem quadratischen Sockel, der sich in vier Bogenstellungen öffnet. Darüber erhebt sich der pyramidal nach oben sich verjüngende Obelisk. Es handelt sich um den einzig erhaltenen Rest des antiken Zirkus, der wegen seiner beträchtlichen Abmessungen (450 × 180 m) außerhalb der Stadtmauern angelegt worden war. Er war Schauplatz der beliebten Wagenrennen. Der Obelisk stand am Ende der »Spina«, jener langen Mauer inmitten des Zirkusovals, die die Rennbahn unterteilte, und markierte den Zielpunkt, die »Meta«.

Im Mittelalter hat sich eine fromme Legende um das kleine Bauwerk gebildet. Man glaubte, es handle sich um das Grabmonument für Pontius Pilatus, der sich in der Rhône ertränkt haben soll. Tatsächlich ist über das Ende des Statthalters von Judäa, der Christus dem Volkszorn überantwortet hatte und 37 n. Chr. wegen seines eigenwilligen Gebarens in der Provinz nach Rom zurückberufen wurde, nichts bekannt. Da man jedoch unweit von Vienne auch einen Mont Pilate kennt, wäre eine Statthalterschaft des Pilatus in Gallien immerhin denkbar.

Valence

Kathedrale St-Apollinaire 48 – Das Museum 65

Schon bald, nachdem man Vienne in südlicher Richtung verlassen hat, grüßen von den Anhöhen die klangvollen Namen bekannter Weinorte, darunter die Berühmtheiten Tain-l'Hermitage und Condrieu. Diesen Abschnitt des Rhônetales zwischen Vienne und Valence nennt man die »Côte Rôtie«. Der Name hängt mit der Art des Weinanbaus zusammen, der überwiegend auf terrassierten Hängen gepflegt wird. Dort »rösten« die Trauben ihrer Reifung entgegen.

Man kann Valence nicht gerade eine berauschend schöne Stadt nennen, aber mit ihrer Kathedrale und dem Museum bietet sie doch eine abwechslungsreiche Etappe auf dem Weg nach Süden.

Die Römer hatten die Kolonie *Ventia* im Stammesgebiet der Segalauner angelegt. Im Mittelalter ging daraus die Bischofsstadt hervor, die 1156 den Schauplatz für die Vermählung Friedrichs I. Barbarossa mit Beatrix, der Erbin der Freigrafschaft Burgund, abgab. Heute ist Valence Hauptstadt des Departements Drôme und hat mit rund 120 000 Bewohnern in den letzten fünfzig Jahren seine Einwohnerschaft verdreifacht.

Kathedrale St-Apollinaire

Die romanische Kathedrale – auch heute noch ist Valence Bischofssitz – war zu Beginn des 17. Jh. in sich zusammengestürzt. In einer für die damalige Zeit verblüffenden Verfügung erging an die mit der Neuerrichtung beauftragten Bauleute die Auflage, das Gebäude originalgetreu

1 ST-RESTITUT im Tricastin Portal der romanischen Kirche ▷

2–4 VIENNE Tierrelief an der Bühnenrampe des römischen Theaters; unten links: Tempel des Augustus und der
     Livia; rechts: römischer Torbogen, dahinter das Theater im Kybele-Heiligtum
                              5 VIENNE Glockenturm der romanischen Kirche St-André-le-Bas ▷

7 Vienne Fassade der Kathedrale St-Maurice
◁ 6 Vienne Kathedrale St-Maurice; Blick durch das Mittelschiff auf den Chor

8 Kapelle St-Sépulcre bei St-Restitut
9 Chor der romanischen Kapelle Val-des-Nymphes
bei La Garde-Adhémar im Tricastin

10 La Garde-Adhémar Glockenturm der romanischen Kirche St-Michel

11 Château GRIGNAN im Tricastin

12 Château SUZE-LA-ROUSSE bei St-Restitut

13 ORANGE Südseite des ›Triumphbogens‹

14 ORANGE Das antike Theater mit dem Standbild des Augustus; Länge der Theaterwand 103 m, Höhe 38 m

15 Die Ortschaft Mornas nördlich von Orange

16 Vaison-la-Romaine Ausgrabungsgelände La Villasse; im Vordergrund die ›Maison du buste en argent‹

18   AVIGNON   Place du Palais
◁ 17   Romanische Kapelle NOTRE-DAME-D'AUBUNE
19   AVIGNON   Blick vom Rhôneufer auf die Stadtmauer und den Papstpalast

20 AVIGNON Musée lapidaire; ›Tarasque von Noves‹, 3. Jh. v. Chr.

21 AVIGNON Detail vom Portal der Kirche St-Pierre ▷

22 AVIGNON Der Pont St-Bénézet; im Hintergrund der Turm Philipps des Schönen

    25 VILLENEUVE-LÈS-AVIGNON Blick von den Gärten des Klosters St-André auf den Papstpalast von Avignon ▷

23, 24 VILLENEUVE-LÈS-AVIGNON Blick durch den zerstörten Chor der Klosterkirche der Kartause auf das Fort St-André; rechts: Tor des Forts St André

wiederherzustellen. So ist die Kirche zwar jetzt weitgehend ein Ergebnis des 17. Jh., kann aber als getreues Abbild des mittelalterlichen Vorgängers gelten.

Dessen Baugestalt ist ungewöhnlich, da er Anregungen aus verschiedenen Kunstlandschaften verarbeitet. Das Langhaus ist eine Halle mit drei annähernd gleich hohen Schiffen, eine Bauform, die im poitevinischen Kunstkreis beheimatet ist. Der Chorumgang mit radial angeordneten Kapellen wurde aus der burgundischen Romanik übernommen, und die gerade Zahl der Kapellen – vier, im Gegensatz zu dem in Burgund geläufigen Muster von drei oder fünf Chorkapellen – zeigt sich von der auvergnatischen Bauschule des 12. Jh. inspiriert. Die Kathedrale von Valence bietet somit eine Synopsis der Kunstlandschaften Poitou, Burgund und Auvergne.

Vom plastischen Dekor des mittelalterlichen Baus hat sich im Südportal ein Tympanon mit einer Darstellung des Weltgerichts erhalten. Die Figuren sind allerdings schwer beschädigt.

Ein schöner Blick bietet sich, wenn man von der Fassade (19. Jh.) aus zur Ruine des **Château de Crussol** hinüberschaut, die auf einer schroffen Felsklippe am jenseitigen Rhôneufer liegt.

An der Nordseite der Kathedrale steht ein kleiner nach allen Seiten hin offener Zentralbau, genannt »Le Pendentif«. Er wurde 1548 im Auftrag des Domherrn Nicolas Mistral inmitten des im 19. Jh. vollständig abgetragenen Kreuzgangs errichtet und war dem Stifter und dessen Familie als Grablege bestimmt.

Das Museum

Eine wenig bekannte Kostbarkeit birgt das im ehemaligen bischöflichen Palais untergebrachte Museum an der Südseite der Kathedrale. Gemeint ist ein Zyklus von 95 Rötelzeichnungen des Rokokomalers *Hubert Robert* (1733–1808), Skizzen und Vorzeichnungen zu seinen großformatigen Landschafts- und Ruinenbildern, die im Louvre in stattlicher Zahl vertreten sind. Robert, der vorwiegend in der freien Landschaft arbeitete, was ihn nicht hinderte, oftmals Konstellationen nach freier Phantasie zu schaffen, gehört zu den Wegbereitern der Landschaftsmalerei des 19. Jh.

◁ 26   Ein ›Barbarotte‹, der für die Provence typische eiserne Glockenkäfig (im Dorf LES MÉES)

Auf der Schwelle zur Provence: die Landschaft Tricastin

La Garde-Adhémar 66 – St-Paul-Trois-Châteaux 68 – St-Restitut 69 – Château Suze-la-Rousse 70 – Château Grignan 71 – Valréas 72 – Mornas 73

La Garde-Adhémar (Abb. 9, 10)

Man verläßt die Autobahn an der Abfahrt Montélimar-Sud und folgt der Landstraße süd-wärts. Nach wenigen Kilometern erblickt man die auf der Anhöhe gelegene *Michaelskirche* von La Garde-Adhémar (Abb. 10). Der Ort wurde nach den Sarazeneneinfällen von einer Gemeinde gegründet, die zuvor am Fuße des Hügels gewohnt hatte. Die um die Mitte des 12. Jh. entstandene Kirche kann als ein Paradebeispiel provençalischer Romanik gelten, wenn-gleich La Garde-Adhémar strenggenommen noch in der Dauphiné liegt. Das Äußere wirkt blockhaft geschlossen, das nahtlos gefügte Quaderwerk der Mauern läßt das Vorbild antiker Denkmäler ahnen. Bezeichnend für die Provence ist der Verzicht auf figurale Skulptur; aber unerschöpflicher Reichtum entfaltet sich in der Ornamentik, die in kleinen Friesen die West-apsis und den oktogonalen Vierungsturm ziert. Die Ostpartie wird aus einer halbrunden Haupt-apsis mit zwei begleitenden Nebenapsiden gebildet. Ungewöhnlich für die südfranzösische Architektur ist die Apsis im Westen, ein Motiv, das in der nordalpinen Architektur des frühen Mittelalters verbreitet ist.

Der dreischiffige basilikale Innenraum wirkt, obwohl nicht besonders groß, erhaben. Die schmale Proportionierung des Mittelschiffes, das von einer im Scheitel leicht zugespitzten Tonne überwölbt ist – eine bautechnische Anregung aus Burgund –, verleiht dem Raum ein

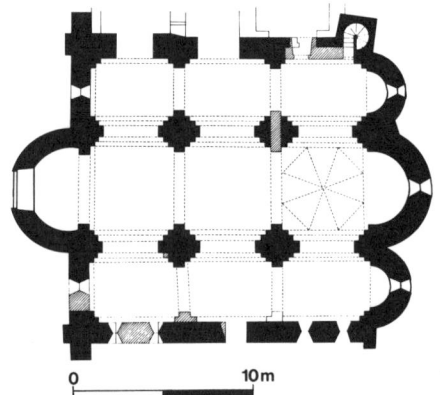

0   10m

La Garde-Adhémar, Grundriß der romanischen Kirche St-Michel

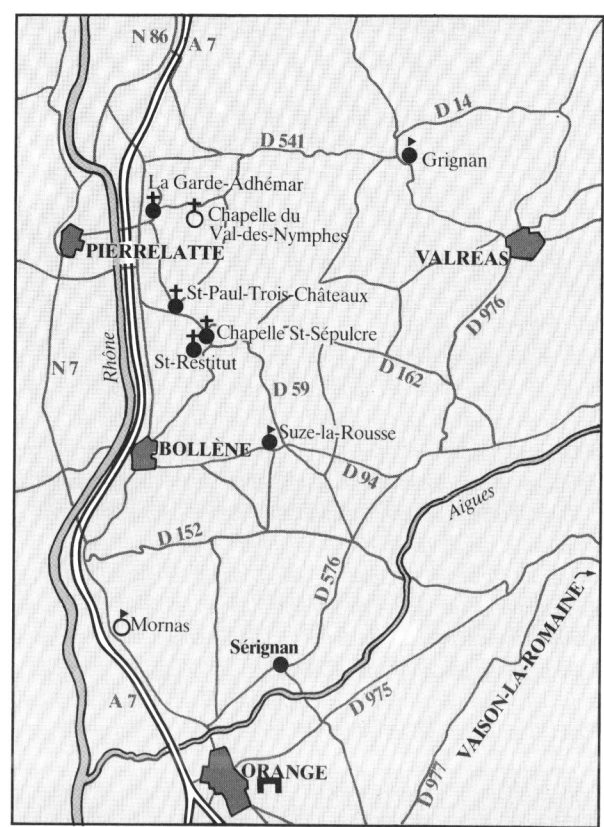

Das Tricastin

konsequentes Höhenstreben. Der nördliche Obergaden hat keine Fenster – ein Schutz gegen den Mistral, dem die Kirche ihrer exponierten Lage wegen preisgegeben ist. Der entsprechend reduzierte Lichteinfall unterstreicht wirkungsvoll die weihevolle Atmosphäre dieser Kirche.

Von der Terrasse davor bietet sich ein endlos weiter Blick über die Rhôneebene. Einen Steinwurf weit ragen die klotzigen Kühltürme des Atomreaktors von Pierrelatte in den Himmel und entsenden ihre angeblich ungefährlichen Rauchwölkchen.

Über die kleine D 572 gelangen wir wieder hinunter ins Tal und nach knapp 2 km zu der versteckt, inmitten üppig wuchernden Grüns gelegenen Ruine der **Chapelle du Val des Nymphes** (Abb. 9). Ihr Name legt die Vermutung nahe, daß sich an dieser Stelle in gallorömischer Zeit ein Nymphäum befand. Das kleine Priorat war in den Religionskriegen beschädigt und anschließend nur notdürftig wieder instand gesetzt worden. Nachdem die Kapelle im 18. Jh. endgültig aufgegeben worden war, verfiel sie zusehends, und erst 1950 wurde das Vorhandene konsolidiert. Die Kapelle ist, wie zahlreiche ländliche Kirchen der Provence, ein schlichter einschiffiger

Saal. Dach und Gewölbe sind zerstört, so daß das Tageslicht voll in die Ruine flutet. So erkennt man eine bauliche Besonderheit, die in vielen Kirchen der Provence im Dämmerlicht oft nicht zur Geltung kommt: Das Chorrund ist plastisch gegliedert. Zwei der Wand aufgeblendete Arkadenreihen gehen übereinander auf, ihre Bögen werden unten von Pfeilern, oben von Säulen getragen.

St-Paul-Trois-Châteaux

Wir folgen der zuvor eingeschlagenen Straße bis zur nächsten Kreuzung und von dort dem Wegweiser nach dem nahen St-Paul-Trois-Châteaux. Der Name erweckt falsche Hoffnungen, denn von einer Dreischlösserstadt kann nicht die Rede sein. St-Paul liegt im einstigen Siedlungsgebiet des Keltenstammes der Tricastini, woraus im Mittelalter infolge einer Wortverschleifung oder auch durch Unkenntnis Trois-Châteaux wurde. Der Ort ist das Zentrum der Landschaft Tricastin, dem äußersten südwestlichen Zipfel der Dauphiné.

Den vermeintlichen Verlust eines Dreischlösser-Erlebnisses weiß die *romanische Kathedrale* wettzumachen. Das mächtige Bauwerk zeigt an der Ostpartie ein weiteres Charakteristikum provençalischer Architektur der Romanik: Während die beiden Seitenapsiden wie allgemein üblich halbrund sind, erhebt sich der Hauptchor über einem polygonalen Grundriß. Fünf gerade Wandflächen sind zu einem Polygon geordnet, dessen Nahtstellen kräftig profilierte Pfeiler markieren. Im Innern dagegen ist der Chor ein echtes Halbrund.

Der Innenraum ist eine dreischiffige Basilika mit drei Jochen, zwei nahezu quadratischen Querhausarmen und einer ausgeschiedenen Vierung, die von einer achtteiligen Kuppel überwölbt ist. Daran schließen sich im Osten die drei Apsiden an. Spezifisch provençalisch ist die schmale Dimensionierung der Seitenschiffe, deren Vierteltonnenwölbung sich an die Hochschiffwand legt. Die Betonung des Mittelschiffes, das Zurückweichen der Seitenschiffe läßt einen saalartigen Gesamteindruck entstehen. Die Seitenschiffe wirken wie zu einer baustatisch notwendigen Schrumpfkonstruktion reduziert.

Die Gesimse, welche – allerdings nicht überall durchgehend – die Arkadenzone vom Obergaden trennen (die Nordseite ist wiederum, wie in La Garde-Adhémar, geschlossen), sind

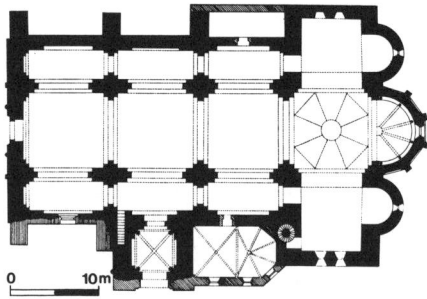

St-Paul-Trois-Châteaux, Grundriß der romanischen Kathedrale

St-Paul-Trois-Châteaux, Kathedrale, Dekoration des Obergadens

Meisterschöpfungen der Steinmetzkunst. Unterhalb eines Frieses aus breit auslappenden Akanthusblättern hängt ein kunstvoll geraffter Vorhang, dessen naturalistische Stofflichkeit vergessen läßt, daß er aus Stein gemeißelt ist. Auch die beiden Säulen, die dem letzten Pfeilerpaar vor der Vierung auf halber Höhe vorgeblendet sind, tragen antikisierende Ornamentmotive – Zahnschnitt, Eierstab, Perlschnur –, die sich spiralförmig um die Schäfte ziehen.

An einigen der Pfeiler sind noch Spuren der spätgotischen Ausmalung der Kirche zu erkennen.

St-Restitut (Abb. 1, 8)

Den Reigen der romanischen Kirchen im Tricastin beschließt St-Restitut. Auf dem Wege dorthin kommt man an der **Kapelle St-Sépulcre** vorbei, einem kleinen hexagonalen Zentralbau des 16. Jh., der wirkungsvoll auf einem Felsvorsprung plaziert ist (Abb. 8). Er wurde 1508 von Guilleaume de Adhémar, Bischof von St-Paul-Trois-Châteaux, gestiftet und ist eines der wenigen Beispiele einer reinen Renaissancearchitektur im Midi. Die seit alters gebräuchliche Abdeckung der Dachschrägen mit Steinplatten sowie die markanten Pfeiler an den Ecken des Polygons lassen den Bau wie einen Vertreter der Romanik erscheinen. Wie sehr im Süden doch letztlich die Stile der Epochen einander nahestehen, wird hier en passant in einem kleinen Beispiel nachdrücklich vor Augen geführt.

Den Mittelpunkt des verträumten kleinen Ortes St-Restitut bildet die gleichnamige *romanische Kirche*. Ihr Namenspatron soll einer mittelalterlichen Legende zufolge jener Blinde Sidonius gewesen sein, den Christus wieder sehend gemacht hatte und der sich nach der wundersamen Heilung Restitutus nannte. Er sei, so wird erzählt, als Begleiter der heiligen Marien nach Südfrankreich gekommen und gilt als erster Bischof von St-Paul-Trois-Châteaux.

Die Kirche entstammt dem 12. Jh. Ihr Chor beschreibt nach außen ein fünfteiliges Polygon, das im Innern wieder gerundet ist. Das *Portal*, das sich an der Südseite öffnet, zitiert das antike Triumphbogenmotiv, und zwar den einfachen Typus des einbogigen Tores, wie er in Rom noch

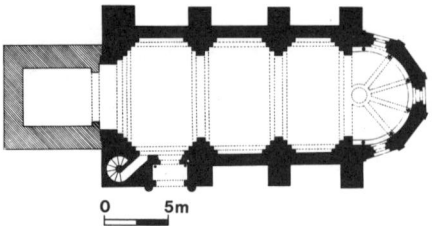

St-Restitut, Grundriß der romanischen Kirche

am Beispiel des Titusbogens, in der Provence gleich in mehreren Exemplaren erhalten ist. Den Rundbogen des Eingangs säumen zwei kannelierte Halbsäulen mit korinthischen Kapitellen, die einen mehrfach gestuften Architrav tragen, über dem das Giebeldreieck aufgeht (Abb. 1).

Wie im äußeren Erscheinungsbild erweist sich auch das *Innere* als ganz dem provençalischen Kunstkreis verpflichtet. Den einschiffigen, in drei Joche unterteilten Saal überfängt eine Spitztonne. Der Wand des Chorrundes sind sechs zierliche Säulen mit aufgeblendeten Arkadenbögen darüber eingestellt. Nach Westen öffnet sich der Kirchenraum zum Turm hin, wo die Gebeine des hl. Restitutus aufbewahrt wurden. Der *Turm* ist deutlich älter als die Kirche und entstammt dem 11. Jh. Als Gliederungsmotiv zwischen unterem und oberem Geschoß ist an seiner Außenwand ein Fries aus Reliefplatten angebracht. In loser Reihenfolge erkennt man Tierkreiszeichen, das Agnus Dei, Christus und Apostel sowie verschiedene Fabelwesen. Das Relief wirkt nicht sehr plastisch und läßt in seiner Flächenhaftigkeit an Vorbilder aus der Buchmalerei denken. Diese Arbeiten sind kennzeichnend für die Frühzeit der romanischen Skulptur in der Provence, deren glänzender Weg ein halbes Jahrhundert später in der Fassade von St-Gilles ihre Vollendung finden sollte.

Château Suze-la-Rousse (Abb. 12)

Den weltlichen Akzent neben den romanischen Kirchen im Tricastin setzen die beiden Schlösser Suze-la-Rousse und Grignan. Ersteres liegt nahe St-Restitut auf einer Anhöhe über dem gleichnamigen Ort. Die bereits in einer Urkunde des 9. Jh. erwähnte Feste erhielt ihre heutige bauliche Gestalt im ausgehenden Mittelalter. Nach außen präsentiert sie sich als trutzige Burganlage mit Wehrtürmen und Zinnenkranz. In einem denkbar lebhaften Kontrast zu der abweisenden Außenansicht überrascht der Innenhof mit einem freundlich-heiteren Habitus der Renaissance italienischer Prägung. Die dreigeschossigen, sich unten in Arkadengänge, darüber in große rechteckige Fenster öffnenden Wände wurden im 16. Jh. aufgeführt, zu einer Zeit, als fast alle schöpferischen Kräfte des Landes von den großen Bauvorhaben an den königlichen Schlössern im Tal der Loire absorbiert waren. Zugleich ist aber auch der für die Kunst der Provence zu allen Zeiten spürbare Rationalismus wachgeblieben. Während die Schlösser der Renaissance in Frankreich im allgemeinen eine überschäumende Lust an plastischem Dekor und eine Vielzahl verspielter baulicher Details aufweisen, beschränkt sich die Fassadengestaltung des Hofes von Suze-la-Rousse auf rein architektonische Gliederungselemente wie Pfeiler, Pilaster, Gebälke, was dem Ganzen den Ausdruck kühler Noblesse verleiht.

Einige der Innenräume sind zu besichtigen. Die Spuren der Plünderung in der Revolution wurden dank einer Restaurierung schon im 19. Jh. getilgt. Besonders eindrucksvoll sind der großzügig möblierte Fest- und der Speisesaal. In den nicht der Öffentlichkeit zugänglichen Räumlichkeiten ist seit einigen Jahren der Welt erste – und bislang auch einzige – Fachhochschule für den Weinbau untergebracht.

Château Grignan (Farbt. 20; Abb. 11)

Ein Schlenker nach Nordosten (ca. 15 km von Suze-la-Rousse) führt zum Château Grignan, das zu den schönsten Schloßanlagen Südfrankreichs zählt. Die prunkvolle Feudalarchitektur erhebt sich weithin sichtbar über die umliegenden Felder, die in den Sommermonaten, dicht mit Lavendel und Sonnenblumen bepflanzt, bunten Teppichen gleichen. Das Schloß gehörte der im Tricastin alteingesessenen Familie der Adhémars, die schon im 11. Jh. eine Burg an dieser Stelle besaß. Das bestehende Schloß ließ François de Castellane-Adhémar um die Mitte des 16. Jh. aufführen. Nachdem es in der Revolution in weiten Teilen abgetragen worden war, hat man die Ruine im 19. Jh. nur notdürftig repariert. 1913 erfolgte der originalgetreue Wiederaufbau. Seit 1978 ist das Schloß Besitz des Departements Drôme.

Über eine breite Rampe erreicht man vom Dorf aus den von zwei mittelalterlichen Türmen flankierten Zugang zum Schloß. Dahinter gelangt man auf eine ausgedehnte Terrasse, vor der sich die Hauptschauseite des Schlosses in voller Breite erstreckt. Die langgezogene Front fassen zwei leicht vorspringende Türme ein – in die Formensprache der Renaissance übersetzte Erben mittelalterlicher Wehrtürme und zugleich Vorläufer der für die späteren Barockschlösser bezeichnenden Seitentrakte. In der Dreigeschossigkeit und der auffallend nüchternen Gliederung besteht eine enge Beziehung zu dem benachbarten Suze-la-Rousse. Mit Recht darf man denselben Architekten vermuten. Die Innenräume sind nach Abschluß der Restaurierung wieder mit alten Möbeln und Wandteppichen ausgestattet worden.

An die Südseite des Schlosses lehnt sich die *Kirche St-Sauveur,* die ebenfalls von François de Castellane-Adhémar angelegt wurde. Heute erreicht man sie nur vom Dorf aus; ehemals gab es einen zweiten, heute vermauerten Zugang vom Schloß her, dessen Bewohner auf einer Empore der Messe beiwohnten. Der einschiffige Saal mißt stattliche 40 m in der Länge und ist 20 m hoch. Vor dem Chor erinnert eine in den Boden eingelassene Tafel an das Grab der *Marquise de Sévigné,* das in der Revolution vernichtet wurde. Ihr verdankt Grignan seine eigentliche Berühmtheit.

Die aus der burgundischen Hocharistokratie stammende Marquise war bereits mit 24 Jahren verwitwet und hat danach nicht wieder geheiratet. Eine innige Liebe verband sie mit ihrer Tochter Marguerite-Françoise, die 1669 den Comte de Adhémar-Grignan ehelichte und ihn nach seiner Ernennung zum Gouverneur der Provence nach Grignan begleitete. Als emsige

Marie de Rabutin-Chantal, Marquise de Sévigné. Kupferstich von J. M. Bernigeroth

Briefschreiberin war die Mutter ständig in Kontakt mit ihrer Tochter und hielt sie über alle Hofintrigen, über Wichtiges und Nebensächliches auf dem laufenden. Da die Marquise auch mit anderen Persönlichkeiten ihrer Zeit korrespondierte – zahlreiche Schreiben sind etwa an ihren wegen Majestätsbeleidigung nach Burgund verbannten Vetter Roger de Bussy-Rabutin gerichtet –, entstand eine uferlose Sammlung, von der noch etwa 1500 Briefe erhalten sind.[5] Sie vermitteln ein anschauliches Bild vom aristokratischen Leben im Frankreich des 17. Jh. Während dreier mehrmonatiger Aufenthalte weilte die Marquise de Sévigné als Gast ihrer Tochter und ihres Schwiegersohnes auf Grignan, von wo sie wiederholt begeistert berichtete. Sie rühmte das reichhaltige, vorzügliche Essen, die herrlichen Ausblicke von den Terrassen des Schlosses, aber sie ließ auch keinen Zweifel daran, wie gottverlassen ihr die Provinz so fernab von Versailles vorkam. Bei ihrem letzten Besuch in Grignan starb die Marquise 1696 im Alter von 70 Jahren.

Valréas

Das Städtchen Valréas, 10 km südöstlich vom Château Grignan, nimmt eine geschichtliche Sonderstellung ein. 1317 hatte Papst Johannes XXII. den Marktflecken mit dem dazugehörigen Umland erworben. Seitdem bildete Valréas eine päpstliche Enklave und blieb dem Kirchenstaat auch erhalten, nachdem die übrige Dauphiné 1349 an die französische Krone gekommen war. Erst 1797 erfolgte im Frieden von Tolentino der offizielle Anschluß an Frankreich.

Der besitzhungrige Papst Johannes XXII. hatte die Stadt mit einer Festungsmauer umman- telt, die im 19. Jh. abgerissen wurde. An ihrer Stelle entstand ein breiter Boulevard, der sich ringförmig um den Altstadtkern zieht. Dergleichen ist in vielen Städten Südfrankreichs zu beobachten. Die Spitze des Hügels, zu dem die Gassen des malerischen Ortes aufsteigen, beherrschte einst eine Burg, von der nur mehr ein Turmrest kündet. Von der mittelalterlichen Bausubstanz ist noch die *Pfarrkirche* erhalten, im Kern ein einschiffiger Saal aus romanischer Zeit, der in der Folgezeit mehrfach An- und Umbauten erfuhr, so daß seine heutige Gesamt- erscheinung ein etwas verwirrendes Durcheinander verschiedener Bauteile und -stile ergibt. Beim Schlendern durch den Ort entdeckt man noch zahlreiche alte Häuser mit zum Teil gotischen Türen und Fenstern.

Mornas (Abb. 15)

Von Valréas bieten sich zwei Möglichkeiten, die Reise fortzusetzen. Entweder schlägt man den Weg in Richtung auf den Mont Ventoux ein, oder man wendet sich zurück ins Tal der Rhône und steuert zunächst Orange an.

Wer keinen Abstecher ins Tricastin unternommen hat, sondern bis Orange der Autobahn folgt, hat auf halber Strecke zwischen den Anschlußstellen Bollène und Orange den Blick auf

Der Felsen von Mornas. Stich von A. Hugo, 1835

die Ortschaft Mornas. Die mittelalterliche Siedlung wurde in die Mulde eines hufeisenförmigen Kalkfelsens gebettet, in deren Mitte sich noch die romanische Kirche erhebt. Zusätzlich zu diesem von der Natur geschaffenen Festungswall sicherte auf dem Grat des Felsens eine Burg der Grafen von Toulouse den Flecken. Sie wurde in der Zeit der Albigenserkriege zerstört und blieb seither als Ruine stehen.

Orange

Der Name dieser Stadt hat etwas Verheißungsvolles; hier endlich hat der Reisende sein Ziel, die Provence, erreicht. Und mit ihren Monumenten aus der Römerzeit bietet Orange in der Tat einen grandiosen Auftakt zu den Schätzen des Landes.

Blick in die Geschichte

Schon in der Zeit vor der römischen Landnahme befand sich hier die keltische Siedlung *Arausio*, die um ein Quellheiligtum entstanden war. In nächster Nähe des Oppidums mußten die römischen Legionen 105 v. Chr. die bereits erwähnte Niederlage gegen die Kimbern hinnehmen, die sie drei Jahre später bei Aquae Sextiae so unerbittlich rächen sollten. In den Rang einer römischen Kolonie wurde Arausio 36 v. Chr. zugleich mit der Ansiedlung von Veteranen aus der Legio Secunda Gallica durch Caesar Oktavian, den nachmaligen Augustus, erhoben. Unter des Kaisers Nachfolger, Tiberius, beteiligte sich die Stadt an einer großen gallischen Erhebung, die aber rücksichtslos niedergeschlagen wurde. Neben den erhaltenen Denkmälern, dem Theater und dem Ehrenbogen, besaß Arausio einen Zirkus, Tempel, Thermen, ein Amphitheater – kurz, alle öffentlichen Bauten, die zum urbanen Einmaleins der Römer gehörten. Der Einfall der Germanen brachte den Niedergang der stattlichen Provinzstadt, die erst im Mittelalter wieder zu Bedeutung gelangte. Ihr weiterer Werdegang liest sich verwickelt. Vom 12. Jh. bis 1413 unterstand sie den streitbaren Grafen von Baux, kam dann im 16. Jh. auf Umwegen an Wilhelm I. von Nassau, genannt »der Schweiger«, den späteren ersten Statthalter der Niederlande und Begründer der heute noch in Holland herrschenden Dynastie der Oranier, und wurde schließlich, nach dem Tode Wilhelms III. von England, mit dem die alte Linie des Hauses Nassau-Oranien ausstarb, für einige Zeit preußischer Besitz. Erst seit dem Frieden von Utrecht (1713) gehört Orange offiziell zu Frankreich.

Das römische Monumentaltor (Abb. 13)

Wie vor zweitausend Jahren liegt das römische Monumentaltor auch heute noch etwas außerhalb der Stadt (gute Ausschilderung dorthin). Aber jenes Tor, an das Rilke seinen Malte Laurids Brigge sich verträumt lehnen lassen konnte, ist jetzt vom Inferno der Lastkraftwagen umbrandet. Es liegt, einsamer Zeuge einer heroischen Zeit, auf einer Verkehrsinsel, um die der Blechstrom der N 7 herumgeleitet wird.

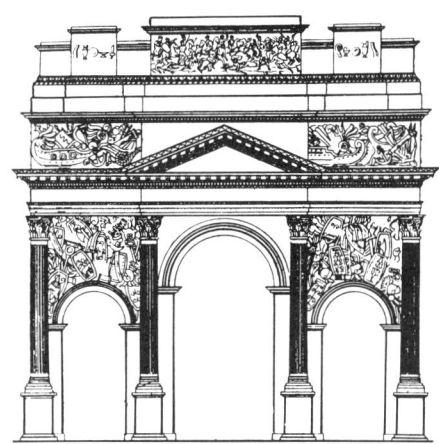

Orange, der römische Stadtgründungsbogen

Das Bauwerk vertritt den Typus einer dreibogigen Toranlage, wie man sie von den Triumphbögen Septimius' Severus und Konstantins des Großen aus Rom her kennt. Ein größerer Durchgang in der Mitte wird von zwei niedrigeren zu seinen Seiten flankiert, darüber erhebt sich eine mehrfach profilierte doppelte Attika. Vier aufgeblendete korinthische Halbsäulen gliedern die Front des Torbaus. Den mittleren Bogen überfängt ein Dreiecksgiebel, die jeweils vier Halbsäulen der Schmalseiten tragen einen etwa gleich großen Giebel. Insgesamt macht die architektonische Gliederung einen verhaltenen Eindruck, der Vorrang gebührt dem Reliefdekor. Über den beiden seitlichen Toren sowie in der unteren der beiden Attiken ist ein Sammelsurium kriegerischer Utensilien dargestellt: Waffen, vor allem Schwerter und unterschiedlich ausgeschmückte Schilde, ferner Lanzen, Rüstungen und auch Teile von Kriegsschiffen, wie etwa Galionsfiguren, Ruder und mehrere Schiffsbuge. Alle diese Einzelheiten lassen sich besser an der Nordseite des Tores beobachten, die vollständiger erhalten ist als die der Stadt zugewandte Südseite. Im Mittelrisalit der oberen Attika ist ein wildes Schlachtgetümmel dargestellt.

Auch die Schmalseiten sind über und über dekoriert (die Ostseite ist besser erhalten). In den Flächen zwischen den vier Halbsäulen stehen drei Menschenpaare, deren Hände auf dem Rücken gefesselt sind. Eine eiserne Kette bindet sie an einen hinter ihnen aufgerichteten Pfahl. Über ihnen sind weitere Rüstungen, Schilde und Feldstandarten aufgehängt. In dem kleinen Fries, der den dreigestuften Architrav von dem Dreiecksgiebel scheidet, erscheinen wieder Kampfszenen. Anders als bei den großflächigen Reliefs der Hauptseiten, die ein scheinbar ungeordnetes Knäuel von Menschenleibern zeigen, sind hier die einzelnen Kämpfer klar unterschieden. Den Abschluß des bilderreichen Programms bilden die Tritonen in den Giebelzwickeln, antike Fabelwesen, halb Mensch, halb Fisch, die im Gefolge des Meergottes Poseidon mitschwimmen.

Die Tatsache, daß der Bogen allseitig mit Skulpturen geschmückt ist, schließt die Möglichkeit aus, daß es sich einstmals um ein Stadttor gehandelt haben könnte. Das Denkmal stand also von Anbeginn frei. Darüber hinaus war es bei den Römern unüblich, reine Zweckbauten derart opulent auszustatten, wie ein Vergleich mit dem nüchternen Augustustor in Nîmes belegt.

Demnach war das Bauwerk Träger einer politischen Aussage. Das gesamte Bildprogramm schildert den Kampf zwischen Galliern und Römern, wobei kein Zweifel daran gelassen wird, wem dabei die Rolle des Überlegenen zufällt. Besonders drastisch machen das die in Ketten gelegten Barbaren deutlich, die als Besiegte den Weg in die Gefangenschaft antreten. In dem schmalen Fries darüber sind die Römer ausnahmslos in voller Rüstung und überlegener Kampfeshaltung, die Gallier dagegen nackt und meist schon besiegt am Boden liegend wiedergegeben. Die zahlreichen Waffen und Feldzeichen sind das im Kampf gewonnene Beutegut der Römer.

Im Zusammenhang mit der inhaltlichen Deutung gewinnt auch die Frage der Datierung einiges Gewicht. Während früher die kühnsten Vorschläge gemacht wurden – einmal galt der Bogen als Triumphtor zu Ehren Caesars, dann des Augustus, schließlich auch Hadrians, des Marcus Aurelius und des Septimius Severus –, hat die neuere Forschung den Entstehungszeitraum entschieden eingegrenzt. Aus den an der Nordseite befindlichen Dübellöchern konnte eine Dedikationsinschrift entziffert werden. Da diese allerdings einen Teil des Reliefdekors überlappte, muß man davon ausgehen, daß sie erst nachträglich angebracht wurde. Die hier im Binnenland ungewohnt wirkende Darstellung von Schiffszubehör bezieht sich offenkundig auf einen Seesieg der Römer. Als solcher kommen nur die Niederwerfung von Massilia durch Caesar (49 v.Chr.) oder die Schlacht bei Actium (31 v.Chr.) in Frage, durch die Caesar Octavian seinen Widersacher Marcus Antonius und dessen ägyptische Flotte besiegte. Demzufolge wäre der Bogen als Verherrlichung der Siege Caesars oder des Augustus und jener Legionäre gedacht, die als Veteranen in Arausio angesiedelt worden waren. Das Denkmal war möglicherweise gerade fertiggestellt, als der oben erwähnte Gallieraufstand 21 n.Chr. ausbrach, über den wir durch Tacitus genau unterrichtet sind.[6] Das würde die nachträgliche Würdigung des Tiberius in der Dedikationsinschrift erklären, in dessen Regierungszeit (14–37 n.Chr.) die Erhebung fiel.

Das Tor wird immer wieder als »Triumphbogen« apostrophiert. Ein solcher kann es jedoch nicht gewesen sein, weil Triumphbögen qua definitionem nur auf dem Forum Romanum in Rom selbst ihren Platz hatten. Da nicht zuletzt die Weihinschrift auf die Wiederherstellung der kaiserlichen Autorität in der Stadt verweist, läßt er sich in einem weiteren Sinne als Verherrlichung des Imperiums und enger, konkret auf Arausio bezogen, als Stadtgründungsmonument verstehen.

Die politische Botschaft des Denkmals war also die, daß es, an der wichtigen Hauptstraße nach Vienna und Lugdunum (Lyon) plaziert, zum einen weithin sichtbar den universalen Machtanspruch Roms signalisierte, zum anderen erteilte das Bildprogramm den Galliern eine deftige Lektion in Sachen römischer Überlegenheit.

Der Stadtgründungsbogen von Orange hat ein bewegtes Schicksal hinter sich. Die Grafen von Baux hatten das Tor im Mittelalter zu einer kleinen Festung umfunktioniert. Das Gebäude wurde turmartig aufgestockt und mit einem Zinnenkranz versehen. Diese Entstellungen wurden im 19. Jh. behutsam wieder entfernt.

Das antike Theater (Abb. 14)

Wenngleich der Stadtgründungsbogen auch außerhalb der Mauern lag, ist er dem urbanen Gefüge des antiken Arausio durch seinen axialen Bezug auf das Stadtzentrum integriert

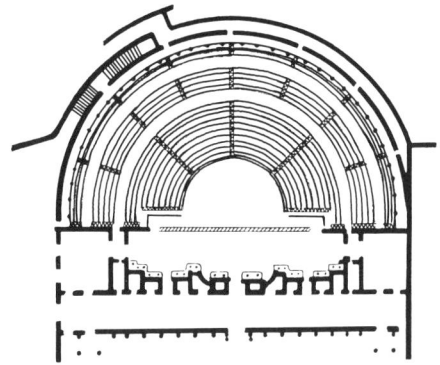

Orange, Grundriß des römischen Theaters

gewesen. Die Via Agrippa führte durch den Bogen geradlinig auf den St-Eutrope-Hügel zu, auf dem sich in römischer Zeit das Kapitol mit einem Tempel befand. Davon ist zwar nichts erhalten, aber am Fuße des Hügels steht noch eines der besterhaltenen Theater der römischen Antike.

Der Typus des antiken Theaters geht auf die Griechen zurück. Sein Ursprung liegt in kultischen Spielen, die auf einem runden Platz vorgetragen wurden, um den sich die Zuschauer sitzend oder stehend herumgruppierten. Daraus entwickelte sich das System einer kreisrunden Orchestra mit dem treppenartig ansteigenden Halbrund der Zuschauerränge. Die römische Theaterarchitektur übernahm dieses Vorbild, wandelte es aber in wesentlichen Punkten ab. Das Rund der Orchestra wurde halbiert und die Bühne rückwärtig durch eine hohe Mauer begrenzt, die den Angaben Vitruvs zufolge immer doppelt so lang zu sein hatte wie der Durchmesser der Orchestra.[7] Während das griechische Theater den Ausblick in die Landschaft freigibt, ja selbst eine harmonische Einheit mit ihr darstellt, wird das römische Theater nach außen abgegrenzt und konzentriert sich ganz auf das Geschehen in seinem Innern. In Orange läßt sich diese Situation bestens nachvollziehen, weil die Bühnenwand vollständig erhalten blieb. Es fehlt ihr lediglich das abschließende Holzdach, das sich einstmals in 36 m Höhe über die Bühne schob, wohl weniger als Sicherheit vor Unbilden der Witterung, als vielmehr aus akustischen Erwägungen. Zum Schutz gegen Sonne oder auch Regen konnte nämlich das Velum über die gesamte Anlage gespannt werden. An der Außenseite der Bühnenwand sind noch die entsprechenden Kragsteine vorhanden, die die Masten trugen, an denen die Leinwand befestigt wurde.

Die *Bühnenwand*, von Ludwig XIV. überschwenglich als »die schönste Mauer des Königreiches« gepriesen, war innen ursprünglich mit Marmorplatten verkleidet. Von dieser Inkrustation sind nur spärliche Reste übriggeblieben. Frei vor die Wand gestellt erhob sich eine dreigeschossige Kolonnadenreihe, von der zumindest noch ein Bruchstück Zeugnis ablegt. Verschiedene Zugänge führen auf die Bühne. Der große, mittlere war laut Vitruv dem Kaiser zum Betreten des Theaters vorbehalten; hier in der Provinz genoß der Statthalter dieses Privileg. Die schmalen Durchgänge dienten der lokalen Prominenz, die von hier aus ihren Ehrenlogen zustrebte. Die Schauspieler dagegen betraten die Bühne von deren Schmalseiten her. Über dem Mittelportal öffnet sich eine Nische, in der ein marmornes *Standbild des Augustus* steht. Das kolossale Werk, aus zahlreichen Bruchstücken originalgetreu rekonstruiert, mißt 3,55 m Höhe, wirkt aber, aus der Distanz gesehen, kaum mehr als lebensgroß. Die Bühne ist gegen die Orchestra durch einen Graben getrennt. In ihm verschwand zu Beginn einer Aufführung der Vorhang, zum Teil waren auch Kulissen darin verborgen, die bei Bedarf mittels einer Winde nach oben gezogen werden konnten. Eine schräg verlaufende Rinne am Grund des Bühnengrabens sorgte für ein schnelles Abfließen des Regenwassers.

Die *Cavea* lehnt sich an die Anhöhe, auf der sich ursprünglich das Kapitol befand. Sie ist durch Absätze in drei Ränge unterteilt, auf denen das Auditorium, gestaffelt nach seiner sozialen Stellung, Platz nahm. Die bedeutenderen Persönlichkeiten saßen auf den unteren Reihen. Nach oben beschloß ein Halbkreis von Säulen den Zuschauerraum; an einer Stelle sind noch Stümpfe davon zu erkennen. Zwischen den Säulen muß man sich Statuen antiker Autoren vorstellen, deren Werke an dieser Stätte zur Aufführung kamen. Das mußten beileibe nicht immer die Klassiker der römischen Komödie, Plautus oder Terenz, sein, es wurden oft Lustspiele weniger namhafter Autoren dargeboten, die voller aktueller Anspielungen auf das Zeitgeschehen waren.

Das Fassungsvermögen dieser 103 m im Durchmesser großen Anlage wird auf etwa 10 000 Zuschauer geschätzt. Als Zeit der Erbauung gelten die Regierungsjahre des Augustus. Den besten Überblick gewinnt man, wenn man auf die Kuppe des St-Eutrope-Hügels steigt (außen, vor dem Theater stehend, der Straße folgend, die links von der Bühnenwand stadtauswärts führt, nach 50 m steigt rechts eine Treppe bergan). Einen unauslöschlichen Eindruck vermittelt das Theater, wenn man es als Besucher des alljährlich im Juli stattfindenden Festivals in seiner ursprünglichen Bestimmung erlebt.

Das Gymnasion

An die Westseite des Theaters grenzt ein Ausgrabungsgelände, in dem Teile einer ehemaligen Sportwettkampfstätte freigelegt wurden. In den Hügel ist ein Halbrund getrieben, ein kleiner Abschnitt der Wettkampfbahn, der Rest ist von Häusern überbaut. Sie muß ungefähr 200 m lang gewesen sein. In das Halbrund wurde in Hadrianischer Zeit ein Podiumtempel gestellt, dessen Podest noch erhalten ist und somit die beträchtlichen Ausmaße des Bauwerks ahnen läßt – 24 × 35 m, das bedeutet, pro Seitenlänge rund 10 m mehr als die Maison Carrée in Nîmes.

Rund um den Mont Ventoux ▷

Rund um den Mont Ventoux

Der Harmas des Jean-Henri Fabre in Sérignan 79 – Vaison-la-Romaine 81 – Der Mont Ventoux 89 – Carpentras 90 – Notre-Dame-d'Aubune 92

Der Harmas des Jean-Henri Fabre in Sérignan

Wir verlassen Orange auf der N 7 nordwärts. Bald biegt die D 976 nach rechts ab, auf der wir nach 5 km zur Ortschaft Sérignan gelangen. Ein kleines Schild am Ortseingang macht auf das Musée d'histoire naturelle des Insektenforschers *Jean-Henri Fabre* aufmerksam. Wer den Mont Ventoux erkunden möchte, wird hier auf das Naturerlebnis eingestimmt. Das Museum befindet sich in der einstigen Wohnstatt des bedeutendsten Insektenforschers aller Zeiten. Die Daten seines scheinbar wenig illustren Lebens sind schnell genannt.

Fabre wurde 1823 in Südwestfrankreich in ärmlichen Verhältnissen geboren. Als der Knabe zehn Jahre alt war, zog die Familie nach Rodez in der Auvergne, wo der Vater ein Straßencafé eröffnete. Der mangelnde Erfolg des Unternehmens verschlug die Familie schon drei Jahre später nach Toulouse und von dort weiter nach Montpellier. Mit siebzehn trennte sich Fabre von den Eltern und übersiedelte in die Provence. Als Obstverkäufer und Gleisarbeiter beim Bau der Eisenbahn von Beaucaire nach Nîmes schlug sich der hochbegabte junge Mann durch, der

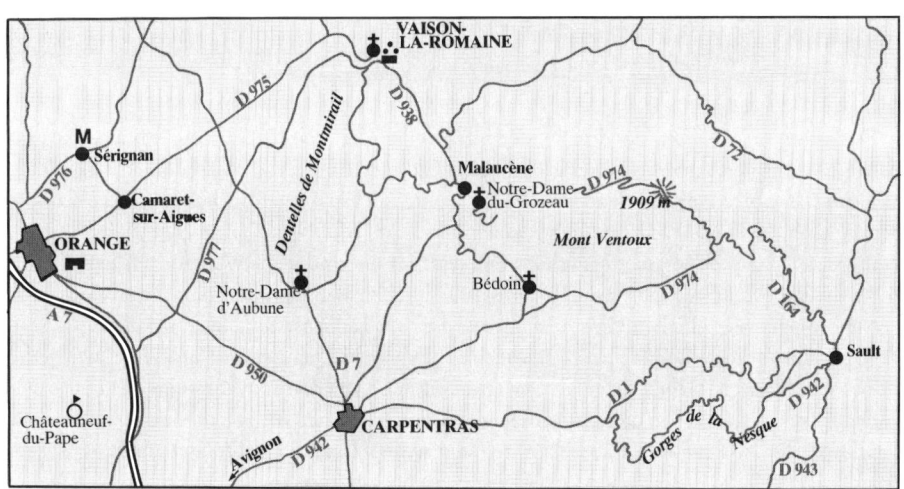

schon mit zehn Jahren Vergil übersetzt hatte. Als 1840 in Avignon eine Prüfung der Ecole Normale Primaire ausgeschrieben wurde, die ein Stipendium zur Lehrerausbildung versprach, bewarb sich Fabre und wurde der erste unter den Kandidaten. Nach zwei Jahren bestand er das Abschlußexamen und trat seine erste Anstellung in Carpentras an. 1850 wurde er nach Korsika versetzt. Dort von der Malaria heimgesucht, war er nach drei Jahren zur Rückkehr in die Provence gezwungen. Als Vater von mittlerweile fünf Kindern reichte das schmale Lehrergehalt nicht annähernd zum Unterhalt der Familie. Durch Nachhilfestunden und das Verfassen kleiner Schriften für den Schulunterricht hielt er sich mühsam über Wasser. Nebenher widmete er sich ganz seiner Leidenschaft, das Verhalten der Insekten zu erforschen. Schon 1856 war er mit einer Arbeit über die Knotenwespe der Fachwelt bekannt geworden. Auslöser für diese Forschung war die Publikation des angesehenen Entomologen Dufour über eben diese Grabwespenart, deren Weibchen ihrem in ein kleines Erdloch abgelegten Ei einen zuvor erbeuteten Prachtkäfer als Nahrung mit in die einsame Brutstube gibt. Dufour hielt das Opfer für tot, aber frisch gehalten durch ein mit dem Stich der Wespe verabreichtes Antiseptikum. Fabre gelang der Nachweis, daß der Käfer lediglich durch gezielte Stiche in die Ganglien gelähmt ist und deshalb der aus dem Ei geschlüpften Wespenlarve als willfährige Nahrung dienen kann.

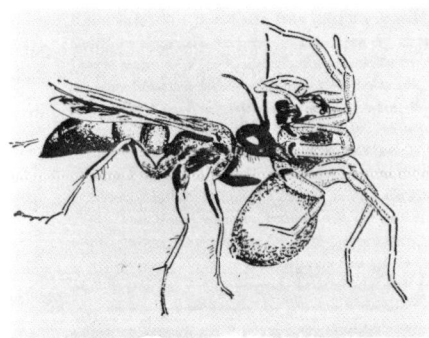

Wegwespe, die eine gelähmte Spinne fortschafft. Nach Jean-Henri Fabre

Doch eine Verbesserung der drückenden finanziellen Lage war für den Lehrer mit dieser Entdeckung nicht verbunden. 1870 entschloß sich Fabre trotz der widrigen äußeren Umstände, sich ganz der Forschungsarbeit zu widmen. Er kaufte mit Hilfe eines Darlehens seines Freundes Stuart Mill den kleinen Harmas in Sérignan, dessen verwilderten Garten er mit einer Mauer einfriedete. In diesem engumgrenzten Terrain fand der unermüdliche Wissenschaftler den Stoff für seine Beobachtungen, die von 1879 bis 1907 in zehn Bänden unter dem Titel »Souvenirs entomologiques« erschienen.[8] Es sind nicht nur die zum Teil sensationellen Entdeckungen, sondern besonders die packende Erzählgabe und die literarische Qualität des Autors, die auch heute noch in den Bann zu ziehen vermögen. »Es ging für mich von den Souvenirs eine Art magischer Gewalt aus; ich wurde von dieser so einfachen, kristallklaren Prosa, von diesem vertrauensvollen Du auf Du, das der Autor zwischen sich und seinem Leser herstellte, bezaubert, ergriffen, entzückt, entrückt«, beschreibt Kurt Guggenheim die Faszination, die die Lektüre der Werke

Fabres auf ihn ausübte.[9] Dennoch nahm die breite Öffentlichkeit auch weiterhin kaum Notiz von dem Genie. Nach und nach aber mehrte sich der Kreis seiner Bewunderer, und es waren solche, die das geistige Leben Frankreichs in den Dezennien um die Jahrhundertwende prägten: Frédéric Mistral, André Gide, Romain Rolland, Edmond Rostand und zahlreiche Größen aus der Welt der Naturwissenschaften bis hin zu Charles Darwin. Kurz vor seinem Tode ehrte ihn der Präsident der Republik, Raimond Poincaré, mit seinem Besuch in Sérignan. Aber die großen wissenschaftlichen Würdigungen – die Rosette der Ehrenlegion etwa, oder Ehrendiplome der Universitäten, der Nobelpreis – blieben Jean-Henri Fabre versagt, der mit seiner Arbeit das Fundament für die moderne Verhaltensforschung gelegt hat. Kurz vor seinem Tode 1915 soll der »Homer der Insekten«, dem es gelungen war, im Mikrokosmos des Insektenlebens die ordnende Kraft der Weltschöpfung zu erfahren, einem Journalisten auf die Frage, ob er an Gott glaube, verwundert geantwortet haben: »Glauben? Ich habe ihn gesehen!«.

Das kleine Museum im einstigen Wohnhaus Fabres bietet einen Einblick in die vielgestaltige Pflanzen- und Tierwelt der Provence, darüber hinaus vermittelt es eine lebendige Begegnung mit der überragenden Gestalt Fabres. Im Obergeschoß, in das der Besucher zuerst geführt wird, ist die umfangreiche Insektensammlung mit einigen tausend Präparaten zu sehen. Inmitten dieses Raumes steht der handtuchgroße Schreibtisch, an dem das Monumentalwerk der »Souvenirs entomologiques« entstanden ist. Im Untergeschoß sind Aquarelle Fabres ausgestellt. Er hat sämtliche in der Provence vorkommenden Pilzarten mit fotografischer Genauigkeit festgehalten. Mistral hatte anläßlich eines Besuches in Sérignan den Wunsch geäußert, diese ungewöhnliche Bilderserie für sein heimatkundliches Museum in Arles, das Museon Arlaten, zu erwerben, wozu es dann aber doch nicht kam. In Vitrinen ausgestellte Korrespondenzen mit Mistral und Darwin, eine Sammlung antiker und mittelalterlicher Münzen, kleine Kompositionen – Fabre spielte Cello – zeugen vom regsamen Geist dieses echten »uomo universale«. Lohnend ist auch der Rundgang durch den Garten des Harmas, in dem alle erdenklichen Arten der provençalischen Flora gedeihen.

Vaison-la-Romaine

In Sérignan biegt man rechts ab nach Camaret-sur-Aigues (4 km, schönes mittelalterliches Stadttor), von dort geht es auf der D 975 im Tal der Ouvèze nach Vaison-la-Romaine.

Die Stadt war Hauptort der Vocontier, die sich offenbar rasch nach der Landnahme durch die Römer mit den neuen Machthabern arrangierten, denn *Vasio* – so der antike Name von Vaison – genoß den Status einer »Civitas foederata«, was sie allerdings nicht von der Steuerpflicht ent-

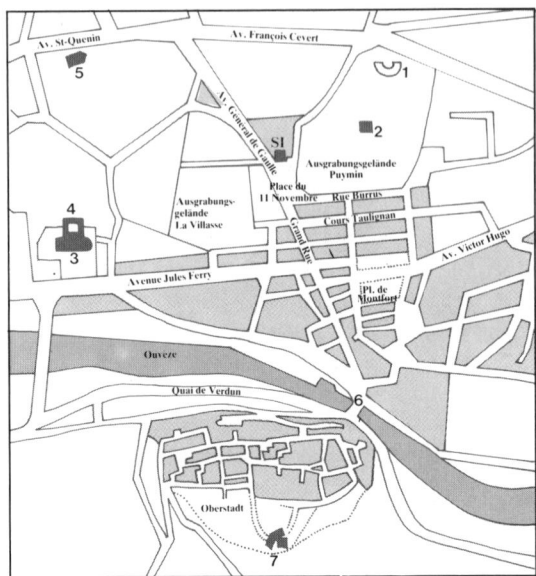

Vaison-la-Romaine:
1 Römisches Theater 2 Museum 3 Kathedrale Notre-Dame-de-Nazareth 4 Kreuzgang der Kathedrale 5 Romanische Kirche St-Quenin 6 Römische Brücke 7 Burg

band. Vasio muß, nach den Funden zu urteilen, eine wohlhabende Siedlung gewesen sein, konnte aber diese Stellung nicht über den Zusammenbruch des Imperium Romanum hinwegretten. Die Bevölkerung verließ im Mittelalter die Niederung im Ouvèzetal, um sich auf der Anhöhe im Schutze der Burg anzusiedeln, die Raimund V. von Toulouse dort hatte errichten lassen. Erst im 19. Jh. wurde der alte Stadtbereich im Tal wieder besiedelt.

Ausgrabungsgelände La Villasse (Abb. 16)

Für die Archäologen ist die Tatsache, daß die römische Stadt über Jahrhunderte aufgegeben war, ein selten glücklicher Fall. Durch die Wiederbesiedlung im 19. Jh. wurde nur ein Teil des antiken Stadtgebietes überbaut, und so war es möglich, beträchtliche Partien des gallorömischen Vasio freizulegen. Bei den ersten Ausgrabungen im 19. Jh. verfuhr man noch weitgehend unsystematisch, was einen wahren Exodus der zutage geförderten Objekte zur Folge hatte. Eine römische Kopie des berühmten Diadumenos des Polyklet etwa gelangte in das British Museum nach London. Erst ab 1907 nahm der Geistliche J. Sautel die planmäßige Ausgrabung der antiken Stadt vor, die seit 1965 im wesentlichen abgeschlossen ist.

Westlich von der Place du 11 novembre liegt das Ausgrabungsgelände La Villasse. Zunächst betritt man eine langgezogene ehemalige Ladenstraße. An ihrem Ende liegen linkerhand Reste von *Thermen* und ein »*Basilika*« genanntes Gebäude, dessen Bestimmung unklar ist; vermutlich handelt es sich um ein öffentliches Bauwerk. Die rechts der Straße befindlichen Fundamente gehören zu einer ausgedehnten Villenanlage, die man nach einer dort gefundenen Silberbüste (heute im Museum ausgestellt) die »*Maison du buste en argent*« nennt. Man betritt sie durch einen Vorhof, auf den ein kleines Atrium folgt. Dahinter gelangt man in den Hauptteil der Villa mit dem Tablinium. Nach Süden und nach Westen fassen ein kleiner und ein großer Peristylhof die komplexe Anlage ein. Weiter gegen Westen grenzt ein zweiter Villenbereich an, die »*Maison du dauphin*« (Haus des Delphins). Er ist im ganzen einheitlicher als die Maison du buste en argent, die in unterschiedlichen Bauphasen entstand. Das Haus des Delphins wurde im 2. Jh. n. Chr. auf den Grundmauern eines frühkaiserzeitlichen, eventuell sogar noch republikanischen Vorgängers errichtet. Direkt vom Atrium des Hauses führen einige Stufen hinab auf eine weitere Straße, mit der das Grabungsgelände abschließt.

Ausgrabungsgelände Puymin

Den antiken Stadtbereich durchschneidet heute die Place du 11 novembre. Auf ihrer Ostseite liegt der andere Teil der Ausgrabungen, das Puymin-Gelände. Man betritt zuvorderst die nach einer dort gefundenen Weihinschrift so benannte »*Maison des Messii*«. Die weitläufige Anlage konnte nur zum Teil freigelegt werden, weil die Rue Burrus im Süden und das moderne Vaison an dieser Stelle ein weiteres Ausgraben verhinderten. Ebenfalls angeschnitten ist der »*Portikus des Pompeius*«, dessen weite, von einer freien Säulenstellung umgebene Fläche wohl Teil einer öffentlichen Anlage war. In ihrer Mitte befindet sich die Vertiefung für ein Wasserbecken. Die östliche Begrenzung dieses Bezirks bildet eine schmale Straße, jenseits derer kleinteiligere Wohn- und Geschäftsbauten liegen. Man geht nun den Puymin-Hügel leicht aufwärts und erreicht die Reste eines Nymphäums oder Brunnenhauses, dessen ursprüngliches Aussehen nach dem spärlich erhaltenen Bestand kaum zu rekonstruieren ist. Weiter nach Norden folgen

Vaison-la-Romaine, Ausgrabungsgelände La Villasse:
1 Eingang 2 Ladenstraße 3 Thermen 4 »Basilika« 5 Portikus der »Maison du buste en argent« 6 Atrium der »Maison du buste en argent«, umliegend die ehem. Wohnräumlichkeiten 7 Kleines Peristyl 8 Großes Peristyl 9 Atrium der »Maison du dauphin«, umliegend die ehem. Wohnräumlichkeiten

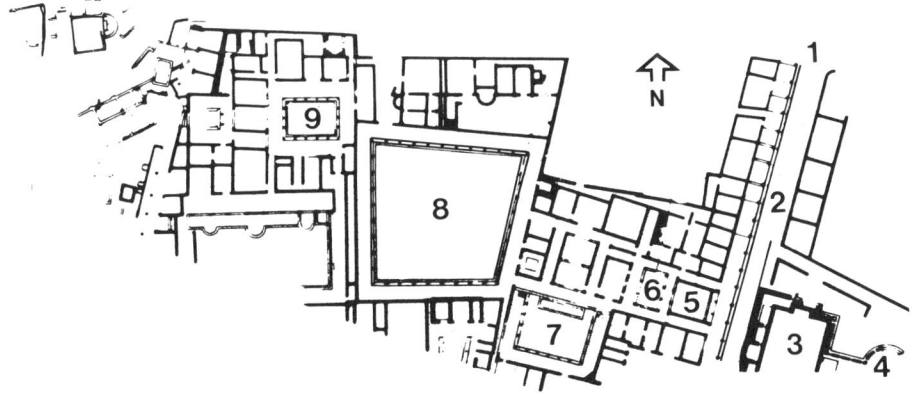

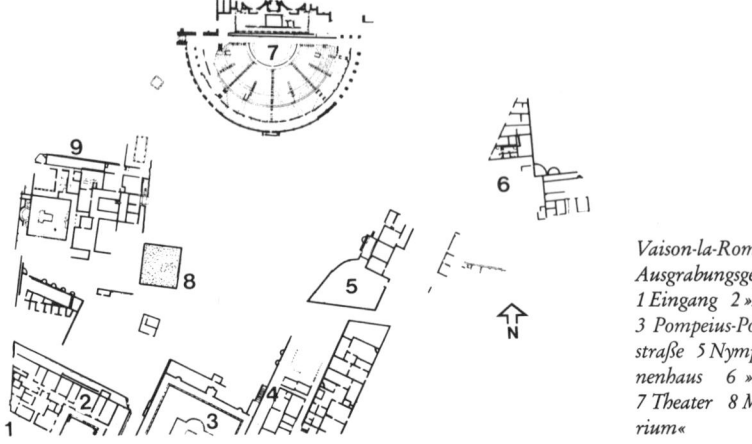

Vaison-la-Romaine,
Ausgrabungsgelände Puymin:
1 Eingang 2 »Maison des Messii«
3 Pompeius-Portikus 4 Laden-
straße 5 Nymphäum bzw. Brun-
nenhaus 6 »Maison du paon«
7 Theater 8 Museum 9 »Präto-
rium«

Grundmauern, die erst in den sechziger Jahren freigelegt und ebenfalls als Teile einer Villa identifiziert wurden. Man nennt sie nach einem Mosaik mit der Darstellung eines Pfaus die *»Maison du paon«* (Haus des Pfaus).

Wenn auch die Wiederbesiedlung Vaisons im 19. Jh. ein weiteres Ausgreifen der Ausgrabungsarbeiten verhindert hat, konnte doch genügend vom antiken Vasio freigelegt werden, um ein klares Bild von der Situation der Stadt zu gewinnen. Diese weicht deutlich von der Anlage anderer römischer Kolonialstädte in der Provence ab. Während im allgemeinen ein streng rechtwinklig verlaufendes Straßennetz angelegt wurde, beobachtet man in Vaison auffallende Unregelmäßigkeiten, und das, obwohl die Stadt auf einem ebenen Gelände errichtet wurde. Ebenso überrascht die Vielzahl großzügiger Villen, die als Bautypus auf dem Lande vorherrschten – im Gegensatz zum Stadthaus (Domus). Diese Umstände lassen nur einen Schluß zu: Da Vasio abseits der großen Verbindungsstraßen lag, mit Sicherheit also keine Handelsstadt war, muß man sich hier ein ländliches Städtchen mit offenbar mondänem Gepräge vorstellen. In den Villen lebten begüterte Familien, die ihren Wohlstand aus der agrarischen Produktion des Umlandes bezogen.

Das Theater

Man erreicht das Theater durch einen Stollen, der durch die Kuppe des Puymin-Hügels getrieben ist. Allein die Präsenz eines Theaters für schätzungsweise 7000 Zuschauer an einem Ort, der vermutlich kaum mehr Einwohner gezählt haben dürfte, stützt die zuletzt geäußerte Annahme, wonach es sich bei Vasio um die Siedlung einer privilegierten Oberschicht gehandelt habe. Das Theater wurde 1907–26 ausgegraben, doch es konnten lediglich die untersten Reihen der Cavea und der Umriß der Bühne nachgewiesen werden. In den dreißiger Jahren wurde das Bauwerk zum Teil rekonstruiert, wobei etliche antike Bruchstücke verwendet wurden. In seiner heutigen

Erscheinung stellt das Theater also weitgehend die Nachbildung eines römischen Theaters dar. Es wird regelmäßig für Freilichtaufführungen genutzt.

Das Museum

Das Archäologische Museum, das sich inmitten des Ausgrabungsgeländes von Puymin befindet, wurde 1971–74 erbaut. In freier Anlehnung an die Form einer römischen Villenanlage gruppieren sich seine Räumlichkeiten um ein nach oben offenes Atrium.

In der langgestreckten Nordgalerie sind Altäre, Grabinschriften, Reliefs und diverse Dedikationstafeln ausgestellt. Das Herzstück der Sammlung ist die Ostgalerie mit verschiedenen Statuen. Wichtigstes Exponat ist ein überlebensgroßes (216 cm hohes) Standbild Hadrians, das den Imperator als nackten Heros darstellt. Auf seiner Schulter erkennt man die Andeutung des Paludamentums, des Feldherrnmantels, seinen Kopf bedeckt die sogenannte Bürgerkrone, ein Kranz aus Eichenlaub mit einem Medaillon über der Stirn, in das einst ein kostbarer Stein eingelassen war. Die Statue ist sinnbildhafter Ausdruck für das geistige Klima, das in der Zeit Hadrians und seines Nachfolgers Antoninus Pius in Rom herrschte und auch in die Provinzen ausstrahlte. Nach den Dekadenzepochen der letzten Julier und der Flavier hob unter Hadrian ein Zeitalter des Klassizismus an. Hadrian kopierte als großer Bewunderer klassisch-griechischer Kultur das Erbe der Hellenen. Ein äußeres Kennzeichen für die damals aufkommende »Griechenmode« ist der leicht gekräuselte Bart des Kaisers, den dieser erst salonfähig machte. Zuvor trug man einen Bart ausschließlich als Zeichen der Trauer ein Jahr lang nach dem Tode eines nahen Verwandten. Hadrian nun ließ sich als Reverenz an die antiken Philosophen einen Bart stehen. Alle seine Nachfolger des 2. Jh. n. Chr. blieben dieser Mode treu. Die vorzüglich erhaltene Frauenstatue neben ihm hat man als seine Gattin Sabina gedeutet.

Hinter der Statue des Hadrian sind zwei weitere Kaiserstandbilder aufgestellt. Das eine zeigt einen Imperator in vollem Kriegsharnisch. Das Gorgoneion auf dem Brustpanzer, das bei den Griechen ein Attribut der Athene und des Zeus war, wurde in römischer Zeit eines der kaiserlichen Insignien. Eine namentliche Bestimmung ist nicht möglich, da die Gesichtszüge zu stark verwittert sind. Die massige Erscheinung läßt an einen der flavischen Kaiser denken, möglicherweise Titus oder dessen Bruder Domitian. Die andere Statue dagegen ist dank ihrer präzise gebildeten Physiognomie als ein Standbild des Tiberius zu identifizieren. Haltung und Habitus zeigen den Imperator in der Pose des antiken Redners. Das Porträt steht Augusteischen Werken nahe. Unter Augustus hatte die römische Kunst die erste Epoche eines von griechischem Geist inspirierten Klassizismus erlebt, der unter seinen Nachfolgern zu einem kühlen, sinnentleerten Repräsentationsgebaren verflachte. Darauf folgte die »barocke« Gesinnung der flavischen Dynastie, wofür das Standbild des geharnischten Kaisers hier im Raum typisch ist. Hadrian leitete den zweiten Klassizismus in der römischen Kunst ein. Die Statuen dieser Galerie zeigen exemplarisch den Weg der römischen Kunst über ein ganzes Jahrhundert, etwa 30–130 n. Chr.

In der Südgalerie erzählen zahlreiche, in Vitrinen aufbewahrte Exponate vom Alltagsleben im gallorömischen Vasio: Keramik, Öllampen, Gläser, Mörser sowie diverse Gebrauchsgegenstände aus Bronze und Eisen.

Der Rundgang endet in der Westgalerie, wo sich die Münzsammlung und die silberne Porträtbüste befinden, die in der nach ihr benannten Villa in La Villasse gefunden wurde. Die 28 cm hohe Büste zeigt ein grobschlächtiges Männergesicht. Daß es sich entsprechend um die Darstellung eines einfacheren Mannes handeln könnte, ist allein durch das kostbare Material ausgeschlossen. Vielmehr ist dies ein Werk des 3. Jh. n. Chr., als in den Wirren der Soldatenkaiserzeit die schöpferischen Kräfte des Imperiums erlahmten.

Kathedrale Notre-Dame-de-Nazareth

Nicht weit entfernt vom Ausgrabungsgelände La Villasse liegt die romanische Kathedrale von Vaison, die auf antiken Fundamenten, möglicherweise denen eines Tempels, errichtet wurde. Der Baubeginn fällt in das 11. Jh.; im 12. Jh. erhielt die Kirche durch einen Umbau ihre heutige Gestalt. Nur kurze Zeit erfüllte die Kathedrale, die im 13. Jh. nach dem Rückzug der Bevölkerung auf die Anhöhe selten in Gebrauch genommen wurde, ihren Dienst. Dennoch hat sie die Jahrhunderte gut überstanden, da auch die Religionskriege und die Revolution dem Bauwerk keinen Schaden zufügten. Lediglich der Kreuzgang war so weit heruntergekommen, daß im 19. Jh. eine teilweise Neuerrichtung vonnöten war.

An der Mauersubstanz des Außenbaus läßt sich die Entstehungsgeschichte der Kathedrale ablesen. Das kleinteilige, aus Bruchsteinen gefügte Mauerwerk ist kennzeichnend für die frühe Romanik des 11. Jh. Erst nach der Wende zum 12. Jh. hatten die Steinmetze wieder die Kunst erlernt, Wände aus glatt behauenen Quadern zu fügen. In das Fundament des Chores sind römische Architekturfragmente, vor allem Säulentrommeln, integriert worden.

Der Innenraum ist eine dreischiffige Basilika, der erst im 12. Jh. das zugespitzte Tonnengewölbe eingezogen wurde. Gleichzeitig legte man am Außenbau Strebepfeiler an, um den veränderten baustatischen Gegebenheiten Rechnung zu tragen. Die Seitenschiffe lehnen sich, wie so oft in provençalischen Basiliken der Romanik, als schmale Raumfluchten an das dominierende Mittelschiff, das in drei Joche gegliedert ist. Die ausgeschiedene Vierung wird von einer achtteiligen Kuppel überwölbt. Die Überleitung vom Quadrat des Vierungsgrundrisses zum Kuppelpolygon bilden vier Trompen, denen Reliefs der vier Evangelisten integriert sind. Der Chor, außen rechteckig, ist innen gerundet, seiner Wand sind Säulen mit Arkadenbögen aufgeblendet – auch dies ein Motiv, das kennzeichnend für die romanische Baukunst der Provence ist. Unter dem mittleren Fenster befindet sich noch der steinerne Bischofsthron, den man früher für spätantik hielt. Mittlerweile gilt er als Nachahmung paläochristlicher Vorbilder und wird in das 11. Jh. datiert. Die Seitenschiffe verlängern sich nach Osten in zwei kleine, den Chor einfassende Apsiden.

Den Kreuzgang betritt man durch eine Tür im nördlichen Seitenschiff. Der Südflügel, der sich an die Kathedrale lehnt, wurde im 19. Jh. komplett neu errichtet; die drei anderen Flügel sind weitgehend original erhalten. Der Kreuzgang repräsentiert ein in der Provence verbreitetes Muster: Der überwölbte Gang öffnet sich in Arkaden, die von kleinen Säulenpaaren getragen werden. Zur Hofseite überfangen größere Bögen jeweils drei Arkaden. Ihre Fußpunkte ruhen auf massiven, zwischen die Säulchen gestellten Pfeilern. Dieses Beispiel führt ein typisch mittel-

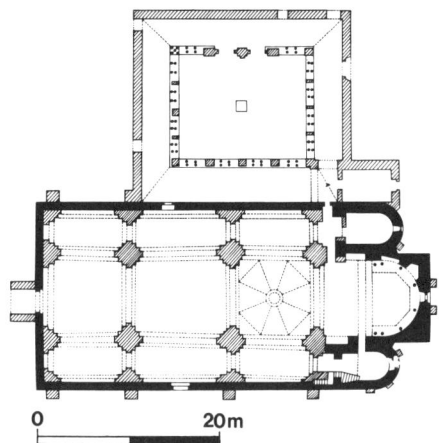

Vaison-la-Romaine, Grundriß der Kathedrale Notre-Dame-de-Nazareth und des Kathedralkreuzgangs

0   20 m

alterliches Vorgehen vor Augen, wonach baustatische Notwendigkeiten immer in einem ästhetischen Sinne gelöst wurden. Das bedeutet in diesem Fall, daß der Schub der Tonne mit Hilfe der übergreifenden Bögen auf die Pfeiler abgeleitet wird, woraus sich eine rhythmische Gliederung des gesamten Kreuzgangs ergibt.

Vom Nordflügel aus entdeckt man an der Außenwand der Kathedrale eine Inschrift, die wesentlich zum Verständnis des mittelalterlichen Kreuzgangs als Bautypus beiträgt. Sie lautet:

Obsecro vos Fratres Aquilonis vincite partes
Sectantes claustrum quia sic venietis ad Austrum
Trifida Quadrifidum memoret succendere nidum
Ignea Bissenis lapidum sit ut addita venis
Pax Huic Domui

Diese in leoninischen Versen abgefaßte Inschrift – Hexameter, bei denen sich Versmitte und -ende reimen – besagt, frei übersetzt, folgendes: »Ich beschwöre euch, Brüder, den Aquilus zu überwinden, wenn ihr den Kreuzgang durchschreitet. So werdet ihr zum Austrum gelangen. Die dreifach Feurige möge das vierteilige Nest entzünden, damit es sich den zwölf steinernen Gefäßen hinzugeselle. Friede sei mit diesem Haus.« Aquilus ist der Nord-, Auster der Südwind. In der Auffassung des Mittelalters galt der Norden als Sitz des Bösen, der Süden als Wohnstätte der Verheißung. Mit dem dreifachen Feuer ist die Trinität, mit dem vierteiligen Nest der Kreuzgang gemeint. Die zwölf steinernen Gefäße sind eine Metapher für die Apostel und zugleich ganz konkret, hier in Vaison, für die zwölf Kanoniker des Domkapitels. Diese werden also aufgefordert, den Kreuzgang so zu durchschreiten, daß sie auf dem jeweils kürzesten Wege nach Süden gelangen. Demzufolge ist der Kreuzgang als Abbild der himmlischen Ordnung zu verstehen, in der die Wege zur Erlösung genau festgelegt sind.

St-Quenin

Die Kapelle St-Quenin befindet sich wenige hundert Meter nördlich des Ausgrabungsgeländes La Villasse am Rande der Ausfallstraße nach Valréas. Queninus war ein Bischof des 6. Jh., der bald nach seinem Tode als heilig verehrt wurde. Seine offizielle Kanonisation vollzog jedoch erst Innozenz III. im 13. Jh.

Der einschiffige Kirchenraum ist ein Bau des 17. Jh., der Chor dagegen ist rein romanisch. Er stellt eine Rarität dar. Das Prinzip des polygonalen Chores wird hier zu zwei fast im rechten Winkel aufeinander stoßenden Wandflächen reduziert, so daß ein dreieckiger Grundriß entsteht. Ihm sind im Innern ein fünfeckiges Polygon und zwei halbrunde seitliche Apsiden ein-

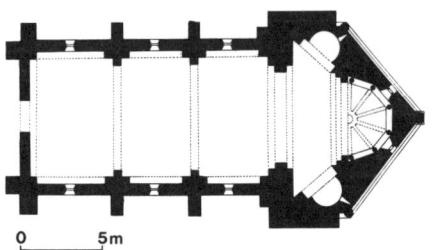

Vaison-la-Romaine, Grundriß der romanischen Kirche St-Quenin

gebunden. Die drei Ecken (außen) markieren kannelierte Halbsäulen mit korinthischen Akanthusblattkapitellen, das abschließende Gesims trägt antike Ornamentformen. Der Umriß dieser Chorpartie ist absolut singulär und findet nirgends eine Parallele.

In die Westwand wurde beim Neubau im 17. Jh. eine marmorne Platte eingelassen, die möglicherweise von einer alten Chorschranke stammt. Die Datierung ist zwischen dem 5. und 7. Jh. anzunehmen. Das Relief zeigt eine Vase mit einem Kreuzeszeichen darüber; zu den Seiten entrollen sich der kelchartig verbreiterten Öffnung Weinranken, ein in der frühchristlichen Symbolsprache verbreitetes Motiv: der eucharistische Kelch als Sinnbild für das Erlösungswerk Christi.

Die Oberstadt

Im Süden der Stadt überquert man die Ouvèze auf einer römischen Brücke, die den Fluß mit einem einzigen Joch von 17 m Länge, ohne Zwischenstütze, überspannt. Im 19. Jh. wurde lediglich die steinerne Brüstung erneuert, alles andere ist Originalsubstanz.

Am jenseitigen Ufer gelangt man in das mittelalterliche Vaison, dessen verwinkelte Gassen sich zu der Burg der Grafen von Toulouse bergan schlängeln. Von der Anhöhe, auf der sich die Reste der Burganlage befinden, bietet sich ein reizvoller Ausblick auf den Ort und den Mont Ventoux im Osten.

Der Mont Ventoux

Der heilige Berg der Provence, der Mont Ventoux, ist von Vaison-la-Romaine aus dem Besucher der antiken Ausgrabungen allzeit gegenwärtig. Eine Fahrt auf die mit 1909 m höchste Erhebung der Provence gehört zu den unvergeßlichen Höhepunkten einer Reise nach Südfrankreich. Der Name des Berges ist von lat. *ventosus,* der Windige, abzuleiten. Da keine schützenden Vorgebirge den Ansturm des Mistrals mildern, tobt auf dem Gipfel der kalte Nordwind mit zum Teil unvorstellbarer Heftigkeit. Im Volksmund hieß der Berg früher auch »Mont Pelé«, der geschälte Berg, weil seine Bewaldung rücksichtslos zur Holzgewinnung gerodet worden war. Inzwischen ist der Baumbestand wieder aufgeforstet, aber die Spitze, die oberhalb der Baumgrenze liegt, ist eine von Wind und Wetter gegerbte Steinwüste. Etwa von Dezember bis Mai ist die Bergkuppe von Schnee bedeckt, aber auch in den Sommermonaten vermittelt der fahle Farbton der ausgebleichten Kuppe des Massivs aus der Ferne den Eindruck, als ob sie unter einer Schneedecke liege.

Nach Westen ragen die verkarsteten Anhöhen der Bergkette der Dentelles de Montmirail mit ihren wild gezackten Spitzen in den provençalischen Himmel. In den Tallagen zwischen dem Ventoux und den Dentelles de Montmirail (Farbt. 23) gedeiht ein prächtiger Wein – das berühmte Gigondas ist nicht fern.

Von Vaison-la-Romaine folgen wir der D 938 nach Malaucène, von dort der gut ausgebauten D 974. Kurz hinter Malaucène liegt rechts der Straße die romanische **Kapelle Notre-Dame-du-Grozeau.** Sie ist nach dem Flüßchen Grozeau benannt, dessen Wasser die Römer nach Vaison-la-Romaine geleitet hatten. Es handelt sich um einen quadratischen Zentralbau des 12. Jh., der im 19. Jh. verfälschend restauriert wurde (u. a. Veränderungen am Dach, an der Laterne etc.).

Die D 974 führt nun in weiten Schleifen auf der Nordseite des Bergmassivs aufwärts. Nach knapp 20 km erreicht man den Gipfel des Mont Ventoux. Von dort überblickt man bei klarer Witterung die gesamte Provence. Nach Osten breitet sich das majestätische Alpenpanorama aus, nach Süden schweift der Blick über das Vauclusehochland, den Lubéron und die Montagne Ste-Victoire bis hin zur spiegelnden Fläche des Meeres in der Ferne, nach Westen steigen jenseits der Rhôneebene die Anhöhen der Cevennen auf.

Wer den Ventoux zu Fuß besteigt, wird mit einer abwechslungsreichen Naturszenerie für seine Mühsal belohnt. Francesco Petrarca soll als erster den Mont Ventoux auf diese Weise erklommen haben. Heute gibt es eine ganze Reihe gut markierter Wanderwege,[10] die, da das Terrain recht gleichmäßig ansteigt, auch von weniger Geübten zu bewältigen sind. Namentlich dem botanisch Interessierten vermittelt ein Aufstieg auf den Ventoux überraschende Entdeckungen. Jean-Henri Fabre beschreibt eine Wanderung auf das Bergmassiv, das er insgesamt 25mal bestiegen hat: »Infolge seiner Isoliertheit, die ihn allen Einflüssen der Witterung aussetzt, infolge seiner Höhe, die ihn innerhalb der Alpen- und Pyrenäengrenze zum höchsten Punkt Frankreichs macht, eignet sich der Kahle Berg der Provence, der Mont Ventoux, besonders gut zu pflanzenklimatischen Studien. An seinem Fuße gedeihen der frostempfindliche Olivenbaum und eine große Zahl jener halbholzigen Pflanzen, wie der Thymian, deren aromatische Wohlgerüche zur Sonne des Mittelmeergebietes gehören. Auf seinem Gipfel hingegen, der während

mindestens sechs Monaten von Schnee bedeckt ist, findet man einen nordischen Pflanzen-
wuchs, der zum Teil aus arktischen Gebieten stammt. Ein halber Tag senkrechten Aufstiegs läßt
vor unseren Blicken eine Folge von Pflanzentypen vorüberziehen, denen man sonst nur während einer langen Reise von Süd nach Nord, demselben Längengrad entlang, begegnen würde.
Am Anfang wandern die Füße auf dem duftenden Thymian, der sich auf den unteren Kuppen
als endloser Teppich ausbreitet; in einigen Stunden jedoch schreiten sie über den dunklen Pöl-
sterchen des Gegenblättrigen Steinbrechs *(Saxifraga oppositifolia L.)*, der ersten Pflanze, die der
Botaniker wahrnimmt, wenn er im Juli in Spitzbergen an Land geht. Habt ihr in der Tiefe noch
die scharlachroten Blumen des Granatapfelbaumes gepflückt, so werdet ihr oben einem kleinen
behaarten Mohn begegnen, dessen Stengel im schützenden Steingeröll emporwächst und dessen
große, gelbe Blütenkrone sich in der eisigen Abgeschiedenheit Grönlands und des Nordkaps,
aber auch an den oberen Gipfelhängen des Mont Ventoux entfaltet.«[11]

Wer mit seiner Zeit haushalten muß, wählt für die Rückfahrt den Weg direkt am Fuße des Berges, auf seiner Südseite, über **Bedoin**, wo die derb-kraftvolle Dreiapsidenanlage einer Stiftskir-
che aus dem 11. Jh. zu einem kurzen Verweilen einlädt. Wer dagegen mit etwas mehr Muße
unterwegs ist, sollte seine Fahrt um den Mont Ventoux weiter ausdehnen. Ende Juli/Anfang
August bietet die Fahrt nach **Sault** am Nordrand des Vaucluseplateaus ein sinnenbetörendes
Schauspiel. Hier erreicht man die sogenannte Lavendelstraße, die sich über die Haute-Provence
bis nach Moustiers-Ste-Marie erstreckt. Endlose Lavendelfelder verwandeln die Landschaft in ein
blau blühendes und intensiv duftendes Paradies, belebt von emsigen Bienen und in tausend Farben schillernden Schmetterlingen. Aber auch im Frühjahr oder Herbst hat die Gegend um Sault
ihren Reiz, die kurz gestutzten Lavendelbüsche auf den Feldern gleichen einer Armee von Igeln.

Von Sault wenden wir uns wieder westwärts. Einen Vorgeschmack auf den Grand Cañon
du Verdon vermitteln die **Gorges de la Nesque** mit ihrer schroff zerklüfteten Schlucht. Wer
lieber die wechselnden Aussichten auf das Ventouxmassiv genießen möchte, hält sich nördlich
davon auf der D 1. Beide Wege treffen sich in Villes-sur-Auzon, von wo nur noch 12 km bis
Carpentras zu fahren sind.

Carpentras

Blick in die Geschichte

Der Name der Stadt Carpentras geht auf den Keltenstamm der Cavarer zurück, in deren Gebiet
die Römer eine Kolonie gründeten. Im Mittelalter wurde der bis dahin eine untergeordnete
Rolle spielende Flecken kurzfristig Schauplatz eines bedeutsamen Ereignisses. Papst Clemens V.

hatte nämlich zunächst, nachdem er dem Anraten Philipps des Schönen gefolgt und nach seiner Wahl zum Papst in Frankreich geblieben war, Carpentras zu seiner vorläufigen Residenz gewählt. Doch schon bald erwies sich die etwas abseitige Lage der Stadt als hinderlich, und der Papst zog es vor, sich in dem leichter erreichbaren Avignon niederzulassen. Carpentras genoß aber auch weiterhin das Wohlwollen der Päpste und wurde 1320 zur Hauptstadt der Grafschaft Venaissin erhoben. Seither fühlte sich Carpentras als Konkurrentin der päpstlichen Residenzstadt, die außerhalb des Comtats lag. Unter dem Schutz des Papsttums siedelte sich eine große jüdische Gemeinde in Carpentras an.

Da Carpentras bis zur Revolution den Rang der Hauptstadt des Venaissin behielt, konnte es auch nach dem Fortgang der Päpste aus Avignon eine beachtete Stellung wahren. So erklärt es sich, daß Carpentras – wie nur noch Aix und Avignon – eine lückenlose Denkmälergruppe durch alle nachmittelalterlichen Epochen bis in das 18. Jh. aufweist. Heute hat die knapp 15 000 Einwohner zählende Stadt nur den Rang einer Sous-Préfecture des Departements Vaucluse.

Vom römischen Ursprung der Stadt ist kaum mehr etwas zu spüren, sie spiegelt vielmehr das urbane Gefüge des Mittelalters wider. Konzentrisch ziehen sich die Straßen und Gassen um den Altstadtkern mit der Kathedrale im Mittelpunkt. Die Stadtmauer, die der von Avignon als überlegen galt, wurde im 19. Jh. abgerissen. Lediglich die Porte d'Orange (14. Jh.) erinnert noch an den Festungswall.

Kathedrale St-Siffrein

Die Bischofskirche ist eines der wenigen Beispiele gotischer Bauweise in der Provence. Sie wurde an der Stelle eines romanischen Vorgängers ab 1405 errichtet. Initiator des Neubaus war Pierre de Lune, der 1394 als Benedikt XIII. zum Gegenpapst gekürt worden war. Das Bauvorhaben schleppte sich offenbar dahin, denn erst aus dem Jahr 1519 ist die Weihe überliefert. Die Arbeiten an der Fassade dauerten bis ins 17. Jh. und blieben schließlich unvollendet. Die Westfassade ist also ein Torso; das Südportal dagegen ist ein schönes Beispiel der Flamboyantgotik. Der äußersten Archivolte des Portals (darin sind praktisch alle Figuren zerstört) entwächst ein geschweifter Wimperg, dessen Spitze in einer verschlungenen Kreuzblume gipfelt. Eine originelle ikonographische Besonderheit entdeckt man im Giebelfeld des Wimpergs. Dort befindet sich eine in Stein gemeißelte Halbkugel, an der Ratten nagen. Hierin eine Anspielung auf den Überträger der Pest zu sehen, wie gelegentlich vorgeschlagen, geht mit Sicherheit fehl, denn im 15. Jh. kannte man die Hintergründe noch nicht, die zum Ausbruch der verheerenden Seuche führten. Eine Metapher für das Ketzertum wäre eher denkbar, vielleicht eine boshafte Anspielung auf die Juden, denn bekehrte Juden wurden der Überlieferung zufolge traditionell durch dieses Portal, deshalb auch »Porte Juife« genannt, in die Kathedrale geführt.

Das Innere ist ein weiträumiger Saal mit seitlichen Kapellen. Die in die Breite zielende Großzügigkeit der Anlage ist der provençalischen Baukunst ebenso fremd wie der nordfranzösischen Kathedralgotik, mit der St-Siffrein so gut wie nichts, außer geläufigen Einzelformen wie Dienste, Rippen, Maßwerkfenster etc., gemeinsam hat. Vielmehr scheint hier ein italienisch beeinflußtes Raumgefühl mitzusprechen. Wie fast überall im Süden Frankreichs wurde auf ein

Querhaus und einen Chorumgang mit Kapellenkranz verzichtet. Die Ausstattung entstammt der Barockzeit.

Palais de Justice und der römische Ehrenbogen

Wie stark sich der italienische Einfluß in Carpentras niedergeschlagen hat, lehrt der Blick auf den an die Kathedrale angrenzenden Justizpalast aus dem 17. Jh., das frühere bischöfliche Palais. Der Architekt war zwar Franzose, aber der Auftraggeber, Kardinal Bicchi, war ein aus Siena stammender Italiener. Seine Residenz stellt eine Nachempfindung des Palazzo Farnese in Rom dar. Von Bicchi heißt es, er habe die italienische Oper in Frankreich heimisch gemacht.

Im Winkel zwischen Kathedrale und Justizpalast begegnet man dem einzig erhaltenen Zeugnis des römischen Carpentoracte, einem Torbogen, der erst im vorigen Jahrhundert wieder frei gestellt wurde. Im Mittelalter war er der romanischen Kathedrale als Vorhalle für das Nordportal einbezogen worden. Im Gegensatz zu dem aufwendig dekorierten Bogen von Orange erlebt man an dieser Stelle die schlichtere Form des einbogigen Tores. An beiden Schmalseiten sind in Relief gearbeitete Gefangenenpaare erhalten, die, ähnlich ihren Leidensgefährten in Orange, mit Ketten an einen Pfahl gebunden sind. Im Gegensatz zu jenen zeigen sie eine unterschiedliche Kleidung. Die linke Figur der Westseite trägt ein knielanges Gewand mit einem bis auf den Boden reichenden Überwurf; den Kopf bedeckt eine Kapuze. Dieser Habitus war im Osten verbreitet, wonach es sich um einen Armenier oder einen Parther handeln könnte. Sein Nachbar dagegen ist in ein zotteliges Fell gehüllt, wie es für die Germanen kennzeichnend ist. Die linke Figur der anderen Schmalseite ist der zuerst geschilderten ähnlich. Die andere daneben zeigt einen Mann nobler Herkunft in einem üppig drapierten Gewand. Es wäre denkbar, daß die präzise völkische Unterscheidung der Gefangenen auf die in den ersten Jahren nach der Zeitenwende unter Augustus erfochtenen Siege gegen Germanen und Armenier verweist. Demnach ergäbe sich eine Datierung, die sich mit der des Ehrenbogens in Orange weitgehend deckt (erstes Viertel des 1. Jh. n. Chr.).

Weitere Sehenswürdigkeiten in Carpentras sind die **Synagoge** nahe dem Rathaus, ein 1741–43 errichteter Rokokosaal, und das **Hôtel-Dieu** (Krankenhaus) an der Ausfallstraße nach Cavaillon, das ebenfalls aus der Mitte des 18. Jh. stammt. Es wurde von Bischof Malachie d'Inguimbert gestiftet, der der Stadt auch seine Bibliothek mit über 100 000 Bänden und zahlreichen Inkunabeln hinterließ. Sehenswert ist vor allem die Apotheke mit einer Sammlung von Fayencen aus Montpellier und Moustiers-Ste-Marie.

Notre-Dame-d'Aubune (Abb. 17)

Mit einem Schlenker nach Norden, von Carpentras über die D 7, beschließen wir diese Rundfahrt um den Mont Ventoux. Auf halber Strecke zwischen den Ortschaften Aubignan und

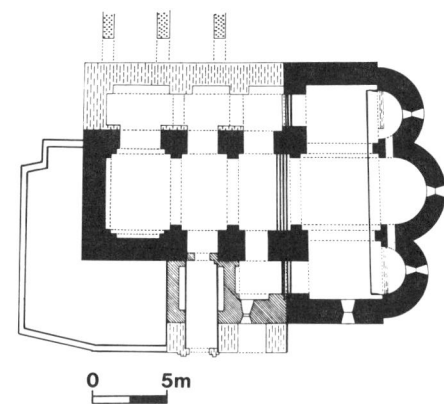

Notre-Dame-d'Aubune, Grundriß der romanischen Kirche

0   5m

Vaqueyras steht rechts seitab der Straße die Kapelle Notre-Dame-d'Aubune, ein Kleinod der provençalischen Romanik. Sie ist auf einem Boden erbaut, der schon in vorrömischer Zeit als Kultstätte diente. Das kleinteilige Mauerwerk, ein Merkmal der frühromanischen Baukunst, läßt an eine Entstehung im 11. Jh. denken, doch kann sie nun nachweislich in die erste Hälfte des 12. Jh. datiert werden. Bereits im 16. Jh. war die Kirche zweckentfremdet, diente vorübergehend als Stallung und war dem Verfall preisgegeben. Bei einer Restaurierung zu Beginn des 17. Jh. wurden dem vormals einschiffigen Saal seitliche Anbauten hinzugefügt. Von unprätentiöser Schlichtheit ist die Ostpartie mit ihren drei Kapellen und dem schlanken, hoch aufragenden Glockenturm.

Avignon

»An Fröhlichkeit, Leben, Bewegung, Festlichkeiten gab es niemals eine vergleichbare Stadt. Da zogen von früh bis spät Prozessionen und Pilgerzüge, die Straßen waren mit Blumen übersät und mit Teppichen geschmückt ... Ach, die glückliche Zeit! Die glückliche Stadt!«
Alphonse Daudet über das päpstliche Avignon im 14. Jh.

»Diese Stadt ist eine Abfallgrube, in der sich aller Unrat der Welt sammelt. Alles, was es auf Erden an Hinterhältigkeit, Gottlosigkeit und verabscheuungswürdigen Sitten gibt, findet sich dort angehäuft. Man verachtet Gott und betet statt dessen Geld an, man tritt die göttlichen und menschlichen Gesetze mit Füßen.«
Francesco Petrarca zum selben Thema

Zur Geschichte des Papsttums im 14. Jh.

Das päpstliche Exil in Avignon hat die Gemüter zu allen Zeiten bewegt und zu den unterschiedlichsten Bewertungen Anlaß gegeben (s. o.). Eines steht zumindest fest: Nachdem die Provence im Verlauf der Albigenserkriege an Glanz verloren hatte, wurde sie durch den Aufenthalt der Päpste in Avignon wieder in den Mittelpunkt weltpolitischen Geschehens gerückt. Wie aber war es überhaupt zur Verlegung der päpstlichen Residenz gekommen?

Die Orientierung des Papsttums in Richtung Frankreich hatte sich bereits im 13. Jh. vorbereitet. Zunächst hatte Innozenz III. gemeinschaftlich mit der französischen Krone den Kreuzzug gegen die Albigenser inszeniert. Als es 1229 zum Friedensschluß mit dem Grafen von Toulouse kam, sicherte sich der Papst die Souveränität über die Grafschaft Venaissin. Da der Kirchenstaat zur selben Zeit durch die Italienpolitik Kaiser Friedrichs II. von Norden und Süden her bedrängt wurde, flüchtete Innozenz IV. (1243–54) nach Lyon, wohin er ein allgemeines Konzil einberief, und so wurde die Stadt für einige Jahre zur heimlichen Residenz des Papstes. Ernst Kantorowicz stellte in seiner Biographie Friedrichs II. fest, daß »die Anordnungen der Kurie einheitlich von Lyon aus getroffen wurden, wo jetzt die Fäden der kirchlichen Welt zusammenliefen, von Papst Innozenz IV. meisterlich geknüpft«.[12] 1245 wurde der Staufer mit Acht und Bann belegt. Nach seinem Tode, fünf Jahre später, fiel das deutsche Königtum von der Höhe seiner Macht ins Bodenlose. Diese Schwächung des Reiches ebnete zugleich der französischen Krone den Weg zur Vorrangstellung in Europa. Aber als ballastreiches Erbe übernahm der französische König die Auseinandersetzung mit dem Papsttum, die bis dahin über Jahrhun-

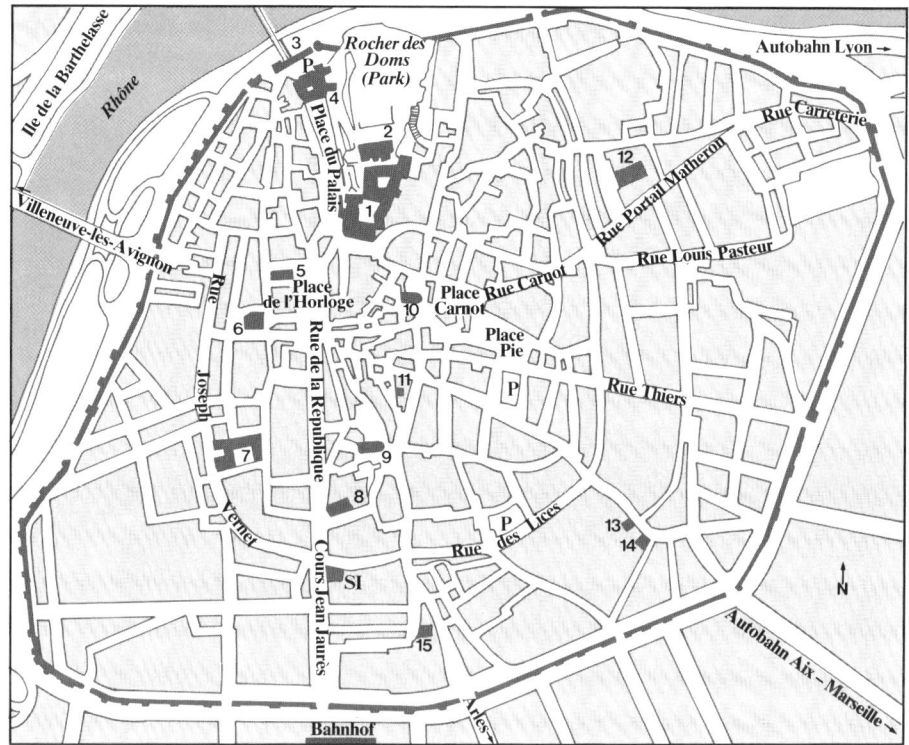

Avignon:
1 Papstpalast (F)   2 Kathedrale (F)   3 Pont St-Bénézet   4 Petit Palais   5 Theater (F)   6 St-Agricol   7 Musée Calvet   8 Musée lapidaire   9 St-Didier   10 St-Pierre   11 Chapelle des Pénitents Blancs (F)   12 Karmeliter-Kirche (F) 13 Chapelle des Cordeliers (F)   14 Salle Benoit XII (F)   Die Angabe (F) ist ein Hinweis darauf, daß in diesen Gebäuden Aufführungen im Rahmen des Theater-Festivals stattfinden.

derte zwischen den Nachfolgern Petri und den deutschen Königen die europäische Geschichte immer wieder überschattet hatte. Solange das Papsttum danach trachtete, alle weltlichen Lehen vom Stuhle Petri aus zu vergeben, war der Konflikt vorprogrammiert, denn der französische König war seinerseits nicht bereit, Eingriffe in seine Machtbefugnisse hinzunehmen. 1302 legte Bonifaz VIII. (1294–1303) seine Ansprüche in der berühmten Bulle »Unam Sanctam« fest und provozierte damit die scharfe Opposition Philipps des Schönen. Kurz bevor der Papst den König exkommunizieren konnte, wurde er seinerseits durch dessen Legaten Wilhelm von Nogaret in seiner Sommerresidenz Anagni überrumpelt und festgenommen. Zwar wurde er alsbald wieder freigesetzt; geschwächt von den turbulenten Ereignissen, verstarb er aber bald darauf. »Mit Bonifaz VIII. war die spezifisch mittelalterliche Machtstellung des Papsttums ins

95

Grab gesunken.«[13] Der Nachfolger Benedikt XI. starb bereits im Jahr nach seiner Wahl. Auf dem Konklave, das nun – bezeichnenderweise wieder in Lyon – tagte, wurde unter dem Druck Philipps des Schönen erstmals ein Franzose auf den Stuhl Petri gewählt, Bertrand de Got, der Erzbischof von Bordeaux. Als Clemens V. geriet er vollständig unter den Einfluß des französischen Königs, der den Papst überreden konnte, nicht in das von inneren Parteikämpfen zerrissene Rom zurückzukehren. Anfangs ließ sich Clemens V. in Carpentras in der Grafschaft Venaissin nieder, die ja bereits päpstlicher Besitz war. 1309 wurde die Residenz nach Avignon verlegt, das zwar außerhalb des Comtats Venaissin, aber ungleich günstiger gelegen war als Carpentras.

Wie willfährig der Papst nun den Wünschen des französischen Königs war, zeigt allein die unerbittliche Ausrottung des Templerordens, in dessen legendären Besitz sich der macht- und habgierige Capetinger zu bringen wußte. Mit Billigung des Papstes wurde der Orden verboten, seine Mitglieder wurden eingekerkert, gefoltert und in großer Zahl hingerichtet. Als der Großmeister des Ordens, Jacques Bernard de Molay, seine unter der Folter erpreßten Geständnisse widerrief, kam er auf Befehl des Königs 1314 auf den Scheiterhaufen. Aus den Flammen bekannte sich Molay nur wegen seines vermeintlichen Geständnisses für todeswürdig und beschwor seine Mörder – König und Papst – noch vor Jahresfrist vor Gottes Richterthron. Tatsächlich starb der Papst wenige Wochen später, am 20. April, und Philipp der Schöne erlag ebenfalls noch im selben Jahr, am 29. November 1314, einer plötzlichen Erkrankung.

Als Nachfolger Clemens' V. wählte das sich über mehrere Monate hinziehende Konklave den Bischof von Avignon, Jacques Duèze. Der neue Papst nannte sich Johannes XXII. Trotz seines hohen Alters – zum Zeitpunkt der Wahl war er bereits 72 Jahre – sollte ihm das mit 18 Jahren längste Pontifikat dieses bewegten 14. Jh. beschieden sein. Obwohl er sich in seinem persönlichen Auftreten bescheiden gab, entfaltete die Kurie unter seiner Ägide ein weltliches Gebaren unvorstellbaren Ausmaßes. Das Ablaßunwesen, das bereits im 13. Jh. angehoben hatte, entwickelte sich zu einer Quelle üppiger Einnahmen. Kirchliche Pfründe wurden entweder gegen Höchstgebot verschachert oder in der Verwandtschaft vergeben (Nepotismus). Johannes XXII. betrieb eine einseitige profranzösische Politik und belegte den deutschen Kaiser, Ludwig den Bayern aus dem Hause Wittelsbach, mit dem Bann. Dessen Hof war zu einem Sammelbecken gegen den Papst gerichteter Oppositioneller geworden. Diese stammten vorwiegend aus dem Franziskanerorden, denn die Armutslehre des hl. Franziskus von Assisi war, da den weltlichen Ambitionen des Papstes entgegengesetzt, kurzerhand als Häresie verurteilt worden.

Die von Johannes XXII. begründete prachtvolle Hofhaltung wurde von seinen Nachfolgern unverändert fortgesetzt. Benedikt XII. (1334–42) ließ den ersten Teil des Papstpalastes in Avignon erbauen und bekundete damit seinen Willen zu einer dauerhaften Fortsetzung des Exils. Clemens VI. (1342–52) setzte die Bauarbeiten mit der Errichtung des sogenannten Neuen Palastes fort. Ihm gelang es auch, Avignon dem Kirchenstaat einzuverleiben. Er erwarb die Stadt, indem er ihrer Herrin, der Gräfin Johanna, Königin von Neapel, neben einer vergleichsweise geringen Ablösesumme Absolution hinsichtlich des Mordes an ihrem Gatten gewährte.

Europa bot zu diesem Zeitpunkt ein Bild der Zerrissenheit und des allgemeinen Niedergangs. Die Königreiche England und Frankreich waren mittlerweile in das Dilemma des Hundertjähri-

27   Die Burg von Tarascon, Ansicht von Norden

28 Kapelle Sᴛ-Gᴀʙʀɪᴇʟ bei Tarascon   Mariae Verkündigung und Heimsuchung im Giebelfeld über dem Portal

31 Die romanische Kapelle Sᴛ-Gᴀʙʀɪᴇʟ bei Tarascon ▷

29 Kapelle Sᴛ-Gᴀʙʀɪᴇʟ Westportal

30 Ehem. Kloster Sᴛ-Rᴏᴍᴀɴ bei Beaucaire   Abtstuhl

33   Detail des Stadtgründungsbogens auf dem Plateau Les Antiques: gefangene Gallier

◁ 32   Die römischen Denkmäler auf dem Plateau Les Antiques bei St-Rémy   Im Vordergrund der Stadtgründungsbogen, dahinter das Juliermonument

35 Arles Place de la République mit Blick auf die Fassade von St-Trophime

34 ›Pavillon der Königin Johanna‹ unterhalb von Les Baux

37 ARLES Musée d'Art chrétien; Detail vom ›Dioskuren-Sarkophag‹

38 ARLES Teilansicht des Amphitheaters mit mittel-
alterlichem Wehrturm

◁ 36 ARLES Blick von den Säulen des römischen Theaters auf den Glockenturm von St-Trophime

39 ARLES Musée d'Art chrétien; Sarkophag des Bischofs Aeonius

40 ARLES Tympanon am Portal der Kathedrale St-Trophime
41, 42 ARLES Kathedrale St-Trophime; Details vom Portal: links Daniel in der Löwengrube; rechts Samsons
Kampf mit dem Löwen

43, 44 ARLES Kapitelle des Kreuzgangs von St-Trophime: links der bethlehemitische Kindermord; rechts der
        Einzug in Jerusalem
45 MONTMAJOUR Romanische Kapelle Ste-Croix

47, 48 Ehem. Abteikirche St-Gilles Gesamtansicht der Portalanlage und Detail (die Opfer Kains und Abels)

◁ 46 Arles Gräberallee Les Alyscamps und romanische Kirche St-Honorat

49 Aigues-Mortes Die Stadtmauer ▷

Papst Johannes XXII. Stich nach einem idealisierten Porträt des 18. Jh.

Der Tod Papst Clemens VI. Miniatur aus einer Handschrift des 15. Jh.

gen Krieges geraten, der Frankreich in der Anfangsphase mehrere katastrophale Rückschläge einbrachte. 1349 war die Pest ausgebrochen, die ganze Landstriche nahezu entvölkerte. Allein in Avignon sollen an die 11 000 Menschen Opfer der verheerenden Seuche geworden sein. Anschließende Dürreperioden verursachten zusätzlich Hungersnöte. In einem denkbar krassen Gegensatz zu der allgemeinen Verelendung präsentiert sich die prunkvolle Hofhaltung, die der Papst und vor allem dessen hohe kirchliche Würdenträger entfalteten. Der janusköpfige Zwiespalt des 14. Jh. wird kaum irgendwo deutlicher als gerade im päpstlichen Avignon.

Viele sahen in den Heimsuchungen eine göttliche Strafe für die Verfehlungen der Menschen. Als Symbol allen Übels wurde zunehmend das »Babylonische Exil« der Päpste ausgemacht. Die Stimmen mehrten sich, die den Papst zu einer Rückkehr nach Rom aufforderten. Die Appelle scheinen nicht ungehört verhallt zu sein, denn Innozenz VI. (1352–62) versuchte ernsthaft, gegen die Mißstände in der Kurie einzuschreiten. Die Wiederherstellung päpstlicher Autorität im Kirchenstaat, der in Anarchie zu versinken drohte, mag als Anzeichen für einen aufkeimenden Rückkehrwillen gewertet werden. Urban V. (1362–67) machte im Frühjahr 1367 den Versuch, wieder in Rom Fuß zu fassen, aber vor dem Hintergrund der nach wie vor chaotischen Verhältnisse im Kirchenstaat hatte es die französische Fraktion des Kardinalskollegiums leicht, den Papst zur schleunigen Flucht zurück nach Avignon zu bewegen, wo er im Dezember dessel-

◁ 50 CAMARGUE Hirt (Gardian) mit seiner Stierherde (Manade)

ben Jahres starb. Sein Nachfolger, Gregor XI. (1367–78), wurde von prominenten Zeitgenossen derart massiv unter Druck gesetzt, allen voran von Francesco Petrarca, der hl. Katharina von Siena und der hl. Birgitta von Schweden, daß er nach gründlicher Vorbereitung 1376 Avignon endgültig verließ und nach Rom übersiedelte.

Doch jetzt sollte das kirchenpolitische Chaos erst vollends ausbrechen. Die Wahl Urbans VI. (1378–89) wurde von französischer Seite angefochten und mit Clemens VII. (1378–94) in Avignon ein Gegenpapst gekürt. Beide Päpste belegten sich gegenseitig mit dem Bann – die abendländische Christenheit war gespalten. Die Verwirrung erreichte ihren Höhepunkt, als 1409 auf dem nach Pisa einberufenen Konzil ein neuer Papst präsentiert wurde, Alexander V. (1409–10), der nun als dritter neben Gregor XII. (1406–15) in Rom und Benedikt XIII. (1394–1417) in Avignon geltend machte, das einzig rechtmäßige Oberhaupt der Kirche zu sein. Diesen Anspruch bekräftigte sein Nachfolger, der von den Medici gestützte Johannes XXIII., dessen seitdem geächteter Name erst in unserem Jahrhundert durch Angelo Giuseppe Roncalli (1958–63) wieder papstwürdig gemacht wurde. Für Klarheit sorgte schließlich das 1415 in Konstanz zusammengetretene Konzil. Gregor XII. trat freiwillig zurück, Johannes XXIII. und Benedikt XIII. wurden gewaltsam abgesetzt. Als man sich 1417 auf einen gemeinsamen Kandidaten, Martin V. (1417–81) geeinigt hatte, war das Große Schisma überwunden.

Avignon, Ansicht der Stadt aus dem 16. Jh.

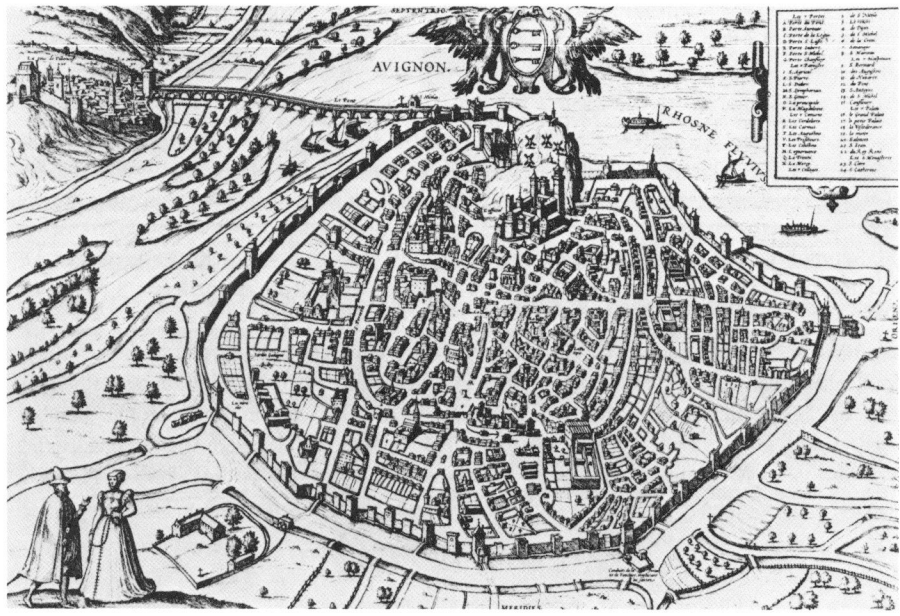

Das Avignoneser Exil und das Schisma haben das Papsttum auf den Tiefstand seiner Geschichte geführt. Wenn auch 1417 eine vorläufige Einigkeit wiederhergestellt werden konnte, so war doch der späteren Spaltung durch die Reformation, die sich bereits im frühen 15. Jh. vorbereitet hatte, der Weg geebnet worden. Das Konzil zu Konstanz entledigte sich des Prager Reformators Johannes Hus noch, indem es ihn, trotz der Zusicherung freien Geleits, auf dem Scheiterhaufen verbrannte. Ein Martin Luther ließ sich hundert Jahre später nicht mehr mundtot machen.

So gesehen gewinnen die beiden diesem Kapitel vorangestellten Zitate eine klare Aussage. Daudet schildert, puppenstubenhaft verklärt, ein Bild der Stadt Avignon, das, rein äußerlich betrachtet, ein wenig zutreffen mag. Aber eine glückliche Zeit war das 14. Jh. in Avignon – wenn überhaupt – nur für eine kleine Schicht privilegierter Geistlicher. Petrarca dagegen, als Zeitgenosse sicher authentischer als Daudet, brandmarkt schonungslos die Dekadenz einer Kirche, deren Repräsentanten ihre seelsorgerischen Pflichten der Befriedigung ihrer weltlichen Ambitionen skrupellos untergeordnet hatten.

Nach dem Fortgang der Päpste verwaltete ein Legat der Kurie die Stadt Avignon und die Grafschaft Venaissin. 1791 wurden die Stadt und das Comtat von der Revolutionsregierung annektiert, aber erst sechs Jahre später stimmte der Papst im Frieden von Tolentino der Abtretung zu. Seitdem ist Avignon Hauptstadt des Departements Vaucluse und zählt heute knapp 100 000 Einwohner.

Die Stadtmauer (Abb. 19)

Über eine Länge von 4,5 km umzieht die Stadtmauer Avignon in einer weit gezogenen Ellipse. Sie wird nur einmal, am Rocher-des-Doms, unterbrochen, wo sich der Felsen als natürlicher Wall über dem Ufer der Rhône erhebt. Die Befestigung der Stadt hatten die Päpste ins Werk gesetzt, als gegen die Jahrhundertmitte die »Grandes Compagnies« zu einer Landplage wurden. Es handelte sich dabei um straff organisierte Banden herumstreifender Söldner, die in den zum Teil Jahre andauernden Friedenspausen zwischen England und Frankreich beschäftigungslos geworden waren und nun ihren Unterhalt überall im Land durch Raub und Plünderung bestritten. Ihnen schlossen sich in großer Zahl arbeitslos gewordene Handwerker, entwurzelte Bauern, zum Teil sogar Priester an, die ihre Gemeinden durch Pest, Hungersnot oder die Grausamkeiten des Krieges verloren hatten. Über die Bedeutung der Grandes Compagnies sagt die amerikanische Historikerin B. Tuchman: »Ihre Disziplin und ihre Organisation machten die Kompanien wirkungsvoller als die Ritterheere, die das Prinzip von Befehl und Gehorsam nicht kannten. Das Leben durch das Schwert wurde zum Selbstzweck; die Atmosphäre des 14. Jh. war vergiftet durch den brutalen Triumph der Gesetzlosen. Dem hilflosen Volk erschienen die Kompanien wie eine biblische Plage, die den Sternen oder Gottes Zorn zugeschrieben wurde.«[14]

Die Verbände erreichten zum Teil die Stärke großer Heere. Die Kompanie, die Avignon 1361 belagerte, soll an die 3500 Berittene und 2000 Fußsoldaten gezählt haben. Die Tatsache, daß sich die päpstliche Residenz wiederholt von der Belagerung durch die Kompanien freikaufen mußte – 1365 ließ sich Du Guesclin seinen Abzug mit 200 000 Goldflorin honorieren –, deutet darauf hin, daß die Mauer, die in der Tat auffallend niedrig ist, nur mangelhaften Schutz bot. Es liegt nahe, die Stadtmauer eher symbolisch zu sehen; sie diente in erster Linie als Abgrenzung des städtischen Bereichs gegen das Land. Nach mittelalterlicher Auffassung war die Stadt Sitz des Kosmos (= Ordnung) schlechthin, das Land dagegen Heimstatt des Chaos. Als eine solche Grenzziehung hat zur selben Zeit Ambrogio Lorenzetti im Palazzo Pubblico in Siena die Stadtmauer bildlich festgehalten.

Der Graben, der der Mauer vorgelagert war, wurde im 19. Jh. zugeschüttet. Viollet-le-Duc unternahm eine Restaurierung, so daß die Stadtmauer von Avignon heute eine der besterhaltenen Anlagen ihrer Art in Europa ist.

Der Papstpalast (Farbt. 5, 12, Umschlagrückseite; Abb. 19)

Der Name des gewaltigen Bauwerks ist wenig zutreffend; unter einem Palast stellt man sich eine prächtige, farbige Kulisse vor, doch die Wohnstatt der Päpste gleicht in ihrer schroffen, abweisenden Erscheinung eher einer Trutzburg. Mehrere zinnenbewehrte Türme wachsen aus dem rundum geschlossenen Komplex empor und unterstreichen sein martialisches Aussehen.

Schon im 15. Jh. richtete ein Brand schwere Verwüstungen in dem Gebäude an, das in den nachfolgenden Jahrhunderten kaum noch benutzt wurde und deshalb allmählich verfiel. Als in der Revolution beschlossen wurde, den Palast niederzureißen, ließ man den Plan rasch wieder fallen: Der steinerne Koloß erwies sich als zu gigantisch. Er wurde deshalb vorübergehend als Gefängnis, seit 1818 als Kaserne genutzt. Diese wiederholten Zweckentfremdungen zerstörten das Innere und vor allem die einstmals opulente Ausstattung fast vollständig. 1906 begann man mit ersten Instandsetzungsarbeiten, die nach wiederholten Unterbrechungen erst kürzlich abgeschlossen wurden. Ein Teil des Palastes dient heute als Kongreßzentrum; in dem Felsen, auf dem sich das Bauwerk erhebt, wurde eine Tiefgarage angelegt (Zufahrt nahe dem Pont St-Bénézet). Im Innenhof des Neuen Palastes findet allsommerlich das international renommierte Theaterfestival von Avignon statt.

Man betritt den Palast durch die *Porte des Champeaux (1)*, die von zwei kleinen Türmen flankiert wird; sie blieben der einzige Versuch einer Dekoration am Außenbau. Durch einen von Kreuzrippen überspannten Gang erreicht man den *Innenhof des Neuen Palastes (2)*. Der nun folgende Rundgang (Besichtigung in der Regel nur im Rahmen einer offiziellen Führung möglich) vermittelt dem Besucher den Eindruck, sich in einem Labyrinth zu bewegen. Der Blick auf den Grundriß erweist sich deshalb als unverzichtbare Hilfe.

Die Führung beginnt im *Alten Palast*, den Benedikt XII. errichten ließ. Er ist über einem trapezoiden Grundriß angelegt, die Unregelmäßigkeit erklärt sich aus dem felsigen Baugrund. Der *Innenhof (3)* ist nach Art eines Kreuzganges konzipiert und insofern ein Hinweis auf die Herkunft des Bauherrn, der dem Zisterzienserorden entstammte. Im Nordtrakt befindet sich ein langgestreckter Saal, das *Konsistorium (4)*, das den Rahmen für offizielle Empfänge abgab. Ihm ist die kleine *Kapelle St-Jean* angefügt *(5)*, deren Fresken Szenen aus den Leben der beiden Johanni schildern. Es sind Arbeiten des aus Viterbo stammenden *Matteo Giovanetti*, der als

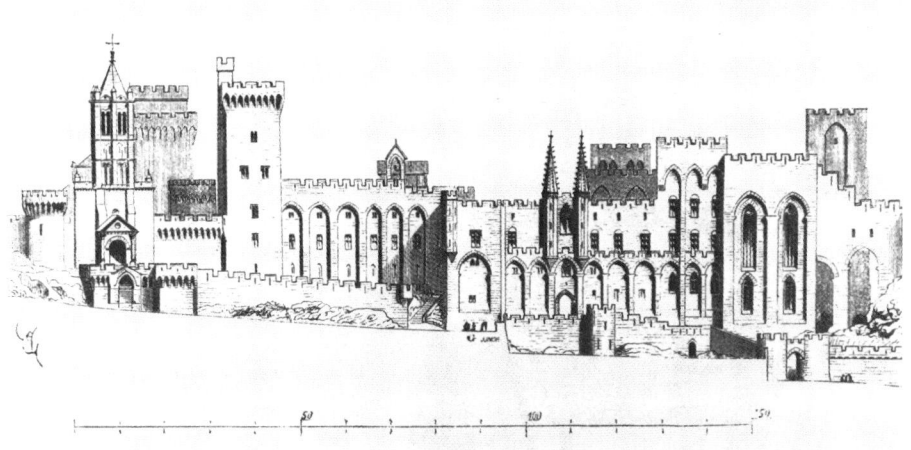

Avignon, der Papstpalast. Nach Viollet le Duc

Nachfolger Simone Martinis die künstlerische Leitung am päpstlichen Hofe übernommen hatte. Die Bilder Giovanettis zeigen sich denn auch von dem großen Sienesen sowie von den ebenfalls aus Siena stammenden Brüdern Lorenzetti beeinflußt, ohne allerdings die erzählerische Frische dieser Vorbilder zu erreichen. Die Fresken sind bis etwa zwei Meter über dem Boden abgetragen. Prosper Mérimée berichtet, nachdem ihn eine seiner zahllosen Inspektionsreisen als oberster Landeskonservator auch nach Avignon geführt hatte, daß die Soldaten, die im Papstpalast kaserniert waren, die Bilder stückweise von den Wänden geklopft hätten, um sie als Souvenirs an Durchreisende zu verkaufen.

Über eine Treppe gelangt man in das Obergeschoß und dort zunächst in den *Grand Tinel*, den einstigen *Speisesaal (6)*. Er ist mit 10 m Breite und 48 m Länge der größte Raum des Vieux Palais. Ursprünglich trennte eine durchgehende Wand den hinteren Teil des Raumes ab. Hier wurden vor dem Kamin die Speisen, die aus der Küche herübergeschafft worden waren, servierfertig hergerichtet und bei Bedarf noch einmal aufgewärmt. Die Holzwölbung ist das Ergebnis jüngster Restaurierung. Die Tatsache, daß ausgerechnet der Speisesaal der größte Raum des Palastes ist, wirft ein bezeichnendes Schlaglicht auf die Situation der Kurie im 14. Jh. In dem Zusammenhang erinnert man sich eines Ausspruchs, den Gregor XI. anläßlich seines Fortgangs aus Avignon getan haben soll: »Als wir vor siebzig Jahren nach Avignon kamen, gab es vier Freudenhäuser in dieser Stadt, jeweils eines am Nord-, am Süd-, am Ost- und am Westtor. Eines zumindest haben wir erreicht: Heute gibt es nur noch ein einziges Bordell – das allerdings erstreckt sich vom Nord- bis zum Südtor!«

Von dem einstmals abgetrennten hinteren Teil des Speisesaales gelangt man in die im Glacièreturm befindliche *Küche (7)*. Im Zentrum des quadratischen Raumes war der Platz der Feuerstelle. Nach oben hin laufen die Wände in dem sich pyramidal verjüngenden, 15 m hohen

117

*Avignon, Papstpalast – Grundriß des Obergeschosses:
6 Grand Tinel (Speisesaal) 7 Küche 8 Kapelle
St-Martial 9 Paramentenkammer 10 Engelsturm
mit dem Schlafzimmer Benedikts XII. 11 Garderobenturm mit dem sog. Hirschzimmer (hier beginnt
der Erweiterungsbau des Palastes, den Clemens VI.
unternahm) 12 Nordsakristei 13 Palastkapelle
14 Südsakristei*

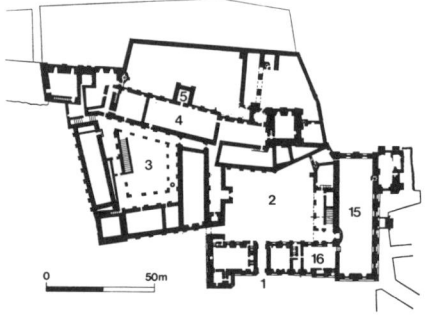

*Avignon, Papstpalast – Grundriß des Erdgeschosses:
1 Porte des Champeaux (Eingang) 2 Innenhof des
sog. Neuen Palastes 3 Innenhof des sog. Alten
Palastes 4 Konsistorium 5 Kapelle St-Jean
15 Großer Audienzsaal 16 Kleiner Audienzsaal*

Rauchfang zusammen. Diese im Mittelalter verbreitete Kaminform bei Großküchen ist in Frankreich nur noch in der Abtei Fontevrault an der Loire erhalten.

Vom Speisesaal zweigt die *Kapelle St-Martial (8)* ab, die genau über der St-Jean-Kapelle liegt und dieser in Größe und Aufmachung vollkommen gleicht. Die von Matteo Giovanetti da Viterbo geschaffenen Fresken sind hier besser erhalten; sie zeigen Begebenheiten aus dem Leben des hl. Martial, dem Nationalheiligen des Limousin (vgl. Umschlagrückseite). Der Auftraggeber, Papst Benedikt XII., stammte aus dieser Landschaft. In dem lichtdurchfluteten Raum strahlen die Farben der Wandgemälde in einer Frische, als wären sie erst tags zuvor entstanden. Matteo Giovanetti beherrschte die von Giotto perfektionierte Technik des Freskos meisterhaft.

*Avignon, Innenhof des Papstpalastes (Alter Palast).
Federzeichnung von Hubert Robert*

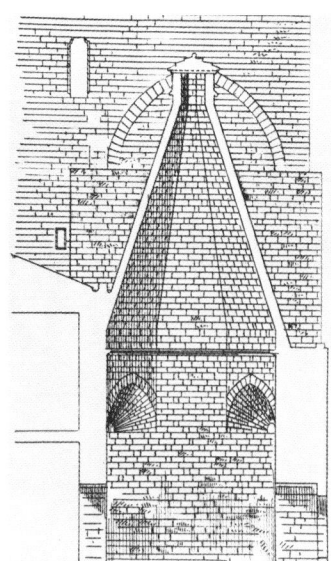

Avignon, Papstpalast, Schnitt durch die Küche im Alten Palast Benedikts XII.

Von der der Küche gegenüber befindlichen Schmalseite des Speisesaales führen ein paar Stufen in die etwas tiefer gelegene *Paramentenkammer (9)*. Sie soll als Vorzimmer für Personen gedient haben, die der Papst in Privataudienz empfing. Heute sind an den Wänden Gobelins (17. Jh.) aufgehängt, die zum Teil Motive aus Raffaels Freskenzyklus in den Stanzen des Vatikans wiedergeben (Borgo-Brand, Kaiser Konstantins Vision vom Kreuz, Papst Leo der Große reitet König Attila entgegen).

Im anschließenden Raum gelangt man in den *Engelsturm (10)*, in dem sich die privaten Gemächer Benedikts XII. befanden. Der Turm lag vor der Errichtung des Neuen Palastes an der Nordostecke des Alten Palastes und gehörte nicht mehr zum Verband der die vier Hofseiten umschließenden Trakte. Das Schlafzimmer des Papstes ist der besterhaltene Raum des gesamten Palastes. Er blieb von dem Brand im 15. Jh. verschont und hat deshalb seine farbig gefaßte Balkendecke bewahrt. Die Wände sind ringsum ausgemalt. Im Zuge der erst kürzlich fertiggestellten Restaurierung hat man den Fußboden mit buntglasierten Fliesen rekonstruiert. Es fehlen lediglich die Möbel, um den Eindruck von der luxuriösen Wohnatmosphäre des 14. Jh. vollständig zu machen. Die Wandmalereien sind »al secco« ausgeführt und haben deshalb nicht mehr dieselbe Farbintensität wie die Dekoration der beiden zuvor gesehenen Kapellen. Das dargestellte Sujet ist ungewöhnlich: In naturgetreu gemalten Ranken aus Wein- und Eichenlaub, die die Wandflächen bis zur Decke hinauf überziehen, tummeln sich diverse Vögel und anderes Kleingetier, Marder, Eichhörnchen u. a. Von verblüffender Naturbeobachtung zeugen vor allem die Vögel, man erkennt z. B. einen Eisvogel oder eine Elster. In der Literatur – desgleichen während der Führung – wird die Malerei immer als rein dekorative Ausschmückung dieses

Raumes hingestellt und mit der angeblichen Tierliebe des Papstes erklärt. Hierbei wird ein wichtiges Detail leicht übersehen: In einer Ecke nämlich sind Vogelbauer mit offenen Türchen dargestellt, die in den Ranken sitzenden Vögel haben diese Käfige verlassen. Bereits seit frühchristlicher Zeit ist der Vogel ein gängiges Symbol für die Seele des Gläubigen, der Vogelbauer ein Topos des Körpers, in dem sie gefangen ist. Die Malerei im päpstlichen Schlafgemach hat demnach eine tiefe symbolische Bedeutung, die allerdings in der Art der auf rein dekorative Wirkung zielenden Darstellung verfremdet erscheint.[15]

Im angrenzenden *Hirschzimmer (11)* erreicht man den Neuen Palast Clemens' VI. Der Nachfolger Benedikts XII. ließ diesen Trakt, den sogenannten Garderobenturm, gleich nach seiner Amtsübernahme an den Wohnturm seines Vorgängers anfügen. Der Raum trägt seinen Namen nach der Darstellung einer Hirschjagd, von der jedoch nur noch Reste vorhanden sind. Besser erhalten sind die wiederum »al secco« ausgeführten Malereien der drei anderen Wände, die ausschließlich Jagdmotive zeigen. Im einzelnen erkennt man das Aufstellen von Fallen, einen Knaben, der ein Nest ausnimmt, eine Hasenjagd u. a. Gegenüber diesen einzelnen Sequenzen ist die Wiedergabe eines Fischbassins eine großflächige Komposition (Farbt. 12). Höfisch gekleidete Männer betätigen sich auf verschiedene Arten mit Fischfang. Der eine läßt eine Angelschnur ins Wasser gleiten, ein anderer hascht mit einem Kescher nach den Fischen, wieder andere ziehen ein Netz durch das Becken. In diesen Bildern läßt sich tatsächlich kein Bezug zu christlich inspirierter Thematik erkennen. Um die Mitte des 14. Jh. sind sie in ihrer Profanität eine kühne Vorwegnahme der Renaissance, die erst ein Dreivierteljahrhundert später die Kunst revolutionierte. Daß die Künstler – vermutlich Franzosen, geschult durch die in Avignon tätigen italienischen Meister – dennoch tief im Mittelalter stehen, zeigt die unbeholfene Handhabung der Perspektive. Die nach hinten fluchtenden Schmalseiten des Fischbeckens laufen auseinander, anstatt sich, im Sinne der erst um 1420 wiederentdeckten Zentralperspektive, aufeinander zuzubewegen. Die Bilder dieses wie des vorigen Raumes sind in die Malerei übertragene Anlehnungen an Wandteppiche, wie sie im Mittelalter aristokratische Wohnräume zu zieren pflegten.

Über eine schmale Stiege gelangt man in die *Nordsakristei der Kapelle Clemens' VI. (12)*. Heute sind hier Abgüsse verschiedener Skulpturen des Mittelalters und der Renaissance ausgestellt, deren Originale in einem inhaltlichen Kontext mit Avignon stehen. Die Bezeichnung »Kapelle« für das *Oratorium Clemens' VI. (13)* erweckt eine falsche Vorstellung. Man erwartet ein bescheidenes Sanktuarium und findet sich in einem Raum von der Größe einer prachtvollen Kirche wieder. Der lichterfüllte Saal ist 52 m lang, 15 m breit und fast 20 m hoch und nimmt den ganzen Südflügel des Neuen Palastes ein. Der Raum hat nichts von seiner einstigen Ausstattung bewahrt und wirkt daher heute seelenlos und kalt, gewinnt aber an Leben und Farbe durch die hier häufig veranstalteten Ausstellungen. (1976 wurden aus dieser Kapelle über 200 Werke aus einer großen Picassoretrospektive geraubt. Noch immer sind dreißig Bilder aus diesem spektakulären Kunstdiebstahl verschollen.) In der Südwand der Kapelle öffnet sich ein Durchgang zur zweiten *Sakristei (14)*, in der Nachbildungen der Gräber Clemens' V., Clemens' VI., Innozenz' VI. und Urbans V. ausgestellt sind. Schräg gegenüber führt eine weitere Tür von der Kapelle hinaus auf eine offene Loggia, von der man in den Innenhof des Neuen Palastes schaut.

Von dieser Stelle aus erteilte der Papst den traditionellen Segen »urbi et orbi« sowie große Ablässe.

Von der Loggia führt eine breite Treppe wieder hinunter ins Parterre. Der *Große Audienzsaal (15)* liegt unter der Kapelle Clemens' VI. und entspricht deren Länge und Breite. Das jedoch nur halb so hohe Kreuzrippengewölbe wird von fünf in einer Reihe stehenden Säulen getragen, so daß der Raum in zwei Schiffe geteilt ist. Im letzten Joch ist an der Wand zur Hofseite ein Rest der Ausmalung durch Matteo Giovanetti mit Prophetendarstellungen erhalten. Das verlorene Bildprogramm dürfte sich inhaltlich auf die Bestimmung dieses Raumes als Versammlungs- und Tagungsort des Kirchengerichtes, der »Rota«, bezogen haben (Weltgericht u. ä.).

Der angrenzende *Kleine Audienzsaal (16)* erhielt als einziger Raum des ganzen Palastes in späterer Zeit eine neue Dekoration, seine Wände wurden im 17. Jh. mit Grisaillemalerei überzogen. An dieser Stelle endet der Rundgang durch den Papstpalast. (Die zuletzt genannten Räume 15 und 16 sind nicht immer zugänglich.)

Kathedrale Notre-Dame-des-Doms

In enger Nachbarschaft zum Papstpalast steht die Kathedrale, ein romanischer Bau, um die Mitte des 12. Jh. oder kurz danach entstanden. Dem im Ursprung einschiffigen Saal wurden im 14., 15. und 16. Jh. seitlich Kapellen und Anbauten angegliedert. Eine Barockisierung im 17. Jh. hat den Innenraum nachhaltig – und nachteilig – verändert; die damals eingezogenen Emporen haben die Lichtsituation schwer beeinträchtigt. Der Raum ist heute dunkel und wirkt durch die barocke Überladenheit erdrückend.

Sehenswert sind der marmorne *Bischofsthron* im Chor und das *Grabmal Papst Johannes' XXII.* in der vierten rechten Seitenkapelle. Über dem Eingang ist noch die Vorzeichnung für ein ehemals an dieser Stelle befindliches Fresko *Simone Martinis* zu erkennen. Das Original wurde schon vor Jahren aus konservatorischen Gründen abgenommen und ins Innere des Papstpalastes gebracht. Die protzige Madonnenstatue auf der Spitze des Kirchturms ist eine wenig glückliche Zutat des 19. Jh.

Avignon, Grundriß der Kathedrale Notre-Dame-des-Doms

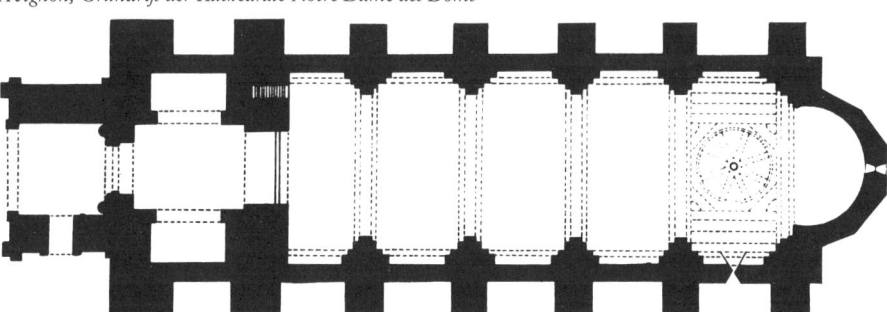

Pont St-Bénézet (Farbt. 3; Abb. 22)

Von der Kathedrale führt ein breiter Weg durch gepflegte Parkanlagen auf den Rocher-des-Doms, der schon in prähistorischer Zeit besiedelt war. Von einem vorgeschobenen Aussichtspunkt bietet sich ein umfassender Blick auf den Pont St-Bénézet am Fuße des Felsens und auf Villeneuve-lès-Avignon auf dem anderen Rhôneufer, das nach links vom Turm Philipps des Schönen und nach rechts von dem auf einer Anhöhe liegenden Fort St-André eingefaßt wird.

Die Brücke ist das Wahrzeichen von Avignon. Wie so oft bei Bauten des Mittelalters und ganz besonders bei denen, die Berühmtheit genießen, ist die Gründungsgeschichte in Gestalt einer frommen Legende überliefert. Danach soll der Erbauer der Brücke ein Hirte aus dem Vivarais namens Benedikt gewesen sein (Bénézet ist die provençalische Koseform zu Benedikt). Ein Engel des Herrn teilte ihm auf seiner einsam gelegenen Weide den göttlichen Ratschluß mit, demzufolge er in Avignon eine Brücke über den Strom schlagen sollte. Dortselbst wurde der Hirte jedoch verhöhnt. Als er aber einen gewaltigen Felsbrocken mit übermenschlicher Kraft aufhob und als Grundstein setzte, war man von der göttlichen Bestimmung seines Vorhabens überzeugt und unterstützte den Bau nach Kräften. Diese erste im 12. Jh. errichtete Brücke erlitt 1226 schwere Beschädigungen, als Ludwig VIII. Avignon, das zu Raimund von Toulouse hielt, belagerte, und wurde anschließend erneuert. In der Folgezeit wurde sie wiederholt durch kriegerische Ereignisse in Mitleidenschaft gezogen. Nach einem Hochwasser 1660, das erneut beträchtlichen Schaden angerichtet hatte, gab man die einst so wichtige Verbindung zwischen

Avignon, Rekonstruktion des Pont St-Bénézet. Nach Viollet le Duc

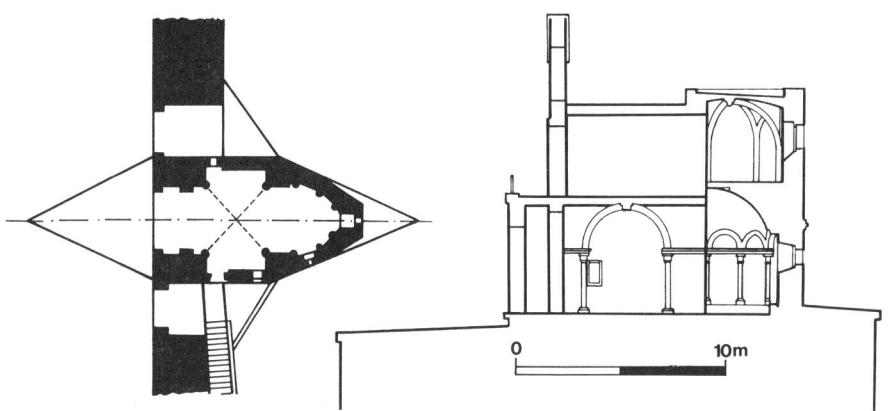

Avignon, Grundriß und Längsschnitt der Kapelle St-Nicolas auf dem Pont St-Bénézet

Villeneuve und Avignon endgültig auf. Nachfolgende Hochwasser setzten das Zerstörungs-
werk fort, bis schließlich nur noch die vier erhaltenen Brückenjoche standen.

Im 14. Jh. wurde an der Nordseite die doppelgeschossige *St-Nicolas-Kapelle* angebaut, deren
Chorseite schiffsbugähnlich zugespitzt ist, um den Druck der Wassermassen auf das Bauwerk zu
mindern.

Die Brücke stellt für das 13. Jh. eine überragende bautechnische Leistung dar. Etwa 2 km flußaufwärts gabelt sich die Rhône, und die Wasser ihrer beiden Arme umspülen an dieser Stelle die
schmale Ile de la Barthelasse. Die Brücke überspannte ursprünglich mit 22 Bögen beide Rhône-
arme sowie die Insel und hatte eine Gesamtlänge von 900 m. Jenseits der Insel vollzog sie einen
leichten Knick gegen Südwesten, so daß sie am anderen Ufer in Höhe des Turms Philipps des
Schönen ans Land stieß. Die erhaltenen vier Bögen sind also nur noch ein Bruchteil des einstigen
Bestandes.

Durch das Lied »Sur le pont d'Avignon« ist die Brücke in aller Welt bekannt geworden. Wer
sich die Brücke von nahem anschaut, wird sich fragen, wie es möglich gewesen sein soll, auf der
schmalen und zudem mit holprigen Kopfsteinen gepflasterten Brücke zu tanzen. Das Lied gibt
denn auch in dem kleinen Wort »sur« (auf) falsche Auskunft; es müßte korrekterweise »sous«
(unter) heißen: In früheren Zeiten befand sich auf der Barthelasse-Insel ein Vergnügungsviertel
mit Schänken und Tanzlokalen. Dort tanzte man zum Klang des Tamburins die Farandole im
kühlenden Schatten der Brücke.

Petit Palais und die Sammlung Campana (Farbt. 14)

Vom Rocher-des-Doms kehren wir auf den großen Platz vor dem Papstpalast zurück. Ihm liegt
das *Hôtel des Monnaies* gegenüber, das im 17. Jh. als Sitz des Vizelegaten der Kurie errichtet
wurde. Mit der Rustika im Untergeschoß und den bombastischen Reliefdekorationen im Ober-

123

geschoß ist die Fassade vom Barock römischer Prägung durchdrungen. Seit dem 19. Jh. ist in dem Palais die städtische Musikhochschule untergebracht.

Die nördliche Schmalseite der Place du Palais nimmt das *Petit Palais* ein, dessen Baugeschichte in das Pontifikat Johannes' XXII. zurückreicht. Dessen Neffe, Arnaud de Via, hatte sich an dieser Stelle nach seiner Erhebung zum Kardinal eine standesgemäße Bleibe erbaut. Diese übernahm Benedikt XII. nach dem Tode des Kardinals und überließ sie dem Bischof von Avignon als Residenz. Als 1473–1503 Giuliano delle Rovere als Bischof – später Erzbischof und päpstlicher Legat in Personalunion – im Petit Palais residierte, wurde das Gebäude umgestaltet und erhielt nach Süden, zum Platz hin, eine Renaissancefassade. 1503 wurde der einflußreiche Bauherr als Julius II. Papst, der unter anderem wegen seines verschwenderischen Mäzenatentums in die Annalen einging. Nach wechselvollem Schicksal gehört das Palais seit 1904 der Stadt Avignon, die das Gebäude Anfang der siebziger Jahre grundlegend restaurierte. Seitdem ist im Petit Palais die Sammlung Campana ausgestellt, die mit rund 300 Werken italienischer Malerei des 14. bis 16. Jh. reichste Kollektion früher italienischer Kunst Frankreichs nach dem Louvre. Ihr Gründer, der Marquis *Gian Pietro Campana* (1807–80), nahm eine führende Stellung in der vatikanischen Finanzverwaltung ein. Da er aus einer wohlhabenden Industriellenfamilie stammte, verfügte er über die Mittel, sein Kunstinteresse durch zahllose Ankäufe zu befriedigen. Dann aber wurde ihm seine Sammelleidenschaft zum Verhängnis. Er machte bankrott, wurde inhaftiert und zu zwanzig Jahren auf der Galeere verurteilt. Die schwere Strafe wurde alsbald in lebenslange Verbannung und Konfiskation seines gesamten Besitzes abgemildert. Große Teile seiner Kunstsammlung, die neben mehr als tausend Gemälden auch griechische Vasen, römische Gläser, antike Statuen und kostbaren Schmuck umfaßte, ersteigerte Napoleon III., der damals schon den Plan hatte, die Bilder als geschlossene Sammlung dem Louvre anzugliedern. Statt dessen vereinnahmte der Louvre nur die wichtigsten Werke, der Rest wurde auf mehr als hundert Provinzmuseen im ganzen Land verteilt. Nach 1945 wollte man die versprengten Bilder dieser einzigartigen Sammlung wieder zusammenführen. Die Jahre dauernden Anstrengungen führten schließlich zum Erfolg. Die oberste Museenverwaltung Frankreichs krönte ihre kluge Kulturpolitik damit, daß sie der Campana-Sammlung in Avignon – und nicht im Louvre – eine neue Heimstatt gab, denn durch die jahrhundertelange Affinität zu Italien war gerade Avignon der historisch prädestinierte Platz.

Der große Wert der Sammlung liegt weniger in der Präsenz einzelner herausragender Werke als vielmehr in ihrer Geschlossenheit. Der Rundgang durch die drei Stockwerke des Museums mit insgesamt neunzehn Sälen vermittelt einen lückenlosen Überblick über die Entwicklung der italienischen Malerei vom Mittelalter zur Renaissance. Der Museumsbestand wurde durch Exponate aus der Sammlung Calvet vervollständigt.

Aus der Fülle des Dargebotenen wählen wir das Wichtigste aus (detailliertere Informationen im »Petit Guide du Musée«, der an der Kasse des Museums erhältlich ist; ein umfassender Katalog ist in Vorbereitung).

Saal III: Maestà (thronende Muttergottes) von *Taddeo Gaddi.* Das Altarbild steht noch in der Tradition der »Maniera bizantina«. Von einem Goldgrund hinterfangen, ist die Madonna dem Betrachter streng frontal zugewandt. Die zartfühlende Beziehung zwischen Mutter und Kind, der kühlen Repräsentationshaftigkeit der byzantinischen Malerei fremd, deutet auf den Einfluß von Gaddis Lehrer Giotto.

Saal V: Croce dipinta (Kruzifix, der an hohen Festtagen in einer Prozession mitgeführt wurde) von *Lorenzo di Bicci*. Das frei inmitten des Raumes aufgestellte Bild des Gekreuzigten verweist in der greifbaren Körperlichkeit Christi auf die nahende Renaissance.

Saal XI: Madonna von *Sandro Botticelli*. Mit der architektonischen Rahmung und dem Ausblick auf eine Berglandschaft im Hintergrund ist dieses Bild schon ein entwickeltes Werk der Frührenaissance. Farbgebung und die betont feminine Haltung der Madonna lassen in diesem Jugendwerk des Florentiners bereits seine spätere Meisterschaft ahnen.

Saal XII: Die Tafeln mit Heiligen des Venezianers *Antonio Vivarini* verdeutlichen, daß in der konservativen Lagunenstadt die mittelalterliche Tradition langlebiger war als auf dem Kontinent. Der Farbenreichtum ist charakteristisch für die venezianische Palette.

Saal XIII E: Darbringung Christi im Tempel und Mariae Himmelfahrt von *Louis Bréa* (1450–1523). Der aus Nizza stammende Künstler schuf Bilder, die trotz des italienischen Einflusses merkwürdig altertümlich anmuten.

Saal XVI B: Das mit Abstand kostbarste Stück der ganzen Kollektion ist eine Sacra Conversazione des Venezianers *Vittore Carpaccio* (Farbt.14). Als typisches Merkmal der Frührenaissance sind die Muttergottes und die begleitenden Heiligen auf eine schmale Bühne nahe an den vorderen Bildrand gerückt. Dahinter weitet sich der Blick in eine romantische Landschaftskulisse. Kennzeichnend für den ganz persönlichen Stil Carpaccios ist seine Lust am Fabulieren. So erkennt man in der bogenförmig hinter der Gruppe über das ganze Bild gespannten Berglandschaft zwei beinah miniaturhafte Darstellungen des hl. Hieronymus, einmal vor seiner Grotte und einmal mit dem Löwen. Auch sonst sind alle Einzelheiten mit größter Sorgfalt und Liebe behandelt.

In den letzten Sälen (**XVII–XIX**) sind Bilder und Skulpturen aus Avignon selbst ausgestellt. Hier nimmt das »Retable Requin« des *Enguerrand Quarton* gefangen, eines der Hauptvertreter der »Schule von Avignon«, die in der zweiten Hälfte des 15. Jh. ihre Blütezeit erlebte. Es zeigt eine Muttergottes mit zwei Heiligen und einem Stifterpaar. Die Figuren sind sehr freiräumig gruppiert, weshalb sie als ausgeprägte Einzelpersönlichkeiten wirken.

Rundgang durch die Stadt

Von der Place du Palais (Abb. 18) wenden wir uns stadteinwärts. Über die Place de l'Horloge, die ihr heutiges Gesicht weitgehend im 19. Jh. erhielt (Theater, Hôtel de Ville), erreichen wir hinter dem Rathaus die gotische Kirche St-Agricol.

St-Agricol

Der Namenspatron dieser Kirche war der Schutzheilige Avignons. Die besondere Situation dieser Stadt hat dazu geführt, daß die Kunst der Gotik, sonst in der Provence eher selten, in mehreren Bauten vertreten ist. St-Agricol wurde unter Johannes XXII. erbaut, ihr spätgotisches

Der hl. Agricol, Schutzpatron von Avignon. Stich aus dem 18. Jh.

Portal erhielt die Kirche erst im 15. Jh. An dessen Trumeau steht eine Madonna; ihr liebliches Antlitz, ihre elegante Haltung und der fließende Faltenwurf ihres Gewandes sind Merkmale des »Internationalen Weichen Stils um 1400«. Indem bei der Anlage des Baus, einer dreischiffigen Basilika, auf Querhaus und Chorumgang verzichtet wurde, tritt auch in der Gotik die für Südfrankreich bezeichnende Vorliebe für klare Strukturen hervor.

Musée Calvet

Nach dem quirligen Treiben um den Papstpalast wird mancher das wenig besuchte Musée Calvet in der Rue Joseph Vernet als wohltuende Oase empfinden. Als solche hat schon Stendhal dieses Museum geschätzt.[16] Es ist in einem Palais des 18. Jh. untergebracht, dessen drei Flügel einen Ehrenhof einfassen. Die Sammlung geht auf den kunstliebenden Arzt Esprit Calvet (1729–1810) zurück.

Höhepunkte der Gemäldeabteilung sind die Werke des in Avignon geborenen *Joseph Vernet* (1714–89). Mäzene ermöglichten dem begabten Maler ein Studium in Rom, wo er 1745 in die Accademia Nazionale di S. Lucia aufgenommen wurde. Schon bald waren seine Ruinen- und Landschaftsbilder begehrte Sammelobjekte. Als Vernet 1753 nach Frankreich zurückkehrte, wurde ihm ein ehrenvoller Staatsauftrag erteilt, der ihn fast ein Jahrzehnt in Anspruch nahm: Er malte für die Krone die wichtigsten französischen Häfen. Diese Veduten sind heute im Louvre zu bewundern. In Avignon hängen mehrere Ruinenansichten und Seestücke, in denen die Gefühlsbetontheit der Romantik deutscher Prägung sich mit der Sachlichkeit des französischen Klassizismus zu einer eigenen Sprache verbindet. Wenn auch Diderots Begeisterung für Vernet – »Ich bestehe auf meiner Überzeugung, daß Vernet in der Kunst, Stimmungen heraufzubeschwören, Claude gleichkommt« (gemeint ist Claude Lorrain)[17] – etwas übertrieben erscheint, ist dieser Künstler heute zu Unrecht nur noch wenig bekannt. Sein Œuvre schlägt eine Brücke zwischen der Kunst Claude Lorrains und der Landschaftsmalerei des 19. Jh.

Die Beispiele schmiedeeiserner Gegenstände, die in einem separaten Raum ausgestellt sind, lenken die Aufmerksamkeit auf eine Sparte des Kunsthandwerks, das seit dem späten Mittelalter eine besondere Tradition in der Provence hat.

Exkurs: die provençalischen Glockenkäfige (Farbt. 38; Abb. 26)

Schon mehrfach wird der Reisende die eisernen Glockenkäfige als Bekrönungen von Stadttoren oder Kirchtürmen bemerkt haben. Sie sind in der ganzen Provence verbreitet und werden *Barbarotte* genannt. In ihnen ist das Schmiedehandwerk zu seinen schönsten Ausdrucksformen gelangt.

Die Entstehungsgeschichte dieser Glockenkäfige trägt anekdotische Züge, beruht aber im Kern auf einer historisch überlieferten Tatsache. Danach wurden seit dem ausgehenden Mittelalter überall in der Provence die automatischen Glockenwerke eingeführt, die selbsttätig die Stunden schlugen. Bis dahin war es tagsüber Aufgabe des Mesners gewesen, zur vollen Stunde die Glocke zu läuten, nachts oblag dem Nachtwächter diese Pflicht. Wie sollte man nun, da besonders letzterer dieser Pflicht enthoben war, sicher sein, daß er nicht schlief, anstatt über das Wohl der schlafenden Gemeinde zu wachen? Also ersann man das offene Glockengestell, eine wahrhaft schikanöse Einrichtung für den Nachtwächter. Wenn nämlich jetzt zu nächtlicher Stunde das automatische Glockenwerk läutete – abschaffen wollte man die kostspieligen Einrichtungen natürlich auch wieder nicht –, mußte der Nachtwächter flugs auf die Spitze des Turmes steigen, um dort ein zweites Mal die Zusatzglocke von Hand zu betätigen. Diese war offen aufgehängt, so daß sich auch die hartnäckigsten Skeptiker, die mangels Vertrauen in den Nachtwächter nicht zur Ruhe kamen, mit einem Blick versichern konnten, wie dieser seiner Aufgabe nachkam.

Die frühen Glockengestelle sind nüchterne Konstruktionen, deren rein praktische Funktion offenkundig ist. Später verselbständigte sich die Form, nicht zuletzt, weil sich das filigrane und zugleich solide Gittergebilde dem Wüten des Mistrals gegenüber als unempfindlich erwies. In der Barockzeit war der Typus des eisernen Glockengestells eine eigene Gattung des Kunsthandwerks geworden, dessen Formenvielfalt überall im Lande das Erscheinungsbild der Dörfer und Städte mitbestimmte. Da die Nachtwächter mittlerweile längst von ihrer Glockenpflicht befreit waren (in Einzelfällen wurden sie durch metallene Nachfolger, die sogenannten Jacquemarts, ersetzt, so hier in Avignon am Rathausturm), konnten die Barbarottes nun auch auf unzugänglichen Turmspitzen als reine Zierform plaziert werden.

Die Tradition des zweifachen Glockenschlagens aber blieb lebendig und ist bis heute in der ganzen Provence verbreitet. Zur vollen Stunde schlägt fast jede Kirchturmuhr erst einmal, und dann, nach zwei bis drei Minuten – eben gerade so lange, wie ein Mann braucht, um die Stufen eines Turms hinaufzuhasten – ein zweites Mal. Das doppelte Geläut ist den Provençalen derart in Fleisch und Blut übergegangen, daß später alle Arten von Uhren auf ein zweifaches Schlagen eingestellt wurden. Noch heute findet man in Bauernhäusern Standuhren, deren Glocke allstündlich zweimal erklingt.

Musée lapidaire (Abb. 20)

Ein weiteres wichtiges Museum liegt am Cours Jean Jaurès, der im 19. Jh. geschaffenen Verkehrsachse zwischen Bahnhof und Place de l'Horloge. Das in der ehemaligen Jesuitenkirche eingerichtete Musée lapidaire umfaßt die dem Calvet-Museum ausgegliederte archäologische Sammlung mit Architekturfragmenten und Skulpturen von der Antike bis zum Mittelalter.

Das bemerkenswerteste Stück ist die unweit vom Eingang (rechts) plazierte Tarasque (Abb. 20), ein aufrecht sitzendes löwenähnliches Monster, das seine Vorderläufe auf zwei bärtige Köpfe, ähnlich den »têtes coupées«, stützt, die man im Oppidum Entremont gefunden hat. Die etwa einen Meter hohe Skulptur wurde an der Stelle des einstigen Oppidum de Noves südöstlich von Avignon gefunden, wo eine Furt die Durance durchquerte. Das Fabeltier, dem der Arm eines Menschen aus dem Maul hängt, erfüllte möglicherweise einen apotropäischen Sinn und sollte den Flußübergang symbolisch schützen. Wiewohl die Figur in Umriß und Binnenzeichnung stark stilisiert ist, wohnt ihrer menschenverschlingenden Erscheinung eine lebhafte, auf Erschrecken zielende Expressivität inne. Das aus vorrömischer Zeit stammende Werk vermittelt einen tiefen Einblick in den Phantasiereichtum der Kelten.

Die dritte Kapelle der rechten Seite zeigt eine Reihe römischer Porträts. Der Kopf Kaiser Trajans ist die Replik eines postumen Bildnisses aus Ostia; der Kopf daneben, als Augustus ausgewiesen, stellt wohl eher dessen Nachfolger Tiberius dar.

Fassade und Innenraum der im 17. Jh. errichteten Kirche unterscheiden sich in ihrer für den Barock vergleichsweise nüchternen Erscheinung von anderen Bauten der Jesuiten. Die voluminöse Baugesinnung dieses Ordens ist der klassizierenden Tendenz des französischen Barock gewichen.

St-Didier

Nicht weit vom Musée lapidaire ist die Kirche St-Didier ein weiteres Beispiel gotischer Baukunst in Avignon. Die auffallende Schmucklosigkeit erklärt man mit der Person des Architekten, in dem man denselben vermutet, der im Auftrag Benedikts XII. den älteren Teil des Papstpalastes errichtet hat.

Die große Kostbarkeit sind die 1954 unter einer Putzschicht in der ersten linken Kapelle entdeckten Fresken aus dem Umkreis des Hofmalers *Matteo Giovanetti da Viterbo*, welche die Kreuzigung und Kreuzabnahme schildern. Obwohl Gebärdensprache und Mimik an Giotto erinnern, dessen Wiedergabe menschlicher Gefühlsregungen eine der bedeutsamsten revolutionären Leistungen der abendländischen Kunstgeschichte ist, haftet diesen Bildern zugleich eine gewisse Manieriertheit an.

Zu beachten ist ferner in der ersten rechten Seitenkapelle eine Kreuztragungsgruppe, die der Bildhauer *Francesco Laurana* 1478 im Auftrag König Renés des Guten für den Zölestinerkonvent geschaffen hat, und das Fenster der letzten Kapelle der linken Seite (barock), das in mehreren Einzelszenen die Legende von der Erbauung des Pont St-Bénézet schildert.

St-Pierre (Abb. 21)

Durch die Gassen der Fußgängerzone gehen wir wieder in Richtung des Papstpalastes. In dessen Nähe stößt man auf die Kirche mit der schönsten gotischen Fassade der Stadt, St-Pierre. Der Bau entstand kurz nach der Mitte des 14. Jh., als in ganz Avignon fieberhaft gebaut wurde. Die Fassade aus dem Anfang des 16. Jh. beschreibt ein Hochrechteck ohne bekrönenden Giebel. Die flächenhafte Behandlung der reichverzierten Anlage – das Portal fluchtet im Gegensatz zu anderen Kirchenpforten nur geringfügig, die Flamboyantornamente sind der Wand als flaches Relief aufgeblendet und wirken deshalb eher gemalt als plastisch – verrät, daß der Entwurf nicht von einem Bildhauer oder Architekten, sondern von einem Maler stammt: dem in Avignon ansässigen Glasmaler *Philippe Garçin*. Die aus Holz geschnitzten Türflügel steuerte der burgundische Bildhauer *Antoine Volard* 1551 bei (Abb. 21). Anders als die berühmten Türen der Kathedrale in Aix-en-Provence, die vierzig Jahre früher entstanden waren und stilistisch noch auf der Schwelle von der Spätgotik zur Renaissance stehen, sind die Arbeiten Volards reine Renaissancewerke. Auf dem linken Flügel erscheinen der hl. Hieronymus und der Erzengel Michael, auf dem rechten eine Verkündigungsgruppe.

Avignon, Fassade der gotischen Kirche St-Pierre. Lithographie von Asselineau, 1855

129

Der Innenraum, ein einschiffiger Saal mit begleitenden Kapellen (zum Teil im 16. Jh. angefügt), entspricht dem geläufigen Schema Avignoneser Baukunst des 14. Jh. Zu beachten ist eine Grablegungsgruppe mit lebensgroßen Figuren (um 1430), ein kennzeichnendes Werk des frühen 15. Jh., das sich mit verstärktem Interesse dem Leiden des Herrn zuwandte.

Weitere Sakralbauten der Stadt, etwa der ehemalige Zölestinerkonvent und verschiedene Kapellen, sind in der Regel nicht zugänglich. Sie öffnen jedoch anläßlich des Sommerfestivals zu bestimmten Vorführungen gelegentlich ihre Pforten. Im Stadtplan ist darauf hingewiesen.

Den schönsten Blick auf das Stadtpanorama, worin der Papstpalast die beherrschende Stellung einnimmt, hat man vom gegenüberliegenden Ufer der Rhône, von Villeneuve-lès-Avignon, das ohnehin einen ausführlicheren Besuch verdient.

Villeneuve-lès-Avignon

Blick in die Geschichte

Der Albigenserkrieg hatte der französischen Krone das rechtsrhônische Gebiet des Grafen von Toulouse eingebracht. Dadurch war eine juristisch brisante Situation entstanden; die Rhône bildete nun die Grenze zwischen den Königreichen Frankreich und Deutschland, denn diesem war ja – zumindest nominell – die linksrhônische Provence untertan. Die Grenze verlief nicht in der Flußmitte, sondern entlang dem linken Ufer, sehr zum Schaden jener Einwohner Avignons, die in Ufernähe lebten. Sobald nun ein Hochwasser der Rhône ihre Häuser umspülte, kamen flugs die Beamten des französischen Fiskus herübergerudert, um von ihnen, aufgrund der von der Natur vorgenommenen Grenzverschiebung, Steuern für die Krone Frankreichs einzutreiben.

Zu Beginn des 14. Jh. ließ Philipp der Schöne Villeneuve zu einer Festung ausbauen. Zahlreiche Kardinäle und andere hohe geistliche Würdenträger, die in Avignon selbst nicht mehr genügend Platz für ihre aufwendigen Residenzen fanden, siedelten sich auf dieser Seite der Rhône an. Die Klöster blieben auch weiterhin einflußreich, nachdem der Sitz des Papstes wieder nach Rom zurückverlegt worden war. Dem setzte die Revolution ein abruptes Ende. Villeneuve spielt heute die Rolle eines – zu Unrecht! – wenig beachteten Vorortes von Avignon.

Fort und Kloster St-André (Abb. 23–25)

Schon in merowingischer Zeit war auf dem Kalksockel des Andaon-Hügels eine klösterliche Gründung entstanden, die sich im 11. Jh. zur mächtigsten Benediktinerabtei im unteren Rhône-

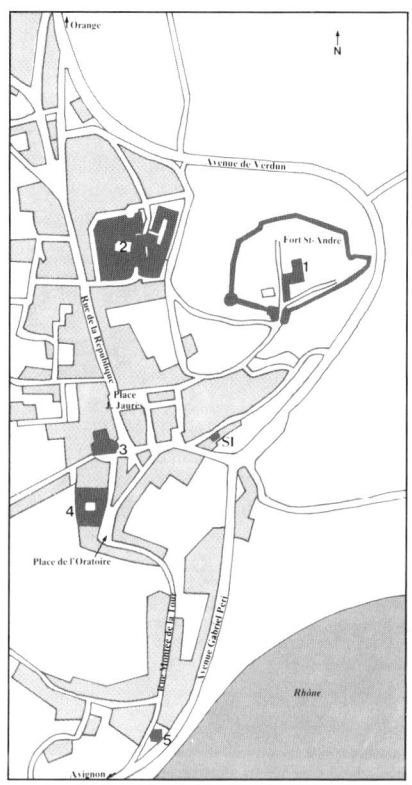

Villeneuve-lès-Avignon:
1 Ehem. Kloster St-André 2 Kartause Val de Béné-
diction 3 Kollegiatskirche 4 Musée de l'Hospice
5 Tour Philippe le Bel

tal entfaltet hatte. Sie wurde im 14. Jh. mit einer Festungsmauer eingefriedet. Den einzigen
Zugang zum Fort bildet die von zwei Türmen flankierte Porte St-André. Von den einstigen
Konventsgebäuden ist so gut wie nichts erhalten geblieben, aber der Besuch von St-André lohnt
noch immer, vor allem wegen der Ausblicke, die man von dem stillen Klostergarten auf das
jenseitige Avignon genießen kann.

Kartause Val de Bénédiction

Nach dem Tode Clemens' VI. wurde der Ordensgeneral der Kartäuser, Jean Birel, zu dessen
Nachfolger gewählt – sicher eine gutgemeinte Willensbekundung des in das Kreuzfeuer der
öffentlichen Kritik geratenen Kardinalskollegiums. Aber der designierte Papst lehnte das höchste Kirchenamt unter Berufung auf die strenge Regel seines Ordens ab. An seiner Statt bestieg
Etienne Aubert als Innozenz VI. den Stuhl Petri. Er dankte Jean Birel dessen Verzicht mit einer
großzügigen Geste, indem er in Villeneuve ein Kartäuserkloster gründete, das bald selbst die
Grande Chartreuse, das Mutterkloster des Ordens, an Größe übertraf.

Der Führungspfeil lenkt den Besucher zuerst in die einstige Klosterkirche. Durch den zerstörten offenen Chor blickt man auf das Fort St-André auf der Anhöhe (Abb. 23). In der rechten Kapelle davor steht das Grabmal des Klostergründers, Innozenz' VI. Der über der Tumba aufgehende Baldachin strebt in einer kunstvoll durchbrochenen Bekrönung steil aufwärts, was die Idee einer gotischen Kathedralfassade ins Kleinformat zu übersetzen scheint. Sie gipfelt in drei offenen Tabernakeln, in denen Figuren Christi und der Apostelfürsten Petrus und Paulus stehen. Da das Werk noch zu Lebzeiten des Papstes ausgeführt wurde, ist zu vermuten, daß der Auftraggeber Gestalt und Bildprogramm seines eigenen Grabes mitbestimmt hat.[18] Die Verbindung von architektonischer Gestaltung und inhaltlicher Aussage der Skulpturen (ursprünglich am Sockel die zwölf Apostel) ergibt in summa das symbolische Abbild der Kirche als Institution. In einer Zeit, da das Ansehen der Kirche auf den Nullpunkt gesunken war, erscheint dieses prunkvolle Grabmal wie eine fast trotzige Selbstbehauptung. Das in Anlehnung an das Grab Johannes' XXII. entstandene Denkmal wurde 1834 durch Prosper Mérimée vor dem Verfall gerettet und in die Kapelle des Krankenhauses von Villeneuve überführt. Erst 1956 gelangte es an seinen ursprünglichen Platz zurück.

An die Nordflanke der Kirche schließen sich der kleine, daran der große Kreuzgang an. Jeder Mönch lebte in einer kleinen abgeschlossenen Wohnung, in der er auch seine Mahlzeiten einnahm; gemeinsames Essen und Gespräche waren nur an Sonn- und Feiertagen erlaubt. Schon kurz nach dem Tode des Stifters verheerte ein Brand das Kloster, das im Zuge des Wiederaufbaus vergrößert wurde, da mittlerweile die Zahl der Mönche zugenommen hatte. So entstand

◁ *Villeneuve-lès-Avignon, Ansicht der Kartause aus dem 17. Jh.*
vor dem Umbau. Aus dem »Monasticon Gallicanum«

INNOCENTII PAPÆ SEXTI
Villanovæ apud Carthusiano

Das Grabmal Papst Innozenz' VI. Stich von 1684

der dritte, St-Jean genannte Kreuzgang. Der weitläufige Gebäudekomplex wurde im 17. Jh. renoviert und zum Teil verändert. Nach der Säkularisation wurden die aufgelassenen Klostergebäude zu privaten Wohnungen umgebaut. 1909 begannen die langwierigen Instandsetzungsarbeiten.

Pfarrkirche Notre-Dame

Im Zentrum des Ortes steht die ehemalige Kollegiatskirche, deren Bau der Neffe Johannes' XXII., Arnaud de Via, 1333 veranlaßt hatte. Der Gründer starb zwei Jahre später und wurde in der zu diesem Zeitpunkt bereits fertiggestellten Kirche beigesetzt. Sie ist ein querschiffloser Saal und darin den gotischen Kirchen Avignons und der ganzen Provence verwandt. An ihre Nordseite grenzt ein kleiner Kreuzgang. Er stand in Verbindung mit der Residenz des Arnaud de Via, der neben dem Petit Palais in Avignon in Villeneuve einen zweiten Palast sein eigen nannte. Der die ganze Anlage überragende klotzige Turm erinnert entfernt an die toskanischen Geschlechtertürme. Tatsächlich diente er auch Verteidigungszwecken und war in erster Linie wegen der latent drohenden Gefahr durch die Grandes Compagnies errichtet worden.

In der Sakristei wird ein außergewöhnlicher Schatz gehütet, eine 34 cm hohe, aus Elfenbein geschnitzte Madonna aus dem 14. Jh. Die vermutlich in Nordfrankreich gearbeitete Statue gelangte als Geschenk des Arnaud de Via an das von ihm gegründete Kollegiat. Die starke Biegung der sitzenden Muttergottes ist nicht nur ein Ausdrucksmittel der Spätgotik, sondern in diesem Fall durch die Krümmung des Elefantenstoßzahnes mitbedingt. Obwohl die Haltung der Madonna dadurch ein wenig artifiziell wirkt, überwiegt der Eindruck von Zartgliedrigkeit und Innigkeit. Die raffinierte Fältelung des Gewandes und die farbige Fassung auf dem weich-schimmernden Grundton des kostbaren Werkstoffes machen diese Madonna zu einem Meister-werk spätgotischer Bildschnitzerei in Frankreich. Die Skulptur ist durch Panzerglas gesichert, kann aber von außen auf ihrer kleinen Plattform gedreht werden, so daß man sie von allen Seiten eingehend betrachten kann.

Eine Kuriosität ist die ebenfalls in der Sakristei aufbewahrte Madonna mit zwei Gesichtern, die aus dem süddeutschen Raum stammt (14./15. Jh.).

Musée de l'Hospice (Farbt. 13)

Neben der Elfenbeinmadonna besitzt Villeneuve mit der »Marienkrönung« des *Enguerrand Quarton* ein weiteres Kunstwerk von Weltrang (Farbt. 13). Das Bild entstand 1453 für die Kartause in Villeneuve. Die klare Struktur seines symmetrischen Aufbaus ist zugleich eine Illustration des theologischen Gedankenbaus, der dem Künstler bis ins Detail vorgegeben wurde.[19] Im Zentrum kniet die in schweren Brokat gekleidete Muttergottes, zu ihren Seiten sieht man Gottvater und Christus, die ihr die Himmelskrone aufs Haupt setzen. Beide sind vollkommen gleich gebildet, um die Wesenseinheit von Vater und Sohn sinnfällig zu machen. Dem fügt sich formal und inhaltlich die Taube, Symbol des Heiligen Geistes, ein, deren Flügel-spitzen die Münder der beiden berühren. In axialer Fortsetzung der Madonna nach unten stellt das Kreuz Christi, auf einen Felsen gepflanzt (= Petrus), die Verbindung zwischen himmlischem und irdischem Bereich dar. In den Randzonen weitet sich der inhaltliche Rahmen zum Welt-gericht. Unten erkennt man die Verdammten, die in der Hölle von Teufeln gepeinigt werden, zu Seiten der Krönungsszene nehmen die Auserwählten, in fünf Reihen übereinander gestaffelt, betend an dem überirdischen Ereignis teil. Für das Erdenwesen stehen die beiden Städteansich-ten von Rom (links) und Jerusalem (rechts) – zugleich Anspielungen auf Neues und Altes Testament. Dabei fließt auch ein wenig provençalisches Lokalkolorit mit ein. Die beiden Städte liegen, getrennt durch einen Strom, einander gegenüber, so wie Avignon und Villeneuve; die Bergkulisse im Hintergrund ruft den Mont Ventoux in Erinnerung.

In der Farbgebung, im Goldgrund der himmlischen Sphäre und der hierarchisch gestaffelten Bedeutungsperspektive ist das Bild durchaus mittelalterlicher Tradition verpflichtet. Räum-liche Gestaltung, landschaftliche Ausblicke, porträthafte Unterscheidung der Personen – die gekrönte Figur unten links im roten Mantel stellt König René dar – künden andererseits vom neuen Zeitalter der Renaissance. So wie Avignon geographisch zwischen den großen Kunst-zentren Italiens und der Niederlande liegt, welche die Schule von Avignon inspirierten, stehen auch deren Werke stilistisch an der Nahtstelle zweier Epochen.

Im selben Raum des kleinen Museums hängt eine Kopie der 1905 an den Louvre verkauften »Pietà von Avignon«, die ebenfalls als ein Werk Quartons gilt.

Enguerrand Quarton (auch Charton oder Charonton) stammte aus Nordfrankreich. Er wurde um 1410 in der Diözese Laon geboren und ist seit 1450 in Avignon bezeugt, wo er vermutlich auch starb (um 1461). Neben Nicolaus Froment ist er der wichtigste Vertreter der Schule von Avignon, die aus den Ateliers der von den Päpsten nach Avignon berufenen italienischen Meister hervorging und in der zweiten Hälfte des 15. Jh. ihre Glanzzeit erlebte.

Tour Philippe le Bel (Abb. 22)

Als Brückenkopf für den Pont St-Bénézet ließ Philipp der Schöne ein kleines Kastell anlegen, von dem lediglich der große Wachturm erhalten ist. Er wurde 1293 errichtet, zu einer Zeit, als noch niemand ahnen konnte, daß Avignon schon bald zur Metropole der Kirche aufsteigen sollte. Philipps Intention war es, der auf Reichsgebiet befindlichen Stadt, die sich 1226 offen gegen den französischen König gestellt hatte, ein sichtbares Zeichen seines Machtanspruches vor die Tore zu setzen. Der Turm war ursprünglich niedriger; etwa gleichzeitig mit dem Ausbau des Fort St-André wurde er aufgestockt. Der kleine Turmaufsatz auf seiner oberen Plattform entstand erst im 17. Jh. Von hier aus bietet sich die schönste Sicht auf Avignon: Man überblickt

Villeneuve-lès-Avignon, der Turm Philipps des Schönen. Nach Viollet le Duc

die beiden Arme der majestätisch dahinfließenden Rhône, die sich am Ende der Ile de la Berthelasse wieder vereinen, die breite Front des Papstpalastes, der sich das Dächergewirr der Stadt unterordnet, und – bei klarer Witterung – nach Norden den Mont Ventoux, nach Süden die gezackte Silhouette der Alpilles. Wenn ein mildes Abendlicht dieser herrlichen Kulisse einen zartgetönten Schleier überwirft, kann man sich leichter in die Gefühle Daudets hineinversetzen, der das päpstliche Avignon mit einem verklärten Blick beschrieben hat.

Die Alpilles

Die kleinen Alpen – treffender kann man den Höhenzug wohl kaum benennen, der die Ebene der Kleinen Crau südlich von Avignon begrenzt. Denn obwohl die höchsten Erhebungen der Alpilles nicht einmal ganz 400 m erreichen, fühlt man sich inmitten der pittoresken Verkarstungen zuweilen wie in einem Hochgebirge. Nur aus der Distanz betrachtet rückt der Maßstab wieder ins rechte Lot. Der karge Boden, von dem die Krume weitgehend abgewaschen ist, läßt nur einen spärlichen Bewuchs zu. Um so fruchtbarer ist die Kleine Crau, die sich zwischen Durance,

Die Alpilles

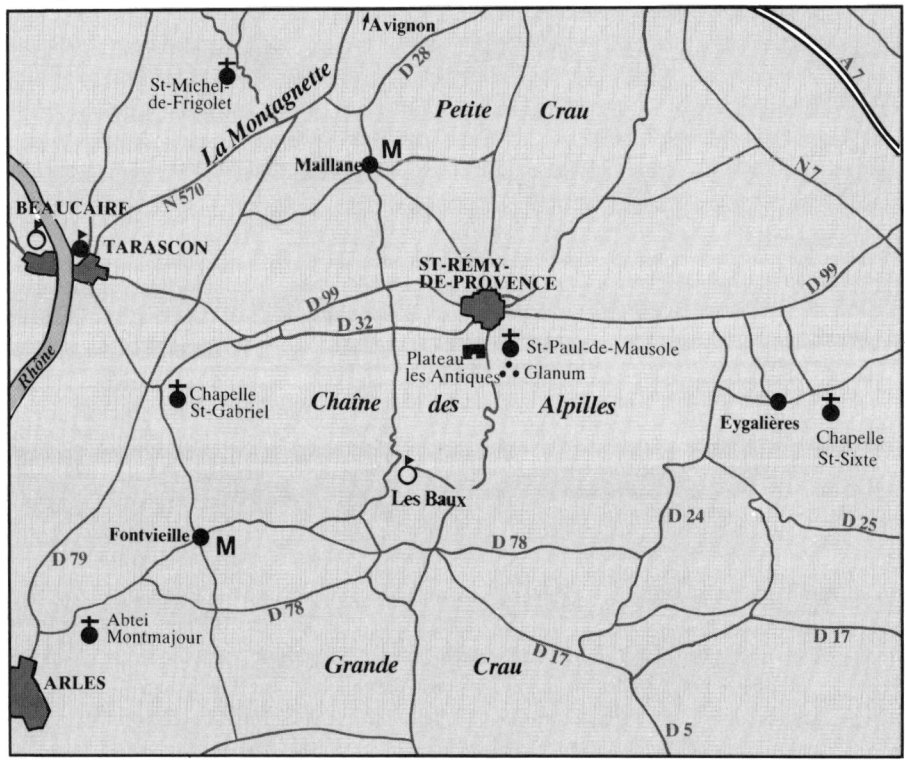

Rhône und den Alpilles ausbreitet. Das von zahllosen Bewässerungskanälen durchzogene Land ist ein einziger großer Obstgarten. Im Westen stößt die Ebene nicht nahtlos an das Rhôneufer, sondern ist von diesem durch eine kleine Auffaltung, einen Ausläufer der Alpilles, getrennt, *La Montagnette* genannt.

St-Michel-de-Frigolet (Farbt. 30)

Wenn man von Avignon südwärts in Richtung Tarascon fährt, streift man bald nach Überqueren der Durance die Hügel der Montagnette. In eine ihrer Mulden schmiegt sich das Kloster St-Michel-de-Frigolet, das in Alphonse Daudets Geschichte vom »Elixier des ehrwürdigen Vaters Gaucher« literarisch verewigt wurde. Sein Name leitet sich von der provençalischen Bezeichnung für Thymian – Férigoulo – ab, offenbar ein Hinweis auf die Heilwirkung dieses Krautes, das im Mittelalter nicht nur in der Küche, sondern sogar überwiegend im medizinischen Bereich Verwendung fand. Es heißt, daß die Benediktiner von Montmajour, die St-Michel im 11. Jh. gründeten, das Kloster als eine Art Sanatorium vorgesehen hatten, in dem sich die an Malaria erkrankten Brüder aus dem einst von Sümpfen umgebenen Mutterkloster auskurieren sollten. Brachte es nicht den gewünschten Erfolg? Darüber schweigen die Quellen. Fest steht jedenfalls, daß schon im 12. Jh. Augustinerchorherren aus Avignon die Nachfolge der Benediktiner antraten. Das nach der Revolution verlassene Kloster erwarben im 19. Jh. Prämonstratenser, die auch heute noch in St-Michel ansässig sind. Man kann deshalb auch nur einen Teil des Klosters besichtigen. Doch diese vermeintliche Einschränkung wird dadurch wettgemacht, daß die täglich zweimal stattfindende Messe (11 und 20 Uhr) für jedermann zugänglich ist. Die Prämonstratenser erbauten eine neue Kirche, in die sie die romanische Notre-Dame-Kapelle als Teil des nördlichen Seitenschiffes einbezogen. Die vormalige Klosterkirche St-Michel ist ein schlichter Bau der frühen Romanik. Ihm ist der Kreuzgang aus dem 12. Jh. angegliedert, dessen kleine Arkaden nach provençalischer Tradition von Entlastungsbögen überfangen werden.

An die ursprüngliche Bestimmung erinnert noch heute alljährlich am ersten Sonntag nach dem 15. Mai das Fest der »Notre-Dame-du-Bon-Remède« (etwa: Muttergottes des guten Heilmittels). Wer in der Osterzeit in der Provence unterwegs ist, sollte sein Programm so einteilen, daß er am Ostermontag nach St-Michel-de-Frigolet kommt, wenn dort das farbenprächtige Trachtenfest stattfindet (Farbt. 30).

Das Mistral-Museum in Maillane

Im Herzen der Kleinen Crau liegt der Flecken Maillane, die Heimat *Frédéric Mistrals*. Sein ehemaliges Wohnhaus, das man nach seinem Tode unverändert belassen hat, ist heute der Öffentlichkeit als Museum zugänglich.

Der Nationaldichter der Provence wurde 1830 auf dem Mas du Juge bei Maillane geboren. Im nahen St-Michel-de-Frigolet ging er zur Schule. Nach dem Studium der Rechtswissenschaften in Aix-en-Provence schlug er nicht die Laufbahn des Advokaten ein, sondern zog sich nach Maillane zurück, um sich ausschließlich der Schriftstellerei zu widmen. 1854 gründete er zusammen mit Theodore Aubanel, Joseph Roumanille und vier weiteren Autoren die »Félibrige«, einen Dichterzirkel, der sich die Wiederbelebung und Pflege provençalischer Sprache und Brauchtums zum Ziel setzte. Fünf Jahre später wurde er mit der epischen Dichtung »Mirèio« auf einen Schlag berühmt. Aber das Werk mußte erst ins Französische übersetzt werden, bevor es eine weite Verbreitung fand. In einer Zeit, als es verpönt war, in der alten Mundart zu sprechen, als Kinder, wenn sie in das gewohnte Idiom verfielen, in der Schule Prügelstrafen bezogen, war Mistrals engagiertes Eintreten für seine »verachtete Sprache« – so seine eigene Aussage am Beginn der »Mireille« – ein mutiges Bekenntnis. Mireille, so die französische Namensform von Mirèio, hat die unglückliche Liebe zweier junger Menschen aus unterschiedlichen sozialen Schichten zum Gegenstand. Mistral rahmt die Handlung, an deren Ende Mireille von den Heiligen Marien erlöst in Les-Saintes-Maries-de-la-Mer stirbt, mit Schilderungen aus der reichen provençalischen Legenden- und Sagenwelt und mit eindringlichen Landschaftsbeschreibungen. Das Werk wurde von der Kritik triumphal gefeiert, man pries den Autor als einen »Vergil der Provence«.

Neben weiteren Gedichten veröffentlichte Mistral auch Erzählungen und eine Tragödie, die »Reine Jeanne« (1890). Der Sprachforschung hat er mit seinem provençalisch-französischen Wörterbuch eine unschätzbare Arbeitsgrundlage an die Hand gegeben. Frédéric Mistrals großes Verdienst ist die Neubelebung der provençalischen Literatur, die seit der Zeit der Troubadoure praktisch vergessen war. Jean Giono und Marcel Pagnol sind, auch wenn sie in französisch geschrieben haben, seine geistigen Erben.

1904 wurde Mistral mit dem Nobelpreis für Literatur ausgezeichnet. Mit der Preissumme richtete er das volkskundliche »Museon Arlaten« in Arles ein. Nach seinem Tode 1914 wurde der Dichter auf dem kleinen Friedhof von Maillane beigesetzt. Sein Grabmal ist eine Kopie des sogenannten Pavillons der Königin Johanna bei Les Baux.

Tarascon (Abb. 27)

Nahe den westlichen Ausläufern der Alpilles zur Rhône hin grüßen die Städte Tarascon und Beaucaire einander von den Flußufern. Hart über dem linken Ufer erhebt sich die kubisch geschlossene *Burganlage* von Tarascon, die um 1400 auf den Fundamenten eines frühmittelalterlichen Vorgängerbaus gegründet wurde (Abb. 27). Die Baumaßnahmen führte der letzte Souverän der Provence, König René der Gute, zum Abschluß. Da er sich in Tarascon nächst seiner Residenz in Aix am häufigsten aufhielt, wurde die Burg in diesen Jahren Schauplatz einer glänzenden Hofhaltung. Nach der Angliederung der Provence an Frankreich war sie Sitz des Stadtkommandanten von Tarascon, später mußte sie als Gefängnis herhalten. Nach 1906 hat man die bei der Umwandlung zum Gefängnis vorgenommenen baulichen Veränderungen wieder rückgängig gemacht.

Obwohl das Bauwerk an der Schwelle zur Renaissance entstanden ist, hat es noch deutlich den Charakter einer mittelalterlichen Wehranlage: Um einen quadratischen Hof gruppieren sich die Wohntrakte. Andererseits vermißt man den bei Burgen des Mittelalters üblichen Wachturm.

Die nahe *Kirche Ste-Marthe* ruft eine im uralten Volksglauben verwurzelte Legende in Erinnerung. Martha, die Schwester der Büßerin Magdalena und des Lazarus, war, nachdem sie mit den Heiligen Marien in der Provence gelandet war, nach Tarascon gezogen, um dort ein wüstes Ungeheuer, die Tarasque, zu bezwingen. Das Bild des menschenverschlingenden Monstrums, das auf keltische Zeit zurückgeht und wie so manches heidnische Motiv im christlichen Mythos fortlebte (vgl. Avignon, Musée lapidaire), ist als Symbol für die Rhône zu verstehen, deren oftmals verheerende Hochwasser eine jahrhundertelange Bedrohung darstellten.

Die romanische Kirche wurde im 14. Jh. gotisiert. In der Revolution ging der Skulpturenschmuck des nach Süden gerichteten Portals verloren. Unangetastet blieb aber sein ornamentaler Dekor mit den für die Provence so kennzeichnenden antikisierenden Motiven.

Beaucaire

Die antiken Siedlungen von *Tarusco* und *Ugernum* (Beaucaire) sicherten die Via Domitia, die an dieser Stelle die Rhône überquerte. Im Mittelalter muß man sich die beiden Orte von pulsierendem Leben erfüllt vorstellen. Sie waren wichtige Umschlagplätze des Handels. Die berühmte Messe von Beaucaire verlor erst nach dem Bau der Eisenbahn im 19. Jh. an Bedeutung.

Den Ort überragt die Ruine der auf das 13. Jh. zurückgehenden *Burg*, von der einzig der Donjon unversehrt die Zeiten überdauert hat. Die Festungsmauern wurden im 17. Jh. auf Weisung Richelieus geschleift, dem die protestantische Haltung der Burgherren ein Dorn im Auge war.

Die *Kirche Notre-Dame-des-Pommiers* ist ein mächtiger Bau der Barockära, auf den Grundmauern eines romanischen Vorgängers errichtet. Von dessen Fassade blieb ein Relieffries erhalten, der in schwindelnder Höhe in die Nordwand der Kirche eingelassen wurde und in elf Einzelszenen Begebenheiten aus der Passion Christi schildert. Breiten Raum nimmt dabei die Darstellung des Abendmahls ein. Das kunstvoll gefältelte Tischtuch erinnert an die Vorhangdekoration in St-Paul-Trois-Châteaux. Themenwahl und erzählerische Note der Reliefs sind nur mit dem Vorbild der Fassade von St-Gilles zu erklären.

Kloster St-Roman (Abb. 30)

Eine wenig bekannte Kostbarkeit, das vollständig aus dem gewachsenen Fels geschlagene Kloster St-Roman unweit von Beaucaire, wird vor allem den wanderfreudigen Reisenden anziehen. Um dorthin zu gelangen, verläßt man Beaucaire nordwärts auf der D 986 in Richtung Remoulins. Nach knapp 3 km zweigt nach links ein Sträßchen ab, von wo aus der weitere Weg gut ausgeschildert ist. Den letzten Abschnitt kann man nur zu Fuß gehen (ca. 30 Minuten). Das Troglodytkloster hat zwei Sanktuarien; in dem einen fällt ein Abtstuhl mit einer muschelförmiger Rückenlehne auf, der wie das gesamte Kloster aus dem Felsgestein geschlagen ist (Abb. 30).

Kapelle St-Gabriel (Abb. 28, 29, 31)

Nach diesem Abstecher zum rechtsrhônischen Ufer kehren wir auf die Ostseite des Stromes zurück. Wo die Hügel der Alpilles nahe Tarascon zur Niederung der Rhône auslaufen, liegt abseits der Hauptstraße (Einmündung der D 33 in die N 570) ein weiteres Juwel der provençalischen Romanik, die Kapelle St-Gabriel (Abb. 31). In gallorömischer Zeit führte die Via Aurelia an dieser Stelle durch das damals versumpfte Gelände und stieß bei Tarascon auf die Via Domitia. Die Siedlung Ernaginum wurde in der Völkerwanderungszeit zerstört, und im Mittelalter kann sich hier nur noch ein kleines Dorf befunden haben. In der heute wie im 12. Jh. einsamen Umgebung überrascht die romanische Kapelle, doch schon an anderen Beispielen war wiederholt zu erleben, daß man in der Romanik auch an längst aufgegebenen Flecken noch Sanktuarien errichtete.

Die souveräne Behandlung der präzise gefügten Steinquader spricht für eine Datierung des Baus nach Mitte des 12. Jh. Überraschend reichhaltig ist die Westwand geschmückt, die das antike Triumphbogenmotiv zitiert. Eine offene kleine Vorhalle überfängt mittels eines Rundbogens das eigentliche Portal (Abb. 29). Dessen äußerer Rahmen wird von zwei korinthischen Säulen mit einem bekrönenden Dreiecksgiebel gebildet, den inneren Rahmen des Eingangs flankieren zwei kleinere Säulen desselben Typs. Das Bogenfeld darüber besteht aus einem Tympanon mit Reliefs, die Daniel in der Löwengrube und den Sündenfall zeigen. Im Giebel sind Verkündigung und Heimsuchung zu sehen (Abb. 28), und auf dem Giebelfirst ist – gleich dem Akroter eines antiken Tempels – ein Agnus Dei plaziert. Der bildliche Dekor setzt sich in der Rahmung des über dem Portal befindlichen Rundfensters fort, wo die Symbole der vier

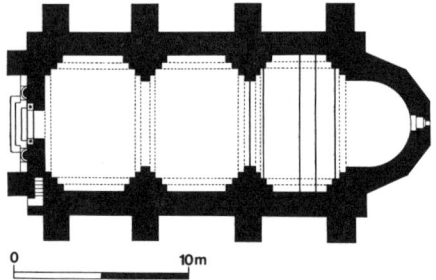

0   10m

Grundriß der romanischen Kapelle St-Gabriel nahe Tarascon

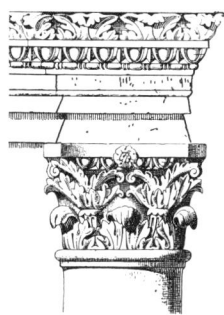

St-Gabriel, Detail vom Portal der romanischen Kapelle

Evangelisten angebracht sind. Trotz der beschränkten Zahl figürlicher Plastik beinhaltet das Programm – in geraffter Form – den ganzen heilsgeschichtlichen Kosmos der christlichen Glaubenslehre, angefangen mit dem Sündenfall bis zur Erlösung (Agnus Dei).

Alle Rahmenteile sind mit antikisierenden Ornamentformen durchgebildet, deren handwerkliche Präzision in einem gewissen Gegensatz zu den etwas unbeholfen wirkenden figürlichen Reliefs steht. Daher hat man diese für älter gehalten; möglicherweise waren sie auch ursprünglich für einen anderen Bau gedacht. Aber muß es denn immer so sein, daß das Schlichtere zwangsläufig älter zu sein hat als das künstlerisch Ausgereiftere? Gerade hier, in der Provence, scheint eine andere Erklärung näherzuliegen: Für die Anfertigung der Ornamente bot sich den Steinmetzen reiches Anschauungsmaterial anhand der damals in noch weit größerer Zahl vorhandenen antiken Bauwerke. Für die Abbildung christlicher Themen mußte man jedoch auf Vorlagen aus der Buchmalerei oder der Elfenbeinschnitzerei zurückgreifen. Die Übertragung dieser zweidimensionalen Anregungen auf den plastisch zu bearbeitenden Stein dürfte ungleich schwieriger gewesen sein als die Imitation der antiken Bauornamentik. So könnte dieselbe Gruppe von Künstlern, die zwar die Ornamentik gründlich beherrschte, bei der Wiedergabe der menschlichen Figur und szenischer Zusammenhänge schwächer gewesen sein. Dies gilt natürlich nicht für die Genies von Arles oder St-Gilles, scheint aber im ländlichen Rahmen von St-Gabriel als Erklärung für die auffälligen Diskrepanzen überzeugender als der Versuch, diese aus einer zeitlichen Abweichung herzuleiten.

St-Rémy-de-Provence

Die römischen Denkmäler auf dem Plateau Les Antiques 142 – Glanum 143 – Kloster St-Paul-de-Mausole 178

Der Hauptort der Kleinen Crau ist St-Rémy, das erst im Mittelalter entstand, nachdem die Bevölkerung das in der Spätantike zerstörte Glanum verlassen hatte. Der Ortsname kommt von dem Kloster St-Rémy in Reims, das hier im Mittelalter Grundbesitz hatte. Die Legendenbildung will von einer Wunderheilung wissen, die der hl. Remigius auf der Durchreise vollbrachte. Remigius spielt im Selbstverständnis der französischen Könige im Mittelalter eine zentrale Rolle. Er war es, der mit himmlischem Öl Chlodwig zum ersten katholischen König des Frankenreiches gesalbt und damit Reims zur traditionellen Krönungsstätte der französischen Könige gemacht hatte. Da eine Taube das Öl direkt vom Himmel herab nach Reims gebracht haben soll, betrachtete sich der König Frankreichs als der einzige in Europa, der unmittelbar von Gott selbst eingesetzt war – ein Politikum erster Ordnung!

Von dem die Altstadt umziehenden Ringboulevard führt eine Abzweigung hügelan zum *Plateau Les Antiques* und zu dem Ausgrabungsgelände von *Glanum*.

Die römischen Denkmäler auf dem Plateau Les Antiques (Farbt. 25; Abb. 32, 33)

Mit dem Namen »Les Antiques« sind zwei Denkmäler aus römischer Zeit gemeint, die der einstigen Stadt Glanum vorgelagert waren: der *Ehrenbogen* und das sogenannte *Juliermonument* (Abb. 32). Der Bogen ist dem von Carpentras recht ähnlich und repräsentiert den Typus des eintorigen Triumphbogens. Lediglich die Attika ist zerstört, die Seiten wurden nachträglich abgeschrägt und mit Steinplatten dachähnlich gedeckt. In die von kannelierten Halbsäulen eingefaßten Flächen zu Seiten des Durchgangs sind wieder paarweise Gefangene gestellt (Abb. 33). Motive aus der Landesflora, Granatäpfel, Olivenzweige, Wein und Eichenlaub, schmücken die Reliefs der Stirnarchivolte. Im ursprünglichen Zustand, farbig gefaßt, müssen diese noch heute vorzüglich erhaltenen Naturbilder sehr realistisch gewirkt haben. Die innere Wölbung des Bogens kleiden minuziös ausgearbeitete wabenförmige Kassetten aus. Durch Auswaschung des Erdbodens an dem leicht abschüssigen Gelände sind heute Teile des Fundamentsockels bloßgelegt, wodurch der Bogen leicht gestelzt wirkt, was früher nicht der Fall war.

Das benachbarte *Juliermonument* ist ein Kenotaph, das zu Ehren der jung verstorbenen Enkel des Augustus, Caius und Lucius, Söhne des Agrippa, errichtet wurde (Farbt. 25; Abb. 32). Es ist das besterhaltene römische Denkmal in der Provence überhaupt; ihm fehlt lediglich ein kleines Detail: der steinerne Pinienzapfen, der das Kuppeldach einst bekrönte. Das Bauwerk erhebt sich über einem quadratischen Grundriß und folgt damit dem schon bei den Griechen verbreiteten Schema des Memorialbaus. Drei Geschosse gehen übereinander auf. Die untere Zone bildet der Sockel, über dem sich das Zwischengeschoß erhebt. Dessen vier Seiten öffnen sich in Bögen. Die Konstruktion erinnert entfernt an den Unterbau des Obelisken in Vienne. Nach oben gipfelt das Denkmal in einer kleinen Tholos nach Art hellenistischer Rundtempel. Der offene Säulenkranz umstellt zwei Statuen, die man gemeinhin für Standbilder der Augustusenkel hält. Daneben gibt es die Version, wonach es sich um die Eltern dieser zwei handeln soll, also Agrippa und dessen Gemahlin Julia.

Verschwenderisch ist die Fülle des plastischen Dekors. Den Sockel umziehen vier großflächige Reliefs mit Schlachtendarstellungen, die unterschiedlich mal als mythologische, mal als historische Kampfesszenen interpretiert werden. Eine genaue Festlegung scheint nicht möglich. Im Scheitelpunkt der Bögen im Zwischengeschoß sind Gorgonenhäupter angebracht, die nach

Die römischen Denkmäler auf dem Plateau Les Antiques bei St-Rémy. Kupferstich von Lamy, 1777

einer uralten apotropäischen Auffassung das Denkmal vor dem Zugriff böser Geister bewahren sollten. Direkt auf den Totenkult bezieht sich der Fries, der zwischen das mittlere und das obere Geschoß eingeschoben ist. Dort erkennt man Tritonen und andere Meerestiere, in denen die antike Mythologie die Begleiter Verstorbener auf dem Weg in den Hades sah.

Die bildlichen Darstellungen beider Denkmäler stehen der hellenistischen Kunst Griechenlands nahe, die zur Zeit des Augustus eine Renaissance erlebte (Augusteischer Klassizismus), was zugleich einen Anhaltspunkt für die Datierung abgibt. Da die Enkel des Kaisers kurz nach der Zeitenwende verstorben waren, Lucius 2 n. Chr. in Gallien, Caius zwei Jahre später infolge einer im Kampf erlittenen Wunde im Osten des Reiches, kämen die letzten Regierungsjahre des Augustus in Betracht – er selbst starb 14 n. Chr.

Die Denkmälergruppe, die als weithin sichtbares Ensemble auf einem Plateau vor der Stadt Glanum plaziert war, diente der Verherrlichung des Imperium Romanum im weiteren (Ehrenbogen) und der kaiserlichen Dynastie in einem engeren Sinne (Juliermonument). Gemeinschaftlich symbolisieren sie den universalen Machtanspruch Roms und des Kaisertums.

Glanum

Glanum, von den Griechen *Glanon* genannt, ist das Pompeji der Provence. Die Stadt ist zugleich das beste Beispiel für die Abfolge antiker Siedlungskulturen im südlichen Gallien.

Ihren Ursprung bildete ein keltisches Quellheiligtum, wo der Gott Glan verehrt wurde. Im 3. Jh. v. Chr. wanderten Griechen ein, die sich neben der keltischen Einwohnerschaft niederließen. Die Lage Glanons im Schutz der Alpilles mit etwa gleichweiten Entfernungen zu den großen Talstraßen entlang der Rhône und der Durance kam den Ambitionen der handeltreibenden Hellenen entgegen. Schon mit der Erhebung der Colonia Narbo Martius zur Provinzhauptstadt hatten die Römer ein Zeichen dafür gesetzt, daß sie den griechischen Einfluß in Gallien eindämmen trachteten. Mit der Niederwerfung des aufrührerischen Hafens Massilia durch Caesar fand diese Politik ihren Abschluß. Nunmehr übernahmen die neuen Landesherren das Zepter auf der ganzen Linie. Da die Via Domitia nahe an Glanum vorbeiführte, konnte die Stadt auch in römischer Zeit nahtlos an ihre frühere Stellung anknüpfen. Ihr Ende brach erst mit der Völkerwanderung herein, als die Einwohner die Stadt verließen und sich weiter drunten im Tal ansiedelten. Von den Alpilles herabgespülte Geröllmassen haben Glanum rasch verschüttet. Nachdem die weitgehend unversehrten Denkmäler auf dem Plateau Les Antiques bereits im 17. Jh. gerühmt und wiederholt gezeichnet wurden, nahm sich die archäologische Forschung der Ruinen der dazugehörigen Stadt erst seit 1921 an.

Wenn man das Kassenhäuschen passiert hat, tritt man auf ein Gelände, von dem aus man die gesamte, etwas niedriger liegende Ausgrabung mit einem Blick erfaßt. Sie zieht sich leicht bergan und verengt sich weiter oben, wo die Felsen der Alpilles einen natürlichen Schutzwall bilden. Nach den ergrabenen Befunden unterscheiden die Archäologen drei Epochen. »Glanum I« bezeichnet die vorrömische Phase der keltischen und griechischen Besiedlung. Mit »Glanum II« ist die Epoche der Romanisierung, ca. 120 bis 50 v. Chr., und mit »Glanum III« das gallorömische Zeitalter gemeint. Der überwiegende Teil der Fundamente ist Glanum III zuzuordnen, da die Stadt in der frühen Kaiserzeit erweitert wurde und den Kanon öffentlicher Bauten erhielt, der allen römischen Provinzstädten gemeinsam ist (Forum, Tempel, Thermen, Theater etc.).

Man betritt das Ausgrabungsgelände bei der »*Maison des Antes*« *(1)*, einem griechischen Peristylhaus des 2. Jh. v. Chr. Die angrenzenden Baulichkeiten umschlossen einen kleinen *Marktplatz (2)* aus römischer Zeit. Da die einzelnen Räume in diesem Bereich keine Zugänge untereinander besitzen, hält man sie für kleine Läden und Vorratskammern. Darauf folgt wieder ein Haus griechischen Ursprungs, die nach einem dort gefundenen Relief genannte »*Maison d'Atys*« *(3)*. Alle diese Baulichkeiten grenzen an die Hauptstraße, die sogenannte *Rue des Thermes*, die das ganze bis heute freigelegte Stadtgebiet durchzieht. Sie ist an ihrer schmalsten Stelle 3 m breit, in Richtung auf das Forum erweitert sie sich auf 7 m. Unter der mit Steinplatten gepflasterten Straße verläuft ein Kanal, der die Abwässer zu Tal transportierte. Den bislang geschilderten Gebäuden lag auf der anderen Seite der Hauptstraße die Thermenanlage gegenüber. Da sich an einer Stelle noch die Hypokausten erhalten haben, Schächte, durch die Heißluft geblasen wurde, um das Wasser im Becken darüber zu erwärmen, kann man zwischen dem *Caldarium (4)* und dem *Frigidarium (6)* unterscheiden. Zwischen beiden befand sich als Über-

1 GORDES (Vaucluse) ▷

2 Montagne STE-VICTOIRE bei Aix-en-Provence ▷▷

3 AVIGNON Pont St-Bénézet
          5 AVIGNON Glockenturm der Kathedrale (links) und Tour de la Campane des Papstpalastes ▷
4 ARLES Römisches Theater

6   Aix-en-Provence   Fondation Vasarely

7   Zisterzienserabtei Silvacane im Durancetal; Ansicht von Westen ▷

8   NÎMES   Archäologisches Museum; römisches Mosaik mit dem Raub der Europa

9   AIX-EN-PROVENCE   Romanisches Relief mit dem hl. Petrus im Kathedralkreuzgang

10   Zisterzienserabtei LE THORONET   Brunnenhaus im Kreuzgang

11 ARLES Kreuzgang der Kathedrale St-Trophime (Ostflügel), rechts Kapitell mit Heimsuchung und Geburt Christi

12 AVIGNON Papstpalast; Wandmalerei (›Fischfang‹) im ›Hirschzimmer‹, 1343 ▷

13   VILLENEUVE-LÈS-
     AVIGNON
     Musée de
     l'Hospice;
     Enguerrand
     Quarton:
     Marienkrönung,
     1453

14   AVIGNON
     Musée du Petit
     Palais; Vittore
     Carpaccio: Sacra
     Conversazione

15 Romanische Kapelle ST-SIXTE bei Eygalières (Alpilles)

17 Abtei MONTMAJOUR bei Arles; Ansicht von Osten ▷

16 Zisterzienserabtei SÉNANQUE bei Gordes; Ansicht von Norden

19 AIGUINES Schloß und Kirche; im Hintergrund der Stausee von Ste-Croix (Haute-Provence)
◁ 18 Château VAUVENARGUES Im Hintergrund das Ste-Victoire-Massiv
20 Château GRIGNAN im Tricastin

21 Ort und Schloß LOURMARIN (Lubéron)

22 Château ANSOUIS (Lubéron)

23 Landschaft am Fuße der Dentelles de Montmirail

25   Das Juliermonument auf dem Plateau Les Antiques bei St-Rémy (Alpilles) ▷

24 Château du Tholonet bei Aix-en-Provence

26, 27   Ockerfelsen bei Rustrel (Vaucluse)

28   Sisteron   Blick von der Zitadelle auf den Durancedurchbruch ▷

30 Osterfest in St-Michel-de-Frigolet
◁ 29 Herbststimmung in der Haute-Provence
31 Der Blumenmarkt in Grasse

32   Prozession der Zigeuner in LES SAINTES-MARIES-DE-LA-MER

33 Fischer im Hafen von LE GRAU-DU-ROI (Camargue)

34 Auf dem Fischmarkt in MARSEILLE

35 Marseille Blick vom Alten Hafen auf Notre-Dame-de-la-Garde

36 Das Dorf LES MÉES (Haute-Provence)

37 Die Haute Provence bei CASTELLANE

38   Glockenturm des Dorfes Pourrières am Osthang des Ste-Victoire-Massivs

39   Camargue   Im Naturschutzgebiet am Etang de Vaccarès ▷

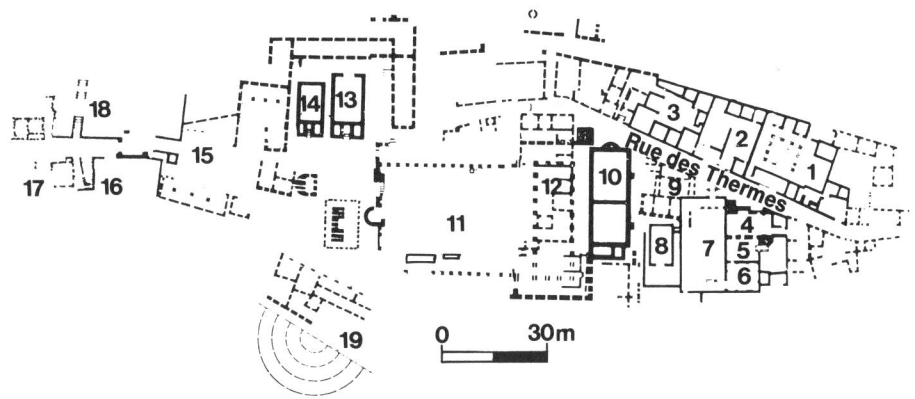

St-Rémy-de-Provence, Ausgrabungsgelände der antiken Stadt Glanum:
1 »Maison des Antes« 2 Römischer Markt 3 »Maison d'Atys« Thermenanlage: 4 Caldarium 5 Tepidarium
6 Frigidarium 7 Palästra 8 Schwimmbecken 9 »Maison du Capricorne« 10 Gebäude ungeklärter
Bestimmung mit einer Apsis 11 Forumsplatz 12 Basilika 13, 14 Zwei römische Podiumtempel
15 Durchgang zur Oberstadt mit den ältesten Heiligtümern 16 Hellenistisches Nymphäum 17 Römisches
Herkules-Heiligtum 18 Stufen zum (nicht erhaltenen) keltischen Heiligtum 19 Theater (nicht zugänglich)

gang das *Tepidarium (5)*. Der große südlich angrenzende Raum war die *Palästra (7)*. Ebenfalls
noch zur Thermenanlage gehörte das *Schwimmbecken (8)* neben der Palästra. Das römische
Haus zwischen Palästra und Schwimmbecken, die *»Maison du Capricorne« (9)*, überlagert die
Fundamente eines Wohnhauses aus griechischer Zeit. Teile des aufgehenden Mauerwerks sind
von einem langgestreckten *Gebäude mit einer Apsis (10)* geblieben, das man leicht für eine christliche Kirche halten könnte. Es handelt sich aber – die Art der Mauerung gibt darüber Aufschluß – um einen römischen Bau, dessen Bestimmung bislang nicht identifiziert werden
konnte. Auf der Thermenseite der Straße weitet sich das Gelände jetzt zu dem freien *Forum (11)*,
dessen Seiten einst von überdachten schmalen Säulenhallen gesäumt waren. An der nördlichen
Schmalseite erhob sich, über Stufen erreichbar, die *Basilika (12)*, ein öffentlicher Versammlungs-
raum. In enger Nachbarschaft zum Forum wurden die Podien zweier kleiner *Tempel (13, 14)*
freigelegt, von denen vermutet wird, daß sie – wie schon das Juliermonument – den Augustus-
enkeln Caius und Lucius geweiht waren. Auf jeden Fall wurden in diesem Bereich mehrere
Porträtköpfe von Angehörigen des Herrscherhauses gefunden, so daß ein kultischer Bezug zur
julischen Dynastie naheliegt.

Den beiden Tempeln gegenüber lehnt sich das Halbrund des *Theaters (19)* (nicht zugänglich)
an den Hang. Der von der Rue des Thermes beschriebenen Achse weiter auf die Berge folgend
kommt man in jenen Bereich, in dem der Ursprung der Stadt Glanum liegt. Diese Oberstadt war

◁ 40 In den GORGES DU VERDON

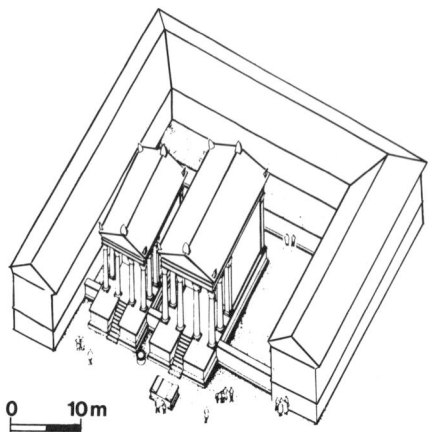

0   10 m

Glanum, Rekonstruktion der beiden römischen Tempel
und des sie umschließenden Peribolos

zum Platz vor dem Forum durch einen *Torbogen (15)* abgesetzt. Jenseits davon wurden nach rechts Stufen ausgegraben, die zum *keltischen Quellheiligtum (18)* und damit zur Urzelle Glanums führten. Die Griechen, die in der Fremde die Koexistenz, nicht die Eroberung suchten, gründeten gegenüber ein *Nymphäum (16)*, dem in der ersten Phase der Romanisierung ein *Heiligtum für Herkules (17)* angegliedert wurde. Der Heros genoß in der Provence, durch die er auf der Rückkehr von Spanien gezogen war, gerade in der Epoche der römischen Landnahme besondere Verehrung. Sein Kult wurde später von anderen Gottheiten, allen voran Kybele und Mithras, verdrängt.

Glanum war keine große Stadt. Man schätzt, daß sie im Höchstfall 5000 Einwohner zählte. Das Ambiente wird man sich entsprechend kleinstädtisch vorzustellen haben, nicht von würdevoller Repräsentanz erfüllt wie die großen Provinzmetropolen Arles, Nîmes oder Vienne mit ihren glanzvollen Bauten. Dieses war ein Durchgangsort für Reisende und Händler, in dessen Gassen ein emsiges Hin und Her herrschte. Wenn man sich diese Situation vor Augen hält, gewinnen die leblosen Steine an Farbe. Man denke sich einen Kaufmann, der seine Fahrt nach einem anstrengenden Tag auf dem Kutschbock in Glanum unterbrach. Die Thermen boten willkommene Gelegenheit, sich zu reinigen und zu erfrischen. Nach ausgiebigem Bade traf er auf dem Forum oder in der schattenspendenden Basilika Geschäftsfreunde und Bekannte zum kleinen Schwatz nach Feierabend. Das Theater versprach entspannende Unterhaltung. So gesehen vermittelt der Besuch Glanums einen Einblick in das Alltagsleben einer römischen Provinzstadt am Rande eines der wichtigsten Handelswege des Reiches.

Kloster St-Paul-de-Mausole

Nur wenige hundert Meter von Glanum entfernt, hinter Olivenbäumen und Kiefern fast völlig verborgen, liegt das Kloster St-Paul, dessen Namenszusatz »de Mausole« Bezug auf das Julierkenotaph auf dem Plateau Les Antiques nimmt. Das seit spätkarolingischer Zeit bestehende

Priorat sah nacheinander Benediktiner, Augustiner und Franziskaner in seinen Mauern. Im 19. Jh. wurde es in ein Hospital für psychisch Kranke umgewandelt, dessen prominentester Patient Vincent van Gogh war.

Die Kirche und der malerische kleine Kreuzgang sind romanisch, die übrigen Gebäude stammen weitgehend aus dem 19. Jh.

An der von Lilien und Akanthus gesäumten Auffahrt zum Kloster erinnert eine Bronzebüste an den Aufenthalt van Goghs in St-Rémy (1889–90). Durch seine Bilder ist die Landschaft am Rande der Alpilles in aller Welt bekannt geworden.

Vincent van Gogh, geboren 1853 in dem Dorf Zundert bei Breca in Holland, wandte sich nach vergeblichen Anläufen in unterschiedlichen Berufen (Kunsthändler, Prediger) erst Anfang der 1880er Jahre ernsthaft der Malerei zu. Nach Ausbildungsjahren in Den Haag und Antwerpen siedelte er 1886 nach Paris über, wo er Kontakt mit verschiedenen Malern der Impressionisten-gruppe aufnahm. In Paris begann van Goghs große Schaffensperiode, die nur ein halbes Jahrzehnt währen sollte. Doch lange hielt es der sensible und extreme Stimmungsschwankungen ausgelieferte Künstler in der Seine-Metropole nicht aus. Im Februar 1888 zog er in die Provence, deren Lichtfülle und Farbenpracht ihn in Bann zogen. An seinen Bruder Theo schrieb er schon bald nach seiner Ankunft in Arles: »Die Farbe ist hier eigentlich sehr zart. Wenn das Grün frisch ist, ist es ein reiches, sanftes Grün, wie wir es im Norden selten sehen. Wenn es verbrannt und staubig ist, wird es nicht häßlich; dann bekommt die Landschaft Goldtöne in allen Spiel-arten, grüngold, gelbgold, rosagold oder bronzen, kupfern und von zitronengelb bis zur matt-gelb gedunkelten Farbe eines Haufens gedroschenen Getreides.«[20] Mit dem Bruder Theo ver-band van Gogh eine fast schon symbiotische Liebe. Theo unterstützte seinen Bruder finanziell nach Kräften. Er hatte aber bei aller Bewunderung für den vier Jahre Älteren eine tiefe Einsicht in dessen gespaltenes Wesen: »Es ist, als wohnten zwei Menschen in ihm, der eine wunderbar begabt und zart, der andere selbstsüchtig und hartherzig. Es ist traurig, daß er sein eigener Feind ist.«

Van Gogh gewann seinen Freund Paul Gauguin, eine kaum minder schwierige Persönlichkeit als er selbst, für den Plan einer Künstlerkolonie in Südfrankreich. Doch schon nach kurzem hatten sich die Freunde hoffnungslos zerstritten. In einem Anfall selbstzerstörerischer Depression schnitt sich van Gogh das rechte Ohr ab. Das Arleser Jahr, so oft es auch durch die Ausbrüche der Gemütserkrankung unterbrochen war, führte van Gogh auf die Höhe seines Schaffens. Zu

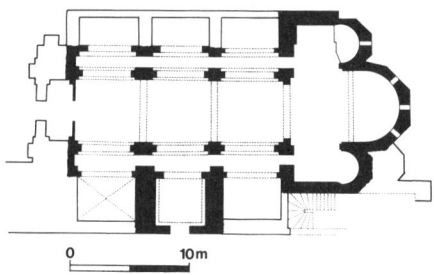

St-Paul-de-Mausole, Grundriß der romanischen Klosterkirche

0   10m

Vincent van Gogh, In der Vorhalle zum Krankenhaus
von St-Paul-de-Mausole in St-Rémy. 1889. Gouache.
Vincent van Gogh Stiftung, Nationalmuseum Vincent
van Gogh, Amsterdam

den bekanntesten Bildern dieser Zeit zählen die verschiedenen Ansichten der hölzernen Brücke
bei Arles, die übrigens noch heute steht. Zur tiefen Tragik des Künstlers gehörte es, daß er sich
in den Phasen zwischen den depressiven Schüben seiner Erkrankung voll bewußt war. Im Mai
1889 begab er sich deshalb in die Obhut Doktor Peyrons in der psychiatrischen Klinik in
St-Rémy. Die Anstalt selbst und ihr nahes Umfeld hat van Gogh in zahlreichen Ansichten festgehalten. Im Sommer 1890 hielt er es aber in der Enge des zum Hospital umgewandelten
Klosters nicht mehr aus. Er flüchtete nach Auvers bei Paris, wo er sich der Fürsorge des Doktors
Gachet anvertraute. Dort entstanden die letzten Bilder, in deren bedrückender Wildheit sich das
tragische Ende van Goghs abzeichnet. Am 27. Juli 1890 verletzte er sich durch einen Schuß in
die Herzgegend und starb drei Tage später infolge der schweren Verwundung in den Armen
seines geliebten Bruders Theo. Bei diesem brach noch im Oktober dieselbe Erkrankung auf. Er
folgte Vincent van Gogh im Januar 1891 in den Tod.

Der zu Lebzeiten wenig beachtete Künstler erfuhr postum große Popularität. Seine Werke
mit dem unverkennbar kantigen, wildbewegten Pinselstrich hängen in den Museen der Welt als
dauerhafte Botschaften aus der lichten Provence.

Les Baux

Von St-Rémy schlagen wir den Weg nach Süden ein, quer durch die Alpilles. Auf dieser Fahrt
läßt sich lebhaft nachempfinden, was Rainer Maria Rilke 1909 in einem Brief festhielt: »Man

kommt von Saint-Rémy, wo die Provence-Erde lauter Felder von Blumen trägt, und auf einmal schlägt alles in Stein um. Ein völlig unverkleidetes Tal geht auf, und kaum der harte Weg drin ist, schließt es sich hinter ihm zu; schiebt drei Berge vor, schräg hintereinander aufgestemmte Berge, drei Sprungbretter sozusagen, von denen drei letzte Engel mit entsetztem Anlauf abgesprungen sind. Und gegenüber, fern in den Himmel eingelegt, wie Stein in Stein, heben sich die Ränder der seltsamsten Ansiedlung herauf, und der Weg hin ist so von den immensen Trümmern verlegt und verstürzt, daß man meint, selber auffliegen zu müssen, um in die offene Leere da oben eine Seele zu tragen. Das ist Les Baux.«[21]

Der Felsen, der den Ort Les Baux und dessen Burgruine trägt, schiebt sich wie ein gewaltiger Schiffsbug über die südlichen Ausläufer der Alpilles, die hier steil zur grenzenlos weiten Ebene der Großen Crau abfallen. Die Lage über den Sümpfen der Niederung hat schon in prähistorischer Zeit die Besiedlung des Felsens und der umliegenden Anhöhen begünstigt. Aber erst im 11. Jh. wird Les Baux ein Schauplatz der überlieferten Geschichte, als sich dort das Geschlecht der Balcio niederließ. Hochtrabend führten sie ihren Stammbaum auf Balthasar, einen der Heiligen Drei Könige, zurück und zierten ihr Wappen mit dem bethlehemitischen Stern. Historisch begründeter scheint die Annahme, nach der sich die Dynastie auf einen westgotischen General namens Balthus zurückführen ließe. Die Herren von Baux dehnten ihren Machtbereich rasch aus und geboten im 13. Jh. über achtzig Burgen und Festungen in der gesamten Provence. 1372 übernahm Raimund von Turenne als Vormund der Alix von Baux die Macht. Er führte ein Schreckensregiment, gegen das Papst und König ein Söldnerheer in Bewegung setzten. Raimund wurde bei Tarascon eingekreist und ertrank auf der Flucht in der Rhône. Mit dem Tod seines Mündels, Alix, starb das Geschlecht der Barone von Les Baux aus. Ihr Besitz fiel an den Grafen der Provence, König René, der das Erbe seiner Frau, Jeanne de Laval, zum Nießbrauch überließ. Mit der Abtretung der Provence an die französische Krone durch Renés Nachfolger fiel auch Les Baux als Teil der Erbmasse an Frankreich. Die Stadt Les Baux, der streitbaren Gesinnung ihrer Ahnherren eingedenk, sperrte sich gegen die Angliederung an das Königreich. Ludwig XI. ließ sie deshalb belagern und nach der Eroberung niederreißen. Die Ruinen füllten sich wieder mit Leben, als sich im 16. Jh. Protestanten in Les Baux niederließen. Von ihrer Bedrängnis, aber auch der Zuversicht, die sie im Glauben fanden, kündet die an einem Fenstersturz eines aristokratischen Palais' erhaltene Inschrift »Post tenebras lux« (hinter den Schatten das Licht) aus dem Buch Hiob. Nachdem 1628 die Hochburg des Protestantismus, La Rochelle, gefallen war, ging Richelieu rücksichtslos gegen alle protestantischen Festungen im Königreich vor. 1632 mußten sich die Hugenotten von Lex Baux ergeben, die Stadt wurde ein zweites Mal geschleift. Nach 1791 endgültig von der Bevölkerung verlassen, war Les Baux seither dem Verfall preisgegeben und spielt als Ruinenstadt eine geisterhafte Rolle in der provençalischen Literatur des 19. Jh. Erst der Tourismus der letzten Jahre hat wieder Leben in die Felsenstadt gebracht, deren Häuser inzwischen zu einem gut Teil wieder aufgebaut sind.

Man erreicht die Stadt durch die *Porte Mage*, den einzig möglichen Zugang auf das nach Norden seicht ansteigende Plateau. Zu den anderen Himmelsrichtungen fällt der Felsen senkrecht ab. Der Weg führt bergaufwärts zum *Hôtel de Manville* aus dem 17. Jh., in dem heute das Rathaus untergebracht ist. In der Weggabelung schräg gegenüber steht einsam der Fensterrahmen mit der bereits zitierten Inschrift »Post tenebras lux«. Sie wurde 1571 in den Stein gemeißelt, ein Jahr also vor dem Massaker der Bartholomäusnacht, dem mehr als 10 000 Hugenotten zum Opfer fielen. Der rechte Pfad leitet auf die Place St-Vincent, von der man hinunter in das Tal »Vallée de la Fontaine« blicken kann. Der Platz wird von zwei Kirchen eingefaßt. *St-Vincent,* die alte Pfarrkirche, ist zum Teil in den gewachsenen Fels hineingetrieben. An Weihnachten findet hier die berühmte Christmette der Hirten von Les Baux und aus der Umgebung statt. Die *Chapelle des Pénitents Blancs,* der Weißen Büßer, stammt aus dem 17. Jh. Der kleine Raum dient heute wechselnden Ausstellungen.

Wir kehren auf den Hauptweg zurück, der alsbald durch eine Sperre abgegrenzt ist. Hier betritt man das im *Hôtel de la Tour-de-Brau* eingerichtete kleine archäologische Museum mit Fundstücken aus Grabungen in und um Les Baux sowie einigen Fragmenten von der Burg. Für die Fortsetzung des Weges hinaus auf den unbebauten Teil des Plateaus und zur Burgruine über der Stadt hat man einen Obolus zu entrichten. Von der Südspitze reicht das Panorama bei klarer Sicht bis hin zum Meer. Drunten im Tal fallen die rötlich gefärbten Flecken Erde auf. Die Tönung wird durch jenen Mineralstoff bewirkt, dem der Ort Les Baux seinen Namen verdankt: das Bauxit, das den Grundstoff zur Herstellung von Aluminium abgibt. Heute sind die Vorkommen bei Les Baux selbst jedoch erschöpft. Andere große Bauxitvorkommen werden in der Umgebung von Draguignan abgebaut. Frankreich, einst das wichtigste Förderland für Bauxit, ist seit etwa 1960 von Ländern aus der Dritten Welt – allen voran Jamaika – auf den fünften Platz in der Weltrangliste abgedrängt worden.

Von der Natur getürmter und von Menschenhand gefügter Stein sind in der Burgruine kaum voneinander zu trennen. Schroff und zerklüftet ragen die Reste von Mauern und Türmen in den Himmel. Dieser Adlerhorst der Herren von Baux war im 12. Jh. eine der Hochburgen der Troubadoure, die von weit her kamen, um vor der aristokratischen Zuhörerschaft ihre Dichtungen vorzutragen. Einer der bedeutendsten unter ihnen war *Peire Vidal* (ca. 1175–1215). Er stammte aus Toulouse und trat in die Dienste des Barral de Baux. Nachdem eine Beziehung zwischen ihm und dessen Gemahlin, Azalais, ans Licht gekommen war, mußte er nach Italien flüchten. Von dort nahm er am dritten Kreuzzug teil. Doch schon auf Zypern trennte er sich wieder von den Kreuzfahrern, denn er hatte sich in eine Griechin verliebt, mit der er alsbald die Ehe einging. Seine letzte uns bekannte Station war der Hof Alfons' III. von Kastilien. Aus einem seiner Gedichte spricht die Sehnsucht nach der Provence, die er so überstürzt hatte verlassen müssen:

Nirgends ist die Welt so köstlich
wie vom Meer bis zur Durance,
von der Rhône bis nach Vence,
nirgends strahlt die Lust so festlich;
drum in ländlich freiem Glück
blieb mein Herz bei ihr zurück,
die in Freude löst das Bangen.

Nicht kann je ein Tag uns plagen,
wo wir ihrer uns besonnen;
ihr entsprießen alle Wonnen:
Was auch, um ihr Lob zu sagen,
einer sänne, es ist wahr;
sie allein ist unstreitbar
aller Welten höchstes Prangen.[22]

Eine kleine Straße führt von Les Baux hinunter in das **Val d'enfer,** das Höllental. Die Verkarstungen haben in der engen Schlucht abenteuerliche Gebilde geformt, in denen man mit etwas Phantasie Drachen, verzerrte Grimassen und anderes sehen kann. Einige Grotten durchfurchen den Fels. Sie sind zum Teil von der Natur geschaffen, zum Teil aber auch als Steinbrüche mit glatten Wänden in den Fels getrieben. Mistral hat hierher den Eingang zur Feengrotte gelegt, in der der vom Nebenbuhler Ourrias schwer verwundete Geliebte der Mireille, Vincent, die Zauberin Taven trifft, die die Verletzung mit magischen Kräften heilt.

Nach Süden weitet sich das Tal zur **Vallée de la Fontaine.** Unterhalb der oben am Hang stehenden Kirche St-Vincent liegt rechts der Straße, hinter einer Mauer fast versteckt, der kleine Rundpavillon, dem das Grabmal Frédéric Mistrals in Maillane nachgebildet ist (Abb. 34). Er wird zwar der »Pavillon der Königin Johanna« genannt, gemeint ist Jeanne de Laval, die Frau König Renés des Guten, aber die eingravierte Jahreszahl 1581 sowie der Stil des kleinen Bauwerks klären darüber auf, daß es gut hundert Jahre später errichtet wurde. Man vermutet deshalb, daß die Initiatorin der steinernen Laube Jeanne de Quinqueran war, die Ehefrau eines Nachfahren der Barone von Les Baux.

Eygalières (Farbt. 15)

Die östliche Hälfte der Alpilles hat keine nennenswerten Denkmäler und wird deshalb nur wenig besucht. Sie bietet nach dem oft überlaufenen Les Baux angenehme Ruhe mit reizvollen Wandermöglichkeiten abseits der Heerstraßen des Tourismus. An den Nordrand der Alpilles schmiegt sich das Dorf Eygalières, das bei den Römern als Sommerfrische beliebt war. Ein Teil des Ortes zeichnet sich als pittoreske Ruinenkulisse vor dem Panorama der Alpilleskette ab. Der bewohnte Ortsteil ist vorwiegend von Urlaubern bevölkert, die in Eygalières ein Feriendomizil besitzen.

Etwas außerhalb der Ortschaft, rechts neben der D 24 B, steht einsam die kleine, gänzlich schmucklose *Kapelle St-Sixte,* die auf den Fundamenten eines heidnischen Silvanustempels erbaut ist (Farbt. 15, Umschlagfoto).

Fontvieille und die Mühle von Daudet

Wer von Les Baux in Richtung Arles weiterfährt, kommt durch die Ortschaft Fontvieille, die vom Ruhme Alphonse Daudets zehrt. Von einer Hügelkuppe oberhalb des Dorfes nämlich grüßt jene Mühle herab, in der der Autor seine berühmt gewordenen »Lettres de mon Moulin« verfaßt haben soll. Aber es ist ein doppelter Schwindel, auf den der gutgläubige Tourist hereinfällt. Man weiß lediglich, daß Daudet hier bei Fontvieille eine Mühle besaß, doch kein Mensch kann heute mehr sagen, welche das nun war. Unter den vielen Mühlen, die es rings um das Dorf gibt, hat man einfach die besterhaltene ausgewählt, um etwas zum Vorzeigen zu haben. Darüber hinaus ist darauf aufmerksam zu machen, daß Daudet seine »Briefe« gar nicht in der Mühle, die er aus einer spontanen Dichterlaune heraus gekauft hatte, geschrieben hat, sondern in der Wohnung von Freunden in Fontvieille, zum Teil auch weitab in Paris. Die Mühle ist dennoch den kleinen Abstecher wert. Zum einen bietet sich von der Anhöhe ein schöner Rundblick – nach Süden gewahrt man die Umrisse der Abtei Montmajour –, zum anderen ist in der Mühle ein kleines Daudet-Museum eingerichtet. Interessant ist der große Mühlstein, in den alle Winde der Provence eingraviert sind.

Alphonse Daudet wurde 1830 als Sohn eines Industriellen in Nîmes geboren. Nach dem Bankrott des väterlichen Betriebes ging er nach Paris, wo er durch eine Gedichtsammlung mit dem Titel »Les Amoureuses« (Die Liebenden) bekannt wurde. Die Stellung als Privatsekretär des Herzogs von Morny entledigte ihn aller finanziellen Sorgen. In rascher Folge erschienen nun die Werke, die ihn berühmt machten: 1868 der autobiographische Roman »Le Petit Chose« (Der kleine Dingsda), 1869 die erwähnten Kurzgeschichten »Lettres de mon Moulin« (Briefe aus meiner Mühle) und 1872 die »Aventures prodigieuses de Tartarin de Tarascon« (Die denkwürdigen Abenteuer des Herrn Tartarin aus Tarascon). Der 1874 veröffentlichte Roman »Fromont jeune et Risler aîné« (Fromont junior und Risler senior) war eines der meistgelesenen Bücher im Frankreich des ausgehenden 19. Jh. Das Bühnenstück »L'Arlésienne« (Die Arlesierin) wurde von Georges Bizet vertont.

Daudet hat mit den »Lettres« und dem »Tartarin«, dem noch zwei Fortsetzungen folgten (1885 und 1890), ein heiteres, gelegentlich auch ins Sarkastische hinüberspielendes Bild seiner Landsleute gezeichnet. Namentlich der Tartarin ist eine Persiflage auf das großsprecherische Kleinbürgertum Südfrankreichs, die vielleicht gerade deshalb in Paris so großen Anklang fand. Offenbar hatte man geflissentlich Daudets schelmische Randbemerkung überhört, wonach in jedem Franzosen ein Stück vom Tartarin stecke. Alphonse Daudet starb 1897 in Paris.

Daudets Sohn Léon trat in die Fußstapfen des Vaters. Er verfaßte Erzählungen und satirische Romane und gehörte zu den Mitbegründern der »Action Française«, einer rechtsextremen, royalistisch gesonnenen Organisation. Léon Daudet kehrte im Alter in die Heimat zurück und starb 1942 in St-Rémy.

Arles

Römische Kultur und romanisches Erbe, die beiden Epochen, die das Gesicht der Provence am nachhaltigsten geprägt haben, sind in Arles in aller Breite vertreten. Man sollte sich Zeit nehmen (mindestens einen ganzen Tag), um die Fülle dieser Stadt auszuschöpfen. Zudem liegt alles so nah beieinander, daß man das Auto getrost vergessen kann (Parkhaus am Boulevard des Lices neben der Hauptpost).

Blick in die Geschichte

In antiker Zeit ragte nahe der Stelle, wo sich die Rhône in den kleinen und den großen Mündungsarm gabelt, aus endlosem Sumpfgelände ein Kalkplateau. Auf dieser schon von den Kelto-ligurern besiedelten Erhebung gründeten die Griechen ihren Stützpunkt *Arelate,* die »Stadt im Sumpf«. Ausschlaggebend für die spätere glänzende Entwicklung der Stadt war die Schaffung eines Kanals durch Marius 104 v. Chr. Mit dieser Arbeit beschäftigte der Feldherr seine Legionäre während des nervenaufreibenden Wartens auf die Rückkehr der Teutonen. Der Kanal wurde durch die Ebene der Großen Crau gezogen und endete bei Fos; er stellte also die Schiffsverbindung zwischen Arles und dem Seehafen von Marseille her. Damit hatte die Stadt am Schnittpunkt der Nordsüd- und der Ostwest-Achsen eine verkehrstechnische Schlüsselstellung gewonnen. Caesar erhob die Stadt als Colonia Julia Paterna Arelate Sextanorum, in der die Veteranen der 6. Legion angesiedelt worden waren, nach der Niederwerfung von Marseille zur römischen Kolonie und übertrug ihr die Verwaltungsaufgaben, die zuvor bei Marseille gelegen hatten. Rasch entfaltete sich jetzt jene bezeichnend römische städtebauliche Aktivität, in deren Zuge die zahlreichen öffentlichen Bauten entstanden. Als die »Fosses Mariennes« schon bald versandeten, wurden große Anstrengungen unternommen, die Mündung der Rhône von Schlamm und Geröll zu befreien. Der dergestalt verbreiterte Schiffsweg machte Arles zu einem funktionstüchtigen Seehafen; nun war die Rivalin Massilia überrundet und ausgeschaltet. Welchen Rang man Arles beimaß, ist daran zu erkennen, daß Kaiser Konstantin der Große 308 n. Chr. in der Stadt Residenz bezog. Von dem Palast, den man für den Imperator errichtete, zeugen noch die Thermenreste. Obwohl sich Konstantin schon bald in Richtung Osten orientierte, konnte Arles seine führende Stellung behaupten. 395 wurde die Verwaltung Galliens, Britanniens und Spaniens nach Arles verlegt. Kaiser Honorius pries die Stadt mit den Worten:

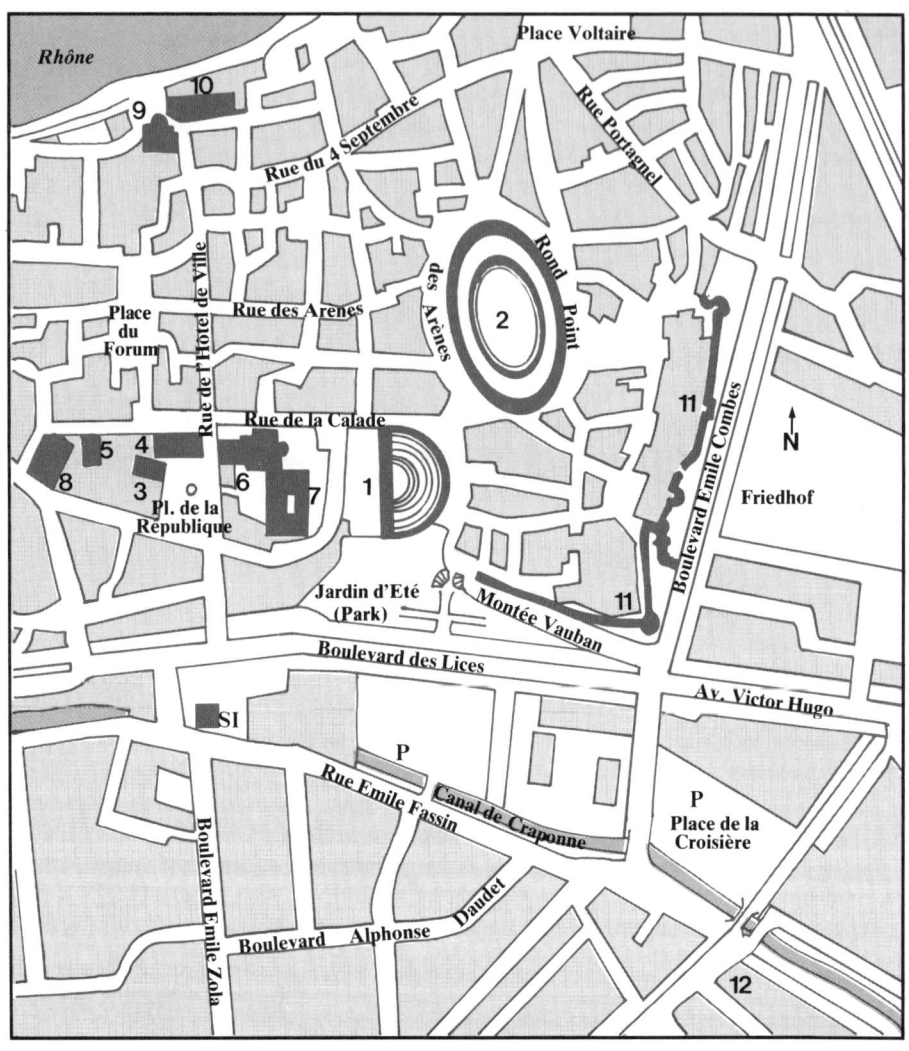

Arles:
1 Römisches Theater   2 Amphitheater   3 Musée lapidaire d'Art païen   4 Brunnen mit Obelisk aus dem antiken Zirkus   5 Musée d'Art chrétien   6 Kathedrale St-Trophime   7 Kreuzgang der Kathedrale   8 Museon Arlaten   9 Konstantin-Thermen   10 Musée Réattu   11 Erhaltene Partien der mittelalterlichen Stadtmauer 12 Antike Gräberallee Les Alyscamps (an deren Ende – hier nicht mehr auf dem Plan – die romanische Kirche St-Honorat)

»Dieser Ort liegt so günstig, hat einen derart lebhaften Handel und einen so großen Reiseverkehr, daß alle Produkte der Welt hier umgeschlagen werden. Denn alles, was der reiche Westen an Kostbarkeiten besitzt, auch das wohlduftende Arabien, Assyrien und Afrika, das verlockende Spanien oder das fruchtbare Gallien, davon ist hier im Überfluß vorhanden, als handele es sich um einheimische Produkte.«

Zu dieser Zeit hatte das Christentum in der Rhônemetropole längst Einzug gehalten. Als erster Bischof gilt der hl. Trophimus, der nach der mittelalterlichen Legende als Begleiter der Heiligen Marien in die Provence gelangt war, nach Ansicht Gregors von Tours jedoch ein von Papst Fabian (236–51) Mitte des 3. Jh. entsandter Missionar war. Der Zusammenbruch des römischen Reiches leitete den Niedergang der Stadt ein, in deren Herrschaft Westgoten, Ostgoten und schließlich die Franken aufeinander folgten. In diesen Jahrhunderten der Erschütterungen blieb die Souveränität des Bischofs ein ungebrochenes Kontinuum. Seine Stellung geriet erst durch die Emanzipation des Bürgertums im 12. Jh. ernsthaft ins Wanken. Aber die Anjou machten im 13. Jh. als neue Landesherren dem Gezänke ein Ende und profilierten sich als unangefochtene Zentralgewalt in der Provence. Nun verblaßte der eben wiedergewonnene Glanz von Arles hinter dem aufstrebenden Aix. Seit der endgültigen Angliederung an Frankreich im späten 15. Jh. spielt die einst vielgerühmte Metropole lediglich eine untergeordnete Rolle. Sie zählt heute rund 50 000 Einwohner und hat als Zentrum des Reis- und Weinanbaus in der Camargue wieder eine gewisse wirtschaftliche Bedeutung erlangt.

Das römische Theater (Farbt. 4; Abb. 36)

Die enge Nachbarschaft der Denkmäler erlaubt eine chronologische Besichtigung ohne große Umwege, so daß der Besucher die Abfolge der Epochen gleichsam organisch nachvollziehen kann.

Das Theater gehört zu jenen Bauten, die bald nach der Erhebung Arelates zur römischen Kolonie errichtet wurden. Es wird allgemein in Augusteische Zeit datiert und ist entsprechend etwa gleichzeitig mit dem Theater in Orange entstanden, mit dessen Ausmaßen es auch annähernd übereinstimmt (äußerer Durchmesser des Halbrunds 102 m, in Orange 103 m). Da aber in Arles kein Hügel vorhanden war, an den man die Cavea hätte lehnen können, wurde eine dreigeschossige Galerie emporgezogen, deren offene Gänge zugleich als Zubringer zu den einzelnen Rängen dienten. Von der einst über und über mit Säulen und Statuen geschmückten Bühnenwand sind nur noch die Fundamente und zwei nachträglich wieder aufgestellte Marmorsäulen zu sehen. Man muß sich die Gesamtanlage ähnlich wie in Orange vorstellen.

In der unruhigen Epoche der Völkerwanderung wurde das Theater zu einer Befestigung umgebaut. Diesem Umstand verdankt ein Teil der Galerie seine Erhaltung, die *Tour Roland*, die den Dienst eines Wachturmes versah.

Das Amphitheater (Abb. 38)

Wer nach dem Erlebnis von Orange den Besuch der spärlichen Theaterreste in Arles als Enttäuschung empfindet, wird durch das glänzend erhaltene Amphitheater voll entschädigt.

Das Amphitheater in Arles im 17. Jh. Zeichnung des Arleser Rathausarchitekten Peyret, 1686

Es liegt, in unmittelbarer Nachbarschaft zu den Ruinen des Theaters, auf dem höchsten Punkt jenes Kalkfelsens, dem die Stadt ihre Entstehung in antiker Zeit verdankt. Eine zweigeschossige Galerie mit sechzig Bögen in jeder Reihe beschreibt einen ovalen Grundriß mit einer Längsachse von 136 m und einer Querachse von 107 m. Im Innern steigen ringsum die Zuschauerreihen auf. Man schätzt, daß an die 26 000 Menschen in der weitgezogenen Ellipse Platz fanden. Das Amphitheater wurde ebenso wie das Theater nach dem Zusammenbruch des Imperiums in eine Festung verwandelt. In der Arena und auf den Rängen entstand im Mittelalter eine eigene kleine Stadt, die durch Wachtürme gesichert war, wie noch eine Ansicht aus dem 17. Jh. zeigt. Erst im 19. Jh. wurden diese späteren Veränderungen wieder rückgängig gemacht und das Gebäude, soweit möglich, in seinen ursprünglichen Zustand versetzt. Was von den Türmen zu dieser Zeit noch vorhanden war, beließ man jedoch, so daß man sich auch heute noch eine Vorstellung von der Situation in nachantiker Zeit machen kann.

Die Datierung in die Zeit des Augustus, die gelegentlich zu lesen ist, kann nicht zutreffen. Zum einen weiß man, daß für die Errichtung des Amphitheaters eine Verlegung der Augusteischen Stadtmauer erforderlich war, zum anderen gewann das Amphitheater als Bautypus überhaupt erst in der frühen Kaiserzeit Gestalt. Die Forschung geht heute davon aus, daß das Gebäude in der zweiten Hälfte des 1. Jh. n. Chr. entstand, möglicherweise noch unter den letzten julischen Herrschern, Claudius oder Nero, oder unter der flavischen Dynastie, die von 69 bis 96 regierte.

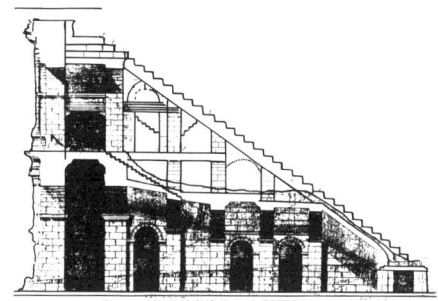

Arles, Schnitt durch die Cavea des Amphitheaters.
Zeichnung von J.-B. Guibert, 1785

Das Amphitheater wurde auf dem höchsten Punkt der Stadt errichtet – eine ebenso eindrucksvolle wie technisch kühne Leistung, da der Baugrund sehr uneben war. Man vermutet, daß, wie so oft bei römischen Bauwerken, eine politische Aussage an diese Exponiertheit geknüpft war. Gleichsam als Krone über den Dächern der Stadt manifestierte sich in dem steinernen Koloß der Weltherrschaftsgedanke des Imperiums.

Während das klassische Theater, wie es hier in Arles gleichfalls vertreten ist, seine Herkunft aus der griechischen Architektur nicht leugnet, von den Römern lediglich einige Umwandlungen erfuhr, stellt das Amphitheater eine genuin römische Bauleistung dar, für die es keine Vorbilder gab. Der Ursprung lag in kultischen Wettkämpfen, um die sich die Zuschauer in einem Kreis scharten. Daraus erwuchs die Form eines allseitig geschlossenen Theaterrunds. Die frühesten Konstruktionen dieser Art wurden aus Holz errichtet. Als ältestes Beispiel gilt das Amphitheater, das C. Statilius Taurus, ein Verwandter des Augustus, 29 v. Chr. in Rom erbaute und das 64 n. Chr. dem von Nero gelegten Brand zum Opfer fiel. Die in der Nachfolgezeit entstandenen Amphitheater übernahmen das mit dem Marcellustheater in Rom (17–13 v. Chr.) in der römischen Baukunst heimisch gewordene Prinzip einer mehrgeschossigen Arkadengalerie als Ummantelung für die Cavea. Mittlerweile war auch der Begriff des »Amphitheatrum« zu einem festen Terminus geworden. Er leitet sich aus dem Griechischen ab und bedeutet soviel wie »beidseitiges Theater« – gemeint ist die Form, die an die Verbindung zweier halbrunder Theater denken läßt.

Relief mit Gladiatoren und Raubtieren aus dem
Circus Maximus in Rom. Rom, Museo Nazionale

Gelangten in den klassischen Theatern Tragödien und Komödien zur Aufführung, so dienten die Amphitheater blutigen Spektakeln. In der Arena wurden Gladiatorenkämpfe ausgetragen und Tierhatzen veranstaltet. Dazu wurde gelegentlich eine eigene Kulisse entworfen. Wenn zum Beispiel Tiger und Löwen gegeneinander gehetzt wurden, sorgten Sandhügel und Palmen für ein afrikanisches Flair. Da das Amphitheater auch als öffentliche Hinrichtungsstätte diente, waren die Arenen in späterer Zeit zudem oftmals Schauplatz der Ermordung von Christen. Wenngleich man sich wenig um die humanitäre Seite kümmerte, blieben die Ereignisse, die in den Arenen inszeniert wurden, nicht immer ohne Widerspruch. Seneca etwa, der Erzieher Neros (und von diesem später zum Selbstmord gezwungen), empfand es als der römischen Zivilisation unwürdig, daß zur Belustigung der Massen Menschen einander töten mußten. Aber selbst Kritiker ließen sich gelegentlich in den Bann des grausigen Geschehens ziehen. Augustinus berichtet vom Besuch eines Amphitheaters mit einem Freunde, der sich zuvor in aller Schärfe von dem unmenschlichen Treiben distanziert hatte und dann doch von den Vorgängen fasziniert war. Wer heute die Stimme der Kritik gegen diese barbarisch anmutenden Schauspiele erhebt, sollte sich zugleich fragen, ob die Grausamkeiten unserer Dezennien tatsächlich so viel harmloser ausfallen als die hier beschriebenen.

In den Sommermonaten werden heute im Amphitheater in Arles Stierkämpfe veranstaltet. Außer den blutigen spanischen Corridas werden auch die unblutigen provençalischen Stierkämpfe gezeigt, die ein rasantes sportliches Ereignis sind. Dem Stier wird eine Blumenkokarde zwischen die Hörner gebunden, die die Schar der *Razetteurs* dem gefährlichen Tier zu entreißen versucht. Dieser Kampf setzt eine hervorragende körperliche Kondition der Akteure, Unerschrockenheit und ein schnelles Reaktionsvermögen voraus. Meist beginnt dieses Ereignis mit Musik und einem Umzug der *Gardians,* der Camarguehirten, auf ihren weißen Pferden.

Das Musée lapidaire d'Art païen

Der Kathedrale St-Trophime gegenüber ist in der ehemaligen Kirche Ste-Anne aus dem frühen 17. Jh. das Antikenmuseum der Stadt untergebracht. An exponierter Stelle, unter dem Chorbogen, ist der von den Hüften an aufwärts erhaltene Torso einer *Augustusstatue* plaziert, den man in den Ruinen des Theaters gefunden hat. Das kolossale Standbild, einst knapp 3 m hoch, muß man sich ähnlich wie in Orange in einer Nische der verlorenen Bühnenwand über deren Haupteingang vorstellen. Der Kaiser wird als nackter Heros in jugendlichem Alter gezeigt.

Die Tänzerinnen zu Seiten des Augustus stammen ebenfalls von der Bühnendekoration des Theaters. Die verspielte Fältelung ihrer Gewänder ist hellenistischen Bildwerken nachempfunden.

Die berühmteste Statue des antiken Arles, die »*Venus von Arles*«, wurde bereits im 17. Jh. Ludwig XIV. zum Geschenk gemacht und gehört heute zu den Glanzstücken des Louvre. Hier ist sie durch einen Abguß vertreten. Das ebenfalls in Augusteischer Zeit entstandene Bildwerk ist eine exquisite Kopie nach einem untergegangenen griechischen Original des 4. Jh. v. Chr.

Die *Mosaiken* stammen aus dem Vorort Trinquetaille, der auf dem anderen Ufer der Rhône liegt und in römischer Zeit durch eine Pontonbrücke mit Arles verbunden war. Damals war

Trinquetaille ein vornehmes Villenviertel. Besonders schön sind die Darstellungen vom Raub der Europa und des Orpheus, der mit seiner Musik die Tiere des Waldes bezaubert. Beides waren beliebte Themen der römischen Mythologie.

Neben weiteren Skulpturen – im Chorrund eine gute Sammlung von Porträtköpfen – und Architekturfragmenten vom antiken Forum und aus dem Theater fällt die Sammlung an *Sarkophagen* auf. Sie befanden sich ursprünglich an der Gräberallee Les Alyscamps vor den Toren der Stadt, zum Teil auch in Trinquetaille, das einen eigenen Friedhof besaß. Vor der Augustusstatue ist ein Sarkophag aufgestellt, der auf den an allen vier Seiten befindlichen Reliefs die Sage der Phädra und des Hippolyt erzählt. Phädra, eine Tochter des Minos, verliebte sich in Hippolyt, den Sohn des Theseus, mit dem Phädra in zweiter Ehe verheiratet war. Der Stiefsohn wies die Werbung zurück und begab sich auf die Jagd. Phädra verleumdete aus Rache für die Zurückweisung den Hippolyt bei dessen Vater. Theseus rief daraufhin seinen Vater, den Meergott Poseidon, auf, Hippolyt zu bestrafen. Poseidon entsandte einen wilden Stier, vor dem das Pferd Hippolyts scheute, so daß der Reiter zu Fall kam und sich tödlich verletzte. Der Sarkophag zeigt auf der Vorderseite den Abschied Hippolyts von der heimtückischen Stiefmutter und den Aufbruch zur Jagd. Eine Schmal- und die Rückseite schildern die Jagd, ein bei den Römern gerade in der Sepulkralplastik beliebtes Thema. Auf der zweiten Schmalseite ist der Tod Hippolyts dargestellt. Der Stil unterscheidet sich deutlich von den Bildwerken aus julisch/claudischer Zeit – man denke etwa zurück an die Schlachtszenen am Sockel des Juliermonuments in St-Rémy. Während jene Reliefs sich nur geringfügig vom Grund lösen und gelegentlich in den Bildgrund eingeritzte Linien in der Umrißkontur aufweisen, Ausdruck einer eher malerischen Gesinnung, sind diese Sarkophagreliefs zum Teil fast vollplastisch vom Grund gelöst, ein kennzeichnendes Stilmerkmal der späteren Kaiserzeit. Ein anderes qualitätvolles Beispiel steht dicht am Eingang. Es schildert in bewegter Szenerie eine Wildschwein- und eine Hirschjagd. Hier wird das Relief wieder stärker in die Fläche gebannt, die Behandlung der Formen fällt insgesamt gröber aus. Während der Phädra-Hippolyt-Sarkophag, ein Werk des 2. Jh. n. Chr., beispielhaft für die hellenisierende Richtung der römischen Kunst zur Zeit der Adoptivkaiser ist, weist die vereinfachende Konzeption des Jagdsarkophages, der im 3. Jh. n. Chr. entstand, auf die spätrömische Kunst und schlägt somit eine Brücke zu jenen Sarkophagen, die im Museum christlicher Kunst ausgestellt sind.

Place de la République (Abb. 35)

Bevor wir uns dem Museum frühchristlicher Kunst zuwenden, sei kurz der Platz vorgestellt, an dem das Antikenmuseum liegt. In seiner Mitte steht ein Brunnen, den ein aus Ägypten stammender Obelisk krönt. Er ist der einzig erhaltene Rest des römischen Zirkus, auf dessen Spina er vormals stand.

Dem Museum gegenüber befindet sich die Kathedrale St-Trophime mit ihrem figurenreichen Portal, das noch eingehend zu behandeln sein wird. Die Nordseite des Platzes nimmt das *Rathaus* ein, das zwischen 1675 und 1684 errichtet wurde. Der Entwurf für das Gebäude stammt von dem Künstler *Peyret,* der seines Zeichens eigentlich Maler war – er hat die zitierte Ansicht

Fassadenriß des Rathauses in Arles von Peyret.
Überarbeitet und signiert von Mansart

des Amphitheaters vor der Restaurierung gezeichnet. Als sich 1675 der prominenteste Architekt Frankreichs des 17. Jh., Jacques Hardouin Mansart, vorübergehend in Arles aufhielt, nutzte der Rat der Stadt die Gelegenheit und unterbreitete dem Meister den Plan Peyrets. Mansart überarbeitete dessen Fassadenentwurf. Später lieferte er auf Bitten des Rates auch die Vorzeichnung für das Gewölbe in der Halle des Parterres. Dessen kaum angedeutete Ausbusung nach oben ist nicht nur eine baukünstlerische Glanzleistung, die den Raum höher wirken läßt, als er tatsächlich ist, sie ist zugleich ein Musterbeispiel handwerklicher Präzision und wurde deshalb in Architekturtraktaten des 18. Jh. gern als exemplarisch zitiert.

Diese Halle ist für gewöhnlich der Öffentlichkeit zugänglich. Man betritt sie vom Platz her und gelangt durch die gegenüber befindliche Tür auf die Rue Balze, die (nach links) geradlinig zum Museum frühchristlicher Kunst führt.

Musée d'Art chrétien

Dieses Museum, in der einstigen Jesuitenkirche (17. Jh.) untergebracht, rückt dem Besucher, der bislang das blockhafte Nebeneinander von Antike und Mittelalter in der Provence erlebt hat, die Epoche des Übergangs ins Bewußtsein. Wenn schon wiederholt zu beobachten war, wie eng sich die Romanik an das antike Erbe anlehnt, so erfährt man in diesem Museum, wie fließend, scheinbar bruchlos sich der Wandel von der heidnischen zur christlichen Kultur vollzog. Die Sarkophagsammlung ist nach der des Vatikans die umfangreichste ihrer Art überhaupt. Der größte Teil des Bestandes stammt von den Alyscamps, einige Stücke wurden in Trinquetaille gefunden. Sie sind teils Importware, vor allem aus Byzanz. Nachdem Arles aber eine zunehmende Beliebtheit als Nekropole errang, etablierten sich am Ort selbst bedeutende Werkstätten, die den Markt belieferten. Ihre Tätigkeit erlosch mit dem endgültigen Niedergang des Westreiches um 480.

Aus der Fülle des Dargebotenen wählen wir die wichtigsten Exponate aus. Der Blick des Eintretenden fällt zuerst auf den Sarkophag der Marcia Romana Celsa. Um 325/50 gearbeitet, gehört er zu den ältesten Stücken. Im Zentrum der Schauseite steht die Verstorbene, die sich von ihren Verwandten verabschiedet. Links und rechts erkennt man christliche Themen, unter anderem die Verleugnung Petri, deutlich gemacht durch den Hahn, und verschiedene Wundertaten Christi: Brotvermehrung, Blindenheilung und Auferweckung des Lazarus. Auf dem Deckelrelief darüber erscheinen die Jünglinge im Feuerofen (links) und die Anbetung der Könige (rechts).

In dem links vom Eingang aufgestellten Sarkophag aus der Krypta von St-Honorat (Alyscamps) waren die Gebeine des Bischofs Aeonius (491–502) beigesetzt (Abb. 39). Die zwölf Apostel rahmen ein leeres Kreuz mit einem Kranz darüber, ein in der frühchristlichen Zeit verbreitetes Symbol für die Auferstehung.

Aus der Zeit, als das Christentum unter Kaiser Theodosius dem Großen zur Staatsreligion erhoben wurde (395), stammt der Sarkophag des Bischofs Concordius (379–95) gegenüber. Er zeigt den lehrenden Christus inmitten der Apostel und Gläubigen.

In der Mittelachse des Raumes folgt nun ein Steinsarg aus dem zweiten Viertel des 4. Jh. mit verschiedenen Jagdszenen: unten Sauhatz und Hirschjagd, auf dem Deckel darüber ist dargestellt, wie ein mit dem Netz lebend gefangener Hirsch an einem Seil fortgezogen wird, andere Beutetiere werden von den Jägern auf den Schultern wohlverschnürt heimwärts getragen.

Ein ganzes Kompendium biblischer Themen zeigt der links davon stehende Sarkophag, der in zwei Zonen unterteilt ist. Der ebenfalls skulptierte Deckel gehörte zu einem anderen Sarkophag. Dargestellt sind: der Sündenfall, Daniel in der Löwengrube, der Teil eines Schiffes (der Rest ist weggebrochen), vermutlich die Jonasgeschichte (der Prophet, der, ins Meer geworfen, von einem Walfisch verschluckt und nach drei Tagen wieder ausgespien wurde). Die Reliefs des Sarkophages: eine Gefangenenszene (in dem alttestamentarischen Zusammenhang wohl kaum Christus vor Pilatus, eher Joseph vor dem Pharao), die Isaak-Opferung, ein Medaillon mit den Porträts des Ehepaares, das in dem Sarkophag beigesetzt war, die Übergabe der Gesetzestafeln an Moses, die keusche Susanna, beobachtet von den beiden lüsternen Greisen (halb hinter Bäumen versteckt); die nächste Szene ist unklar; unten dann die drei Jünglinge, die sich weigern, das Bild des Königs Nabuchodonosor anzubeten und deshalb in den Feuerofen gesteckt wurden, Daniel in der Löwengrube und schließlich der Zug der Israeliten durch das Rote Meer.

Der Sarkophag gegenüber, um 340 datiert, gilt als Importstück aus Rom. In ihm waren Hydria Tertulla und deren Tochter Alexia Aeliana beigesetzt, die in Porträts auf dem Deckel zu Seiten der Inschrifttafel erscheinen. Es handelt sich um einen sogenannten Arkadensarkophag. Im Wechsel von Segmentbogen und Dreiecksgiebel über kleinen Säulen ist die Fläche in sieben gleich große Felder geteilt. Darin stehen Christus (Mitte) und sechs Apostel.

Das Prachtstück des Museums, ein dreigeschossiger Sarkophag, wurde erst 1974 in Trinquetaille gefunden. Die Deckelreliefs zeigen einen alttestamentarischen Zyklus (von links nach rechts): die Jünglinge vor König Nabuchodonosor, die Isaakopferung, den Sündenfall, Moses empfängt die Gesetzestafeln, die Opfer Kains und Abels. Die linke Hälfte der unteren Reihe nimmt die Anbetung der Könige ein; alle anderen Szenen schildern Wundertaten Christi: die Hochzeit zu Kana mit der Verwandlung von Wasser zu Wein (angedeutet durch die kleinen Krüge), die Brotvermehrung (Körbe mit Semmeln) und schließlich vier Wunderheilungen. Porträtbüsten des in dem Sarkophag beigesetzten Ehepaares erscheinen in einer großen Muschelnische im Zentrum. Das Stück ist um 330/50 datiert.

Im hinteren Teil des Raumes, vor dem barocken Hochaltar, sind weitere Beispiele vom Typus des Arkadensarkophags ausgestellt. Eine reizvolle Variation zu diesem Thema sieht man rechts, hier sind die Bögen zu Baumkronen umgedeutet.

In die antike Mythologie führt der sogenannte Dioskuren-Sarkophag, der auf der linken Seite nach dem Sarkophag mit dem angebrochenen Deckel folgt (Abb. 37). In den Eckfeldern erscheinen Castor und Pollux mit ihren Pferden, in den beiden mittleren das Ehepaar, das in dem Sarkophag bestattet worden war. Die linke Szene zeigt ihre Vermählung (der Mann ist in diesem Fall noch jugendlich und ohne Bart dargestellt), die rechte den Abschied der beiden voneinander (jetzt trägt der Mann als Zeichen des Alters einen Bart).

Im großen und ganzen lassen sich die dargestellten Themen in zwei Gruppen einteilen. Eine steht noch in der Tradition der heidnischen Antike und zeigt profane oder mythologische Sujets; die hier gezeigten Beispiele entstanden meist vor der Mitte des 4. Jh. n. Chr. Die andere gehört in den christlichen Bereich. Dabei fällt es auf, daß bereits in dieser Frühzeit typologische Gegenüberstellungen selbstverständlich waren. Die Isaak-Opferung etwa, oder die Jonasgeschichte, ebenfalls Moses, die Jünglinge im Feuerofen und der Prophet Daniel in der Löwengrube gelten als prophetische Hinweise auf das Heilswirken und den Opfertod Christi. Die Auswahl der neutestamentarischen Themen, in deren Mittelpunkt immerfort die verschiedenen Wunder des Heilands stehen, ist bezeichnend spätantik. Man muß sie als eine Art Werbung für die christliche Religion verstehen, die ja überhaupt erst in diesen Jahrzehnten ihren Durchbruch erlebte und sich anfangs noch neben heidnischen Kulten behaupten mußte. Zweifler waren wohl kaum durch so subtile Auslegungen, wie das Mysterium der Transsubstantiation, zu überzeugen; ihnen zeigte man lieber die überirdische Gabe des Heilands, Blinde sehend, Lahme gehend und sogar Tote wieder lebendig zu machen. Bezeichnenderweise verlieren sich denn auch gerade diese Themen im Mittelalter, als es niemanden mehr zu bekehren galt, und an ihre Stelle traten Darstellungen, die die heilsgeschichtlich bedeutsameren Ereignisse des Leidens und Sterbens des Erlösers in den Mittelpunkt rückten. Auf diesem Wege markiert die Fassade von St-Gilles einen Meilenstein in der abendländisch-christlichen Ikonographie.

Die Kryptoportiken

Von dem Museum der frühchristlichen Kunst führt eine schmale Treppe in ein Kellergewölbe aus römischer Zeit, die sogenannten Kryptoportiken. Es handelt sich dabei um parallel zuein-

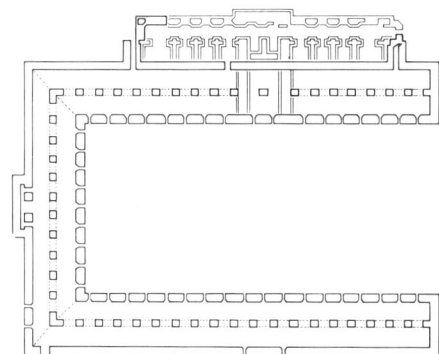

Arles, Grundriß der römischen Kryptoportiken

ander verlaufende Gänge, die mit Tonnenwölbungen gedeckt sind. Die zwei Längsgalerien sind 106 m, die sie verbindende Quergalerie ist 72 m lang. Die Gänge sind etwa 4 m breit und vom Boden bis in den Gewölbescheitel 3 m hoch. Man kennt keine an Umfang und Erhaltung vergleichbare Anlage im Bereich des einstigen römischen Imperiums. Gegen die Theorie, es könne sich um Versorgungswege handeln, deren Sinn es war, den Forumsbereich darüber vom Verkehr sperriger Güter freizuhalten, spricht die Tatsache, daß Lichtschächte fehlen. Da Grabungen nachgewiesen haben, daß der Boden mit einer dreifachen Lage Eichenbohlen ausgelegt war, deutet alles darauf hin, daß die Kryptoportiken Vorratsräume waren. Sie dienten möglicherweise der Einlagerung von Getreide, das für den Export per Schiff bestimmt war.

Kathedrale St-Trophime (Abb. 40–42)

Wir kehren auf die Place de la République zurück. Dort erweist sich die romanische Kathedrale St-Trophime der gerade in Arles so prächtig vertretenen Kunst der Antike als vollkommen ebenbürtig. Sie wurde 1078 bis 1152 errichtet, wobei man den bereits bestehenden karolingischen Baukörper in den Neubau miteinbezogen hat. Die Fassade wurde nach der Mitte des 12. Jh. vollendet, der gotische Chor im 15. Jh. angelegt.

Nächst St-Gilles besitzt St-Trophime die prunkvollste *Fassade* der provençalischen Romanik. Ihre Anlage ist ein weiteres eindrucksvolles Beispiel für die Antikenrezeption in Südfrankreich im 12. Jh. Indem sie das Motiv des eintorigen Ehrenbogens aufgreift, ergibt sich eine wesentliche Abweichung vom allgemein verbreiteten Prinzip mittelalterlicher Fassadengestaltung. Während gemeinhin ein Portal in die Westwand der Kirche integriert ist, scheint das von St-Trophime ein Eigenleben zu führen. Es wirkt wie nachträglich der Wand angefügt, die, hinter dem Portal, zurückversetzt, glatt und gänzlich schmucklos aufragt. Der Blick des Betrachters wird derart konzentriert auf das Portal gelenkt, daß er das dazugehörige Bauwerk kaum registriert.

Im Mittelpunkt der Darstellung steht das Weltgericht, daneben ist aber der ganze Bilderkreis der heilsgeschichtlichen Lehre ausgebreitet. Im Tympanon (Abb. 40) thront Christus in

Arles, Kathedrale St-Trophime, die romanische Portalanlage:
1 Majestas Domini (Christus als Weltenrichter mit den vier Evangelistensymbolen) 2 Engelreigen 3 Drei
Engel, die die Posaunen zum Jüngsten Gericht blasen 4 Apostel (Beisitzer des Weltgerichts) 5 Prozession
der Auserwählten 6 Die Seelen der Erlösten werden in Abrahams Schoß gebettet 7 Die Verdammten
werden durch die Höllenpforte gestoßen 8 Die Verdammten 9 Verkündigung 10 Josephs Traum
11 Geburt Christi 12 Verkündigung an die Hirten 13 Die Hl. Drei Könige vor Herodes 14 Aufbruch
der Könige 15 Anbetung der Könige 16 Traum der Könige 17 Flucht nach Ägypten 18 Bethlehemiti-
scher Kindermord 19 Petrus 20 Johannes 21 Paulus 22 Andreas 23 Der hl. Trophimus 24 Steinigung
des hl. Stephanus (von ihm besaß man in Arles Reliquien) 25 Jakobus der Ältere 26 Bartholomäus
27 Jakobus der Jüngere 28 Philippus 29 Daniel in der Löwengrube 30 Samsons Kampf mit dem Löwen

der Mandorla; seine linke Hand hält das Buch mit den sieben Siegeln, die rechte ist zum Segens-
gestus erhoben. Er wird von den Symbolen der vier Evangelisten umringt (Engel = Matthäus,
Adler = Johannes, das geflügelte Rind = Lukas, der geflügelte Löwe = Markus). In der Bogenlaibung darüber strebt ein Engelsreigen aufwärts, und im Scheitel des Bogens blasen drei
Engel die Posaunen des Jüngsten Gerichts, als dessen Beisitzer die zwölf Apostel im Architrav
erscheinen. Dieser wird als Fries über beide Wangen des Portals fortgesetzt. Links erkennt man

die Auserwählten, die von einem Engel behutsam in den Schoß der Erzväter gehoben werden. Auf der anderen Seite führen Teufel durch ein Tor die Verdammten ihren höllischen Martern zu. Darunter verläuft ein zweiter, kleinerer Fries. Er erzählt, aufgefächert in zahlreiche Einzelbegebenheiten, die aber nicht streng chronologisch aufeinanderfolgen, die Ereignisse rund um die Geburt Christi. Besonders rührend wirkt der Traum der Heiligen Drei Könige, die, einer Gepflogenheit des Mittelalters entsprechend, unter einer gemeinsamen Decke schlafen.

Als Träger des Ganzen fungieren Statuen von Aposteln und Heiligen, die an den Seiten zwischen Säulen, im Gewände zwischen Pilastern aufgestellt sind. Der typologische Bezug zum Alten Testament klingt nur am Rande mit an, hierfür stehen Daniel in der Löwengrube und Samsons Kampf mit dem Löwen (Abb. 41, 42).

Die aus der Antike übernommenen Anregungen beschränken sich nicht allein auf die Umrißerscheinung des Portals im Sinne eines Triumphbogens. Namentlich die Sarkophagplastik spricht in der Einzelgestaltung deutlich mit. Die Anbetung der Könige etwa ist das fast wörtliche Zitat frühchristlicher Arkadensarkophage. Die Löwen dagegen, auf die die lebensgroßen Statuen ihre Füße setzen – Sinnbilder des besiegten Bösen – leiten sich aus der oberitalienischen Romanik ab.

Die Ornamentik feiert einen wahren Triumph: Zahnschnitt, Eierstab, Mäanderband, Akanthusblatt, aber auch vielfältige, vor allem vegetabile Abwandlungen dieser Grundformen dienen dem »Horror vacui« der romanischen Bildhauer als willkommene Bereicherung der figürlichen Darstellungen.

Trotz der überschäumenden Erzählfreudigkeit fehlt den Bildwerken der expressive Schwung der reifen romanischen Skulptur; die Auserwählten und die Verdammten etwa erscheinen in stereotyper Reihung hintereinander. Diese stilistische Besonderheit ist nicht allen mit der Persönlichkeit des Künstlers (der Künstler) zu erklären, der nicht dasselbe Niveau erreicht wie die Werkstatt, die wenige Jahre zuvor in St-Gilles tätig war, sie ist zugleich Ausdruck für ein allgemeines Erlahmen der schöpferischen Kräfte nach der Mitte des 12. Jh., die in der Verfestigung der Formen ihren Ausdruck fand.

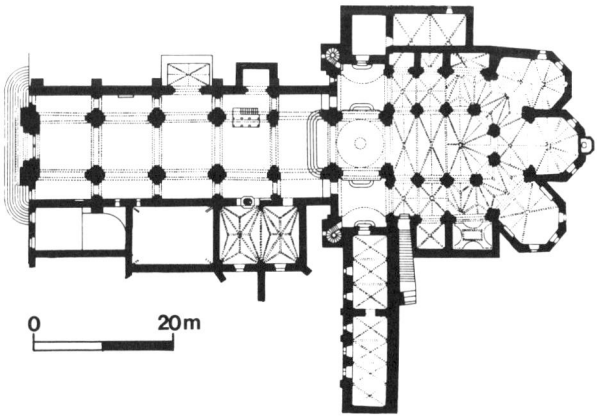

Arles, Grundriß der Kathedrale
St-Trophime

5

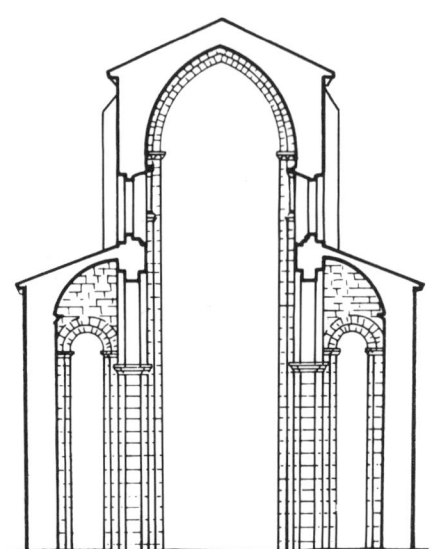

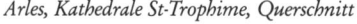

Arles, Kathedrale St-Trophime, Querschnitt

*Arles, Querschnitt durch einen der beiden romanischen
Flügel im Kreuzgang der Kathedrale St-Trophime.
Nach Viollet le Duc*

Der *Innenraum* von St-Trophime bietet gerade deshalb, weil man die Kirche über der Betrachtung des Portals fast völlig vergißt, ein überraschendes Erlebnis. Kühn strebt das Mittelschiff empor. Sein steiler Schub gipfelt in einer zugespitzten Tonnenwölbung, deren Scheitel 20 m über dem Boden liegt. Bei einer Breite des Mittelschiffs von nicht einmal 6 m entspricht das Raumgefüge gotischen Proportionen. Die Seitenschiffe, schmale Gänge mit Vierteltonnenwölbung, spielen, wie meist in der provençalischen Romanik, eine untergeordnete Rolle. Nach Osten erfährt der Raum eine Lichtsteigerung, verursacht durch den gotischen Chor, der im 15. Jh. anstelle der romanischen Dreiapsidenanlage errichtet wurde. Er ist ein vollkommen landesunüblicher Import der nordfranzösischen Kathedralgotik, ein Chor mit Umgang und Kapellenkranz, der sich aber gerade in St-Trophime mit seinem gotisch anmutenden Raumgefüge der romanischen Substanz organisch einfügt. Dieser Chor wurde nach dem Tode des Bischofs Louis Aleman (1450) angelegt, als nach verschiedenen Wundern an dessen Grab ein lebhafter Pilgerbetrieb in St-Trophime anhob.

Der Kathedralkreuzgang (Farbt. 11; Abb. 43, 44)

Der Kreuzgang ist an die Südseite der Kathedrale angebaut worden (Zugang von der Place de la République, durch das ehem. bischöfliche Palais). Zwei seiner Flügel sind romanisch, die beiden anderen entstammen dem 14. Jh. Wir sprechen im folgenden ausschließlich von dem romanischen Trakt, gegen den der spätere gotische Teil weit abfällt. Er nimmt unter den provençalischen Kreuzgängen des 12. Jh. eine Sonderstellung ein, denn zum einen weicht seine bauliche Gestalt vom gewohnten Bild ab, zum anderen ist seine üppige bildhauerische Ausstattung ungewöhnlich. Die kleinen Arkaden zwischen den rhythmisch gliedernden Pfeilern werden nicht, wie sonst üblich, von Entlastungsbögen überfangen. Da andererseits nicht auf eine Wölbung verzichtet wurde, ist die Statik weniger ausgewogen als bei anderen Kreuzgängen, dies um so mehr, als hier auch die für alle südfranzösischen Kreuzgänge charakteristische breite Bemessung des Ganges nicht verringert wurde. Offenbar versuchte man, den Schub der Tonne zur geschlossenen Innenseite verstärkt abzuleiten, indem das Gewölbe auf dieser Seite leicht angeschnitten wurde. Doch der gewünschte Effekt blieb aus, denn die Säulen und das über ihnen aufgehende Mauerwerk sind bedenklich zur Hofseite gedrückt worden. Diese Unsicherheit in der Handhabung der Statik hat dazu geführt, daß man früher den Kreuzgang von St-Trophime für einen der ältesten in der Provence hielt, demgegenüber das System der Entlastungsbögen einen technischen Fortschritt darstellt. Inzwischen sind andere Überlegungen ins Feld geführt worden. Der Skulpturenschmuck zeigt Stilmerkmale, die eine Datierung in die zweite Hälfte des 12. Jh. nahelegen. Demnach hätte man bewußt auf das Prinzip der Sammelarkaden und der damit zwangsläufig verbundenen Massigkeit der Pfeiler, auf denen diese ruhen, verzichtet, vermutlich, um den Kreuzgang, der dank seines plastischen Dekors ganz auf Repräsentation hin angelegt ist, lichtdurchlässiger und eleganter erscheinen zu lassen.

Pfeiler und Kapitelle sind von verschiedenen Künstlern oder Werkstätten bearbeitet worden. Die Kunstgeschichte hat mindestens vier Meister unterschieden, bei einem Projekt dieser Größenordnung kaum verwunderlich. Die Deutung der einzelnen Figuren und Szenen ist dem beigefügten Schema zu entnehmen.

Während der Zyklus des Nordflügels (Kirchenseite) die typologische Gegenüberstellung von Passionsgeschehen und alttestamentarischen Ereignissen und Personen stärker betont, führt der des Ostflügels, der etwas jünger ist (Ende 12. Jh.), die Kindheit Jesu in aller Breite aus (Abb. 43, 44). Dabei waren die Künstler bestrebt, auch den letzten Winkel der Kapitellblöcke mit Relief zu überziehen. Ein besonders schönes Beispiel für diesen »Horror vacui« ist das letzte Kapitell im Ostflügel vor der Ecke zum Nordflügel. Dort sind gleich drei Szenen auf einem einzigen Kapitell vereinigt: Verkündigung, Heimsuchung und Geburt (Farbt. 11). Insgesamt addiert sich die Bildfolge zur Summe des Heilsgeschehens und definiert den Kreuzgang, wie es bereits im Zusammenhang mit Vaison-La-Romaine (Notre-Dame-de-Nazareth) erörtert wurde, als Abbild der himmlischen Ordnung.

Weitere Sehenswürdigkeiten

Von der Place de la République führt die gleichnamige Straße (Fußgängerzone) zu dem von Frédéric Mistral gegründeten volkskundlichen Museum, dem *Museon Arlaten*. Es ist im Hôtel Laval-Castellane, einem aristokratischen Palais des 16. Jh., untergebracht. Die umfangreiche Sammlung macht mit provençalischem Brauchtum und einstiger ländlicher Wohnkultur bekannt.

Arles, die Gräberallee Les Alyscamps und die Ruine der ▷
romanischen Kirche St-Honorat. Stich aus dem 19. Jh.

Arles, antike Säulen an der Place du Forum. Anonyme
Zeichnung, Anfang 19. Jh.

Die Straße an der Rückseite des Museon Arlaten führt zunächst wieder zum Musée d'Art chrétien. Kurz vor dem Rathaus zweigt die Rue du Palais ab, die auf die *Place du Forum* mündet. Der Platz beschreibt indes nur einen Bruchteil von den einstigen Ausmaßen des römischen Forums, das sich von hier bis zum Rathaus erstreckte. In eine Ecke eines im 19. Jh. errichteten Hotels wurde ein Fragment des Tempels vermauert. Davor steht ein Denkmal des Dichters Frédéric Mistral.

Weiter in Richtung Norden, nahe am Ufer der Rhône, sind die Reste der Konstantinischen *Thermen* zu sehen, die ursprünglich Teil einer weitläufigen Palastanlage waren. Erhalten blieben Teile der Hypokausten und des Tepidariums.

Von hier sind es nur wenige Schritte zur einstigen Komturei des Malteserordens mit dem *Musée Réattu*. Das Museum trägt den Namen eines Arleser Malers, der das Gebäude nach der Revolution erworben hatte. Die Stadt, in deren Besitz sich das Renaissancepalais heute befindet, hat darin Werke Réattus sowie eine Dokumentation zur Geschichte des Malteserordens ausgestellt. Ein reizvolles Detail des Bauwerks sind die zum Innenhof gerichteten Wasserspeier, krausköpfige Ungetiere, die das lange Nachleben gotischer Formen in der französischen Renaissance verdeutlichen.

Les Alyscamps (Abb. 46)

Außerhalb der einstigen Stadtmauer – aber nah genug, um zu Fuß dorthin zu gehen – liegen die »Elysischen Felder«, der antike Friedhof von Arles, den die Römer an der Via Aurelia angelegt

hatten. Nachdem man in frühchristlicher Zeit die ersten als heilig verehrten Bischöfe von Arles dort bestattet hatte, wurden die Alyscamps zu einer immer beliebteren Begräbnisstätte. Die Nähe zu den Heiligen galt als sichere Gewähr für eine gute Fürsprache bei Gott am Tage des Jüngsten Gerichtes. Zum Teil wurden Leichname von weit her über die Rhône nach Arles gebracht.

Die Alyscamps waren einst bedeutend größer als heute. In mehreren parallelen Reihen standen Tausende von Sarkophagen über eine Distanz, die mindestens doppelt so lang war wie heute. Vieles ging schon in früheren Jahrhunderten zugrunde, besonders kostbare Sarkophage wurden geraubt oder verkauft, andere mutwillig zerschlagen oder als Freßtröge für das Vieh fortgeschleppt. Doch erst der Bau der Eisenbahn im 19. Jh. schnitt den Friedhof auf seine heutigen Maße zusammen.

Die wertvolleren Stücke wurden in die Museen der Stadt überführt, in situ hat man die schlichten, undekorierten Sarkophage belassen. Aber auch diese zeigen gelegentlich eine Andeutung von Dekor. Namentlich lassen sich eingeritzte Abbildungen von Gegenständen aus dem Baugewerbe erkennen: Senkblei und eine Hacke, die zum Einreißen baufälliger Häuser benutzt wurde, tauchen wiederholt auf. Sie sind als Symbole der Vergänglichkeit und des Todes anzusehen.

Die Allee endet bei der romanischen *Kirche St-Honorat* (Abb. 46). Der um 1170 begonnene Bau geriet durch die Albigenserkriege ins Stocken und wurde schließlich ganz aufgegeben. Chor, Querhausarme und die Vierung mit dem Glockenturm waren fertiggestellt, das Langhaus dagegen blieb ein Torso; es wurde erst im 17. Jh. durch eine provisorische Wand nach Westen geschlossen.

Pont de Langlois

In Arles selbst sucht man vergebens nach Spuren van Goghs. Das Haus, in dem er lebte, ist längst abgerissen, die Stadt besitzt keines seiner Werke. Der Künstler führte in Arles ein zurückgezogenes Leben. Dem biederen Bürgertum war der unheimliche Maler dennoch ein Dorn im Auge. Man richtete ein Gesuch an die Behörden, van Gogh zwangsweise in eine geschlossene Anstalt einzuweisen. Das Dokument wurde sogar von der Tagespresse veröffentlicht und ist heute im Museon Arlaten zu sehen, »zur ewigen Schande der Krämer«, wie Zbigniew Herbert zynisch, aber treffend feststellte.[23] Wer aber vom Boulevard Georges Clemenceau (Verlängerung des Boulevard des Lices nach Westen, auf unserem Plan nicht mehr verzeichnet) in die Avenue Carnot abbiegt und ihr etwa 3 km stadtauswärts folgt, gelangt zu jener Zugbrücke, die durch van Gogh berühmt wurde. Er hat sie in den verschiedenen Techniken – Zeichnung,

Vincent van Gogh, Le Pont de Langlois. Mai 1888. Federzeichnung

Holzschnitt, Ölbild – und zu unterschiedlichen Tages- und Jahreszeiten festgehalten. Die kleine Brücke überspannt den heute praktisch bedeutungslos gewordenen Canal de Marseille à Rhône. Der Mechanismus der Brücke, die heute immer offen steht, denn wenige Schritte daneben hat man eine Eisenbrücke gebaut, ist nach wie vor funktionstüchtig. Wer sich aber an den brüchig gewordenen Seilen zu schaffen macht, um die Brücke herunterzulassen, wird rasch vom Gezeter einer alten Bäuerin unterbrochen, die von dem nahen Gehöft herbeieilt. Sie ist das Gorgoneion, das das kleine Denkmal des genialen Niederländers vor dem Zugriff der allzu Neugierigen bewahrt. Einen besseren Wächter hätte sich van Gogh kaum wünschen können.

Die Abtei Montmajour (Farbt. 17; Abb. 45)

Nordöstlich vor den Toren der Stadt Arles (3 km in Richtung Les Baux) liegt das Kloster Montmajour, dessen Keimzelle eine frühmittelalterliche Eremitage war. Aus dem damals noch sumpfigen Umland ragte weithin sichtbar ein einsamer Kalksockel empor, der seit dem 9. Jh. als Friedhof benutzt wurde. Die Eremiten, die den Begräbnisdienst versahen, nahmen im 10. Jh. die Regel der Benediktiner an und hatten neben ihren Konfratres aus St-Victor in Marseille entscheidenden Anteil an der Reorganisation des in der späten Karolingerzeit heruntergekommenen Klosterlebens. Montmajour wurde rasch berühmt, nachdem der Papst dem Kloster eine Partikel vom Kreuze Christi geschenkt und zugleich das Recht verliehen hatte, einen jährlichen Ablaß zu gewähren, den »Pardon de Montmajour«. Dieses Ereignis fiel traditionell auf den 3. Mai, jenen Tag, an dem die hl. Helena der Überlieferung zufolge das Kreuz wieder aufgefunden hatte. Die von überall herbeiströmenden Pilger bescherten Montmajour einen Geldsegen, der es dem Kloster im 12. Jh. ermöglichte, die Kapelle aus dem 11. Jh. durch eine prachtvolle neue Kirche und einen großen Kreuzgang zu ersetzen. Der Stern von Montmajour begann zu

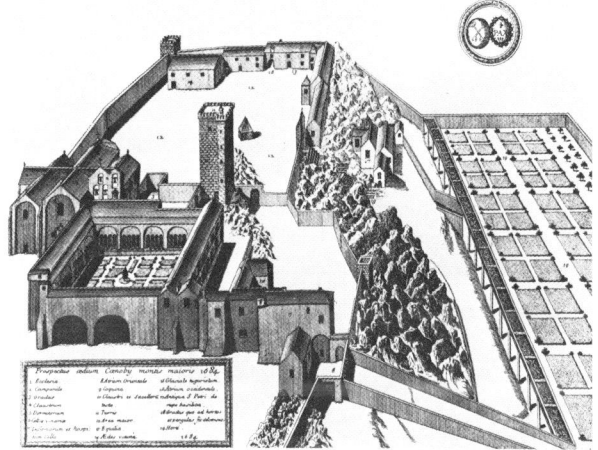

Die Abtei Montmajour. Stich von 1684. Aus dem »Monasticon Gallicanum«

verblassen, als Papst Clemens IV. sich das Recht herausnahm, den Abt, den die Mönchsgemeinschaft bis dahin gewählt hatte, selbst zu bestimmen. Im 14. Jh. dann direkt dem Papst unterstellt, flossen die Einkünfte des Klosters nach Avignon. Seinen Tiefpunkt erreichte das monastische Leben im 17. Jh. Dann sorgte die Reform der Mauriner (Benediktiner aus St-Maure) für eine Neubelebung, die aber nur von kurzer Dauer war. Als der letzte Abt in die berüchtigte Halsbandaffäre verwickelt war, die Königin Marie-Antoinette kompromittiert hatte, verfügte Ludwig XVI. selbst die Aufhebung des Klosters, das 1786 seine Pforten für immer schließen mußte. Seine Baulichkeiten wurden von Privatbesitzern erst geplündert und schließlich als Steinbruch mißbraucht. Da aber Teile zu privaten Wohnungen umgebaut und vermietet wurden, überlebten entscheidende Partien die Jahre des Vandalismus. Im 19. Jh. erwarb die Stadt Arles das Kloster und finanzierte dessen Restaurierung. Mittlerweile ist Montmajour in Staatsbesitz übergegangen.

Im äußeren Erscheinungsbild lassen sich unschwer zwei differente Bauperioden ablesen. Auf der einen Seite hat man den massigen Block der romanischen Kirche, daneben grenzt eine

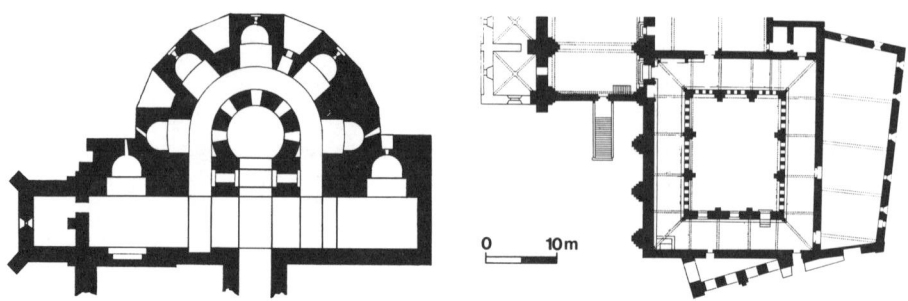

Montmajour, Grundriß der Krypta der romanischen Abteikirche (links) und Grundriß des Kreuzgangs

gewaltige Ruine aus barocker Zeit an. Sie ist Teil jenes großzügigen Neubaus, der im Zuge der Renovation des Klosters im frühen 18. Jh. entstand.

Die *Kirche* wurde nicht fertiggestellt, außen sind Teile der unvollendeten Nordwand zu sehen. Der ursprünglich auf fünf Joche bemessene Saal wurde bereits nach zwei Jochen geschlossen. Nur selten erlebt man derart krass, wie ein schöpferischer Gestaltungswille erlahmt, wenn eine fremde Autorität (in diesem Fall der Papst) über eine Gemeinschaft bestimmt. Mit nur einem Schiff wirkt die Kirche wie eine ins Monumentale gesteigerte Kapelle. Die schlichte Größe des Raumes erzeugt auch heute noch eine feierliche Würde.

Die *Krypta* gehört zum Vorgängerbau und reicht ins 11. Jh. zurück. Sie dient als Substruktion für den Chor, der über abschüssigem Terrain errichtet wurde. Ihre baustatische Aufgabe erklärt die Massigkeit ihrer Konstruktion. Ungewöhnlich für die provençalische Romanik ist der Umgang mit drei radial angeordneten Kapellen. Da der Pilgerstrom kaum durch die Krypta geleitet worden sein dürfte, läßt sich diese bauliche Besonderheit nur mit der statischen Funktion der Unterkirche erklären. Die Last des Chores sollte auf einen möglichst breit ausladenden Sockel verteilt werden. Es ist letztlich das Prinzip des Säulenfußes in Großformat.

Exemplarischen Charakter für die provençalische Romanik hat der *Kreuzgang*. Sein auffallend breiter Gang ist von einer Tonne überwölbt, deren seitlicher Schub auf gedrückte Entlastungsbögen gelenkt wird, die diesen ihrerseits auf massive Pfeiler ableiten. Dasselbe System begegnete uns schon wiederholt. Da der Kreuzgang von Montmajour in die 1140er Jahre datiert und damit der älteste dieses Typs ist, gilt er als Schulbeispiel, das den anderen Kreuzgängen mit Sammelarkaden als Vorbild diente. Die Verwendung von Bauskulptur ist – verglichen mit dem Kreuzgang in Arles – bescheiden. Die Kapitelle zeigen überwiegend vegetabile Formen. Einige Konsolen sind als Köpfe von Tieren und Monstern gestaltet, gängige Typen des unerschöpflichen Formenschatzes der Romanik. Sie erfüllen, ähnlich den Medusenhäuptern an antiken Denkmälern, eine apotropäische Funktion.

Der Kreuzgang ist nicht quadratisch, sondern rechteckig. Die Flügel der Süd- und der Nordseite (letzterer wurde im 18. Jh. durch den Einbau zusätzlicher Pfeiler unvorteilhaft verändert) sind um das Joch eines Entlastungsbogens länger als die beiden anderen. Eine Tür in der Nordostecke führt auf eine Terrasse, die im Schatten eines mächtigen Donjon liegt. Er stammt aus dem 14. Jh. und diente der Abtei als Wachturm und Rückzugsmöglichkeit vor den Grandes Compagnies. Von seiner Plattform bietet sich ein weiter Rundblick, im Norden zu den Anhöhen der Alpilles, im Südwesten zu den Türmen von Arles.

Der älteste Teil des Klosters ist die *Kapelle St-Pierre,* die etwas abseits des eigentlichen Kloster-komplexes liegt. Sie entstammt dem 11. Jh., zeigt aber schon die für die provençalische Romanik kennzeichnende Gliederung der Wand durch aufgeblendete Säulen. Der plastische Dekor ihrer Kapitelle – jedes zeigt ein anderes pflanzliches Motiv – markiert den Beginn der romanischen Bildhauerkunst in der Provence. Leider ist die Kapelle jetzt nur in Ausnahmefällen zu besichti-gen, nachdem kürzlich törichte Besucher einige der Kapitelle beschädigt haben.

Ein Kleinod der provençalischen Romanik findet sich 300 m östlich von der Abtei, die *Chapelle Ste-Croix* (Abb. 45). Auf dem Wege dorthin schaut man zurück auf den Chor der Klosterkirche, der, wie so oft in der Provence, polygonal gebrochen ist (im Innern dagegen halb-rund; Farbt. 17). Gegenüber anderen Beispielen sind die Ecken des Polygons nicht durch Säulen oder Pilaster hervorgehoben. Sie stoßen kantig aufeinander, was der Architektur eine kristal-lische Härte verleiht.

Die Heilig-Kreuz-Kapelle ist ein Friedhofskirchlein. Ringsum sind zahlreiche Gräber in den gewachsenen Fels geschlagen. Sie wirken aus der Perspektive des aufrecht Stehenden recht kurz. Wer es nicht scheut, sich in eines von ihnen hineinzulegen, wird überrascht feststellen, daß sie Körper bis zu 1,80 m Länge bequem aufnehmen können.

Die Kapelle besteht aus einem Quadrat mit vier kleinen Konchen. Nach Westen ist eine offene Eingangshalle vorgebaut. Die schlichte Schönheit des Bauwerks erklärt sich aus der Harmonie ihrer Proportionen. Im Innern (Schlüssel an der Kasse des Klosters) überwältigt die Akustik. Eine einzelne Stimme erreicht das Klangvolumen eines ganzen Chores, ohne daß es zu dem sonst in Kirchen oft störenden Halleffekt kommt, da der Ton aus der offenen Eingangshalle rasch nach außen entweichen kann.

Abtei Montmajour, die Friedhofskapelle Ste-Croix. Nach Viollet le Duc

Ste-Croix, Grundriß

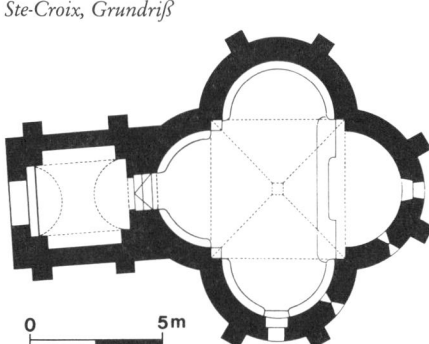

0   5m

Die Camargue

St-Gilles (Abb. 47, 48)

Am Rande der Camargue, inmitten einer gottverlassenen Gegend, erwartet den Reisenden eine der größten Kostbarkeiten Südfrankreichs, die Portalanlage der einstigen Abteikirche in St-Gilles.

Die Gründungsgeschichte des Klosters zeichnet sich nur vage als Legende ab. Derzufolge soll sich im 7. Jh. ein reicher Kaufmann aus Athen, Ägidius, hierher in die Einsamkeit zurückgezogen haben, um fern des Weltgetriebes ein Leben in Armut und Entsagung zu führen. Schon bald nach seinem Tode zogen Pilger zum Grab des Eremiten, der noch zu Lebzeiten eine Mönchsgemeinschaft gegründet hatte. Nachdem dieses Kloster im 9. Jh. unmittelbar dem Papst unterstellt worden war, kam es zweihundert Jahre später unter die Obhut des mittlerweile zu Weltrang aufgestiegenen Cluny. Dank der sprunghaft wachsenden Bedeutung des Pilgerwesens nahm St-Gilles alsbald eine Schlüsselstellung ein. Selbst Ziel einer regen Wallfahrt, wurde der Ort zum Sammelpunkt für jene Jakobspilger, die von Italien oder Süddeutschland her die »Via Tolonensis« entlang der Mittelmeerküste in Richtung Spanien eingeschlagen hatten. Desgleichen schifften sich in St-Gilles, das seit dem 11. Jh. einen Seehafen besaß und durch einen Kanal an den kleinen Rhônearm angeschlossen war, alle aus Nordfrankreich kommenden Pilger ein, die Kurs auf Rom nahmen. Das Pilgerwesen war immer eine sichere und üppige Einnahmequelle, und so entwickelte sich St-Gilles zu einem wichtigen Wallfahrtszentrum von zugleich großer wirtschaftlicher Bedeutung in Südfrankreich. Man schätzt, daß die Stadt im 13. Jh. von gut 40 000 Einwohnern bevölkert war – heute leben nur noch knapp 9000 Menschen in St-Gilles.

Die weltlichen Landesherrn, die Grafen von Toulouse, trugen das Ihre zu diesem faszinierenden Aufstieg bei. Raimund IV., der sich bezeichnenderweise Raimund von St-Gilles (und nicht von Toulouse) nannte, wählte den Ort, in dem er vermutlich auch geboren wurde, zum Ausgangspunkt für den ersten Kreuzzug, zu dessen führender Gestalt er werden sollte. Allerdings scheinen sich Kloster und Graf nicht immer freundlich gesonnen gewesen zu sein. 1095 mußte Raimund IV. auf dem Konzil zu Clermont-Ferrand Buße für einen tätlichen Übergriff auf die Abtei tun. Noch rascher als der Aufstieg vollzog sich der Niedergang von St-Gilles. Als 1208 der päpstliche Legat Peter von Castelnau in der Stadt ermordet wurde, rief Innozenz III. unverzüglich zum Kreuzzug gegen die Katharer auf, die man nach einer ihrer Hochburgen auch

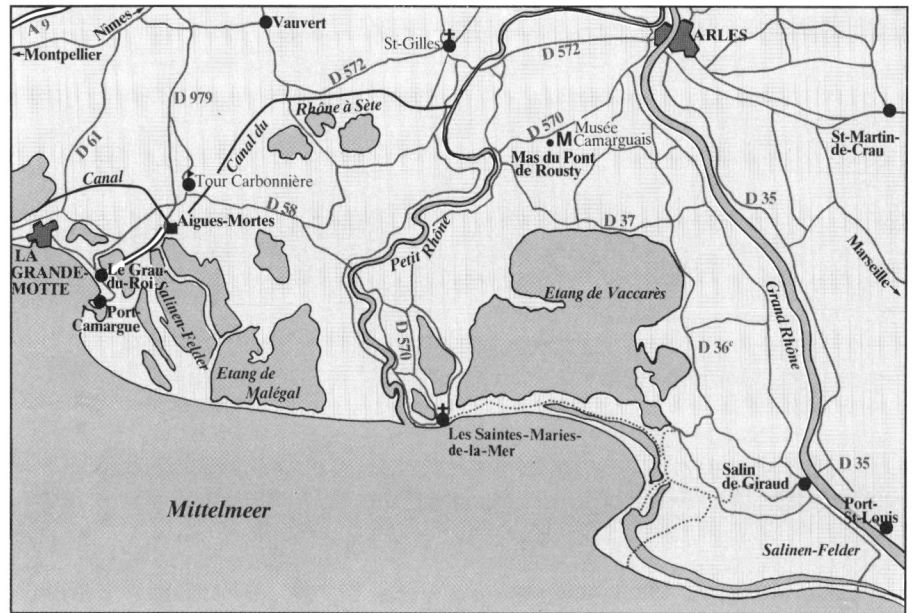

Die Camargue

die Albigenser nannte. Auch die Unterwerfung Raimunds VI., den man der Mitwisserschaft an dem Attentat bezichtigte, konnte das Verhängnis nicht abwenden. Bedingt durch den Albigenserkrieg flaute der Pilgerstrom ab, die vormals reichlich sprudelnde Geldquelle versiegte. Bereits 1226 unterstellte sich das Kloster dem Schutz des französischen Königs. Im 16. Jh. brannten Hugenotten die Klosterkirche nieder, deren wertvollster Teil, die Fassade, gottlob die Zerstörung überlebte.

Die Kirche entstand im 12. Jh., als St-Gilles den Gipfel seiner Geltung erreicht hatte. Dieser 1116 begonnene Bau fand seinen Abschluß mit der *Fassade,* einer monumentalen Schauwand, die die gesamte Breite der Westseite einnimmt (Abb. 47). Mit seinen drei Bögen, einem höheren in der Mitte und zwei niedrigeren zu den Seiten, erinnert der Umriß an den Stadtgründungsbogen in Orange. Die aufwendige architektonische Gliederung mit unterschiedlich großen Säulen und Pilastern kann jedoch nicht von den Ehrenbögen abgeleitet werden, an denen diese Motive nur spärlich Verwendung fanden. Überzeugend scheint die Überlegung, die C. Ferguson O'Meara in einer exzellenten Studie über St-Gilles ins Feld geführt hat.[24] Danach hat die »scenae frons«, die Bühnenwand des römischen Theaters, Pate bei der Fassade gestanden. Diese ist in der Regel, wie in Orange der Fall, mit drei Toren versehen. Das mittlere, das dem Herrscher bzw. dessen Stellvertreter vorbehalten war, sollte den Anweisungen Vitruvs zufolge auch in seiner Ausschmückung als »Königstor« definiert sein. Auf die Fassade von St-Gilles übertragen bedeutet dieser Zusammenhang, daß wir hier nicht nur formal die für die Romanik der

St-Gilles, Portal der ehem. Abteikirche:
1 Weltgericht (fragmentarisch) 2 Anbetung der Hl. Drei Könige 3 Vorbereitung zum Einzug in Jerusalem
4 Einzug in Jerusalem 5 Die Juden bejubeln Christus in Jerusalem 6 Judas nimmt die Silberlinge entgegen 7 Christus vertreibt die Händler aus dem Tempel 8 Auferweckung des Lazarus 9 Fußwaschung
Petri 10 Abendmahl 11 Gefangennahme Jesu 12 Soldaten 13 Christus vor Pilatus 14 Geißelung
15 Kreuztragung 16 Kreuzigung 17 Die Jünger in Emmaus 18 Das »Noli me tangere« 19 Christus in
Bethanien 20 Die hl. Frauen und Salbölhändler 21 Die hl. Frauen am leeren Grab 22 Christus erscheint
den Jüngern 23 Erzengel Michael 24 Matthäus 25 Bartholomäus 26 Thomas 27 Jakobus d. J.
28 Johannes Ev. 29 Jakobus d. Ä. 30 Paulus 31–35 Weitere Apostel 36 Erzengel Gabriel 37 Kain
tötet Abel 38 Das Opfer Kains und Abels 39 Kentaur 40 Der falsche Prophet Bileam 41 David tötet
Goliath

Provence bezeichnende Antikennähe erleben, sondern daß die Fassade darüber hinaus in einem
inhaltlichen Sinne als Abbild der königlichen Heimstatt des Erlösers, des himmlischen Jerusalems, die Übersetzung antiken Geistes in christliche Gedanken darstellt. Vor diesem Hintergrund gewinnt das Bildprogramm eine tiefere Dimension. Der Architrav, der sich über die
ganze Fassade hinzieht, schildert szenenreich die Passion Christi. Es beginnt mit dem Einzug in
Jerusalem ganz links und endet rechts mit der Erscheinung Christi vor den Jüngern. Waren
Leben-Jesu-Zyklen an Portalen des Mittelalters bis dahin thematisch vielfältiger, so führt die
Fassade von St-Gilles erstmalig einen geschlossenen Passionszyklus vor. Die erzählerische
Intention früherer Darstellungen weicht einer Begrenzung auf den theologisch bedeutsamsten
Abschnitt im Wirken des Heilands. Daneben fließen aktuelle Anspielungen auf die zeitgenös-
sische Geschichte mit ein. Im Tympanon über dem rechten Eingang erscheint neben der Kreuzi-
gung die Gestalt der Synagoge, die von einem Engel niedergestoßen wird. Auf dem zur Seite

51 DER PONT DU GARD ▷

52 NÎMES Amphitheater

53 NÎMES Porte d'Auguste mit Bronzereplik der Augustusstatue aus Primaporta

54 NÎMES   Maison Carrée, im Hintergrund das klassizistische Theater

56 GORDES   Blick durch den Schloßeingang auf den Dorfplatz
◁ 55 LE THOR   Portal und Glockenturm der romanischen Kirche

57, 58 Village des Bories bei Gordes   59 Zisterzienserabtei Sénanque bei Gordes ▷

61 Zisterzienserabtei SÉNANQUE Wärmeraum (Chauffoir)
◁ 60 Zisterzienserabtei SÉNANQUE Klosterkirche; Blick von der Vierung in das Langhaus
62 Zisterzienserabtei SÉNANQUE Kreuzgang

63 CAVAILLON   Römischer Ehrenbogen

64 Zisterzienserabtei SILVACANE   Kreuzgang

65 Zisterzienserabtei SILVACANE   Kapitelsaal

66 Zisterzienserabtei SILVACANE Blick von der südlichen Chorkapelle in das basilikale Langhaus

68 AIX-EN-PROVENCE Rathaus und Rathausturm
◁ 67 Das Dorf BONNIEUX (Lubéron)

70 AIX-EN-PROVENCE Brunnen auf der Place du Général-de-Gaulle
◁ 69 AIX-EN-PROVENCE Kathedrale St-Sauveur; Detail von der Holztür des Jean Guiramand: der Prophet Jeremia
71, 72 AIX-EN-PROVENCE Straßenszene; rechts: Fontaine des Quatre Dauphins (1667) im Mazarin-Viertel

geneigten Haupt trägt sie als Krone ein Abbild des Felsendomes, Wahrzeichen des von den heidnischen Arabern besetzten Jerusalems. In diesem Motiv wird an den Erfolg des ersten Kreuzzuges erinnert.

Trotz ihrer Repräsentationshaftigkeit, die das theologische Gedankengebäude betont, können die Darstellungen ihre südfranzösische Herkunft nicht leugnen. Kennzeichnend für die romanische Skulptur des Midi ist die Lust am Fabulieren, die sich bei der Ausbreitung des Passionsgeschehens in allen Details entfaltet. Besonders eindringlich werden dabei zwischenmenschliche Verhaltensweisen charakterisiert – ein für die gleichzeitige Kunst des Nordens (man denke etwa an Autun oder Vézelay!) undenkbarer Wesenszug. Geradezu gemütvoll ist zum Beispiel die Fußwaschung Petri: Verlegen kratzt sich der Jünger, dem die Situation ausgesprochen peinlich ist, am Kopf.

Für die Bewältigung eines derart umfangreichen Projekts war es vonnöten, mehrere Künstler in Dienst zu stellen. Offenbar wurden Kapazitäten aus dem ganzen Lande nach St-Gilles berufen. Richard Hamann hat die Hände eines vermutlich in Toulouse geschulten Meisters von denen eines aus Burgund und eines dritten aus Nordfrankreich unterschieden.[25] Letzterem wird die feierliche Statuarik der großen Apostelstatuen zugeschrieben.

In der Frage der Datierung bestehen zum Teil extrem unterschiedliche Meinungen, das Spektrum reicht vom frühen 12. bis in das 13. Jh. Mittlerweile ist durch genaue stilkritische Vergleiche der Zeitraum der Entstehung der Fassade auf die Jahre zwischen 1125 und 1150 begrenzt worden.

Die mit 40 m Länge überraschend große *Krypta* ist eine technische Meisterleistung. Ihr Gewölbe besteht aus einem System gedrückter Kreuzrippen, das die Last der Oberkirche zu tragen hat. Die Kreuzrippe taucht an dieser Stelle zum ersten Mal in der Architektur Südfrankreichs auf.

Die Kirche selbst ist im 17. Jh. neu errichtet worden. Von dem romanischen Bau sieht man an ihrer Rückseite noch die Fundamente des Chores, der nach dem Vorbild von Cluny, dem Urbild der Pilgerkirche, einen Umgang mit Kapellenkranz besaß.

Der nahe *Glockenturm* birgt eine weitere Kostbarkeit, die »Vis de St-Gilles«, eine Wendeltreppe, deren fächerartig geschichtete Stufen in einem Stück zugleich auch Teil der Tonnenwölbung sind.

Von der einst umfangreichen mittelalterlichen Bausubstanz des Ortes ist sonst nur die *»Maison romane«* erhalten. Das im Innern völlig umgebaute Haus besitzt noch die Fassade aus der Zeit um 1200. Heute befinden sich darin ein kleines Museum mit Fragmenten vom plastischen Dekor der Abteikirche und das Fremdenverkehrsamt.

◁ 73 AIX-EN-PROVENCE Kathedrale St-Sauveur; Mittelteil des Flügelaltars von Nicolas Froment: Maria im brennenden Dornbusch, 2. Hälfte 15. Jh.

Aigues-Mortes (Abb. 49)

Mit Aigues-Mortes erreichen wir den am weitesten im Westen gelegenen Punkt unserer Reise.[26] Die Stadt ist eine Gründung Ludwigs IX., des Heiligen. Bis in das 13. Jh. besaß der französische König kein Land in Südfrankreich. Nachdem der Sieg bei Bouvines (1214) über die Engländer vorübergehend Ruhe an der Südwestflanke des Reiches geschaffen hatte, stürzte sich Philipp II. Auguste mit Elan in den Albigenserkrieg, durch den er sich wachsenden Einfluß im unabhängigen Südosten des Landes zu sichern gedachte. Dieses Ziel war mit dem Friedensschluß zu Paris (1229) nur zum Teil erreicht, denn ein realer Gewinn an Landbesitz war damit nicht verbunden. So war Ludwig IX., als er zum ersten seiner beiden Kreuzzüge rüstete, gezwungen, den Grund für die Errichtung eines Hafens käuflich zu erwerben. Die Mönche des Klosters Psalmodi traten dem Herrscher einen Teil ihres umfangreichen Besitzes am Rande der Camargue ab. Als Grundstock für die spätere Stadt entstand die runde Tour Constance, ein mächtiger Wehrturm. Als Ludwig 1270 zu seinem zweiten Kreuzzug aufbrach, von dem er nicht mehr wiederkehren sollte – der König wurde nebst einem großen Teil seiner Streitmacht in Tunis von der Pest dahingerafft –, war von der geplanten Stadt noch nicht viel zu sehen. Erst die Nachfolger Ludwigs trieben das Projekt voran, das Philipp der Schöne gegen Ende des 13. Jh. zum Abschluß brachte. Doch bereits im 14. Jh. begann der Hafen zu versanden. Das ungesunde Klima in dem sumpfigen Gelände tat ein weiteres, und so wurde Aigues-Mortes, die Stadt der Toten Wasser, schon bald wieder aufgegeben.

Die Stadt ist ein Produkt aus der Retorte, und da sich in ihren Mauern niemals pulsierendes Leben entfaltete, steht sie merkwürdig kalt und abweisend in der Einöde der Camargue. Was Maurice Barrès in »Le Jardin de Bérénice« auf die kurze Formel »désolation incomparable« (unvergleichliche Trostlosigkeit) brachte, drückt Gertrud von Le Fort in der Novelle »Der Turm der Beständigkeit« elegischer aus: »Das Meer, das ehemals bis an die Mauern der Stadt herangewogt war, hatte sich zurückgezogen. Der Hafen war versandet: wo sich einst die Kreuzfahrerflotte des heiligen Ludwig Psalmen singend ausgeschifft hatte, dehnte sich, so weit das Auge reichte, eine bleiche Sumpflandschaft, aus deren schilfiger Graswüste überall die weißen Kristalle hervorschimmerten, die das Salzwasser bei seiner Flucht zurückgelassen hatte und die nun der ganzen Landschaft einen toten, spukhaften Charakter verliehen. Wollte das Meer, der gewandelten Zeit folgend, sich auch seinerseits von der stolzen Vergangenheit lösen? Zog es sich trauernd von dieser Stätte zurück, wie die großen Schicksale es getan hatten?«

Etwa 2 km außerhalb der Stadt steht einsam die *Tour Carbonnière,* ein Wehrturm, der Aigues-Mortes gegen feindliche Übergriffe von der Landseite her sichern sollte.

Die *Tour Constance* steht außerhalb der Stadtmauer, mit der sie durch eine Brücke verbunden ist. Der runde Turm, in dem Ludwig der Heilige bereits 1249 Urkunden unterzeichnete, besteht aus zwei Stockwerken, deren große Räume von schirmähnlichen Kreuzrippengewölben überspannt sind. Das Obergeschoß diente nach der Aufhebung des Edikts von Nantes als Gefängnis für Hugenotten, die zum Teil zu lebenslangem Kerker verurteilt waren. Berühmt wurde Marie Durand, die nach 38jähriger Haft 1768 durch den Gouverneur der Languedoc wieder freigelassen wurde. Ihren unbeugsamen Willen hat die Protestantin mit dem einen Wort »recicter«

Aigues-Mortes, Tour Constance, Schnitt

der Wand eingegraben, wobei das »c« anstelle des »s« unüberhörbar scharf klingt. Marie Durand starb zwei Jahre nach der Freilassung infolge der Schwächung, die sie während der langen Haftzeit erlitten hatte. Das kleine Türmchen, das der Plattform des Turmes aufgepflanzt ist, diente im Mittelalter zugleich als Ausguck für den Wachposten und als Leuchtturm für den Hafen.

Da Aigues-Mortes nie in kriegerische Ereignisse verwickelt war, hat die *Stadtmauer* die Jahrhunderte unbeschadet überstanden (Abb. 49). Mit ihrem etwas mehr als 2 km langen Umfang ist sie die besterhaltene Anlage ihrer Art des 13. Jh. in Europa. Sie umschließt einen rechteckigen Grundriß, wie er für Bastiden kennzeichnend ist, jene befestigten Garnisonsstädte, die im 13. Jh. in großer Zahl vor allem in dem von Engländern und Franzosen umkämpften Aquitanien entstanden. Ihre Hauptachsen führen, ähnlich wie Decumanus und Cardo einer römischen Kolonie, auf den zentralen Platz. In Aigues-Mortes ist dort eine im 19. Jh. geschaffene Statue des Stadtgründers, Ludwigs des Heiligen, aufgestellt.

Die beste Sicht auf die Stadtmauer hat man von der unverbauten Südseite, wo sich die weißen Hügel einer Saline erheben.

Eine Abzweigung des Canal du Rhône à Sète führt von Aigues-Mortes zu dem alten Fischerdorf **Le Grau-du-Roi,** wo er in das offene Meer mündet (Farbt. 33). Der malerische kleine Ort, in dem man vorzüglich fangfrische Meerestiere essen kann, ist in der Saison von Feriengästen überlaufen. Von hier sieht man die Appartementburgen der aus dem Boden gestampften Retortensiedlungen **Port Camargue** und **La Grande Motte,** die unter Anwendung nicht immer zimperlicher Methoden – z. B. Zwangsenteignung – in den sechziger Jahren auf Betreiben der Regierung in Paris entstanden. In ihrer seelenlosen Künstlichkeit sind sie dem nahen Kreuzfahrerhafen von Aigues-Mortes wesensverwandt. Offenbar scheint sich die problematische Haltung der Metropole gegenüber dem Midi gerade in diesem Winkel immer wieder manifestieren zu wollen.

Les Saintes-Maries-de-la-Mer (Farbt. 32)

Die Legende, die sich um den Hauptort der Camargue gesponnen hat, wurde bereits ausführlich zitiert. Zu ergänzen ist noch, daß die Gebeine der Marien im Laufe der Jahrhunderte in Vergessenheit geraten waren. Möglicherweise hatte man sie vor Seeräubern oder vor den Sarazenen versteckt, wodurch sie verlorengingen. König René dem Guten soll im Traum ein Engel den Ort ihrer Aufbewahrung kundgetan haben. Die Reliquien der heiligen Frauen wurden erhoben, und seitdem ist Saintes-Maries ein Wallfahrtsort. In der Schar, welche die Marien begleitet hatte, befand sich auch die Dienerin der Maria Salome, Sarah, der Überlieferung zufolge eine Zigeunerin. Nachdem das Boot mit den Ausgesetzten sich bereits vom Ufer Palästinas entfernt hatte, folgte die treue Dienerin ihrer Herrin und erreichte das Boot, indem sie, von göttlicher Kraft getragen, über das Wasser gelaufen war. Saintes-Maries wurde deshalb in erster Linie ein Anziehungspunkt für Zigeuner. Alljährlich am 24. und 25. Mai strömen sie aus ganz Europa in dem Ort zusammen. Die kleine Sarahstatue, die in der von einer Unzahl von Kerzen erleuchteten Krypta steht, wird dann in feierlicher Prozession, an der Zigeuner, Arlesierinnen in historischen Trachten und die Gardians der Camargue teilnehmen (Farbt. 32), ins Meer getragen und nach ihrer Rückführung in die Kirche neu eingekleidet und mit Schmuck behängt. In diesen Tagen bietet Saintes-Maries ein berauschendes Schauspiel. Überall musizieren und tanzen die Zigeunergruppen, unter denen die aus Spanien stammenden mit ihren feurigen Flamencos die größte Begeisterung hervorrufen. Bei solcher Gelegenheit entdeckte Picasso das Gitarrengenie Manitas de Plata.

Ein anderes Massenspektakel bieten die Sommermonate. Saintes-Maries wurde erst relativ spät, in den sechziger Jahren, vom Tourismus entdeckt. Seitdem bevölkern Myriaden die Strände eines Ortes, den uns van Gogh noch als verschwiegenes kleines Fischerdorf festgehalten hat.

Im Zentrum des Ortes erhebt sich die alte *Wallfahrtskirche,* deren Zinnen in der endlosen Weite der Camargue im Umkreis von vielen Kilometern zu sehen sind. Sie ist das Musterbeispiel einer Wehrkirche; allerdings erhielt der romanische Bau seinen Zinnenkranz erst im 14. Jh., als die Grandes Compagnies von der Land- und Seeräuber von der Meerseite her die Gegend unsicher machten. Damals lag der Ort etwas weiter im Landesinnern. Die Mündungsarme der Rhône halten die Küste auch heute noch in ständiger Bewegung.

Das Naturschutzgebiet am Etang de Vaccarès (Farbt. 40)

Die Camargue ist ein ausgedehntes Sumpfgebiet, das von den Mündungsarmen der Rhône umschlossen wird. Die Rhône führt ungeheure Massen Schlamm und Geröll mit sich – man schätzt, jährlich rund 20 Millionen Kubikmeter! – und schiebt ihre Mündung stetig ins Meer hinaus. Der nördliche Teil der Camargue ist schon lange trockengelegt und wird landwirtschaftlich genutzt. Auf dem sandigen Boden gedeiht Frühgemüse, vor allem Spargel. Eine große Rolle spielt der Weinbau; in erster Linie wird der Rosé kultiviert, den man nach seiner gedeckten Farbe »Gris«, Grauwein, nennt. Kaum minder bedeutsam ist der Reisanbau. Die Camargue ist Europas größtes Reisanbaugebiet. Der Süden, die »Camargue sauvage« (wilde Camargue), ist weitgehend unkultiviert. Zwischen zahllosen Brackwasserseen und Kanälen, an deren Ufern halophile (salzliebende) Pflanzen gedeihen, weiden die Herden der weißen Camargue-Pferde und die der schwarzen Stiere, die »Manades«. Im 19. Jh. waren beide Rassen nahezu vom Aussterben bedroht. Der Marquis Folco de Baroncelli (1869–1943), ein Italiener, der sein Herz an die herbe Schönheit der Camargue verloren hatte – in Saintes-Maries erinnert ein kleines naturkundliches Museum an ihn –, machte sich für ihre Erhaltung stark. Er setzte die Anerkennung des Camargue-Pferdes als eigene Rasse durch. Das mit maximal 145 cm Risthöhe nicht besonders große Camargue-Pferd gilt als Nachfahr des prähistorischen Pferdes, das in der frankokantabrischen Steinzeitkunst so oft dargestellt wurde und dessen Anatomie man dank der zahlreichen Knochenfunde bei Solutré (Burgund) genau kennt. In der Antike war es seiner Zähigkeit und Ausdauer wegen ein begehrtes Rennpferd. Das Fohlen kommt mit dunklem Fell auf die Welt; erst im fünften Lebensjahr nimmt es die weiße Färbung an. Die Stiere werden für die unblutigen provençalischen Stierkämpfe gezüchtet. Sie streifen halbwild durch das Land. Ein besonderes Fest sind die »Ferrades«, wenn die Jungtiere eingefangen und mit dem Brandzeichen markiert werden. Für die Tierhaltung und -pflege sind die »Gardians« zuständig, Hirten, deren traditionelle Erkennungsmerkmale der breitrandige schwarze Hut und der Dreizack

Vincent van Gogh, Häuser in der Camargue. Rohrfederzeichnung. Vincent van Gogh Stiftung, Nationalmuseum Vincent van Gogh, Amsterdam

sind. Manche von ihnen leben noch heute in den klassischen Häuschen der Camargue, den »Cabanes«. Die weißgetünchten, reetgedeckten Behausungen, die oft nur über einen einzigen Raum verfügen, sind nach Norden apsidial gerundet, um dem Mistral, dessen Wüten sich in der Camargue nichts in den Weg stellt, eine geringere Angriffsfläche zu bieten.

Über das Leben in der Camargue, landwirtschaftliche Tradition, Brauchtum, Flora und Fauna informiert sehr anschaulich das im »Mas du Pont de Rousty« (nahe Albaron) eingerichtete *Musée Camarguais*, das erst vor wenigen Jahren eröffnet und für seinen didaktisch hervorragenden Aufbau bereits mehrfach ausgezeichnet wurde. Dort erinnert auch einer von den an vielen Höfen auffallenden langen Ställen daran, daß die Schafzucht in der Camargue ein wichtiger Wirtschaftsfaktor ist. Allerdings sucht der Sommerurlauber die Schafherden vergeblich im Bild der Landschaft. Sie werden von Mai bis Oktober auf die Alpweiden der Cevennen oder der Haute-Provence gebracht.

Unerschöpfliche Beobachtungsmöglichkeiten bieten sich dem ornithologisch Interessierten vor allem auf der Ostseite des *Etang de Vaccarès*, des größten Binnensees der Camargue. In den zahllosen Tümpeln gehen die unterschiedlichen Reiherarten auf Nahrungssuche. Häufig kommt der Seidenreiher in weißem Gefieder vor, eine Seltenheit ist der sonst in Europa praktisch ausgestorbene Graureiher. Kaum minder vielfältig sind die Enten- und Möwenarten. Mit etwas Geduld kann man auch den buntschillernden Bienenfresser erleben, der seine Bruthöhlen in das Ufer des Etang de Vaccarès gräbt, ferner den rotbeinigen Stelzenläufer sowie alle möglichen anderen Wasser- und Brachvögel. Die Krönung eines Streifzuges durch die Camargue ist die Begegnung mit den Flamingos. Um die Scharen im Fluge beobachten zu können, eignen sich am besten die frühen Morgenstunden oder die Zeit vor Sonnenuntergang. Das schräg einfallende Licht läßt dann die rotgefärbte Unterseite ihrer Flügel aufleuchten. Tagsüber stehen sie in den kaum knietiefen Tümpeln, deren schlammigen Grund sie mit ihrem hakenförmig gebogenen Schnabel auf der Suche nach kleinen Krebsen und Weichtieren durchfurchen. Gegen Abend streben sie in langen Ketten ihren Schlafplätzen zu. Da die Flamingos in großer Zahl vorhanden sind, täuscht man sich leicht über die Probleme ihrer Erhaltung hinweg. Das Weibchen, das immer nur ein einziges Ei legt, brütet nicht jedes Jahr. Ihre Gelege fallen oft genug räuberischen Möwen zum Opfer, und immer bedrohlicher wird die Gefahr durch die zunehmende Umweltbelastung. Die Industriereviere östlich des großen Rhônearmes haben die Brutgebiete zunehmend eingeschnürt, und die Schadstoffemissionen der petrochemischen Betriebe verändern das natürliche Lebensmilieu spürbar. Einen gänzlich unerwarteten Feind hatten die Flamingos im Januar 1985, als Temperaturen bis 25 °C minus die Etangs zufrieren ließen. Tausende der majestätischen Tiere sind in jenen Tagen kläglich verendet.

Kann man sich einen lebhafteren Kontrast vorstellen? Nur dreißig Kilometer trennen die Camargue von den Alpilles mit ihren zerklüfteten Felsformationen. Auf halber Strecke zwischen beiden unterschiedlichen Landschaften erlebt man Arles als jahrtausendealte Kulturstadt. Diese Gegensätze halten den Reisenden in der Provence auf allen seinen Wegen in Atem. Dabei wird man sich in der Camargue eines Eindrucks von Melancholie nicht erwehren können. Über den endlosen Teichen und der karg bewachsenen Ebene lastet ein Hauch von Schwermut, den

Mistral unnachahmlich in der Sterbeszene der Mireille eingefangen hat. Nicht per Zufall vermutete man in der Antike gerade in der Camargue den Eingang zur Unterwelt.

Das Beglückende des Naturerlebnisses andererseits hat sich in Daudets Beschreibung des Etang de Vaccarès niedergeschlagen: »Das schönste in der Camargue ist der Vaccarès. Oft verlasse ich die Jagd, um mich am Ufer dieses Salzsees niederzusetzen. Das kleine Meer erscheint wie ein Stück des großen, das in das Land eingeschlossen und gerade durch diese Gefangenschaft vertraut wurde. Statt der Trockenheit und Unfruchtbarkeit, die gewöhnlich solche Ufer traurig erscheinen lassen, läßt der Vaccarès auf seinem etwas hohen, von feinem Gras sammetartig grünen Ufer eine eigentümliche und reizende Flora emporsprießen: Flockenblumen, Wasserklee, Enzian und die schönen, im Winter blauen, im Sommer roten Saladellen, die ihre Farbe mit den Jahreszeiten wechseln und, da sie ständig blühen, durch ihre verschiedene Farbe die Jahreszeiten andeuten (bei uns eher bekannt unter dem Namen Statizen, d. Verf.).

Gegen fünf Uhr abends, wenn die Sonne sich neigt, bietet diese drei Stunden lange Wasserfläche ohne Barke, ohne Segel, die ihre Ausdehnung unterbrechen oder begrenzen könnten, einen bewundernswerten Anblick ... Von fern her zieht das Leuchten der Wogen Scharen von Möwen, Reihern, Rohrdommeln, Flamingos mit weißem Bauch und rosenroten Flügeln herbei, die sich das ganze Ufer entlang in langen Reihen zum Fischen aufstellen und mit ihren verschiedenen Farben ein buntes Band um den See herumlegen, und dann Ibisse, wirkliche ägyptische Ibisse, die sich in diesen warmen Sonnenstrahlen, in diesem stillen Land ganz heimisch fühlen.«[27]

Abstecher in die Nachbarlandschaft Languedoc

Der Pont du Gard 232 – Nîmes 235

Der Pont du Gard (Abb. 51)

Unweit der Ortschaft Remoulins, die für ihre aromatischen Kirschen bekannt ist, überspannt der römische Aquädukt des Pont du Gard eine Schlucht des Gard (oder auch Gardon), der, von den Cevennen kommend, seine Wasser bei Beaucaire der Rhône zuführt. Das gigantische Bauwerk hat zu allen Zeiten Bewunderung erregt. Jean-Jacques Rousseau war derart hingerissen, daß er sich angesichts des Pont du Gard wünschte, ein Römer gewesen sein zu können.[28] Der Großvater Marcel Pagnols, ein Steinmetz, hatte ein fast sinnliches Verhältnis zur Schönheit des Bauwerks, dessen Stein er bei jedem erneuten Besuch liebevoll streichelte.[29]

Eigentlich ist die Bezeichnung Pont, Brücke, irreführend, denn der Bau war Teil einer Wasserleitung. Die beiden großen Bogenstellungen tragen eine Reihe kleinerer Arkaden mit der Wasserleitung darüber. Die Brücke, die sich daneben anlehnt, wurde im Mittelalter errichtet und im 18. Jh. grundlegend erneuert. Der mit knapp 50 m Höhe und 275 m Länge größte Aquädukt aus römischer Zeit war Teilstück jener fast 50 km langen Versorgungsleitung, die das Quellwasser der Eure nach Nîmes führte. Zwar beträgt die Distanz von der Quelle bei Uzès bis nach Nîmes in der Luftlinie nur 20 km, da sich aber zwischen beide Punkte Ausläufer der Cevennen schieben, war es nötig, die Unebenheiten in einem weiten Bogen zu umgehen. Die Wasserleitung wurde im ersten Abschnitt in den Fels geschlagen, durch einzelne Hügelkuppen wurden Stollen getrieben. Wo es Täler zu überbrücken galt, wurden Aquädukte angelegt. Man kennt neben dem Pont du Gard noch die Reste von sechs weiteren Bauwerken dieser Art. Auf den letzten Kilometern war die Trasse unterirdisch verlegt worden. Sie mündete in Nîmes in das Castellum Divisorium, von wo das Wasser durch mehrere Rohre in alle Bezirke der Stadt geleitet wurde. Rätselhaft bleibt, wie die Ingenieure das Gefälle berechneten. Der Höhenunterschied zwischen der Quelle und dem Zielpunkt in Nîmes beträgt lediglich 17 m, was einem durchschnittlichen Gefälle von 34 cm auf einen Kilometer entspricht. Genaue Vermessungen haben den Nachweis erbracht, daß die Neigung der Leitung je nach Art ihrer baulichen Struktur unterschiedlich gehandhabt wurde. Auf Abschnitten, wo in unwegsamem Gelände Kurven und Biegungen angelegt werden mußten, ist das Gefälle geringer als in Bereichen, wo die Leitung schnurgerade verläuft. Das hat einen baustatischen Grund. Bei einer geschätzten Kapazität von täglich 20 000 Kubikmetern Wasser hatte die Leitung einen beträchtlichen Druck auszuhalten. In Kurven war die Belastung für das Mauerwerk erheblich höher als dort, wo das Element gerad-

Ausflügler am Pont du Gard.
Stich aus dem 19. Jh., Musée du
Vieux Nîmes

linig seinen Weg nahm. In den Abschnitten mit größerer Belastung wurde der Strom deshalb gebremst, an anderen Stellen wieder beschleunigt. Dieselbe, bis in die Details durchorganisierte Perfektion führt die erhaltene Substanz des Pont du Gard vor. Die untere Bogenstellung, die die ganze Last zu tragen hat, ist breiter und massiger als das Zwischengeschoß. Überall am Mauerwerk kragen unregelmäßig Steine hervor, an denen bei der Errichtung des Aquädukts die Baugerüste verankert wurden. Man ließ sie nach der Fertigstellung stehen, um im Falle notwendiger Reparaturen komplikationslos neue Gerüste anlegen zu können. Wenn man sich ganz oben, auf der Höhe der eigentlichen Wasserleitung, befindet, erkennt man, daß der Aquädukt eine leichte Biegung beschreibt. Dadurch sollte dem Druck des Gard entgegengewirkt werden, der zwar im Sommer nur wenig Wasser führt, im Frühjahr aber, wenn er die Schmelzwasser von den Cevennen zu Tal bringt, sich in einen reißenden Strom verwandeln kann. Die Wasserleitung selbst, ein schmaler Kanal von 1,80 m Höhe, ist mit großen Steinplatten abgedeckt, um die Verdunstung und Verschmutzung des Wassers zu verhindern. Dadurch wurde erreicht, daß man in Nîmes praktisch quellfrisches Wasser zapfen konnte.

Der Pont du Gard ist nicht nur eine technische Meisterleistung römischer Ingenieurkunst, er ist zugleich ein ästhetisches Ereignis. Trotz der gewaltigen Dimensionen der Konstruktion schwingen sich die weitgespannten Bögen mit leichter Eleganz von einer Böschung zur anderen. Dieser Eindruck wird wesentlich dadurch bestimmt, daß die Bögen unterschiedlich breit sind. Zudem wirkt der Aquädukt wie in die Landschaft hineinkomponiert, was man derart eigentlich nur von Bauten der griechischen Antike her kennt. Obwohl es sich um ein funktionales, schmuckloses Bauwerk handelt – im Gegensatz zu Repräsentationsarchitekturen wie etwa die Stadtgründungsbögen oder die Tempel –, scheint, wie fast immer bei Großprojekten römischer Architektur, ein politischer Aspekt bei der Gestaltung mitgesprochen zu haben. Die Anlage eines derart aufwendigen Baus bot willkommene Möglichkeit zur Demonstration römischer Überlegenheit und dürfte auf andere Art eine ähnlich einschüchternde Wirkung erzielt haben wie die Darstellung gefangener Gallier an den Ehrenbögen in Orange, Carpentras und St-Rémy.

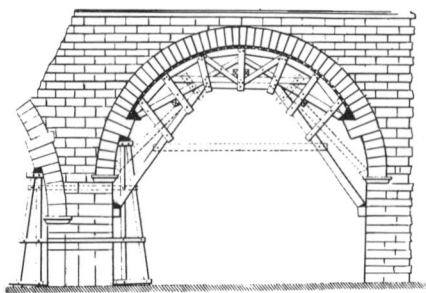

Pont du Gard, Schema von der Errichtung der Brückenbögen. Nach Alfred Léger

Agrippa auf einer Münze aus Tiberianischer Zeit

Die Datierung steht nicht mit letzter Sicherheit fest. Aber einiges spricht dafür, daß der Pont du Gard in den Regierungsjahren des Augustus errichtet wurde. 19 v. Chr. hatte Agrippa, der enge Vertraute und Schwiegersohn des Kaisers, die Statthalterschaft in Gallien übernommen. Nîmes erlebte zu dieser Zeit einen sprunghaften Anstieg seiner Bevölkerung, so daß die Nemaususquelle für die Versorgung nicht mehr ausreichte. Agrippa hatte sich zuvor als Ädil in Rom profunde Kenntnisse im Bau von Wasserleitungen aneignen können. Noch heute versorgt die von ihm errichtete »Acqua Vergine« den berühmten Trevi-Brunnen mit täglich 80 000 Kubikmetern Wasser. Man geht deshalb davon aus, daß Agrippa der Initiator des imposanten Projektes war.

Wie lange die Wasserleitung in Betrieb war, läßt sich heute nicht mehr mit Bestimmtheit feststellen. Da die Germaneneinfälle zu einem drastischen Rückgang der Einwohnerzahl von Nîmes führten, wird sie wohl kaum über die Karolingerzeit hinaus benützt worden sein. Andererseits muß sie über mehrere Jahrhunderte in Gebrauch gewesen sein, denn an den Innenwänden der Leitung finden sich bis zu einem halben Meter dicke Kalkablagerungen. Es wurde errechnet, daß die Leitung zum Zeitpunkt ihrer Stillegung aufgrund der Verschmälerung nur noch 15 Prozent ihrer ursprünglichen Leistung erbracht haben kann. Nachdem die Bevölkerung von Nîmes seit dem 19. Jh. wieder anwuchs, wurde ernstlich erwogen, die antike Wasserleitung erneut zu benutzen. 1844 wurden bereits die ersten Arbeiten aufgenommen. Der Tunnel, der an der Nordseite des Pont du Gard durch den Hang getrieben ist, stammt aus dieser Zeit. Die alte Leitung beschrieb an dieser Stelle einen Bogen, der auch jetzt im Fundament noch erkennbar ist, und umging die Hügelkuppe. Dann entschloß man sich jedoch für ein weniger aufwendiges Verfahren. Seither wird Nîmes mit Grundwasser versorgt, das aus der Niederung der Rhône bei Beaucaire gepumpt wird.

Eine Treppe führt vom rechten Gardonufer hinauf zu der Wasserleitung. Reizvoller ist der Umweg über den Hügel auf derselben Flußseite (man folge der Markierung aus roten und weißen Strichen), von wo man das Bauwerk aus leicht erhöhter Perspektive erlebt. Viele machen sich ein Vergnügen daraus, ganz oben auf den Abdeckplatten entlangzugehen. Davor sei ausdrücklich gewarnt. Zwischendurch fehlen einzelne Platten, außerdem ist keine Sicherung (Geländer) vorhanden. Wer bei dieser Tour vom Mistral überrascht wird, kann sich nur retten, indem er sich schleunigst auf den Bauch legt. Sollte man es da nicht besser mit Pagnols Großvater halten, der sich nach ausgiebigem Picknick am Fuße der Brücke niederließ, um sie dann bis zum Abend nicht mehr aus den Augen zu lassen? Wie auch immer – die eindrucksvollste Wirkung entfaltet der Pont du Gard erst auf eine gewisse Distanz.

Nîmes

Blick in die Geschichte

Nur selten gründeten die Römer in den von ihnen eroberten Gebieten Kolonien »ex nihilo«. In der Regel siedelten sie an der Stelle bereits vorhandener keltischer Plätze, nicht zuletzt, um durch Überbauung der Heiligtümer mit eigenen Kultstätten bodenständige Traditionen rasch zu eliminieren. In Nîmes war das nicht anders. Hier befand sich spätestens seit dem 3. Jh. v. Chr. eine Siedlung der Volsker, die an der Quelle des Keltengottes Nemausus entstanden war. Nachdem schon Caesar ausgedienten Legionären hier Land zugewiesen hatte, erlebte die Stadt einen kometenhaften Aufstieg, als Augustus sie zur *Colonia Augusta Nemausus* erhob und die Bevölkerung durch den weiteren Zuzug von Veteranen sprunghaft zunahm. Es handelte sich bei diesen Veteranen um Soldaten, die an dem siegreichen Feldzug Caesar Octavians gegen dessen Kontrahenten Marcus Antonius und Kleopatra teilgenommen hatten. Mit ihnen dürfte auch eine stattliche Zahl Leibeigener aus dem ägyptischen Feldzug nach Nîmes gekommen sein. Das Bild eines an eine Palme geketteten Krokodils, das bereits auf Augusteischen Münzen erscheint und später zum Wappen der Stadt gemacht wurde, erinnert an diesen Zusammenhang. Hand in Hand mit der Erhebung zur Kolonie ging der Ausbau der Stadt, die bereits 16 v. Chr. eine befestigte Stadtmauer besaß. Ihre größte Blüte erreichte sie, als mit Kaiser Antoninus Pius 138 n. Chr. ein Nîmois den Thron bestieg. Der als besonders gütig und gerecht in die Annalen eingegangene Herrscher begünstigte seine Vaterstadt in besonderem Maße. Kühnen Schätzungen zufolge soll die Stadt im 2. Jh. n. Chr. an 200 000 Einwohner gezählt haben, andere Historiker wollen kaum mehr als 50 000 einräumen. Aber selbst dann wäre Nîmes noch immer eine verhältnismäßig große Stadt gewesen, wenn man bedenkt, daß die größte Stadt der antiken Welt, Rom, zur selben Zeit etwa 1 Million Einwohner zählte.

Münze aus dem antiken Nîmes. Die Vorderseite zeigt zwei Porträts des Kaisers Augustus und seines Schwiegersohns Agrippa. Auf der Rückseite das Wappen von Nîmes: ein an eine Palme angekettetes Krokodil

Protestantische Truppen erobern Nîmes 1569. Zeitgenössische Darstellung

Die Jahrhunderte des Umbruchs und der Neuordnung der mediterranen Welt führten zu einem Rückgang der Bevölkerung und schließlich, nachdem Nîmes durch seine Nähe zur Küste auch noch den Übergriffen durch die Araber schutzlos preisgegeben war, zur völligen Stagnation. Die geschrumpfte Stadt wurde im Mittelalter mit einer neuen Mauer ummantelt, deren Umfang nur noch etwa ein Viertel von dem der römischen Befestigung betrug (vgl. den Stadtplan). Entsprechend spärlich sind denn auch die Spuren des Mittelalters im urbanen Erscheinungsbild. Ins Auge fällt eigentlich nur der romanische Fries an der Kathedrale St-Castor.

Nachdem sich im 16. Jh. weite Kreise der Bevölkerung der calvinistischen Reformation angeschlossen hatten, geriet die Stadt in den Sog der Religionskriege, in deren Verlauf Katholiken und Protestanten abwechselnd die Oberhand gewannen. Die Aufhebung des Edikts von Nantes (1685) traf die Stadt schwer. Ein beträchtlicher Teil gerade des aktiven, handeltreibenden Bürgertums war gezwungen, sich dem großen Exodus der Hugenotten im ganzen Lande anzuschließen. Erst im 18. Jh. erholte sich Nîmes allmählich von den wiederholten Rückschlägen. Maßgeblichen Anteil an dem neu einsetzenden Wachstum hatte die Einführung der Baumwollweberei. Die leichten Stoffe wurden nach indischen Vorbildern mit floralen Mustern bedruckt und fanden bald reißenden Absatz. Das wiedergewonnene Selbstbewußtsein der Stadt drückt sich in der Anlage des Jardin de la Fontaine aus. Seit die niedere Languedoc 1791 in zwei Verwaltungseinheiten aufgegliedert wurde, nimmt Nîmes den Rang der Hauptstadt des Departement Gard ein.

Das rasante Wachstum der letzten Jahre – in den zurückliegenden fünfzehn Jahren ist die Einwohnerzahl von 90 000 auf 140 000 angestiegen – hat beträchtliche Probleme in der Infrastruktur aufgeworfen, wie die öden Trabantensiedlungen, übereilt aus dem Boden gestampft, bezeugen.

In Arles halten sich die Denkmäler der Antike und des Mittelalters annähernd die Waage, hingegen in Nîmes dominiert unangefochten die Antike. Die Zahl der erhaltenen Bauten ist selbst in der an Zeugnissen der römischen Kultur überquellenden Provence einzigartig. Da das Mittelalter praktisch übersprungen wurde und die Barockära das zweite Zeitalter ist, das das Gesicht der Stadt am stärksten geprägt hat, nennt man Nîmes treffend das »kleine Rom Frankreichs«.

Das Amphitheater (Abb. 52)

Wäre die Rangfolge der noch erhaltenen römischen Amphitheater nach ihren Ausmaßen zu bestimmen, stünde das von Nîmes erst an zwanzigster Stelle. Vom Grad seiner Erhaltung her gesehen gehört es aber zu den bedeutendsten. Obwohl es ähnlich wie das Vergleichsbeispiel in Arles im Mittelalter überbaut wurde – erst die Restaurierung im 19. Jh. hat den ursprünglichen Zustand wiederhergestellt –, ist die Originalsubstanz besser erhalten als dort. Die beiden Arkadengeschosse tragen noch zuoberst die Attika, die in Arles verloren ist, so daß man am Außenbau den Kranz der Kragsturzsteine erkennen kann, die der Befestigung des Velum dienten. Es liegen immer zwei solcher vorspringender Steine übereinander. Die Stangen, an denen das Velum aufgespannt war, fußten auf den unteren, geschlossenen Steinen; die der oberen Reihe umklammerten ihre Schäfte mittels einer kreisrunden Öffnung, durch die die Masten von oben

Nîmes, das Amphitheater. Stich nach einer Zeichnung von C. Bourgeois, 19. Jh.

her eingeführt wurden. Offenbar wurde das Velum nicht bei jeder Veranstaltung aufgezogen, denn aus den Vorankündigungen anderer Arenen weiß man, daß auf diesen Luxus immer gesondert hingewiesen wurde.

Die Cavea steigt über einem ausgeklügelten System gewölbter Gänge und Galerien an, die ein rasches Betreten und Verlassen des Amphitheaters gewährleisteten. Die Stadien unserer Zeit nehmen sich dagegen geradezu stümperhaft aus, wie eine aktuelle Studie bündig nachweisen konnte.[30]

Die Anlage ist zwar geringfügig kleiner als jene in Arles (Längsachse 131 m, Querachse 101 m), insgesamt aber besteht eine auffallende Parallele zwischen beiden Bauten: die Anzahl von 60 Arkadenbögen, die das Theateroval rings umziehen. Man hat daraus geschlossen, daß in beiden Fällen derselbe Architekt tätig war, was wiederum eine Datierung des Amphitheaters von Nîmes in die zweite Hälfte des 1. Jh. n. Chr. nahelegt.

Außer für Stierkämpfe wird die Arena heute auch zur Aufführung von Ballett- und Operninszenierungen genutzt.

Porte d'Auguste (Abb. 53)

Wir folgen dem Verlauf des breiten Ringboulevards, der im 19. Jh. anstelle der niedergerissenen mittelalterlichen Stadtmauer angelegt wurde, nordostwärts. Gegenüber der neogotischen Kirche St-Baudile – der hl. Baudilus soll im 3. Jh. n. Chr. das Christentum in Nîmes eingeführt haben und als Märtyrer im Amphitheater gestorben sein – kennzeichnet das Augustustor jenen Punkt, wo die Via Domitia die Stadt erreichte. Das Tor ist in seiner Schmucklosigkeit als reiner

Zweckbau von den politisch orientierten Repräsentationsbauten der Tempel und Ehrenbögen unterschieden. Die beiden größeren Durchfahrten für den Fuhrverkehr sind zur Stadtseite hin von den kleineren seitlichen Durchgängen für die Fußgänger mittels gedrungener Arkadenreihen abgegrenzt, um einen reibungslosen Ablauf des an dieser Stelle vermutlich regen Verkehrs zu garantieren. Im Hintergrund ist ein moderner Abguß der Augustusstatue aus Primaporta aufgestellt.

An der Porte d'Auguste begann der Decumanus, der sich im Bereich des Forums mit dem Cardo, der in Nordsüdrichtung verlief, kreuzte.

Nîmes:
1 Amphitheater   2 Porte d'Auguste   3 Castellum Divisorium   4 Maison Carrée   5 Diana-Tempel   6 Tour Magne   7 Kathedrale St-Castor   8 Archäologisches Museum   9 Musée des Beaux-Arts (Der Verlauf der antiken Stadtmauer ist gepunktet, der der mittelalterlichen gestrichelt.)

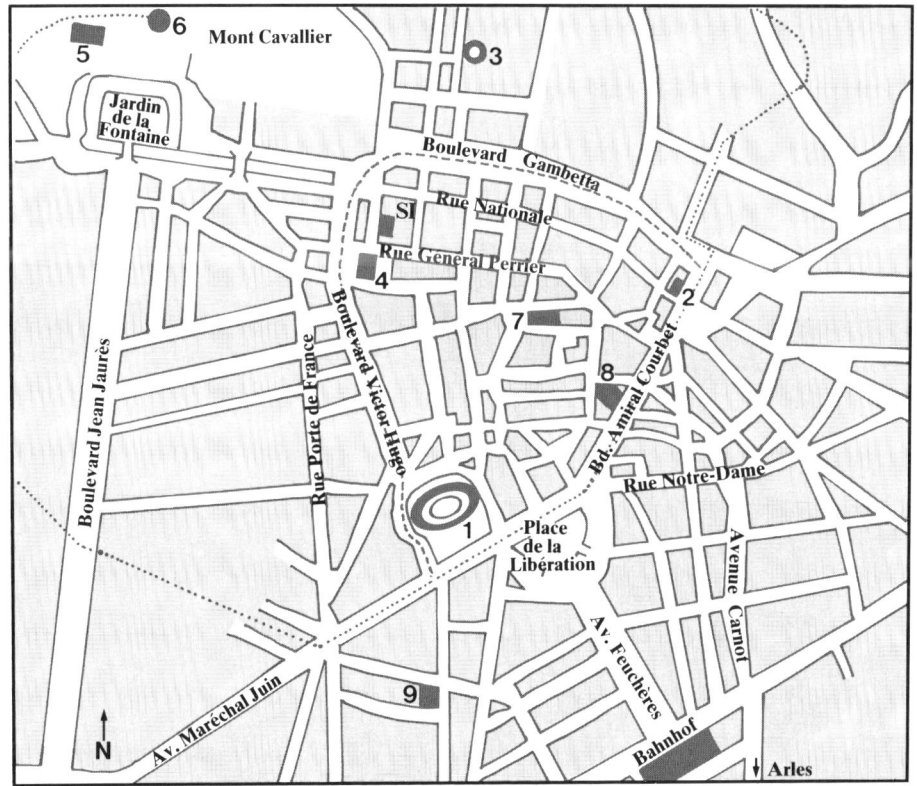

Castellum Divisorium

Vom Boulevard Gambetta führt die schmale Rue de la Lampèze nordwärts leicht hügelan. Nach etwa zweihundert Metern erreicht man die Reste des antiken Wasserwerks der Colonia Nemausus. In das Verteilerbecken (divisorium von lat. dividere = verteilen) mündete die Wasserleitung, die das Quellwasser der Eure über 50 km hierher geführt hatte. Durch mehrere runde Öffnungen wurde das Wasser in ein verzweigtes System von Röhren geleitet, die alle Plätze der Stadt, die Thermen (von ihnen ist in Nîmes nichts erhalten) und die Villen begüterter Familien versorgten. Bei einer ungefähren Einwohnerzahl von 50 000 bis 100 000 Menschen wurden schätzungsweise 200 bis 400 Liter Wasser pro Kopf und Tag gebraucht. Bei nachlassender Kapazität der Quelle vor allem im Hochsommer konnten einzelne Röhren von der Zufuhr gesperrt werden.

Maison Carrée (Abb. 54)

An der Rue Général Perrier, die noch annähernd den Verlauf des römischen Decumanus nachzeichnet, steht das bekannteste Bauwerk der antiken Colonia Nemausus, der Augusteische Tempel. Er vertritt das Idealmuster des römischen Podiumtempels, und zwar in der Gestalt eines sogenannten Pseudoperipteros. Lediglich an der Vorderseite stehen kolossale Säulen frei vor der Cella; an deren Langseiten verschmelzen sie in Form aufgeblendeter Halbsäulen mit der Wand. Die Rückseite ist gänzlich flach geblieben. Die Bauweise zitiert die korinthische Ordnung, ein typisches Kennzeichen des Augusteischen Klassizismus. Die Akanthusblatt-Kapitelle tragen einen dreifach abgestuften Architrav, über dem ein Spiralfries aus vegetabilen Formen an allen vier Seiten herumgeführt ist. Während sich diese dekorativen Elemente aus der Kunst des antiken Griechenlands herleiten lassen, ist der Tempel in seiner Gesamtheit charakteristisch für die spezifisch römische Baugesinnung. Zum Vergleich: Der griechische Tempel ist in der Regel

Nîmes, die Maison Carrée. Stich nach einer Zeichnung von Bance, 19. Jh.

Nîmes, die Maison Carrée, Aufriß der Fassade

ein echter Peripteros, dessen Cella von freistehenden Säulen umkränzt wird. Die Gleichbehandlung aller Seiten läßt den griechischen Tempel merkwürdig richtungslos erscheinen, die Bestimmung einer Vorder- und einer Rückseite ist kaum möglich. Ein anderer Wesenszug ist sein Sockel, der für gewöhnlich aus dem dreistufigen Stylobat gebildet wird, so daß man ungehindert von allen Seiten in die offene Säulenhalle hineingelangen kann. Wie anders nimmt sich da der römische Tempel aus! Die unmißverständliche Ausprägung einer Vorder- und einer Rückseite sorgt für eine klar definierte Ausrichtung. Der fast drei Meter hohe Sockel, auf den nur an der Eingangsseite eine Treppe hinaufführt, entrückt den Tempel in eine höhere Sphäre. Wo der griechische Tempel in seiner allseitigen Begehbarkeit Ausdruck einer humanistischen Haltung ist, wird der römische Kultbau dem Betrachter entzogen, erhebt sich dominant über den Menschen. So gesehen ist die Maison Carrée ein ebenso religiöses wie politisches Denkmal, dem eine Bedeutung zukommt, die der der Stadtgründungsbögen vergleichbar ist: Beides sind Manifestationen römischer Überlegenheit. Diese Intention wird noch einprägsamer, wenn man sich den ursprünglichen Zusammenhang vergegenwärtigt. An drei Seiten war der Tempel von einer offenen Säulenhalle umgeben, die an der Rückseite nah an das Bauwerk heranstieß, an den Langseiten etwas davon abgesetzt war. Sie sorgte für eine klare Abgrenzung des sakralen Bezirks vom Alltagsgeschehen. Zudem war dieser Bautenkomplex – Säulenhalle und Tempel – auf ein Postament gestellt, das sich etwa einen Meter über das Niveau des Forums erhob. Links und rechts vor dem Tempel, hart an der Straße, sind noch die Stufen erhalten, die auf den Forumsplatz hinunterführten. Wer sich in diese Vertiefungen begibt, erfährt erst vollends die Wirkung des Bauwerks, das nun trotz seiner eher bescheidenen Ausmaße (26 m Länge, 15 m Breite und 17 m Höhe) fast bedrückend über uns aufragt. Weil in Vienne dieses Erlebnis durch die spätere

Terrainaufschüttung nicht mehr nachvollzogen werden kann, erscheint der dortige Tempel trotz genau gleicher Höhe eher klein.

Die Rekonstruktion der Inschrift am Architrav hat ergeben, daß der Tempel den beiden jung verstorbenen Enkeln des Augustus, Caius und Lucius, geweiht war, die als Söhne des Statthalters Agrippa besondere Verehrung in der Narbonensis genossen. Seinen vorzüglichen Erhaltungszustand verdankt das Denkmal, wie fast alle römischen Monumente, seiner Weiterverwendung in späteren Jahrhunderten. Nachdem es zunächst als Kirche benutzt worden war, hatte man es im 16. Jh. schließlich zum Pferdestall degradiert. Eine hölzerne Rampe, die über die steilen Stufen gelegt worden war, ermöglichte den ungehinderten Auf- bzw. Abstieg. Im 19. Jh. wurde der dadurch verursachte Schaden repariert und in der Cella ein kleines *Museum* eingerichtet. Die darin ausgestellten Architekturfragmente stammen überwiegend von den repräsentativen Bauten, die das Forum eingrenzten. Unter den plastischen Bildwerken fallen auf: ein Porträt der Julia Domna, Gattin des Kaisers Septimius Severus (193–211); ein Bronzekopf, vermutlich des Apoll; die »Venus von Nîmes«, die aus mehr als hundert Bruchstücken zusammengesetzt werden mußte; der Grabkasten der Licinia Flavilla und ihres Mannes Sextus Adgennius Macrinus mit Porträtbüsten der Verstorbenen in einer Muschelnische, ein vorzügliches Beispiel des seit trajanischer Zeit weit verbreiteten Grabtyps; und schließlich die Mosaiken, deren größtes aus 18 Einzelfeldern mit Ornamenten und tierischen oder menschlichen Darstellungen besteht.

Nahe dem Tempel steht die Fassade des klassizistischen Theaters (19. Jh.), das nach einem Brand nicht wieder aufgebaut wurde. Ihre ionische Säulenordnung kommt der Phantasie des Betrachters zupaß: Begibt man sich an die Nordostecke des Platzes, auf dem die Maison Carrée steht, und blickt von hier aus auf den Tempel, dann vermögen die Säulen der Theaterfassade eine Ahnung von den einst an dieser Stelle befindlichen römischen Säulenhallen zu vermitteln.

Jetzt bahnt sich allerdings ein städtebaulicher Frevel an. Nach neuesten Plänen soll die schutzlos gewordene Theaterwand einem Einkaufscenter aus Glas und Stahl weichen. Es scheint, als würde auch das Engagement einer Bürgerinitiative nichts dagegen ausrichten. Mittlerweile begannen bereits die Ausschachtungsarbeiten; aber sogleich, im Sommer 1985, stieß man auf römische Fundamente. Nun müssen erst einmal die Archäologen in Notgrabungen den Befund sichern. Doch wer mit diesem Buch in der Hand vor der Maison Carrée steht, wird möglicherweise die alte Theaterfront schon nicht mehr erleben.

Jardin de la Fontaine und der Dianatempel

Von der Maison Carrée folgen wir über den nahen Square Antonin dem Quai de la Fontaine stadtauswärts zum Jardin de la Fontaine, einer großzügigen barocken Parkanlage aus dem 18. Jh. Sie wurde im Bereich des alten Quellheiligtums angelegt, das die Keimzelle der keltischen Siedlung war. Nach wenigen Schritten erreicht man die etwas versteckt hinter Bäumen liegende Ruine des römischen Dianatempels. Diese Namensgebung stammt aus späterer Zeit. Mit Sicherheit handelte es sich um ein Nymphäum, das die neuen Machthaber anstelle des keltischen

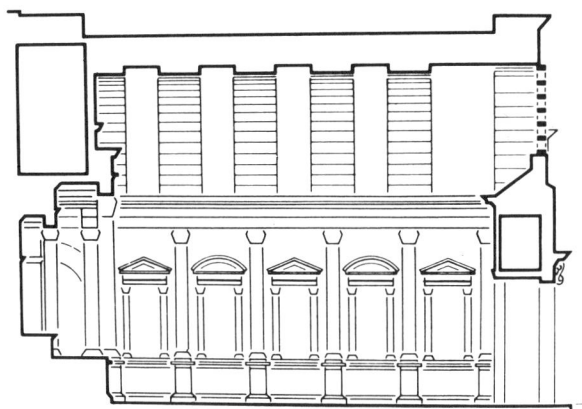

*Nîmes, der Dianatempel, Längs-
schnitt*

Nemausus-Heiligtums errichteten. Da noch drei der vier Wände und ein Teil des Gewölbes erhalten sind, läßt sich das ursprüngliche Aussehen gut rekonstruieren: ein einschiffiger Saal, der von einer durch breite Gurtbögen gegliederten Tonne überwölbt war. In die Wände der Langseiten sind rechteckige Nischen eingelassen, die nach oben abwechselnd von Segmentbögen und Dreiecksgiebeln überfangen sind. In diesen Nischen standen vermutlich Statuen verschiedener weiblicher Quellgottheiten. Links und rechts säumten gleichfalls tonnengewölbte schmale Räume den Tempel, mit dessen Innenraum sie aber nicht verbunden waren. Ihre Bestimmung ist nicht geklärt. Überrascht stellt man fest, daß sich in der baulichen Erscheinung des einschiffigen Saales mit einer Tonnenwölbung bereits der Typ der romanischen Saalkirche ausbildet, der in der Provence so weitverbreitet ist. Man kann davon ausgehen, daß der Dianatempel ein vielstudiertes Lehrbeispiel für die Baumeister des Mittelalters abgab. Namentlich konnte man hier einprägsam das System der Wölbung erlernen, das ja erst im 11. Jh. seine Wiedergeburt erfuhr.

Tour Magne

An der nördlichen Schmalseite des Parks steigt der Mont Cavalier an, auf dessen Spitze mit der Tour Magne ein wichtiger Baustein der römischen Stadtmauer erhalten blieb. Vorrömische Mauersubstanz im Innern des Bauwerks läßt vermuten, daß einem keltischen Bau ungeklärter Bestimmung die römische Turmkonstruktion aufgesetzt wurde. Für einen reinen Zweckbau erscheint der Turm etwas aufwendig geraten. Sein breit ausladender achteckiger Sockel, die den Ecken aufgeblendeten Pilaster – auch dieses ein Motiv, das in der Romanik an den polygonalen Chören und Vierungstürmen der Provence wiederkehren sollte – sprechen dafür, daß er neben seiner Bestimmung als Wach- und Wehrturm eine repräsentative Aufgabe hatte. Diese Vermutung erhärtet sich zur Gewißheit, wenn man erfährt, daß die Stadtmauer jüngeren Datums als der Turm ist, dieser demnach ursprünglich frei auf der Anhöhe stand. Da das Oktogon allgemein ein imperiales Signum ist, als welches es auch im Mittelalter fortwirkte (z.B. die achteckige

Nîmes, die Tour Magne. Stich nach einer Zeichnung von C. Bourgeois

Kaiserkrone Ottos des Großen, das Castel del Monte Friedrichs II. in Apulien, die Pfalzkapelle Karls des Großen in Aachen etc.), liegt ein Vergleich mit den Stadtgründungsbögen nahe. Ob es sich, wie behauptet wird, tatsächlich um das älteste römische Denkmal auf gallischem Boden handelt, schon von dem Eroberer Ahenobarbus errichtet, muß dahingestellt bleiben. Daß es aber eine Art Siegesmonument war, weithin sichtbar von der Herrschaft Roms kündend, scheint die einzig plausible Erklärung.

Man kann im Innern über eine Wendeltreppe auf eine Aussichtsplattform hinaufsteigen, von wo man einen vorzüglichen Blick auf die Stadt Nîmes genießt.

Rundgang durch die Altstadt

Über der Vielzahl römischer Denkmäler gerät leicht in Vergessenheit, daß auch ein Bummel durch die Gassen der Altstadt, die von dem Ringboulevard umschlossen wird, seinen Reiz hat. Die geschickte Restaurierung zahlreicher verwinkelter Innenhöfe der Renaissance und die weitläufige Fußgängerzone bringen den Charme des Vieux Nîmes vorzüglich zur Geltung.

Wählt man den Weg vom Jardin de la Fontaine zurück ins Stadtzentrum so, daß man, wieder vorbei an der Maison Carrée, durch die Rue Général Perrier auf die Kathedrale zugeht, kommt man an der großen Markthalle vorbei. An dieser Stelle zweigt die Rue Guizot zum Boulevard Gambetta ab. Der Name dieser Straße erinnert an den Historiker und Staatsmann *François*

Pierre Guillaume Guizot, der 1787 in Nîmes geboren wurde. Als konstitutioneller Royalist machte er während der zweiten Restauration eine glänzende Karriere. Bereits mit fünfundzwanzig führte er den Professorentitel und wurde zum Generalsekretär der Justiz ernannt. Daneben veröffentlichte er zahlreiche vornehmlich historische Studien und war Mitbegründer der Partei der »Doktrinäre«. Seine große staatsmännische Tätigkeit entfaltete Guizot jedoch erst nach der sogenannten Julirevolution (1830). Louis Philippe ernannte ihn zum Minister des Innern, 1832 übernahm er das Unterrichtsministerium, 1840–48 schließlich war er Außenminister. Seine hartnäckige Ablehnung einer Wahlreform führte mitentscheidend zum Ausbruch der Revolution von 1848, nach der Guizot von der politischen Bühne abtreten mußte. Er starb 1874 auf seinem Landgut Val Richer in der Normandie. Wenn auch die politische Arbeit Guizots aufgrund seiner reaktionären Gesinnung heute eher kritisch beurteilt wird, herrscht Einigkeit in der Würdigung seiner Verdienste um das kulturelle Erbe: Er hat umfangreiche historische Forschungen geleistet (u. a. verfaßte er eine Biographie George Washingtons), wichtige Quellensammlungen initiiert und schließlich 1831 die Berufung Prosper Mérimées auf den Posten des obersten Inspektors der Denkmäler Frankreichs bewirkt, womit die Ära der systematischen Denkmälerinventarisierung und Denkmalpflege in Frankreich begann.

Die *Kathedrale St-Castor* an der Place aux Herbes wurde nach der Zerstörung während der Religionskriege praktisch von Grund auf neu gebaut. An ihrer Fassade sind aber noch Reste der romanischen Bischofskirche erhalten. Ein hoch angebrachter Fries, der an den von Notre-Dame-des-Pommiers in Beaucaire erinnert und wie dieser von St-Gilles abhängt, schildert Begebenheiten aus der Genesis. Die ersten sechs Szenen (links) sind original, d. h. 12. Jh., die anderen wurden im 17. Jh. weitgehend ergänzt. Darüber geht ein Giebelfeld nach dem Vorbild der antiken Tempelfront auf.

Da Nîmes ungewöhnlich reich an Beispielen antiker Kultur ist, empfiehlt sich zur Vertiefung der gewonnenen Eindrücke ein Besuch im *Archäologischen Museum* am Boulevard Amiral

Nîmes, Kathedrale St-Castor, Fassadenfries

Rekonstruktion eines Teils des Oppidums von Nages. Zeichnung von A. Michelozzi

Courbet, das im ehemaligen Jesuitenkonvent untergebracht ist. Üppig ist die Sammlung römischer Gläser, Terra-Sigilata-Gefäße, Kleinbronzen, Grabstelen, Altäre, Porträtköpfe und -büsten. Aus verschiedenen Villen der Umgebung stammen diverse Mosaiken. Eines zeigt sehr bewegt das beliebte Thema der Entführung der Europa (Farbt. 8).

Aus den Berichten Plinius' des Älteren geht hervor, daß das keltische Nîmes bereits eine mächtige Position innehatte und über annähernd zwanzig Oppida in der Umgebung geboten haben soll. Eines davon, das *Oppidum de Nages* (ca. 15 km westlich von Nîmes nahe der D 40), wird seit Jahren Zug um Zug freigelegt. Dabei sind beträchtliche Reste der Festungsmauer und anderer Baulichkeiten zutage getreten. Inzwischen wurde auch ein Teil rekonstruiert, so daß man einen guten Eindruck von der Bauweise mit mörtellos geschichteten Steinplatten gewinnt.

Das Vauclusehochland ▷

Das Vauclusehochland

Nach unseren Exkursionen in die Ebene der Camargue und in die Languedoc wenden wir uns wieder in östlicher Richtung, wo die Gebirgszüge der Vaucluse und des Lubéron aufgehen. Hier liegen die Orte und historischen Stätten zum Teil weit verstreut, so daß man keine Rundfahrt vorschlagen kann.

Das Vauclusehochland ist ein Kalksockel, der sich südlich des Ventouxmassivs von Pernes-les-Fontaines im Westen bis Simiane-la-Rotonde und St-Christol im Osten ausdehnt. Da lediglich die Randzonen Steigungen und zum Teil zerklüftete Schluchten aufweisen, ahnt man im Herzen des Plateaus oft nicht, auf welcher Höhe man sich bewegt. Bei St-Christol etwa, wo man sich in einer weiten Ebene glaubt, liegt das Plateau annähernd 1000 m über dem Meeresspiegel. Der karge Boden, dem durch eine rasche Entwässerung das Regenwasser binnen kurzem entzogen wird, zeigt nur spärlichen Bewuchs. Immerhin gedeiht auf dem undankbaren Terrain der Lavendel, der weite Strecken der Vaucluse im Juli und August in ein blauviolettes Blütenmeer verwandelt. Ein weiterer wichtiger Wirtschaftsfaktor ist der Abbau des Ocker in der Gegend von Roussillon und Rustrel. Oft durchziehen Schafherden das trockene Land, das im Sommer vom Gesang der Zikaden widerhallt.

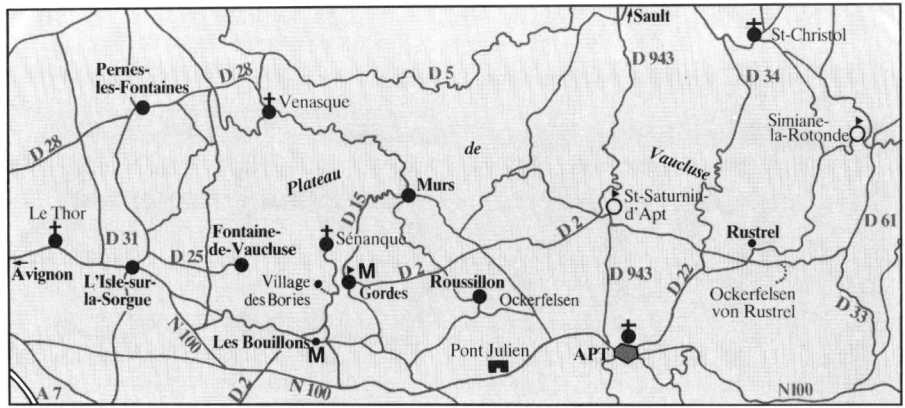

Le Thor (Abb. 55)

Verläßt man Avignon auf der N 100 in östlicher Richtung, kommt man nach ca. 20 km in die Ortschaft Le Thor, deren mittelalterliches Stadttor von einer prachtvollen Barbarotte bekrönt wird. Dahinter stößt man auf die romanische *Kirche Notre-Dame-du-Lac.* Ihre Chorpartie ist nach dem bereits mehrfach beschriebenen Muster eines Polygons gestaltet, das innen zu einem echten Halbrund gemuldet ist. Während sonst immer fünf Flächen zu einem Polygon geordnet erscheinen, sind es in Le Thor sieben. Diese vielfältige Brechung erzeugt in Verbindung mit den hoch aufgehenden, grazilen Pilastern ein energisches Aufwärtsstreben, das man an anderen romanischen Chören der Provence nicht kennt. Le Thor weist die differenzierteste Chorgestaltung aller Kirchen der Provence auf. Die beiden Portale – eines nach Westen, ein weiteres unter einer Vorhalle nach Süden – zeigen unter völligem Verzicht auf szenische Darstellungen eine Fülle antikisierender Ornamente, während der übrige Außenbau in seiner ungegliederten Schlichtheit von der Chorpartie und den Portalen absticht.

Der Innenraum entpuppt sich als überraschende Zwittererscheinung: Einerseits zeigt er Grundzüge provençalischer Romanik – Einschiffigkeit, mehrfach gestufte Wandpfeiler, fensterlose Nordwand –, andererseits fällt die Anwendung eines Kreuzrippengewölbes völlig aus dem Rahmen. Dies ist in der Romanik der Provence singulär und nur aus der Baugeschichte zu erhellen. Demnach wurde die Kirche in den letzten Jahren des 12.Jh. errichtet, als die Zisterzienser burgundisches Formengut in der Provence heimisch gemacht hatten. Aber abgesehen von dieser »modernen« Komponente steht der Bau fest in der provençalischen Tradition. Man erkennt daran, wie beharrlich der Süden am Überlieferten festhielt. Als Le Thor entstand, war in der Ile de France die erste Phase der gotischen Baukunst abgeschlossen, in Chartres bereits der Grundstein zur zweiten Generation der Kathedralgotik gelegt worden.

Le Thor, Gliederung des Chores der romanischen Kirche. Nach Viollet le Duc

Le Thor, Grundriß der romanischen Kirche Notre-Dame-du-Lac

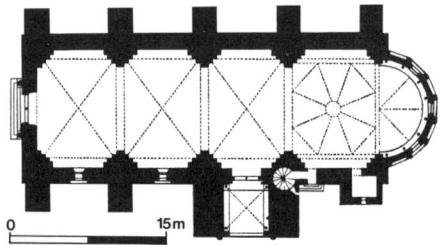

Die Investitur Karls von Anjou durch Papst Clemens IV. Wandmalerei aus der Tour Ferrande in Pernes-les-Fontaines, 13. Jh.

Pernes-les-Fontaines

Pernes-les-Fontaines spielte bis in das 14. Jh. als Hauptstadt der Grafschaft Venaissin eine wichtige Rolle im Geschehen des Landes. Das Blatt begann sich zu wenden, als Raimund VII. 1229 seinen linksrhônischen Besitz dem Patrimonium Petri abtreten mußte. Zwar gab Gregor IX. das Territorium fünf Jahre später auf Vermittlung Ludwigs des Heiligen an Raimund zurück; als der Besitz jedoch durch Erbfolge 1271 an Philipp III., den Kühnen, fiel, kam das Venaissin erneut an den Papst, dem der französische König die Grafschaft überließ. Pernes-les-Fontaines gehört deshalb zu den Meilensteinen auf dem Weg des Papsttums in das »Babylonische Exil«. 1320 verlegte Johannes XXII. die Verwaltung des Comtats Venaissin von Pernes nach Carpentras, womit die Stadt ihre beherrschende Stellung verlor. Ihre mittelalterlichen Bauten künden aber auch heute noch von ihrem einstigen Rang.

Die etwas außerhalb der im 14. Jh. zum Schutz gegen die Grandes Compagnies errichteten Stadtmauer stehende *Kirche Notre-Dame-de-Nazareth* gehörte zu einem Priorat. Der um die Mitte des 12. Jh. entstandene Bau verzichtet auf jedwede Gliederungsform; lediglich das der Stadt zugewandte Südportal und einige Kapitelle und Friesabschnitte im Innern belegen die provençalische Freude an der Bauornamentik.

Beim Schlendern durch die Gassen des verträumten Städtchens fallen die zahllosen, mit phantasievollen Wasserspeiern versehenen Brunnen auf, denen der Ort seinen Namenszusatz verdankt.

Die große Kostbarkeit von Pernes-les-Fontaines ist die *Tour Ferrande,* ein mittelalterlicher Wohnturm, dessen wehrhaftes Äußeres an die Geschlechtertürme der Toskana erinnert. In seinem dritten Stockwerk sind Wandmalereien des späten 13. Jh. erhalten, die – ein seltener Fall in dieser Zeit – historische Begebenheiten zum Gegenstand haben. Sie schildern den Kampf Karls von Anjou gegen den letzten Staufer Konradin und seine Belehnung mit dem Königreich Neapel durch Papst Clemens IV. Man vermutet, daß der Auftraggeber dieser Bilder ein Kampfgefährte Karls von Anjou war.

Venasque

Während Le Thor und Pernes-les-Fontaines noch im Tal liegen, überblickt die Ortschaft Venasque das Umland von einer Anhöhe am Nordrand des Vauclusemassivs. Das Städtchen, das in der Merowingerzeit ein eigenes Bistum war, gab der Grafschaft Venaissin ihren Namen.

Die *romanische Kirche* ist als einschiffiger Saal ein klassisches Beispiel provençalischer Romanik. Die Kapellenanbauten entstammen späteren Jahrhunderten.

In Verbindung mit der Kirche steht das sogenannte *Baptisterium*. Es handelt sich um einen Vierkonchenbau, dessen hufeisenförmige Apsiden um ein Quadrat gelegt sind. Die östliche Konche ist etwas kleiner als die anderen, weil an dieser Stelle der Felsen steil abfällt und sich der Bau dem Terrain anpassen mußte. Früher galt das Kirchlein als merowingische Architektur aus dem 6. Jh., doch ist man von dieser Frühdatierung inzwischen abgerückt. Die den Konchen eingestellten Arkadenbögen tauchen in der provençalischen Baukunst erst mit der anbrechenden Romanik des 11. Jh. auf, demnach kann der Bau nicht über das 11. Jh. zurückreichen. Ebenfalls ist die Deutung als Baptisterium kaum noch zu halten. Zum einen konnte festgestellt werden, daß die achteckige Vertiefung im Zentrum, das vermeintliche Taufbecken, nachträglich ausgehoben wurde, zum anderen spricht der Grundriß gegen diese Festlegung. Baptisterien sind ausnahmslos – die drei in der Provence noch existierenden Beispiele geben davon Zeugnis – quadratisch, rund oder oktogonal. Dagegen ist der Typus des Vierkonchenbaus als Grabkapelle bzw. Friedhofskirche (vgl. Montmajour, Ste-Croix) belegt. Es liegt nahe, in Venasque eine ähnliche Bestimmung zu vermuten.

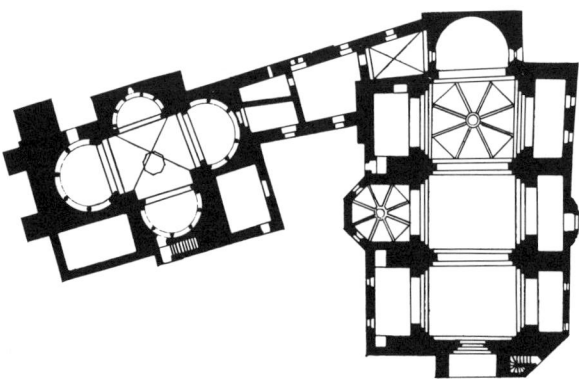

Venasque, Grundriß der romanischen Kirche und des sog. Baptisteriums

Francesco Petrarca. Aus einer Handschrift des »Canzoniere«,
15. Jh. Rom, Bibliothek des Vatikans, Cod. Lat. 3198

Fontaine-de-Vaucluse

Der Name des kleinen Ortes, der am Fuße eines tiefen Talkessels liegt, führt oft zu Mißverständ-nissen. Man meint, hier entspringe ein Fluß namens Vaucluse; doch einen solchen gibt es nicht. Vielmehr handelt es sich um die Quellen der Sorgue, die hier am Rande des Vauclusegebirges zutage treten. Von der Ortsmitte geht man knapp fünfzehn Minuten bis zu jenem Quelltopf, aus dem im Frühjahr das Wasser mit 150 cbm pro Sekunde hervorbricht. Es ist eine gigantische Karstquelle, die aus einem weitverzweigten System unterirdischer Kanäle gespeist wird. Man schätzt, daß das Einzugsgebiet der Quelle eine Fläche von mehr als 200 000 Hektar erfaßt und Kanäle bis in die Gegend von Sisteron besitzt. 1967 gelangte Cousteau mit einer speziellen Tauchvorrichtung bis zu einer Tiefe von 106 m, ohne jedoch den Grund des Schachtes zu erreichen.

Das Wasser wälzt sich über den Rand des Quelltopfes und stürzt schäumend über Geröll und Klippen zu Tal. Im Sommer geht es eher beschaulich zu; dann steht das Wasser einige Meter unterhalb der Schachtkante, und auf seiner ruhigen Oberfläche spiegelt sich die steil darüber aufgehende Felswand. Da die Sorgue aber auch weiter unten im Tal zusätzliche kleinere Quellen besitzt, versiegt der Fluß nie. In seinem kristallklaren Wasser tummeln sich die Forellen zuhauf – in den Restaurants des Ortes landen sie gebraten oder gekocht als Spezialität auf dem Teller.

Bekannt wurde Fontaine-de-Vaucluse, dessen Karstquelle bereits Plinius in seiner »Naturalis Historia« beschrieben hat, durch *Francesco Petrarca*. Der große Dichter, einer der Wegbereiter der Renaissance, wurde 1304 in Arezzo in der Toskana geboren. Sein Vater, der im Zuge der Auseinandersetzungen zwischen Guelfen und Ghibellinen aus Florenz verbannt worden war, folgte 1312 einem Ruf an den päpstlichen Hof nach Avignon. Die dortigen Jugendjahre haben

Francesco Petrarca entscheidend geprägt. 1319 nahm er in Montpellier das Studium der Rechtswissenschaften auf, das er später in Bologna fortsetzte. Nach des Vaters Tod 1326 empfing er die niederen priesterlichen Weihen. Im Jahr darauf lernte er die sagenumwobene Laura kennen, die er in unzähligen Sonetten besang. Seine rhetorische Begabung und sein Verhandlungsgeschick bescherten ihm eine glänzende Laufbahn. Mal war er als Gesandter des Papstes in Neapel, dann hatte er Kontakt mit dem deutschen Kaiser, andere Missionen führten ihn zum Dogen von Venedig, nach Rom und nach Florenz, wo er sich mit Boccaccio anfreundete. Zwischen diesen Reisen suchte er immer wieder die Abgeschiedenheit von Fontaine-de-Vaucluse auf, wo er sich nach dem Tode Lauras, die 1348 der Pest zum Opfer gefallen war, für fast drei Jahre vom Weltgeschehen zurückzog. Als gefeierter Dichter übersiedelte er schließlich 1351 endgültig nach Italien. Petrarca, der 1374 auf seinem Landsitz in Arquà nahe Venedig starb, hatte entscheidend mitgeholfen, den Weg für die Rückkehr des Papsttums nach Rom zu ebnen.

Glasmuseum und Ölmühle in Les Bouillons

Von der Straße zwischen Fontaine-de-Vaucluse und Gordes (D 2) weist ein Schild in Richtung St-Pantaléon. Kurz vor diesem Dorf erreicht man den Flecken Les Bouillons, der gleich mit zwei Attraktionen aufwartet. Das Glasmuseum, von der Künstlerin *Frédérique Duran* ins Leben gerufen, bietet didaktisch gut aufbereitetes Anschauungsmaterial zur Technik und Geschichte des Glases und der Glasmalerei. Einige hervorragende Reproduktionen dokumentieren die Blüte dieser Kunst im Mittelalter von ihren frühesten bekannten Beispielen (Prophetenfenster des Augsburger Domes, um 1065) bis hin zu den Meisterwerken der Chartreser Werkstätten. Daneben sind zahlreiche Werke F. Durans ausgestellt, deren Arbeiten Kirchen und öffentliche Gebäude in aller Welt schmücken.

In einer Mühle aus dem 16. Jh. gleich neben dem Museum wird eine Ölpresse aus gallorömischer Zeit gezeigt. Das 10 m lange Ungetüm ist aus einem einzigen Eichenstamm gearbeitet und wiegt sieben Tonnen. Untersuchungen der Jahresringe legen eine Datierung in Augusteische Zeit nahe.

Gordes (Farbt. 1; Abb. 56)

Vom Tal des Coulon geht es hinauf auf die Südspitze des Vaucluseplateaus. Auf einer vorgeschobenen Felsnase steigen die Häuser von Gordes wie die Sitzreihen eines Amphitheaters steil bergan. Den Gipfel beherrscht die *Burg der Seigneurs de Simiane,* die um die Mitte des 16. Jh. anstelle eines mittelalterlichen Bauwerks entstanden ist. Obwohl sie zeitlich der Renaissance angehört, kann sie ihre Herkunft aus der Verteidigungsarchitektur des Mittelalters nicht leugnen.

Heute birgt das Schloß ein Museum mit Werken *Victor Vasarelys*. Der 1908 in Ungarn geborene Künstler übersiedelte 1930 nach Frankreich. Über die Gebrauchsgraphik fand er zur großformatigen Malerei. Das Grundmuster seiner Bilder leitet sich überwiegend von sogenannten Kippfiguren ab, geometrischen Grundformen aus Würfel, Pyramide etc., die, je nachdem, wie man sein Auge einstellt, einem das Gefühl vermitteln, das Bild entweder aus der Vogelperspektive zu erleben oder es von unten her zu sehen. Dieses manchmal verwirrende Spiel hat einen ganz eigenen ästhetischen Reiz, der sich harmonisch in das gediegene Ambiente des Renaissanceschlosses einfügt. Bei Betrachtung des reichdekorierten Kamins im Untergeschoß wird einem bewußt, daß jede Epoche auch in der gegenstandslosen Kunst vollkommene Werke hervorgebracht hat. Die Ornamentik der romanischen Portale verdeutlicht das ebenfalls. So gesehen haben die Werke Vasarelys hier in der Provence einen durchaus sinnvoll erscheinenden Platz erhalten.

Village des Bories (Abb. 57, 58)

Nahe bei Gordes (Hinweisschilder beachten) kann man ein Freilichtmuseum besonderer Art besuchen, die Village des Bories, mit einem Dutzend aus mörtellos gefügten Steinplatten bestehenden Hütten. Sie sind nach Art des sogenannten falschen Gewölbes errichtet, das bedeutet, die Steinschichten sind derart gelegt, daß eine Reihe immer über die darunterliegende kragt, bis die Mauern nach oben zu einem spitzen Dach zusammenwachsen. Solche primitiven Kuppel-

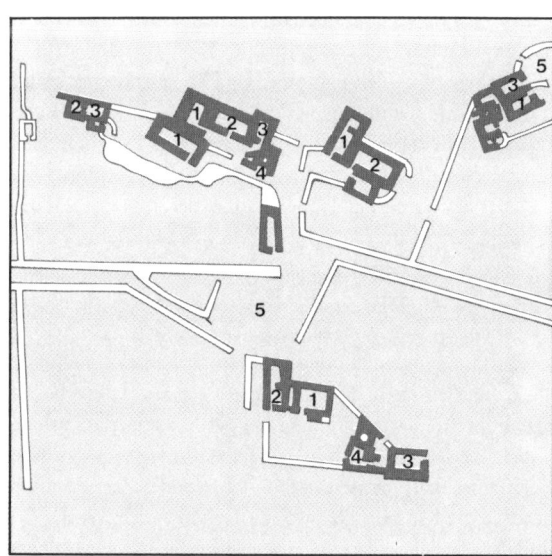

Village des Bories bei Gordes, Lageplan der Steinhütten:
1 Wohnräume   2 Schafställe   3 Scheunen und Speicherräume   4 Backöfen 5 Tennen

bauten kommen in ganz Südeuropa vor; besonders verbreitet sind sie in Apulien, auf Sizilien und Sardinien, wo man sie Trulli nennt, ferner in Spanien – dort heißen sie Cabaños – und in Südfrankreich. In der Frage der Datierung dieser Steinhütten gehen die Meinungen weit auseinander. Eine Zeitlang galten sie als Zeugnisse keltischer Bauweise, andere stellten sie gar in das Neolithikum, doch mittlerweile denkt man an die Spanne zwischen dem Mittelalter und dem 19. Jh. Eines jedoch scheint sicher zu sein: In den Bories spiegelt sich eine uralte Tradition wider, die eine archaische Bauweise, möglicherweise tatsächlich aus prähistorischer Zeit, bis in unsere Tage herübergerettet hat.[31]

Nach den Münzfunden zu urteilen, ist die Siedlung hier bei Gordes im 17. Jh. entstanden. In den Hütten lebten Schafhirten, die ihre Herden im Winter und bei schlechter Witterung gleichfalls in Bories pferchten. Die Siedlung, die noch bis in unser Jahrhundert bewohnt war, zerfiel nach ihrer Auflassung rasch. 1969 wurden die zum Teil eingestürzten Gebäude als Monuments Historiques der Aufsicht der Denkmalbehörde unterstellt und restauriert.

Die Zisterzienserabtei Sénanque (Farbt. 16; Abb. 59–62)

Kurz vor Gordes zweigt nach links die D 117 ab, die nach wenigen Kilometern zum Zisterzienserkloster Sénanque führt. Kaum daß man die Hauptstraße verlassen hat, schlägt das Landschaftsbild um. Eben noch kam man durch üppige Obstplantagen, vor allem mit Kirsch- und Aprikosenbäumen, jetzt gewahrt man nur mehr das krautige Gewuchere der Garrigue, aus deren stacheligem Dickicht von Zeit zu Zeit eine Borie hervorlugt.

In dieser steinigen Einöde öffnet sich alsbald ein tiefer Taleinschnitt, an dessen Sohle die Abtei Sénanque auftaucht. Das geflügelte Wort von den »trois sœurs provençales« (die Zisterzienserklöster Sénanque, Silvacane und Le Thoronet) erweckt den Eindruck, als habe es in der Provence nur diese drei Gründungen des Ordens gegeben. In Wahrheit besaß der Orden einst ein ganzes Dutzend Niederlassungen, von denen aber lediglich diese drei erhalten blieben. Sénanque, das jüngste dieser Klöster, wurde 1148 ins Leben gerufen. Giraud de Simiane überließ den Mönchen das abgeschiedene Tal der Sénancole, deren Name auf die Unwirtlichkeit der Gegend verweist (Sénancole von lat. *sine aqua* = ohne Wasser). Dennoch bot das Rinnsal gerade genug Wasser, um Reservoirs anzulegen und den Boden fruchtbar zu machen. Von den Klosterbauten entstand nach 1160 als erstes die Kirche, im ausgehenden 12. Jh. folgten der Kreuzgang und die ihn umgebenden Konventsgebäude. Die Blütezeit des Klosters, das bereits vier Jahre nach seiner Gründung seinerseits Filiationen ins Leben rief, fiel in das 14. Jh., nachdem mit Benedikt XII. ein Zisterzienser im nahen Avignon den Stuhl Petri bestiegen hatte. Danach verlor der Ruf von Sénanque an Glanz, und die Zahl der Mönche nahm deutlich ab. Als schließlich Waldenser das Kloster im 16. Jh. geplündert hatten, führte es bis zu seiner Aufhebung in der Revolution nur noch ein Schattendasein. 1854 kehrten die Zisterzienser zurück und renovierten das schwer beschädigte Kloster. 1969 wurde das Mutterkloster des Ordens, Cîteaux in Burgund, restituiert, und man berief die letzten in Sénanque lebenden Mönche dorthin. Ein französischer Omnibus-

Der Papst übergibt den Zisterziensern ihre Ordensregel. Miniatur aus einem Manuskript des 12. Jh.

hersteller sponsert seither die Erhaltung der Gebäude und das kulturelle Leben in Sénanque. Wechselnde Ausstellungen, vornehmlich zu mittelalterlichen Themen, Sommerkonzerte und Seminare sorgen dafür, daß die ehrwürdigen Mauern auch weiterhin mit Leben erfüllt bleiben.

Man wird den Geist der strengen Architektur besser verstehen, wenn man sich kurz die Bedeutung des Zisterzienserordens und seines Stammvaters, *Bernhard von Clairvaux,* in Erinnerung ruft.

Das 11. Jh. war überstrahlt vom Ruhm Clunys, das dem Wirken seiner Äbte Majolus, Odilo und Hugo seine glänzende Stellung verdankte. Mehrere Päpste gingen aus dem Orden hervor: Gregor VII., Urban II. und Paschalis II. Die innerhalb eines Jahrhunderts gewonnene Machtfülle, symbolisch verkörpert in dem größten Kirchenbau der Christenheit, barg aber schließlich den Keim zum Niedergang Clunys in sich. Das Kloster war durch zahllose Stiftungen und Schenkungen unermeßlich reich geworden, der Abt Herrscher über ein ganzes Mönchsimperium. Der Gottesdienst pervertierte zu einer übersteigerten kirchlichen Prachtentfaltung, wohingegen Wissenschaft und Handwerk an Beachtung verloren. Wie so manche Institution erstarrte auch Cluny letztlich in seinem eigenen Zeremoniell.

In klarer Opposition zu dem verweltlichten Cluny gründete 1098 Robert von Molesme nahe bei Dijon das Kloster Cîteaux, aus dem eine monastische Kraft erwuchs, die der Wirkung von Cluny kaum nachstehen sollte. Grundlage der jungen Mönchsgemeinschaft war wie bei den Kluniazensern die Regel des hl. Benedikt, nur wurde sie bedeutend strenger ausgelegt. War die Messe in Cluny mittlerweile zu einer mehrstündigen Schau mit nicht zu überbietendem Pomp geraten, so sollte das gemeinsame Gebet der Zisterzienser in aller Schlichtheit, zwar mit Gesang, aber ohne Instrumentalbegleitung vonstatten gehen. Handwerk und Landarbeit, die in dem vornehmen Cluny verpönt waren, wurden zur wichtigsten Pflichtübung erkoren. Im schroffen

Zisterziensermönche bei der Holzbearbeitung. Detail einer Initiale aus einem Manuskript des 12. Jh.

Gegensatz also zu der verfeinerten, ja schon luxuriösen Lebensweise der Kluniazenser suchte der Zisterzienser ein Leben in asketischer Zurückgezogenheit und stillem Gebet. Die von Robert und seinen Nachfolgern Alberich und dem gelehrten Engländer Stephen Harding festgelegte Regel war jedoch so streng, daß die zu diesem Zeitpunkt noch ganz von Cluny geblendete Jugend kaum für die neue Idee zu begeistern war. Schon nach wenigen Jahren schien Cîteaux mangels Mitgliedschaft zum Scheitern verurteilt. In das vom Aussterben bedrohte Kloster trat 1113 mit dem jungen Bernhard von Clairvaux ein Mann, dessen mitreißender Enthusiasmus die Szene schlagartig veränderte. Seinem begeisterten Aufruf schlossen sich gleich dreißig junge Adlige an, darunter auch Bernhards vier Brüder. Schon zwei Jahre später übernahm der erst Fünfundzwanzigjährige die Abtswürde der Tochtergründung Clairvaux. Dies sollte zugleich die einzige Ehrenstellung bleiben, die Bernhard im Laufe seines Lebens annahm. Bedeutende Bistümer, den Kardinalshut, schließlich sogar den ihm mehrfach angetragenen Stuhl Petri selbst schlug er in unbeugsamer Selbstbescheidenheit aus. Auf seine Initiative entstanden zahlreiche zisterziensische Tochtergründungen; von 1118 bis zu seinem Tode im Jahr 1153 gründete Bernhard allein fast siebzig neue Klöster.

In Sénanque sind Informationen zur Genealogie der Zisterzienserklöster ausgestellt. Sie alle wurden in entlegenen und unwirtlichen Gegenden angesiedelt: in Sümpfen, undurchdringlichen Wäldern oder kaum zugänglichen Schluchten. So ist es die bleibende Leistung der Zisterzienser, Regionen Europas urbar gemacht zu haben, die zuvor keines Menschen Fuß betreten hatte. Seiner Weltflucht zum Trotz hat der Orden die Welt reich beschenkt. Der von schweren Magenleiden zeitlebens gezeichnete Bernhard – die moderne Forschung glaubt in seinem Krankheitsbild psychosomatische Symptome zu erkennen – lebte selbst in ständigem Konflikt

76　Marseille　Blick vom Château d'If auf die Stadt

◁　75　St-Chamas am Etang de Berre　Der römische Pont Flavien

77 Zisterzienserabtei LE THORONET Blick vom Kreuzgang auf die Klosterkirche

78 Zisterzienserabtei LE THORONET Ostflügel des Kreuzgangs ▷

79 Das Dorf VENTABREN bei Aix-en-Provence

80 GRÉOUX-LES-BAINS (Haute-Provence)

81 Das Dorf ST-MARTIN-DE-BRÔMES (Haute-Provence) ▷

83 Barbarotte in St-Michel-l'Observatoire

◁ 82 Digne (Haute-Provence)
85 Alter Bauer in der Haute-Provence

84 Beim Boulespiel

86 Barbarotte in Grillon (Tricastin)

87, 88   Wasserspeier in Entrecasteaux und in Riez

89   Marseille   Fischmarkt am Alten Hafen

91 GANAGOBIE Portal der romanischen Klosterkirche 92 MANOSQUE Porte Sauderie (14. Jh.)

◁ 90 GANAGOBIE Romanisches Mosaik in der Klosterkirche: der hl. Georg im Kampf mit dem Drachen

93 GANAGOBIE Der romanische Kreuzgang 94 SISTERON Blick auf die Zitadelle ▷

Der hl. Bernhard von Clairvaux. Tafelmalerei in der Kathedrale von Périgueux, 15. Jh.

zwischen der Sehnsucht nach Zurückgezogenheit und der Berufung, vor den Massen und gekrönten Häuptern seiner Zeit zu predigen. 1146 rief er in Vézelay im Beisein König Ludwigs VII. und seiner Gemahlin, der geheimnisumwitterten Eleonore von Aquitanien, zum zweiten Kreuzzug auf. Am Weihnachtstag desselben Jahres konnte er durch seine mitreißende Rede im Dom zu Speyer Kaiser Konrad III. für dasselbe Unternehmen gewinnen. Bernhard hat diesen Zwiespalt zutiefst gespürt und sich selbst als die »Chimäre des Jahrhunderts« bezeichnet.

Dank seiner ausgezeichneten Erhaltung und seiner für den Orden klassischen Lage ist das Kloster Sénanque ein Paradebeispiel zisterziensischer Baugesinnung. Schon von der Anhöhe, von wo man die gesamte Anlage überschaut, wird man gewahr, daß in dieser Wildnis ein ordnender Geist von unbestechlicher Klarheit waltet (Abb. 59).

Man nähert sich der Abtei von der Nordseite mit Blick auf den Chor der Kirche, die wegen der Enge des Tales nicht geostet werden konnte. War schon wiederholt die sorgfältige Steinbehandlung als ein Merkmal der provençalischen Romanik zu beobachten, so erfährt man hier in der nahtlosen Fugung der glattpolierten Quader den Gipfel handwerklicher Perfektion. Ein besonderer Genuß ist das Erlebnis im Juli und Anfang August, wenn sich das graue Gebäude wie eine Himmelsarche aus dem blauen Meer der ringsum angelegten Lavendelfelder erhebt.

◁ 95 Sisteron Blick von der Zitadelle auf den Zusammenfluß von Durance und Buëch

273

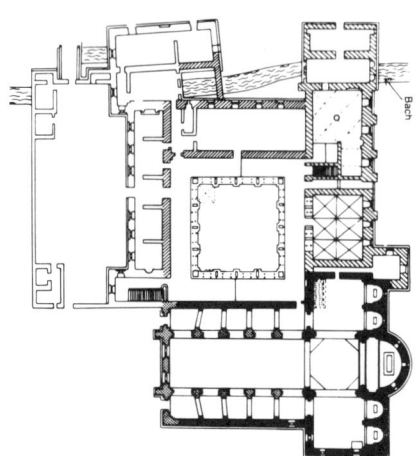

Zisterzienserkloster Sénanque, Grundriß; links: Querschnitt durch die Abteikirche

Im Innern gelangt man als erstes in das Dormitorium, einen langgezogenen, ungeteilten Raum, in dem ursprünglich die harten Pritschen der Mönche in Reih und Glied nebeneinander standen. Ein Zugang führt von hier hinunter in die Kirche. Da die Regel eines Ordens immer die bauliche Gestalt seiner Klöster bestimmte, erscheint es einleuchtend, daß der Schlafraum direkt mit der Kirche verbunden ist, denn die Zisterzienser mußten sich auch nächtens zweimal zum gemeinsamen Gebet in die Kirche begeben.

Die *Kirche* ist nach basilikalem Muster angelegt. An die mit einer Kuppel überwölbte Vierung schließt sich das halbrunde Chorhaupt an (Abb. 60). Die quadratischen Querschiffarme öffnen sich nach Norden in je zwei kleinere Apsiden, deren Rundung am Außenbau nicht in Erscheinung tritt. Der fast schon radikal anmutende Verzicht auf jedwede Form schmückenden Dekors, eine von Bernhards Grundforderungen, läßt die Sprache der Architektur kraftvoll in den Vordergrund treten. Scharfkantig stoßen die Pfeiler der Arkadenbögen auf den Boden; trotz der relativ kleinen Fensteröffnungen ist die Beleuchtung klar, denn auch farbige Fenster waren verpönt. Die Gesamtheit des Bauwerks ist eine Synthese aus burgundischer Errungenschaft (Spitztonne), provençalischem Erbe (Vierungskuppel, angeschnittene Halbtonnen in den Seitenschiffen) und zisterziensischer Schmucklosigkeit. Da man erfreulicherweise keine sinnentstellende Bestuhlung antrifft, erlebt man die Kirche ganz und gar authentisch.

Eine kleine Tür im westlichen Seitenschiff stellt die Verbindung zum *Kreuzgang* her (Abb. 62). Dessen bauliche Gestalt steht in der Nachfolge von Montmajour: Der quadratische Hof ist umgeben von einer rhythmischen Folge kleiner Arkaden über gekuppelten Säulchen im Wechsel mit massiven Pfeilern, die die Entlastungsbögen tragen. An den Kapitellen entdeckt man den zaghaften Versuch, mit vegetabilen Formen die Schmucklosigkeit ein wenig zu mildern. Insofern entfernt sich der Kreuzgang von Sénanque bereits vom zisterziensischen Ideal und erweist sich, verglichen mit dem älteren von Le Thoronet, geradezu als luxuriös. Im Nordflügel öffnet sich der Kreuzgang zum Kapitelsaal, dessen Kreuzrippengewölbe erst im 13. Jh. eingezogen wurde. Es ruht auf zwei frei im Raume aufgestellten Säulen. An den Wänden laufen drei steinerne Sitzreihen entlang, auf denen die Mönche während der Lesungen Platz nahmen. Nach Westen schließt sich das »Chauffoir« an, der einzige Raum des Klosters, der mit Hilfe eines Kamins beheizbar war (Abb. 61). Hier befand sich unter anderem die Schreibstube. Die Mönche durften sich hier nur in Ausnahmefällen aufhalten, etwa zum Trocknen nach einem Regenguß oder zu medizinischer Behandlung. Die ganze Länge des Westflügels nimmt das Refektorium ein. In diesem Punkt weicht Sénanque vom gängigen Muster des Zisterzienserklosters ab, das den längsgerichteten Speisesaal in der Regel mit der Schmalseite an den Kreuzgang fügte, um zwischen Konversenbau und Refektorium der Mönche Raum für die Küche zu sparen. Derartige Wirtschaftsräume sind in den Klöstern anderer Orden meist aus dem Bautenverband um den Kreuzgang ausgegliedert. Das Zisterzienserkloster aber legt auch die Küche an den Kreuzgang, einmal, um eine möglichst lückenlose Geschlossenheit des mönchischen Lebensraumes nach außen zu erreichen, zum anderen, um in einem tieferen Sinne den Kreuzgang als das Zentrum des Klosters und als Abbild göttlicher Ordnung zu definieren. Die Abweichung in Sénanque ist mit der Enge des Sénancoletales zu erklären. Ein rechtwinklig zum Kreuzgang angelegtes Refektorium wäre zu nah mit dem Felsen in Berührung gekommen.

Die übrigen Baulichkeiten des Klosters sind weitgehend Neubauten des 17. bis 19. Jh. Sehenswert ist die in einem Teil des Westflügels untergebrachte ständige Ausstellung zur Geschichte des Zisterzienserordens, vor allem seiner Ausbreitung in ganz Europa im Laufe des 12. Jh.

Roussillon

7 km östlich von Gordes ist das Dorf Roussillon von einem Kranz von Ockerfelsen umringt. Besonders in den frühen Morgenstunden schimmern die von Hellgelb bis Rostrot spielenden Farben in reichen Nuancierungen.

Der Ocker ist einer der ältesten Kunstwerkstoffe der Welt, schon die Höhlenmenschen der Steinzeit benutzten ihn bei der Anfertigung ihrer Felsbilder. Er besteht aus einer Mischung von Tonerde und Eisenoxyd. Das Pigment wird in einer Reihe von Klärbecken ausgewaschen und von Ballaststoffen gereinigt. Dieser Grundstoff wird dann getrocknet und durch ein Brennverfahren auf den gewünschten Farbton gebracht.

Apt

Von Roussillon führt die D 149 vom Vaucluseplateau hinab in das Tal des Coulon, wo sie auf die N 100 stößt. Die Nationalstraße entspricht in ihrem Verlauf weitgehend der römischen Via Domitia. Von dieser zeugt noch ein wichtiges Teilstück, der *Pont Julien,* der 8 km vor Apt den

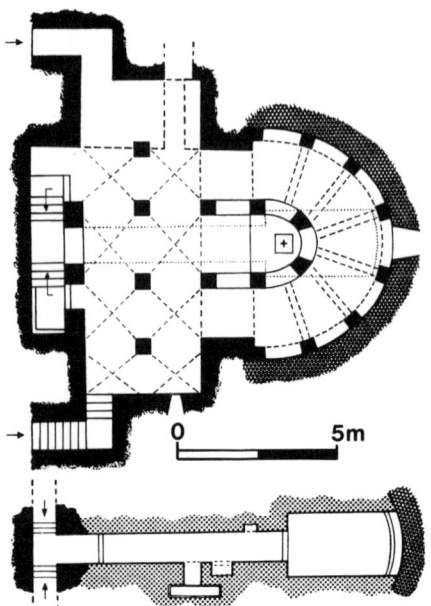

Apt, Kathedrale Ste-Anne, Grundrisse der oberen und unteren Krypta

Coulon überspannt. Die 70 m lange Brücke wird von drei ausladenden Bögen getragen, über die noch der Verkehr unserer Tage hinwegrollt.

Apta Julia war eine Station an der Via Domitia, die, von Nîmes kommend, im Tal der Durance über Sisteron (Segustero) und Briançon (Brigantium) fortführend die Alpen überquerte. Apt besitzt mit seiner *Kathedrale* noch ein bedeutendes Zeugnis seiner mittelalterlichen Substanz, von der Römerzeit ist dagegen nichts mehr vorhanden. Der romanische Bau wurde wiederholt umgebaut, erweitert, erhöht, so daß die ursprüngliche Struktur weitgehend überlagert ist. Einen Besuch lohnt aber die *Krypta,* die als doppelgeschossige Anlage nicht ihresgleichen besitzt. Die Oberkrypta besteht aus zwei Abschnitten. An einen rechteckigen Raum schließt sich eine apsidiale Rundung mit einem Umgang an. Diese Krypta stammt aus dem 11. oder anbrechenden 12. Jh. Darunter befindet sich eine kleinere, möglicherweise karolingische Krypta. Es handelt sich dabei um einen kleinen Rechteckraum, in den man durch einen schmalen Gang gelangt. Dieser in gallorömische Fundamente eingebettete älteste Teil der Kathedrale ist den frühesten Kulträumen der Christenheit, den Katakomben in Rom, wesensverwandt.

Ludwig XIII. war anläßlich einer militärischen Operation in der Provence auf Apt aufmerksam geworden, denn in der Kathedrale wurden die Gebeine der hl. Anna verehrt, der Namensheiligen seiner Gemahlin, Anna von Österreich. Da Ludwig sehnsüchtig auf männliche Nachkommenschaft aus dieser Ehe wartete, bewog er die Königin, die Konsuln der Stadt um eine Reliquie vom Corpus der Heiligen zu bitten. 1623 überbrachte eine Gesandtschaft aus Apt den kleinen Finger der hl. Anna nach Paris. Aber die Wunderwirkung der Reliquien ließ lange auf sich warten – vielleicht hatte man nicht einkalkuliert, daß die hl. Anna selbst erst in fortgeschrittenem Alter Mutter geworden war. Der Thronerbe, Ludwig XIV., erblickte jedenfalls erst fünfzehn Jahre später das Licht der Welt. Daraufhin ließ sich Anna von Österreich ihrerseits noch einmal zweiundzwanzig Jahre Zeit, bis sie pflichtschuldig ihre Dankeswallfahrt nach Apt unternahm, wo sie in der Kathedrale eine Kapelle stiftete.

St-Saturnin-d'Apt

Von Apt wenden wir uns wieder den Anhöhen des Vauclusehochlandes zu. Hier im östlichen Teil des Plateaus nimmt die Besiedlung spürbar ab, und man trifft nach der Denkmälerfülle im Bereich um Gordes nur noch vereinzelt auf kulturelle Stätten. Eine solche ist St-Saturnin-d'Apt. Bis hierher waren die Araber im 9. Jh. vorgestoßen. Eine Windmühle, die romanische Kapelle und die Ruine einer Burg, die im Besitz der Seigneurs de Simiane stand, ragen über den Dächern des verträumten Dorfes auf, das eine weite Aussicht über das Coulontal und das Lubérongebirge im Süden bietet.

Die Ockerfelsen von Rustrel (Farbt. 26, 27)

Noch sehr viel eindrucksvoller als die Ockerfelsen von Roussillon sind die, die man nahe der Ortschaft Rustrel antrifft. Etwa 2 km östlich des Dorfes biegt man von der D 22 in einen Feldweg ein, der zu den Felsen führt (Fußweg ca. 20 Minuten). Das Farbenspektrum der Ockerformationen reicht von einem fast weißlichen Gelbton bis hin zu tiefem Braun. Umkränzt vom satten Grün der Wälder, silhouettenhaft gegen das Blau des Himmels abgezeichnet, sind die Gelb- und Rottöne des Ockers gleichsam Fanfaren in einer Farbsymphonie der Natur.

Simiane-la-Rotonde

Ein wenig erinnert die Lage des Ortes an Gordes. Ringförmig steigen die Häuser an einem Felssporn auf, zu dessen Füßen sich ein weites Tal ausbreitet. Im Sommer übergießt der Lavendel die Niederung mit seinem Duft und seiner Farbe. Über die aufstrebenden Dächer von Simiane ragt eine Burgruine, Reste eines im 12. Jh. errichteten Baus der Herren von Simiane, die im ganzen Vaucluse ausgedehnten Besitz ihr eigen nannten. Einzig der Donjon steht noch. Der nach außen klobig erscheinende polygonale Turm bietet im Innern eine Überraschung. Auf halber Höhe ist die Wand des fast kreisrunden Raumes in zwölf Nischen gegliedert. Darüber

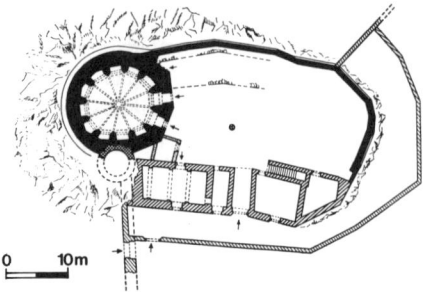

0   10m

Simiane-la-Rotonde, Grundriß der Burganlage

geht ein zwölfteiliges Gewölbe auf, dessen flache Rippen aus den Säulchen zwischen den Nischen emporwachsen. Ursprünglich war der Turm in zwei Geschosse unterteilt. Das Parterre reichte bis zum Fußpunkt der Nischen, die entsprechend über dem Fußboden des Obergeschosses aufgingen – heute schweben sie etwas sinnentleert in der Luft. Die an die Sakralbaukunst der Zeit sich anlehnende Struktur des Gebäudes hat dazu geführt, daß man früher darin einen Kirchen- oder auch Memorialbau sehen wollte. Daß es sich aber um einen Burgturm handelt, gilt heute als unumstritten. Man vermutet, daß das Untergeschoß als Lagerraum diente, während der obere Raum repräsentative oder auch administrative Zwecke, etwa als Versammlungsort der Vasallen des Burgherrn, erfüllte. Der Donjon von Simiane ist das einzige bekannte Beispiel eines aristokratischen Wohnturmes in Form einer Rotunde in Südfrankreich im 12. Jh. und darin zugleich ein Verwandter, vielleicht sogar Vorbild der Tour Constance Ludwigs des Heiligen in Aigues-Mortes aus dem 13. Jh.

St-Christol

Dem Liebhaber romanischer Kunst wird kein Umweg zu weit sein, das Kleinod von St-Christol aufzusuchen. Die Kirche mit ihrem typisch provençalischen Chor – außen ein Fünfeck, innen ein Halbrund – ist ein bescheidener Bau, der zudem durch die Anfügung eines Seitenschiffes nach Süden im 17. Jh. an Wirkung eingebüßt hat. Aber der plastische Dekor des Chores ist eine wahre Fundgrube. Dem Halbrund sind sechs Säulen eingestellt, die fünf Arkadenbögen tragen. Ihre Basen, Kapitelle und Schäfte sind über und über mit Reliefs verziert. Neben verschiedenen pflanzlichen Motiven nehmen die diversen Tierdarstellungen den breitesten Raum ein. Man erkennt Sphingen, Greifen, Löwen, einen Bär, Schlangen, Pelikane und einen Hasen. Die fischschwänzige Frauengestalt am zweiten Säulenfuß der rechten Seite ist die Melusine, die in der mittelalterlichen Sagenwelt Frankreichs eine große Rolle spielt und an vielen Portalen, vor allem des Poitou, erscheint. Hinter der dekorativen Note der flach gehaltenen Reliefs steht wie immer in der romanischen Kunst ein tiefer Symbolgehalt. Einige der Tiere stehen sinnbildhaft für die Kraft des Guten und der Erlösung, so etwa die Pelikane, die sich das Fleisch aus der eigenen Brust reißen, um die Nachkommenschaft damit zu füttern, andere sind Ausdruck der dunklen Mächte, wie die Schlange, der Bär. Der Löwe kann für beide Prinzipien stehen; gemeinsamer Nenner ist jeweils die Kraft des Tieres. Als Metapher der Überlegenheit der guten Mächte zeigt ihn die Szene im Kampf mit der Schlange. In dieses Bildprogramm fügt sich der offenbar von demselben Künstler bearbeitete Altar, der, nach langen Jahren in einer unscheinbaren Seitenkapelle, erst seit kurzem wieder seinen angestammten Platz einnimmt. Seine der Kirche zugewandte Seite zeigt unter Blendarkaden kreisrunde Gebilde, von denen Bänder in darunter befindliche Halbkreise führen. Man kann darin eigentlich nur die Paradiesströme erblicken, die von einem Brunnen (Kreis) in eine Schale (Halbkreis) fließen. Der Bildzusammenhang definiert den Altar, den Schauplatz des Opfers, als jenen Brennpunkt, an dem der Gläubige der Erlösung teilhaftig wird.

Das Lubérongebirge

Die Kalkfelsen des Lubéronberglandes, die wie alle Höhenzüge der Provence in ostwestlicher Richtung verlaufen, trennen die Täler des Coulon und der Durance voneinander. Während die Erhebungen des Kleinen Lubéron im Westen nur vereinzelt über 700 m aufgehen, erreichen die Spitzen des Grand Lubéron im Osten über 1100 m. Die Grenze zwischen beiden Hälften des Gebirges bildet eine Schlucht, die »*Combe de Lourmarin*«, durch die die D 943 von Apt nach Cadenet verläuft. Hier hat man viel stärker als auf den Hochebenen des Vaucluseplateaus das Gefühl, durch ein Gebirge zu kommen, weil sich kleine fruchtbare Täler und bewaldete Anhöhen, öde Schluchten und verkarstete Bergkuppen ständig abwechseln. Da der Lubéron einen wirkungsvollen Wall gegen den Mistral bildet, gedeiht an seinen südlichen Hängen Wein. Die zum Teil schwer zu erreichenden Dörfer dienten im 16. Jh. den Waldensern als Zufluchtsorte. Aber die von Franz I. verordnete Ausrottung des Ketzertums ließ die Überlebenden der Pogrome in weltabgelegene Alpentäler Piemonts flüchten, wo ihnen erst 1848 die kirchliche Freiheit offiziell zugestanden wurde. Noch heute trifft man dort einige waldensische Gemein-

Das Lubérongebirge

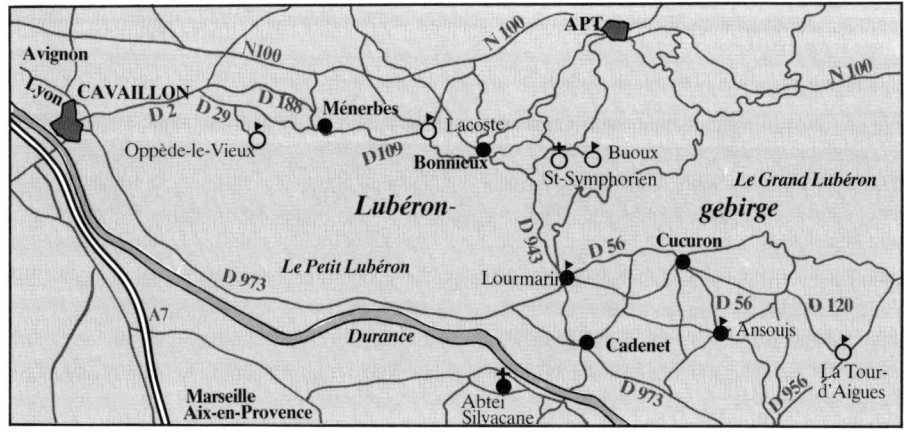

den. Aus den einstigen Ruinendörfern sind nach 1945 beliebte Ferienorte geworden, in denen viele Pariser, aber auch zahlreiche Ausländer restaurierte Bauernhäuser ihr eigen nennen.

Cavaillon (Abb. 63)

Wo die Durance die Enge zwischen den Alpilles und den westlichen Ausläufern des Lubéron durchbricht, hatte das einst auf dem St-Jacques-Hügel befindliche keltische Oppidum, von dem keine Reste mehr vorhanden sind, eine Schlüsselstellung für den Verkehr. Kein Wunder, daß die Römer ihrerseits die Siedlung übernahmen, der sie den Namen *Cabelio* gaben. Über Jahrhunderte war Cavaillon ein eigenes Bistum, das erst 1790 aufgelöst wurde. Die Kathedrale ist seitdem Pfarrkirche. Heute ist der Ort Mittelpunkt eines auf Frühgemüse und Obst spezialisierten Gebietes. Vor allem die Melonen werden wegen ihrer fruchtigen Süße überall geschatzt.

Aus der Zeit der Römerherrschaft ist einzig der Rest eines *Stadtgründungsbogens* erhalten, der Ende des 19. Jh. auf der etwas außerhalb des Zentrums gelegenen Place François-Tourel aus einzelnen Bruchstücken wieder zusammengesetzt wurde (Abb. 63). Es handelt sich um einen Doppelbogen von bescheidenen Ausmaßen, dessen Dekor mit Rankenreliefs den Vergleich mit der Maison Carrée in Nîmes und damit eine Datierung in Augusteische Zeit nahelegt.

Der Chor der aus dem späten 12. Jh. stammenden *Kathedrale St-Véran* macht deutlich, daß das provençalische Prinzip der polygonalen Anordnung von fünf Flächen zu einem Halbkreis eine fassadenähnliche Wirkung intendiert. Jede der fünf Seiten wird von einem Blendbogen überfangen, der an den Ecken des Polygons von einer korinthischen Säule getragen wird, und erscheint so wie eine eigene kleine Schauwand. Das Motiv der Blendsäule auf den Stoßkanten des Polygons wiederholt sich im kleineren Format an dem oktogonalen Vierungsturm. Das Innere der Kirche wurde nachhaltig verändert. In die massiven Wandpfeiler wurden im 15. Jh. Kapellen eingebuchtet, nach Süden ein Anbau angefügt, und die Restaurierung im 19. Jh. hat mit ihrem Bemühen um Wiederherstellung von Skulptur und Malerei eher Schaden angerichtet. Aber eine herzerwärmende Idylle bietet der kleine rechteckige Kreuzgang auf der Südseite der Kirche. Abweichend vom geläufigen Stützenwechsel mit übergreifenden Entlastungsbögen sind seine vier Seiten von gleich behandelten Arkaden auf massigen Pfeilern umstellt. Im Hofe hat die gärtnerische Fürsorge der Mesnerin ein farbenprächtiges Blumenspiel gedeihen lassen.

Wenige Straßen weiter findet man die *Synagoge* von 1772, neben der von Carpentras, die einige Jahre älter ist, das einzige erhaltene historische Sakralgebäude der Juden in der Provence. Dort verdient vor allem das kunstvoll geschmiedete Eisengitter der Empore Beachtung. In der unter der Synagoge befindlichen Bäckerei, in der vormals ungesäuertes Brot gebacken wurde, ist ein kleines *Museum zur Geschichte des Judentums* in der Provence eingerichtet.

Nachdem die Juden im Laufe ihrer leidvollen Geschichte gerade im 13. Jh. wieder eine Epoche verschärfter Diskriminierung erleben mußten, schien sich mit der Ansiedlung des Papsttums zumindest in der Enklave des Comtat Venaissin eine Wendung zum Besseren zu vollziehen. Als 1348 die erste große Pestepidemie ausbrach, begann für die Juden überall in Europa

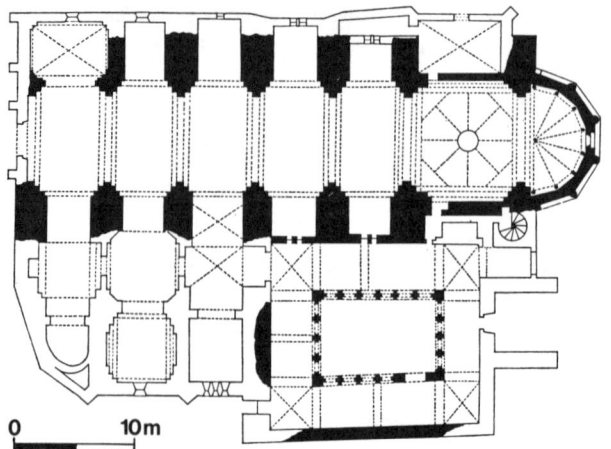

Cavaillon, Grundriß der Kathedrale St-Véran

eine Zeit grauenvoller Nachstellungen. Über die wahren Hintergründe der Seuche und ihrer Verbreitung im unklaren, suchte man in den Juden die Verantwortlichen für das Übel und beschuldigte sie, die Brunnen vergiftet zu haben. Daß zahlreiche Juden ebenfalls der Pest zum Opfer fielen, scheint niemanden stutzig gemacht zu haben. Sie wurden zu Tausenden abgeschlachtet. Nur der Papst stellte sich gegen das sinnlose Töten. Noch im September 1348 erließ Clemens VI. eine Bulle, in der gefordert wurde, daß Juden ein Gerichtsverfahren zustünde und ihr Besitz erst nach einer rechtskräftigen Verurteilung eingezogen werden dürfe. Aber nur im unmittelbaren Wirkungskreis von Avignon scheint dieser Aufruf gefruchtet zu haben. Der Papst sah sich wohl auch nicht nur aus altruistischen Motiven zu diesem Schritt veranlaßt. Als hochbegabte Finanzleute waren die Juden eine tragende Stütze der päpstlichen Wirtschaftspolitik. Das tolerante Klima im Comtat hatte jedenfalls den verstärkten Zuzug jüdischer Familien zur Folge. In Carpentras und Cavaillon entstanden die größten jüdischen Gemeinden in der Provence. Die dortigen Synagogen fußen auf Vorgängerbauten aus dem 14. Jh.

Ein beliebtes Ausflugsziel ist der *St-Jacques-Hügel* über der Stadt mit der gleichnamigen kleinen romanischen Kapelle. Ein Fußweg führt von der Place François-Tourel dort hinauf (hin und zurück etwa 45 Minuten). Mit dem Auto erreicht man den Aussichtspunkt in wenigen Minuten über die D 938, die nordwestlich der Stadt von der D 973 abzweigt. Von der Anhöhe sieht man den benachbarten Lubéron, dessen Berge greifbar nahe aufsteigen.

Kleiner Lubéron (Abb. 67)

Den Reigen der malerischen Dörfer eröffnet **Oppède-le-Vieux,** von dessen Schloß aus Jean Meynier d'Oppède seine blutigen Operationen im Auftrag Franz' I. gegen die Waldenser führte. Der Ort war bis vor wenigen Jahren gänzlich unbewohnt. Seitdem sich einige Künstler die alten Behausungen wohnlich hergerichtet haben, ist wieder Leben eingekehrt. Vom Schloß stehen nur noch spärliche Reste.

Ménerbes, 5 km weiter gegen Osten, war durch seine Lage auf einem steil abfallenden Felsen eine praktisch uneinnehmbare Festung, in der Waldenser, später Hugenotten ein letztes Refugium fanden. Das dortige Schloß wurde von privater Seite wieder aufgebaut und ist bewohnt (keine Besichtigungsmöglichkeit). An seinen Türmen vorbei schweift der Blick weit über das Coulontal hinüber zum Vaucluseplateau und bei klarer Sicht bis zum Mont Ventoux.

Im benachbarten **Lacoste** hat der Sadismus, zumindest seiner sprachlichen Form nach, seinen Ursprung. Was wir heute als öde Burgruine erleben (an der seit Jahren restauriert wird), war Schauplatz der ausschweifenden Orgien des *Marquis de Sade,* derentwegen er 1772 in Aix in Abwesenheit zum Tode verurteilt worden war. Der Verfasser obszöner Erzählungen und Romane war seit 1777 in ständiger Haft, wo der Großteil seines literarischen Œuvres entstand. Später wurde er als vermeintlich Geisteskranker in die Heilanstalt von Charenton bei Paris eingewiesen. Was man anfangs für die Hirngespinste eines Sexualpsychopaten hielt, blieb dennoch nicht ohne Wirkung auf die Literatur des 19. Jh. (z. B. Baudelaire). Dem Existentialismus des 20. Jh. und nicht zuletzt der kulturkritischen »Frankfurter Schule« der sechziger Jahre hat de Sades Dogma von der unabänderlich schlechten Grundhaltung des Menschen und seiner nur durch Konventionen überdeckten Triebhaftigkeit eine solide Argumentationsgrundlage geliefert.

An die nächstliegende Anhöhe klammern sich die Häuser des Dorfes **Bonnieux** (Abb. 67), von dessen nach Norden gerichteter Aussichtsterrasse wiederum Coulonniederung und Vauclusehochland ins Blickfeld rücken. Als farbigen Tupfer gewahrt man nicht fern die Ockerfelsen von Roussillon.

Großer Lubéron

Priorat St-Symphorien

Kurz danach führt nun die D 36 hinunter in die Combe de Lourmarin. Aber bevor man der Schlucht nach Süden folgt, lohnt der kleine Umweg in Richtung Buoux. Kurz nachdem die D 113 von der D 943 abzweigt, ragt der Turm von St-Symphorien aus dem grünen Dickicht hervor. Er gehört zu einem einstigen Priorat, das im 11. Jh. gegründet wurde und von St-Victor in Marseille abhing. Das Kloster selbst ist fast völlig zerstört (derzeit sind Wiederherstellungsarbeiten im Gang). Einzig der Turm hat die Jahrhunderte unbeschadet überstanden. Das im unteren Teil geschlossene Bauwerk öffnet sich nach oben in zwei Geschossen mit kleinen Arkaden. Die schlanke Gestalt des Turmes und zaghafte Gliederung der Arkadengeschosse mit zierlichen Säulchen findet in Notre-Dame-d'Aubune am Fuße des Mont Ventoux eine Parallele. Jedoch die deutlich zurückhaltendere Verwendung dekorativer Elemente gegenüber dem genannten Vergleichsbeispiel spricht für eine frühere Datierung, also in jedem Fall vor der Mitte des 12. Jh.

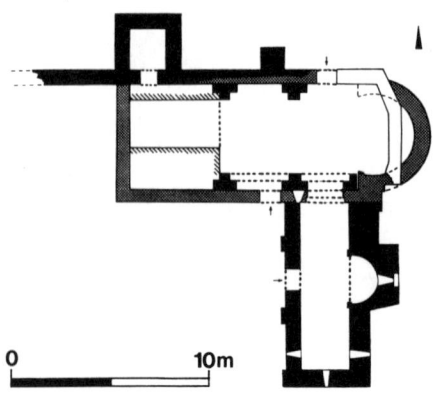

0   10m

St-Symphorien de Buoux, Grundriß der ehem. Prio-ratskirche

Nicht weit von hier biegt von der D 113 ein unasphaltierter Weg ab, dem man zu Fuß zum Felsen von Buoux folgt (ca. 20 Minuten). Mächtig steigt der Abri auf, unter dessen Schutz sich eine prähistorische Siedlung befand. Auf der Anhöhe darüber zeugen die Reste einer mittelalterlichen Burg davon, daß dieser Flecken über Jahrtausende kontinuierlich von Menschen bewohnt war.

Château Lourmarin (Farbt. 21)

In die Combe de Lourmarin zurückgekehrt, wenden wir uns südwärts und erreichen nach wenigen Kilometern die Ortschaft Lourmarin an den südlichen Ausläufern des Lubéron. Die aristokratische Schloßanlage kündigt an, daß man sich allmählich der alten Landeshauptstadt Aix-en-Provence nähert, um die sich in einem weiten Kreise mehrere Schlösser wie die Glieder eines kostbaren Kolliers herumlegen. Das Schloß Lourmarin ist ein Renaissancebau, dem zum Teil mittelalterliche Substanz integriert wurde. Es liegt auf einer seichten Anhöhe, hinter der sich die Berge des Lubéron als eindrucksvolle Kulisse ins Blickfeld schieben. Bereits Ende des 16. Jh. verließen die Besitzer, die Grafenfamilie d'Agoult, Lourmarin und bezogen in La Tour-d'Aigues eine neue Residenz. Von da an ging das Schloß durch mehrere Hände und blieb seit der Revolution unbewohnt. Nach 1920 von privater Seite restauriert, gelangte das Schloß gemäß dem Testament des letzten Eigentümers in den Besitz der Akademie der Künste und Wissenschaften in Aix-en-Provence, die einen Teil zur Besichtigung freigegeben hat. Daneben sind Stipendiaten der Akademie in Lourmarin untergebracht, junge Künstler und wissenschaftlicher Nachwuchs, dem die reichbestückte Bibliothek ein breites Betätigungsfeld bietet. Diese Initiative erinnert nicht zuletzt daran, daß der Existentialist *Albert Camus* nach seiner Emigration aus Algerien in dem Dorf Lourmarin eine neue Heimat gefunden hatte. Der Verfasser des »Mythos von Sisyphus«, des »Fremden«, der »Pest« und anderer vielgelesener Werke wurde 1957 mit dem Nobelpreis für Literatur geehrt. Er starb 1960 durch einen Autounfall in Burgund und wurde auf dem kleinen Friedhof von Lourmarin bestattet.

Château Ansouis (Farbt. 22)

Anfangs im Besitz der Grafen von Forcalquier, kam Ansouis im 13. Jh. in die Hand der Familie de Sabran. Deren ganzer Stolz sind Raimund de Sabran und seine Frau Delphine, die 1299 im Alter von vierzehn Jahren miteinander vermählt wurden und, anstatt das ihnen vorgezeichnete Leben begüterter Adliger zu führen, einander ewige Keuschheit gelobten. Nach dem Tode Raimunds veräußerte Delphine ihre ganze Habe, um ein Leben in Armut und Entsagung zu führen. 1369 erwirkte sie bei Clemens VI. die Kanonisation ihres Gemahls, der in Apt beigesetzt worden war (das Grab in der Revolution zerstört, Reste davon in dem kleinen Museum in Apt).

Obwohl Ansouis ein wechselvolles Schicksal erlebte, 1358 durch Kompanien zerstört, im 16. Jh. abwechselnd von Hugenotten und Katholiken besetzt, nach der Revolution verkauft und von den Sabrans im 19. Jh. zurückerworben wurde, ist das Schloß auch heute noch – ein wahrhaft seltener Fall! – im Besitz der Familie de Sabran und ständig von dieser bewohnt. Dennoch kann man einen Teil der Anlage besichtigen. Der bestehende Bau, der sich über das zu seinen Füßen hügelan aufsteigende Dorf erhebt, entstand im 17. Jh. Er ist den barocken Formen jedoch derart abhold, daß man ihn leicht der Renaissance zuschreiben könnte. Das wohnliche Innere ist mit erlesenen Antiquitäten und flandrischen Gobelins eingerichtet. An der Nordseite des Schlosses fallen die gepflegten Gartenanlagen zum Tal hin ab. Von ihren Terrassen erlebt man ein wunderbares Panorama auf die Bergkette des Grand Lubéron.

Château de la Tour-d'Aigues

Von den drei Schlössern am Fuße des Grand Lubéron war das von La Tour-d'Aigues das prächtigste. Von den Herren von Lourmarin nach der Mitte des 16. Jh. errichtet, erlebte das Schloß nur drei Jahre nach seiner Fertigstellung (1571) den Besuch der Königin Katharina von Medici. Das Unglück brach über das inzwischen in andere Hände gewechselte Schloß 1780 herein, als ein verheerender Brand weite Teile der Anlage zerstörte. Zu einem Wiederaufbau kam es nicht mehr, denn kurz darauf brach die Revolution aus, die dem, was die Feuersbrunst verschont hatte, den Rest gab. 1792 wurde ein Feuer gelegt, das angeblich fünf Tage lang wütete. Von der stolzen Anlage mit ihren drei Flügeln, die sich um einen großen Ehrenhof legten, blieben lediglich Teile der Frontseite und des Hofportals erhalten. Seit einigen Jahren sind Restaurierungsarbeiten im Gange; es ist geplant, einen Teil des Schlosses wiederaufzubauen. Auf einer Ansicht aus der Zeit vor der Zerstörung erkennt man den mächtigen Turm, der aus der Mitte des Hauptflügels emporwächst. Auf ihn bezieht sich der Name des Schlosses.

Die Zisterzienserabtei Silvacane (Farbt. 7; Abb. 64–66)

Die D 943, die bei dem Dorf Cadenet die Enge der Combe de Lourmarin verläßt und in die Ebene der Durance führt, mündet kurz nach Überqueren des Flusses auf die D 561. Dort biegt man rechts ab und gelangt nach 3 km zur Zisterzienserabtei Silvacane. Der Name des Klosters

Château de la Tour-d'Aigues. Stich aus dem 18. Jh.

gibt Auskunft über seine Lage in der feuchten Flußniederung: *silva cannorum* bedeutet Schilf-wald. Die Nähe zu einer bedeutenden Verkehrsader ist für eine Zisterziensergründung unge-wöhnlich. Sie erklärt sich daher, daß bereits im 11. Jh. an dieser Stelle eine Bruderschaft bestand, die den Verkehr über die Durance betreute. 1144 hat Raimund von Baux diese Aufgabe den Zisterziensern übertragen. Offenbar nahm die Beschaffung der Mittel für den Bau des Klosters einige Zeit in Anspruch, denn erst aus dem Jahr 1175 ist die Grundsteinlegung überliefert. Nach-dem die Kirche fertiggestellt war, folgten die Konventsbauten, deren Errichtung sich bis weit in das 13. Jh. hinzog. Das Wirken der Zisterzienser in Silvacane war von kurzer Dauer. Bereits im 14. Jh. zeichnete sich der Niedergang ab, der im 15. Jh. noch einmal vorübergehend aufgefangen werden konnte. Damals entstand das neue Refektorium. Nachdem aber um 1440 nur noch zwei Mönche mit ihrem Abt in Silvacane lebten, wurde das Kloster der Aufsicht des Domkapitels in Aix unterstellt. Da die Baulichkeiten ohnehin im 18. Jh. zweckentfremdet worden waren, bedeutete deshalb der Verkauf an private Besitzer im Zuge der Revolution keinen Einschnitt mehr im klösterlichen Leben. 1846 wurde eine Restaurierung in die Wege geleitet, die sich über lange Jahre hinzog. Trotz des frühen Niedergangs ist genügend von der mittelalterlichen Substanz gerettet, um die in Sénanque gewonnenen Eindrücke zu vertiefen.

Die Binnenstruktur der Kirche ist am *Außenbau* leicht ablesbar: An das Mittelschiff des basilikalen Baus lehnen sich die Pultdächer der Seitenschiffe. Die beiden Querhausarme laden – ein Charakteristikum zisterziensischer Architektur – weit aus. Gemessen an dem strengen Entsagungsideal des Ordens zeigt die Westfassade mit einem mehrfach gestuften Portal und einer Vielzahl von Fenstern einen Gliederungsreichtum, der noch zu Lebzeiten Bernhards undenkbar gewesen wäre.

Der *Innenraum* vermittelt spürbarer als die Erscheinung des Äußeren zisterziensischen Geist (Abb. 66). Über den glatten Wänden geht das zugespitzte Gewölbe auf, dessen Druck die Widerlager der Seitenschiffe auffangen. Wie in Sénanque ist deren Gewölbe eine angeschnittene Halbtonne. Die Konstruktion der Vierungskuppel weicht jedoch von dem Schwesterbau in der Vaucluse ab. In Sénanque erhebt sich eine achtteilige Kuppel, die in den Ecken des Vierungsquadrates von Trompen getragen wird. Hier in Silvacane handelt es sich um ein aus vier Kappen gefügtes Gewölbe mit Kreuzrippen auf den Graten, eine Technik, welche die Kenntnis der gotischen Bauweise voraussetzt. Der Chor als der älteste Teil der Kirche trägt dem Postulat Bernhards nach äußerster Beschränkung der Formen am ehesten Rechnung. Nicht nur das Chorhaupt selbst, auch die begleitenden Apsiden, die sich paarweise zu den Querschiffarmen öffnen, sind flach geschlossen. Daß die Kirche an eine Hanglage gebaut wurde, ist am Wechsel des Bodenniveaus zu erkennen. Das südliche Seitenschiff ist etwas höher als Mittel- und nördliches Seitenschiff. Auf dieser emporenartigen Erhöhung nahmen die Laien an der Messe teil.

Weiter dem nach Norden abfallenden Gelände nachgebend, liegt der rechteckige *Kreuzgang* 160 cm tiefer als die Kirche (Abb. 64). Indem sie vom eleganten Schema des Stützenwechsels mit Entlastungsbögen abweichen, öffnen sich die Gangseiten zum Hof in gleichmäßigen Bögen, denen eine kleine Säule mit einer Doppelarkade eingestellt ist. Das Kreuzrippensystem des Gewölbes im Kapitelsaal verdeutlicht, daß die Konventsgebäude erst im Laufe des 13. Jh. entstanden sind (Abb. 65). Insgesamt aber trägt die Anlage des Kreuzgangs und der an ihn grenzenden Räume noch ganz das Gepräge romanischer Bauweise, an der die Zisterzienser auch noch lange nach dem Tode Bernhards von Clairvaux beharrlich festhielten.

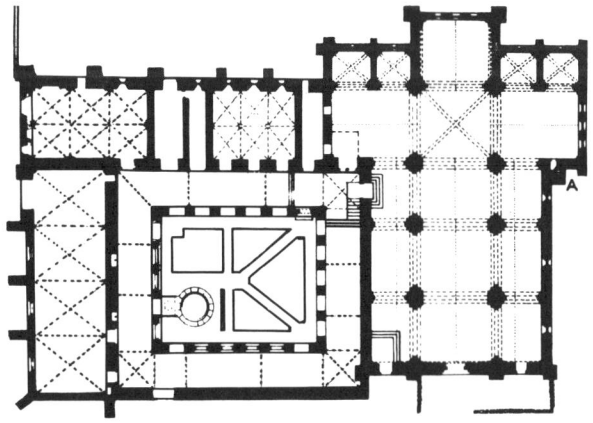

Zisterzienserabtei Silvacane,
Grundriß

Aix-en-Provence

»Wie lieblich, wie freundlich, wie heiter, wie ganz und gar menschlich zeigt sich Aix, der heilende Ort der römischen Bäder, das trauliche Nest der Grafen der Provence, die zufriedene Gemeinde der plätschernden Brunnen und rauschenden Bäume, die akademisch-bohemische Promenade der studierenden Jugend.«

Wolfgang Koeppen, »Reisen nach Frankreich«[32]

Jedem teilt sich die ganz eigene Atmosphäre dieser Stadt schon auf den ersten Schritten mit. Man stellt fest, daß die Städte der Provence ebenso unterschiedlich sind wie ihre Landschaften. Obwohl sie derselben kulturellen Tradition und Geschichte verpflichtet sind, hat jede ihr eigenes, unverwechselbares Gesicht, ihr eigenes Flair ausgeprägt. Überraschenderweise kann Aix in der Zahl und Qualität seiner Denkmäler kaum mit Arles, Avignon oder Nîmes konkurrieren; dennoch fühlt man sich in dieser Stadt wohler als irgend sonst. Neben der Vielzahl der Brunnen, den zahlreichen schattenspendenden Platanen, den noblen Palais des Barock ist es vor allem eine Besonderheit, die einem das Gefühl vermittelt, sich in einer großen Wohnstube unter freiem Himmel zu bewegen: die zahllosen kleinen Plätze, die, durch ein Gewirr von Gassen untereinander verbunden, eigentlich ein Charakteristikum italienischer Städte sind. Auch als Fremder fühlt man sich dem bunten Treiben rasch integriert und vermag nachzuvollziehen, warum 80 Prozent aller Franzosen in Aix die Idealstadt schlechthin sehen.

Blick in die Geschichte

Aquae Sextiae war die erste römische Gründung auf gallischem Boden und wurde gleich nach dem Fall von Entremont ins Leben gerufen. Die Ansiedlung im Tal, am Fuße jenes Hügels, auf dem das mächtige keltische Oppidum gestanden hatte, erklärt sich durch die zum Teil warmen Quellen, welche die Römer geradezu magisch anzogen. Offenbar hatte man auch rasch deren Heilwirkung kennengelernt, so daß die Stadt schon bald ein beliebter Kurort war. Dennoch mußte Aquae Sextiae bis zur Regierungszeit des Augustus warten, bevor sie in den Rang einer römischen Kolonie erhoben wurde. Durch die Reichsreform Kaiser Diokletians (284 n. Chr.) zur zweiten Hauptstadt der Narbonensis Secunda aufgestiegen, nahm Aix seither eine Schlüsselstellung ein. Schon im 4. Jh. war Aix ein Bistum, dem nach seiner Erhebung zum Erzbistum in karolingischer Zeit die Suffragane Sisteron, Apt, Riez und Fréjus unterstellt wurden. Nach einer

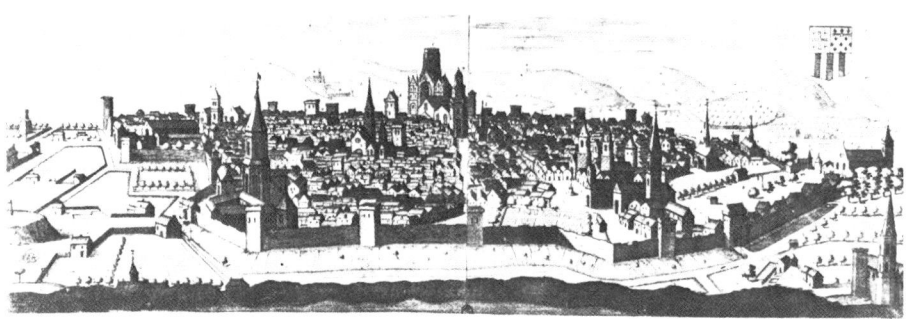

Aix-en-Provence. Ansicht der Stadt aus dem 17. Jh.

vorübergehenden durch die Arabereinfälle bedingten Stagnation erlebte die Stadt einen neuen Aufschwung, als die Grafen der Provence (Provence-Katalonien) in ihren Mauern Residenz bezogen. Indem diese dem aufstrebenden Bürgertum das Recht zur Selbstverwaltung eingeräumt hatten, entwickelte sich ein Selbstbewußtsein, das in der Nichtanerkennung Ludwigs von Anjou, des Nachfolgers der Königin Johanna, gipfelte. Die Stadt mußte schwer dafür büßen. Ludwig von Anjou nahm sie nach langer Belagerung ein und ließ einen beträchtlichen Teil des Stadtgebietes zerstören. Sein Nachfolger, Ludwig II., setzte die Anerkennung des Hauses Anjou durch, was er der Stadt Aix mit großzügigen Privilegien honorierte; unter anderem gründete er 1409 die Universität. Sein Sohn René, der letzte Souverän der Provence, war in seinen politischen Bemühungen wenig erfolgreich. Nachdem ihm bereits das Königreich Neapel verlorengegangen war, konnte er auch seinen Anspruch auf andere dem Hause Anjou zustehende Territorien nicht durchsetzen. Sein Herrschaftsgebiet reduzierte sich schließlich auf die Provence allein, auf die er nach seinem Scheitern in der großen Politik seine ungeteilte Aufmerksamkeit richtete. Der humanistisch gesonnene Graf, der selbst dichtete, komponierte, angeblich auch malte (noch im 19. Jh. ging die Mär, das Triptychon in der Kathedrale stamme von seiner Hand), machte sich um die Kultur des Landes verdient. Er belebte altes Brauchtum, indem er die Wallfahrt nach Stes-Maries reorganisierte, das Fest der Tarasque, das heute noch gefeiert wird, wieder ins Leben rief, und bescherte dem Land den Maulbeerbaum für die Seidenraupenzucht und die Muskatellertraube. Diese Bemühungen sicherten ihm bis heute seine ungebrochene Popularität.

Auch nach dem Anschluß an Frankreich durch das Testament Karls III. von Maine, des Erben König Renés des Guten, behauptete Aix mit Hilfe seines Parlaments eine gewisse Eigenständigkeit. Diese privilegierte Stellung ging in der Revolution verloren. Das Parlament wurde 1791 aufgelöst, Aix zu einer Sous-Préfecture des neugeschaffenen Departements Bouches-du-Rhône degradiert. Im 19. Jh. trat die Stadt gänzlich in den Schatten des mächtig aufstrebenden Marseille. Aber in dieser scheinbaren Tragödie liegt der Keim für den Reiz, den wir heute an Aix so genießen. Während Marseille zu einer Millionenstadt mit endlosen, eintönigen Vororten hypertrophiert ist, hat Aix (120 000 Einwohner) seinen ursprünglichen Charme bewahrt, der, da es sich um eine einstige Residenz handelt, alles andere als kleinstädtisch wirkt. Die große Zahl

König René der Gute, Graf der Provence

junger Menschen, angezogen von der Universität und der international renommierten Musik-hochschule, das Opernfestival und die rege Ausstellungsszene haben Aix in den letzten Jahren den Rang der geistigen Metropole der Provence zurückerobert.

Cours Mirabeau

Die breite Platanenallee des Cours Mirabeau ist die Hauptverkehrsader und zugleich beliebteste Promenade der Stadt, die den alten Stadtbezirk vom Quartier Mazarin trennt, das erst im 17. Jh. entstand. Den Ausgangspunkt der Prachtstraße bildet die Place de la Rotonde mit einem aus-ladenden Brunnen von 1860 in der Mitte. Der Platz wurde vor wenigen Jahren in Place du Général de Gaulle umbenannt, aber in Aix spricht man auch weiterhin schlicht von »La Rotonde«. Kleine Brunnen auf der Mittelachse des Cours Mirabeau lassen ihr Wasser im dichten Moosbewuchs versickern. Am Ende der Straße steht ein Denkmal des Guten Königs René. Der Name des Boulevards selbst erinnert an den Grafen Mirabeau (geb. 1749), dessen Familie aus der Toskana eingewandert war. Zwiespältig veranlagt und hochbegabt, profilierte er sich, der im Laufe eines ausschweifenden Lebens mehrfach eingekerkert war, zu einer der führenden Gestal-ten der Revolution. 1789 wollte sich Mirabeau als Vertreter des Adels für die Wahl zur National-versammlung aufstellen lassen. Als diese Kandidatur verhindert wurde, schwenkte er in das Lager des Dritten Standes um und wurde als dessen Vertreter nach Paris entsandt. Dort unter-höhlte er mit seinem rhetorischen und taktischen Genie die Position des Adels, der sich »von dieser aus ihm selbst geborenen Kraft besiegt fühlte«, wie Lamartine es in einer biographischen Skizze Mirabeaus ausdrückte.[33] Mirabeau vertrat die gemäßigtere Richtung einer Reform des Staates mit einer konstitutionellen Monarchie nach englischem Vorbild. Sein früher Tod 1791 machte den Weg frei für die Radikalisierung der Revolution.

Das Rathaus (Abb. 68)

Durch die Fußgängerzone auf der Nordseite des Cours Mirabeau gelangen wir auf die Place Richelme, wo täglich außer sonntags und montags der Obst- und Gemüsemarkt abgehalten wird. Nur durch das Postgebäude getrennt, schließt sich daran der Rathausplatz an, der dem Blumenmarkt vorbehalten ist. Er wird überragt von dem Glockenturm des 16. Jh., in dessen

Aix-en-Provence:
1 La Rotonde (Place Général de Gaulle) 2 Rathaus 3 Kathedrale St-Sauveur 4 Ehem. Erzbischöfl. Palais mit dem Musée des Tapisseries 5 Ste-Madeleine 6 Brunnen Quatre Dauphins 7 St-Jean-de-Malte 8 Musée Granet 9 Pavillon Vendôme

Aix-en-Provence, Glockenturm des Rathauses und schmiedeeisernes Gittertor zum Innenhof des Rathauses

Fundament römische Steinquader verbaut wurden. Die ihn bekrönende Barbarotte ist ein besonders schönes Beispiel dieser bezeichnend provençalischen Kunstform. Im rechten Winkel grenzt an den Turm das Rathaus an, das die ganze westliche Langseite des Platzes einnimmt. Um die Mitte des 17. Jh. erbaut, ist es ein typisches Beispiel der vom italienischen Barock inspirierten Stadtpalais, wie man sie in Aix zuhauf antrifft. Der weiträumige Innenhof ist durch ein schmiedeeisernes Gitter zum Platz hin abgetrennt. Es verdeutlicht, daß die Kunst der Eisenschmiede in der Provence nicht auf die Herstellung von Glockenkäfigen allein beschränkt war.

Kathedrale St-Sauveur (Farbt. 9; Abb. 69, 73)

Jenseits des Rathausturmes steigt die Rue de Gaston Saporta leicht bergan zur Kathedrale, die – ein seltener Fall in der Provence – weniger durch ihre Architektur als mehr durch den Reichtum ihrer Ausstattung in den Bann zieht. Die unterschiedlichen Bauphasen lassen sich bereits von außen erkennen: Neben dem gotischen Hauptportal führt eine romanische Pforte in das rechte Seitenschiff. Daneben erkennt man Teile einer römischen Mauer.

Das gotische *Portal* entstand als letzter Teil einer Anlage, an der jahrhundertelang gebaut wurde. Im Gewände stehen Apostelstatuen, über die sich in den Archivolten ein Engelchor schwingt. Kostbarster Bestandteil sind die aus Holz geschnitzten Türflügel, die meist hinter einer Verschalung geschützt sind (vgl. Öffnungszeiten). Sie wurden 1508–10 von Jean Guiramand geschnitzt und stehen stilistisch im Übergang zwischen spätester Gotik und der Renaissance. Die Kielbögen, die in Kreuzblumen gipfeln, sind letzte Zitate der Flamboyantgotik, die Groteskenornamente auf den Pilastern dagegen zeugen vom Vordringen der Renaissance im anbrechenden 16. Jh. Das gilt ebenso für die Figuren, die in den Nischen unter den Kielbögen stehen. Unten sieht man vier alttestamentarische Propheten (Ezechiel, Daniel, Jeremias – Abb. 69 – und Jesaja), darüber, in kleinerem Format, die zwölf kapitolinischen Sibyllen, die im Rahmen der mittelalterlichen Typologie – ungeachtet ihrer heidnischen Herkunft – gleichfalls als prophetische Gestalten interpretiert wurden, in denen sich das Erlösungswerk Christi ankündigte. Die sichere Erfassung der Anatomie und das Bemühen, jedem Gesicht einen eigenen individuellen Ausdruck zu verleihen, sind ebenfalls Errungenschaften der Renaissance.

Man betritt die Kathedrale durch das romanische Seitenportal. Der basilikale *Innenraum* wirkt düster und durch die verschiedenen Bauphasen – das rechte Seitenschiff romanisch, das übrige gotisch, Kapellenanbauten des 15. und 16. Jh. – uneinheitlich. Moritz Hartmann nannte die Kathedrale denn auch unverblümt »ein unordentliches großes Haus, halb im Spitzbogen-, halb im Rundbogenstile gebaut und gar nicht so viel daran zu bewundern, als Bücher und Reisende einem glauben machen möchten«.[34] Als ältester Teil des Komplexes öffnet sich das frühchristliche *Baptisterium* zum rechten Seitenschiff. Es ist den anderen erhaltenen Taufkapellen in der Provence eng verwandt. Was nach außen hin als schlichtes Quadrat erscheint, wird innen zu einem Oktogon gebrochen. Die acht Säulen, welche die kleine Kuppel tragen, sind

Aix-en-Provence, die Kathedrale St-Sauveur. Stich aus dem 19. Jh.

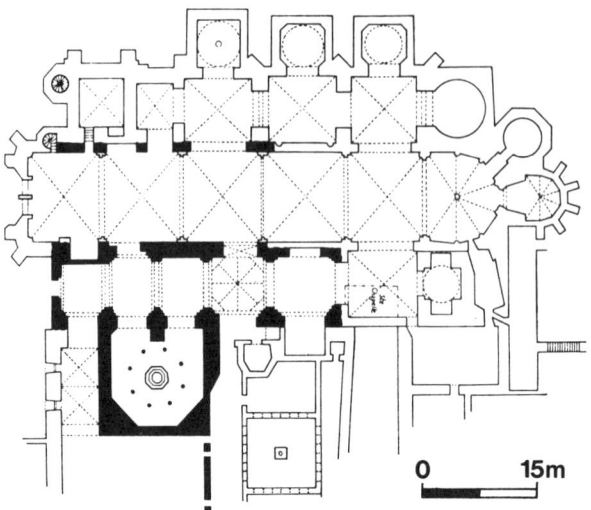

Aix-en-Provence, Grundriß der Kathedrale St-Sauveur (das früh-christliche Baptisterium und die romanische Substanz schwarz, der Rest aus gotischer Zeit)

römische Spolien. Die Kuppel selbst und der Tambour wurden im späten 16. Jh. erneuert. Ihr Stuckdekor ist eine störende Zutat in dem schlichten Bau, in dessen Zentrum das ebenfalls acht-eckige Taufbecken in den Boden eingelassen ist. Die Datierung des Baptisteriums ist nicht mit letzter Sicherheit einzugrenzen; man nimmt die Zeit des 4. oder 5. Jh. n. Chr. an.

An der rechten Wand des Mittelschiffs begegnet man einem Hauptwerk der Schule von Avignon. Es ist ein großes *Triptychon,* das sich als Stiftung König Renés des Guten ursprünglich in der Karmeliterkirche von Aix befand, wo das Herz des letzten Souveräns der Provence bestat-tet worden war. Das Gemälde wurde 1475/76 von *Nicolas Froment* geschaffen, dem neben Enguerrand Quarton bedeutendsten Vertreter der provençalischen Malerei im 15. Jh. Die geschlossenen Flügel nimmt eine in Grisaille ausgeführte Verkündigungsgruppe ein. Geöffnet zeigt die Mitteltafel Maria im brennenden Dornbusch (Abb. 73) und auf den Flügeln die Stifter René den Guten und seine Frau, Jeanne de Laval. Dem Thema der Mitteltafel liegt ein typo-logischer Bezug zugrunde: Am unteren Bildrand sitzt Moses, dessen aufwärts gerichteter Blick den Dornbusch fixiert. Der brennende Dornbusch, in dessen Mitte die Muttergottes thront, ist als Hinweis auf die unbefleckte Empfängnis zu verstehen. In Anbetung der Maria kniet König René auf dem linken Flügel. Hinter ihm stehen die hl. Magdalena, Patronin der Provence, Antonius, der Schutzheilige des Hauses Anjou, und Mauritius. Gegenüber empfehlen die Heili-gen Johannes, Katharina und Nikolaus Jeanne de Laval dem Schutz der Madonna.

Nicolas Froment, der um 1435 in Uzès nahe bei Nîmes geboren wurde, verbrachte die längste Zeit seines Lebens in Avignon, wo er dank zahlreicher Aufträge zu ansehnlichem Wohlstand gelangte. Von seinem vermutlich umfangreichen Œuvre lassen sich heute nur noch zwei Werke seiner Hand mit Bestimmtheit zuweisen: der brennende Dornbusch hier in Aix und ein weiteres Triptychon, das sich in den Uffizien in Florenz befindet. Froment vertritt exempla-risch die Schule von Avignon, in der Anregungen aus Nord und Süd zu einer eigenen Sprache fanden. Der möglicherweise bei einem Flamen oder Niederländer geschulte Froment hielt sich 1461 in Florenz auf, hatte also direkten Kontakt mit der italienischen Renaissance. Der lebensnahe Realismus des Moses, der gerade dabei ist, sich seine Schuhe auszuziehen, und, förmlich überrumpelt von der Erscheinung des brennenden Dornbuschs, nach oben schaut, läßt die flämisch-niederländische Seite zu Worte kommen, die herrliche Landschaft dagegen, in der schon Charles Sterling »Widerspiegelungen der toskanischen Malerei« erkannte,[35] zeugt von Froments Auseinandersetzung mit den gleichzeitigen italienischen Strömungen. Nicolas Froment starb 1484 oder 85 in Avignon.

Ein Kuriosum ist die barocke *Orgel* von 1720. Zwei Orgelprosepkte sind nahe dem Chor an den Hochschiffwänden angebracht. Aber nur der linke ist ein echtes Instrument, der rechte ist eine hohle Kulisse, die aus Gründen der Symmetrie ihrem tönenden Gegenüber hinzugefügt wurde.

Das Chorrund ist mit einer Folge flämischer *Tapisserien* dekoriert, die ursprünglich für die Kathedrale von Canterbury geschaffen, dann aber 1656 vom Domkapitel in Aix erworben wurden. Sie zeigen Szenen aus dem Leben und der Passion Christi. Weitere Teppiche mit einem Zyklus des Marienlebens wurden erst kürzlich das Opfer eines spektakulären Kunstraubs, der noch immer der Aufklärung harrt.

Zur romanischen Substanz des Kathedralkomplexes gehört der *Kreuzgang* auf der Südseite der Kirche. Wie tröstlich ist es, daß auch die Großen gegen Irrtümer nicht gefeit sind: Prosper Merimée beschreibt die Wölbung dieses Kreuzganges, den er aber offenbar mit einem anderen verwechselte. Er ist nämlich flach gedeckt und hatte niemals ein Gewölbe. Damit entfielen die baustatischen Probleme, mit denen sich die Architekten sonst herumzuschlagen hatten. Man konnte getrost auf die üblichen schweren Pfeiler verzichten, so daß eine ununterbrochene Folge zierlicher Säulchen den Hof umstellt. Dadurch erhält der Kreuzgang eine lichterfüllte Transparenz, die sich eigentümlich mit der unbeschwerten Stimmung der ganzen Stadt deckt. Die

Aix-en-Provence, Schnitt durch das frühchristliche Baptisterium

Kapitelle zeigen in erster Linie vegetabilen Dekor, nur im Nordflügel überwiegen szenische Darstellungen, vor allem des Lebens Jesu. Würdevolle Statuarik kennzeichnet die Figur des Petrus, der in den Pfeiler der Nordostecke eingelassen ist (Farbt. 9).

Ehem. Erzbischöfliches Palais

Die einstige Residenz der Erzbischöfe von Aix gleich neben der Kathedrale ist in ihrer Aufwendigkeit als Gegenpol zum weltlichen Zentrum der Stadt, dem Rathaus, zu verstehen. Die großzügig proportionierten Flügel des im 17. Jh. entstandenen Bauwerks umschließen einen geräumigen Innenhof. Seit 1905 ist in dem Palais das *Tapisseriemuseum* mit einer stattlichen Sammlung von Gobelins aus Flandern und Beauvais untergebracht. Der lamentable Zustand der Räume läßt eine Renovierung des Inneren dringend notwendig erscheinen, und eine solche wurde 1985 vom Stadtrat bereits beschlossen.

Der Innenhof ist Schauplatz des alljährlichen Opernfestivals. Früher fanden 1600 Zuhörer Platz in dem Geviert. Der ungeheure Publikumsandrang der letzten Jahre machte eine Erweiterung erforderlich, doch der Plan eines eigenen Konzertsaales wurde rasch wieder fallengelassen, da man an dem Prinzip der Aufführungen unter freiem Himmel festhalten wollte. Mit beträchtlichem finanziellen Aufwand wurde deshalb eine versenkbare Tribüne konstruiert, die – 1985 fertiggestellt – rund tausend Besucher mehr aufnehmen kann als zuvor. Bei den Ausschachtungsarbeiten stieß man auf römische Fundamente, welche die schon immer gehegte Vermutung bestätigten, wonach sich im Kathedralbezirk das Forum von Aquae Sextiae befand. Von der noch ausstehenden Publikation der Grabungsergebnisse darf man sich einigen Aufschluß über die Geschichte der Stadt in antiker Zeit erwarten.

Ste-Madeleine und der Justizpalast

Die Magdalenenkirche an der Place des Prêcheurs gehörte einst zu einem Dominikanerkloster (Prêcheurs = Prediger = Dominikaner). Der bestehende Bau wurde an der Wende vom 17. zum 18. Jh. unter Einbeziehung älterer gotischer Teile errichtet. Die Fassade entstand erst im 19. Jh. Der Bau ist unbedeutend und ausgesprochen seelenlos. Aber der Weg hierher ist allemal gerechtfertigt, denn im linken Seitenschiff der Kirche hängt die berühmte »*Verkündigung von Aix*«, ein weiteres wichtiges Werk aus der Schule von Avignon. Das Bild war, ebenso wie der brennende Dornbusch des Nicolaus Froment, ein Triptychon. Die Seitenflügel mit Darstellungen der Propheten Jeremias und Jesaja wurden leider im 17. Jh. entfernt und gelangten durch Verkauf nach Brüssel (Musée des Beaux-Arts) und nach Rotterdam (Museum Boymans-van Beuningen). Erst die neuere Kunstgeschichte konnte ihre Zugehörigkeit zur Mitteltafel nachweisen. Das Geschehen der Verkündigung spielt sich in einer gotischen Kirche ab (nach niederländischer Tradition der gewohnte Rahmen für neutestamentarische Begebenheiten im Gegensatz zu solchen des Alten Testamentes, die in romanischen Kirchenbauten dargestellt wurden), was den sakralen Charakter der Handlung betont. Feierlich knien Gabriel und die Muttergottes voreinander, beide sind in kostbare Gewänder gekleidet. Von links oben führt ein von der Gestalt

Gottvaters ausgehender Strahl auf das Haupt Mariens herunter. Auf ihm gleitet eine winzige Kindergestalt zur Mutter nieder, Zeichen für die Fleischwerdung des Wortes. Die hohe Qualität des um die Mitte des 15. Jh. entstandenen Bildes und die auffallenden niederländischen Züge, die weit stärker ins Gewicht fallen als auf dem Triptychon des N. Froment, haben dazu geführt, daß man in seinem Urheber einen prominenten Niederländer sehen wollte, es wurde sogar der Meister von Flémalle, Robert Campin, vorgeschlagen. Inzwischen hat sich jedoch die Ansicht durchgesetzt, wonach es sich um eine Gemeinschaftsarbeit der französischen Künstler Jehan Chapus und Guillaume Dombet handelt.[36]

Schräg gegenüber der Magdalenenkirche befindet sich der etwas protzige *Justizpalast* aus dem 18. Jh. Er wurde an der Stelle errichtet, an der sich das Schloß der Grafen der Provence befand, worin später das Parlament tagte. Neben Rathaus und Kathedrale markierte das Schloß den dritten Schwerpunkt im Stadtbild von Aix.

Das Mazarin-Viertel

Südlich des Cours Mirabeau entstand im 17. Jh. ein neues Stadtviertel, das nach seinem Initiator, dem Bruder des berühmten Kardinals und damaligen Erzbischof von Aix, benannt wurde. Seine parallel verlaufenden Straßenzüge sind von einer stattlichen Anzahl adliger Palais gesäumt. In einem der schönsten, dem *Hôtel de Caumont,* ist die Musikhochschule untergebracht (Ecke Rue Mazarine/Rue Joseph Cabassol). An dieser Stelle sei daran erinnert, daß der Komponist Darius Milhaud (1892–1974) aus Aix-en-Provence stammte. Das Zentrum des noblen Viertels bildet die *Place des Quatre Dauphins,* so benannt nach dem Brunnen in der Platzmitte mit seinen vier Delphinen (Abb. 72).

Von dort führt die Rue Cardinale zur *Kirche St-Jean-de-Malte.* Die Johanniter, der älteste geistliche Ritterorden, aus dem 1530 der Malteserorden hervorging, besaßen bereits seit 1180 eine Komturei in Aix. Nachdem die Grafen der Provence aus dem Hause Barcelona deren Kapelle im 13. Jh. zu ihrer Grablege bestimmt hatten, wurde in der zweiten Hälfte des 13. Jh. der bestehende Bau errichtet. Er gehört damit zu den in der Provence seltenen Beispielen gotischer Architektur, bleibt aber als einschiffiger Saal der alten bodenständigen Tradition treu.

Musée Granet

Im rechten Winkel zur Kirche steht der 1671 errichtete Neubau der Malteserkomturei, der seit dem 19. Jh. das Musée Granet beherbergt, dessen Besuch unbedingt lohnt.

In der Eingangshalle sind Fundstücke aus dem Oppidum Entremont ausgestellt. Die wichtigsten Exponate sind die Torsi von Jünglingsstatuen – eine sitzende, drei stehende – und die berühmten »Têtes coupées«. Der bei den Kelten verbreitete Brauch, getöteten Gegnern die Köpfe vom Rumpf zu trennen und diese als Trophäen an den Eingängen zu ihren Heiligtümern aufzuhängen, ist von griechischen und römischen Autoren überliefert. Unter dem Eindruck der griechischen Kunst wurde im 2. Jh. v. Chr. das Motiv in Stein verewigt. Das Museum besitzt

*François-Marius Granet, Porträt von J. A. D. Ingres.
Aix-en-Provence, Musée Granet*

einen Block, auf dem vier solcher Köpfe neben- und übereinander dargestellt sind. Neben den keltischen Funden sind auch einige römische Arbeiten – Porträts, Sarkophage, Grabstelen u.ä. – ausgestellt.

Im Obergeschoß befindet sich die Gemäldesammlung, deren Grundstock die Bilder *François-Marius Granets* bilden. Granet, 1775 als Sohn eines Maurermeisters in Aix geboren, genoß während der Restauration große Beliebtheit. Er hielt sich wiederholt und zum Teil jahrelang in Italien auf, dessen Landschaften und Ruinen ihm unerschöpfliche Anregungen boten. 1830 übersiedelte er, inzwischen hochdekoriert – Träger des »Cordon royal« des Michaelordens, Mitglied der Academie des Beaux-Arts –, nach Paris, das er erst nach dem Tode seiner aus Rom stammenden Frau Nena verließ, um die letzten Lebensjahre in seiner Heimatstadt zu verbringen. Ihr vermachte er testamentarisch alle zum Zeitpunkt seines Todes (1849) im Atelier befindlichen Gemälde und Zeichnungen. Die verschiedenen Szenen aus Italien – wir heben hervor »Tempel der Sibylle in Tivoli«, »Das Kolosseum in Rom«, »Die Albanerberge« – sind ein romantisches Bekenntnis zur Sehnsucht nach Italien. Sehr lebendig sind die kleinen Landschaftsskizzen in Öl und Aquarell, die den Einfluß Corots erkennen lassen. Granet selbst begegnet uns in einem Porträt von *J. A. D. Ingres,* mit dem er während der Ausbildungsjahre in Paris im ehemaligen Kapuzinerkloster lebte. Ingres, ebenfalls Südfranzose (er stammte aus Montauban nördlich von Toulouse), der mit seinem kühlen Klassizismus einer der begehrtesten Maler Frankreichs in der ersten Hälfte des 19. Jh. war, ist mit einem weiteren Hauptwerk im Musée Granet vertreten, »Jupiter und Thetis«.

Die für die Kunst der Provence so wichtige niederländische Malerei ist neben verschiedenen kleineren Werken durch eine Thronende Muttergottes glänzend repräsentiert. Die Madonna schwebt über einer Dreiergruppe mit Petrus, Augustinus und einem Stifter. Das Werk gilt als eine Arbeit des *Robert Campin,* den man auch als »Meister von Flémalle« kennt. Wir erwähnen ferner die Darstellung eines festlichen Gelages aus der Schule von Fontainebleau (16. Jh.).

Bislang war es geradezu ein Makel der Stadt Aix, daß sie nicht ein einziges Werk ihres bedeutendsten Künstlers, *Paul Cézanne,* vorweisen konnte. Dieses Versäumnis ist seit neuestem ausgeglichen, denn im Juli 1984 gelangten acht Bilder Cézannes als ständige Leihgabe der staatlichen Museumsverwaltung aus Paris in das Musée Granet. Es handelt sich dabei zwar nur um kleinformatige Ölbilder; man vermißt in der Heimat des epochemachenden Genies seine unvergeßlichen Landschaftsimpressionen namentlich des Ste-Victoire-Massivs, aber die Bilder vermitteln dennoch recht eindringlich den Werdegang Cézannes.

Das früheste Werk stammt von 1859, Cézanne war damals gerade zwanzigjährig. Es ist eine Kopie nach einem gleich daneben ausgestellten Original des Malers Félix Nicolas Frillie (1821–63) mit dem Titel »Der Musenkuß«. Cézanne übt sich hier in der damals vorherrschenden Richtung eines romantisch eingefärbten Klassizismus. Das Bild huldigt kritiklos dem Zeitgeschmack und läßt noch nichts von der schöpferischen Kraft Cézannes ahnen. John Rewald nannte es »akademisch fad und ohne besonderes Interesse«.[37]

Anfang der 1860er Jahre entstand dann eine der frühesten Landschaftsdarstellungen, »A la tour de César«, die Cézannes Auseinandersetzung mit Granet und der Romantik dokumentiert. In dem pastos gemalten Bild dominieren die dunklen Farbtöne. Der Künstler war in dieser Zeit noch selbst im Zweifel über seine Berufung. Nach einem kurzen Aufenthalt in Paris 1860 war

Camille Pissarro, Bildnis Cézannes. Bleistiftzeichnung. Sammlung Denys Sutton, London

er zunächst nach Aix zurückgekehrt, um, dem Druck des Vaters nachgebend, in dessen Bankgeschäft tätig zu werden. Aber der Drang zum Malen war letztlich stärker. 1862 zog es Cézanne wieder nach Paris, wo er dieses Mal für längere Zeit blieb und durch seinen Freund Zola, mit dem er gemeinsam in Aix die Schule besucht hatte, in Kontakt mit den Impressionisten kam.

Um 1865 schuf er das Stilleben mit Zuckerdose, Birnen und blauer Tasse, bei dem der Künstler neben dem Pinsel auch den Spachtel gebrauchte. Das Stilleben sollte neben der Landschaftsmalerei Cézannes beliebtestes Sujet werden.

1870 war der Künstler aus Paris geflohen, um sich der Einberufung zum Militärdienst zu entziehen. Er verbarg sich in L'Estaque am Etang de Berre, wohin er Hortense Fiquet mitnahm, ein Modell, das er bald heiratete. Nach Beendigung des deutsch-französischen Krieges kehrte er nach Paris zurück und ließ sich in dem Vorort Auvers-sur-Oise nieder. Dort entstand 1872 die Studie »Femme nue au miroir«, in der sich Cézannes Hinwendung zum lockeren Pinselstrich des Impressionismus vollzieht.

1874 beteiligte er sich an der ersten Ausstellung der Impressionistengruppe, die von der Kritik mit beißender Ironie überschüttet wurde. Aber auch Manet lehnte Cézanne ab und tat dessen Werke als »dreckige Malerei« ab. Von den offiziellen Salons beharrlich abgewiesen, fand Cézanne nur wenige Bewunderer, unter ihnen Dr. Gachet, der sich sehr für van Gogh engagierte.

Unter dem Einfluß Pissarros hellte sich Cézannes Palette auf, die Farben gewannen an Leuchtkraft. Exemplarisch dafür steht das kleine Gemälde der Bethsabée, das um 1875 entstand. Das Thema des Aktes in der Landschaft beschäftigte den Maler auch weiterhin.

Seine anhaltenden Mißerfolge in Paris veranlaßten den ohnehin eigenbrötlerisch veranlagten Künstler, die Hauptstadt zu verlassen und sich dauerhaft in der Heimat niederzulassen. Die Reibereien mit dem als Bankier zu Vermögen gekommenen Vater, der ihm vorübergehend jedwede Unterstützung entzog, erschwerten ihm die Arbeit. Aber beharrlich ging Cézanne seinen Weg weiter. Allmählich löste er sich von den Impressionisten und fand zu seinem unverwechselbaren eigenen Stil. In dem Porträt seiner Frau Hortense von 1885 verzichtet er auf jegliches Beiwerk, modelliert das Gesicht zu einer klar umrissenen Form und erhellt gerade in der Beschränkung auf das Einfachste den Charakter des Menschen. Man hat dieses Bild mit Porträts des Piero della Francesca verglichen.

Uneinigkeit herrscht in der Datierung der »Apotheose des Delacroix«. Venturi dachte an die Zeit um 1880,[38] Sylvie Gache-Patin hat in einer neuen Studie eine Entstehung um 1894 vorgeschlagen[39]. Die Festlegung ist schwierig, weil das locker hingemalte Bild den Charakter einer Skizze hat. Unverkennbar ist aber die zunehmende kubische Verfestigung der Formen, die eher für die spätere Datierung spricht.

In seinem Spätwerk baut Cézanne seine Bilder nach klar gegliederten geometrischen Gesichtspunkten auf. Die Studie der nackten Badenden, ein Thema, das der Künstler in mehreren Versionen behandelt hat, zeigt zwei Menschengruppen, die in zwei Dreiecke eingebunden sind, deren Fußpunkte sich am unteren Bildrand berühren. Einerseits bedeutet das einen Rückgriff auf klassische Kompositionsgesetze der Renaissance, andererseits bahnt sich in der kubischen Behandlung des Gesamtaufbaus sowie der Einzelformen die abstrakte Malerei an, zu der Cézanne die Tore weit aufgestoßen hat.

Die Auswahl hätte nicht besser getroffen werden können; jedes der jetzt in Aix versammelten Bilder besitzt exemplarischen Charakter im Gesamtwerk des Künstlers, in dessen »Sonderfall es zum Ereignis wurde, daß ein Autodidakt sich die ungeheure Aufgabe stellte, den gesamten Erfahrungsbereich der Malerei von Anbeginn nochmals zu durchmessen«.[40]

Pavillon Vendôme

Es ist unmöglich, alle Adelspalais der Stadt – an die hundert – einzeln zu beschreiben. Aber das schönste Beispiel aristokratischer Wohnkultur des Barockzeitalters sei kurz vorgestellt, der Pavillon Vendôme. Er wurde 1664–67 von dem aus Paris gebürtigen Architekten *Antoine Matisse* im Auftrag des Herzogs von Vendôme erbaut und bestand ursprünglich aus zwei Stockwerken, Parterre und Piano Nobile, denen im 18. Jh. ein drittes Geschoß aufgesetzt wurde. Damals wurde auch die offene Eingangshalle, in die man bis dahin mit der Kutsche hatte hineinfahren können, geschlossen. Die Geschosse der der italienischen Renaissance nahestehenden Fassade zeigen in ihrer Pilastergliederung die drei antiken Säulenordnungen. Barocke Gesinnung bricht sich lediglich im Mittelrisalit Bahn. Dort schwingen sich schwere Fruchtgirlanden über das Portal, den Balkon darüber tragen wuchtige Atlanten, ein Motiv, das einem allenthalben in Aix begegnet. Etwas überproportioniert erscheinen die beiden Steinvasen in den Nischen zu Seiten der Balkontür. Der dazugehörige Park ist ein typisches Beispiel französischer Gartenkunst mit geometrisch angelegten Wegen und artifiziell zurechtgestutzten Buchsbäumen. Die Innenräume, die oft den Rahmen für offizielle Empfänge der Stadt abgeben, sind im Stil Ludwigs XIII. und Ludwigs XIV. möbliert.

Das Atelier Cézannes

Auf dem Wege zum Oppidum Entremont im Norden der Stadt (Ausfallstraße Avenue Pasteur) kommt man am Atelier Cézannes vorbei. Es befindet sich im Obergeschoß eines kleinen Hauses, das völlig versteckt in einem zugewucherten Garten liegt. Durch ein großes Südfenster flutet das Licht herein und malt seine Schatten auf jene Gegenstände, die uns von den Stilleben des Künstlers her bekannt sind: die verschiedenen Töpfe, Krüge, Obstkörbe usw. Alles macht den Eindruck, als habe der Meister eben erst seinen Pinsel aus der Hand gelegt. Gewiß, das Atelier ist keine Sensation, keines der berühmten Bilder prunkt auf einer Staffelei, aber man erfährt in der Atmosphäre dieses Raumes, in dem die Zeit stillzustehen scheint, unmittelbar etwas über die Persönlichkeit Cézannes. Er führte zeitlebens ein zurückgezogenes Dasein, hingegeben an die Aufgabe, seine Form der Wahrnehmung unauslöschlich festzuschreiben.

Das Oppidum Entremont

Über die Gründung der keltischen Siedlung oberhalb von Aix ist nichts bekannt. Sie muß, den Funden nach zu schließen, spätestens seit dem 3. Jh. v. Chr. existiert haben, im 2. Jh. wurde sie zu einer gewaltigen Bastion ausgebaut. Der Flecken war günstig gewählt, denn von der Anhöhe

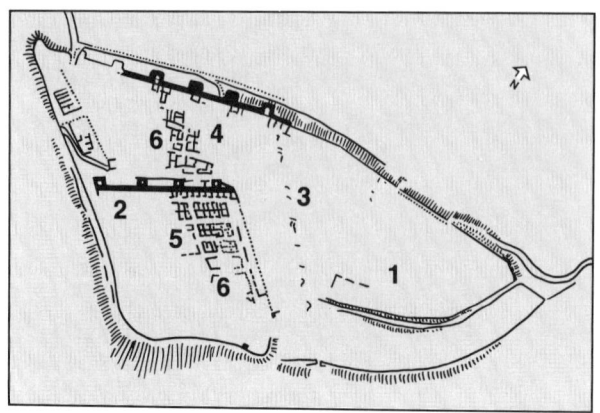

Oppidum Entrement bei Aix-en-Provence: 1 Unterstadt 2 Oberstadt 3 Trennmauer zwischen Ober- und Unterstadt 4 Stadtmauer 5 Heiligtum 6 Wohnbauten

konnten die Saluvier die südliche Provence vom Etang de Berre bis zum Ste-Baume-Massiv nordöstlich von Marseille kontrollieren. Entremont war, anders als zahlreiche keltische Oppida, keine Fluchtburg, die die Bevölkerung nur dann aufsuchte, wenn Gefahr in Verzug war, sondern eine ständig bevölkerte Festung, die man insofern rechtens als Hauptstadt der Saluvier ansprechen kann. Gegen sie richtete sich der massive römische Angriff 123 v. Chr. Gegen die überlegene Kriegstechnik der Aggressoren war auch die gut gesicherte Festung nicht gefeit. Sie fiel unter dem Steingeschoßhagel der Angreifer und wurde nach der Eroberung dem Erdboden gleichgemacht.

Die freigelegten Grundmauern der Stadt haben eine genauere Kenntnis von ihrem ursprünglichen Aussehen vermitteln können. Die Stadtmauer erhob sich über dem Grundriß eines unregelmäßigen Dreiecks. In einem Abstand von 20 bis 30 m waren Wehrtürme postiert, ein Muster, das bis in die Fortifikationsarchitektur des Mittelalters verbindlich blieb. Im Innern teilte eine Mauer den niedriger gelegenen Siedlungsbereich von einer Art Oberstadt, in der sich das Heiligtum befand. Man geht davon aus, daß diese Trennungslinie zugleich eine Art soziologischer Scheide darstellte: Im unteren Teil lebten Bauern und Handwerker, im oberen die privilegierte Schicht mit entsprechend großzügigeren Wohnhäusern. Obwohl der Untergang Entremonts letztlich aus dem Konflikt mit den griechischen Massalioten resultiert, scheint man empfänglich für die kulturellen Anregungen gewesen zu sein, die von den Hellenen ausgingen. Die Ausgrabungen förderten etliche Keramiken, Bronzen und Handwerkszeug zutage, die man von den Griechen erworben hatte. Ferner deuten Münzfunde darauf hin, daß man seit dem 3. Jh. die Geldwirtschaft kannte. Während die »Têtes coupées« Ausdruck einer uralten keltischen Tradition sind, ist die Freiskulptur, von der im Musée Granet Beispiele zu sehen sind, ebenfalls durch die Berührung mit dem griechischen Kulturkreis angeregt worden.

Fondation Vasarely (Farbt. 6)
Das Vasarely-Museum führt uns aus dem geheimnisvollen Dunkel der Urgeschichte wieder in die aktuelle Gegenwartskunst. Die Fondation liegt etwas außerhalb der Stadt, zwischen den

Autobahnauffahrten Aix-Ouest und Aix-Sud (Ausschilderung von der Innenstadt: Jas de Bouffan). In dem futuristisch anmutenden Gebäude sind vierzig Monumentalwerke des Künstlers ausgestellt, ferner zahlreiche Graphiken, Studien und Entwürfe. Die »Wandintegrationen« betitelten Werke sind als Vorschläge zur Belebung moderner Architektur zu verstehen. Sie sind selbst in der etwas sterilen Museumsatmosphäre farbenfrohe Visionen von einer menschlicheren Gestalt moderner Städte.

Ausflug zur Montagne Ste-Victoire (Farbt. 2, 18, 24, 38)

Östlich von Aix erhebt sich das Ste-Victoire-Massiv, das Paul Cézanne in zahlreichen Variationen gemalt hat. Auf dem Wege dorthin kommt man durch die kleine Ortschaft **Le Tholonet** mit einem am Ende einer großen Platanenallee gelegenen Schloß des 18. Jh. (Farbt. 24). In dem gepflegten Gebäude befindet sich heute die Verwaltung der Kanalgesellschaft der Provence. Bald hinter Le Tholonet schiebt sich das strahlend weiße Kalkmassiv der Ste-Victoire ins Blickfeld. Ihr Südhang fällt steil zum Tal des Arc ab. In dieser weiten Ebene fand die historische Schlacht zwischen Teutonen und Römern statt. Im Namen des Berges lebt die Erinnerung an den Sieg der Römer fort, wie bis in unsere Tage der Name des Siegers, Marius, ein beliebter Jungenname in der Provence geblieben ist. Nach Norden dagegen steigt das Felsmassiv seicht an, und von dieser Seite aus führt auch ein leicht begehbarer Weg zum Gipfel. Wer diesen Aufstieg unternehmen will, verläßt Aix nicht über die D 17 nach Le Tholonet, sondern schlägt etwas weiter nördlich die D 10 ein (Ausschilderung: Vauvenargues).

Wenige Kilometer nach der Stadtgrenze weist ein Schild den Weg zum **Stausee von Bimont,** der sein tiefblaues Wasser zu Füßen der Ste-Victoire ausbreitet. Weiter unten im Tal erkennt

Paul Cézanne, Montagne Ste-Victoire, 1898. Öl auf Leinwand. Baltimore, The Baltimore Museum of Art: The Cone Collection, formed by Dr. Claribel Cone and Miss Etta Cone of Baltimore, Maryland, BMA 1950. 196

Luc de Clapier, Marquis de Vauvenargues. Zeitgenössisches Porträt

man den Staudamm Zola, den der Vater des berühmten Romanciers und Freundes Cézannes erbaut hat. Emile Zola verbrachte seine Jugendjahre, während derer sein Vater als Konstrukteur des Staudamms beschäftigt war, in Aix-en-Provence. Die Freundschaft, die ihn über Jahre mit Cézanne verband, ging in die Brüche, nachdem sich Zola in einem seiner Romane unverblümt von der Kunst Cézannes distanziert hatte. Zola fand als engagierter Vertreter des Realismus keinen Zugang zu den sich der Abstraktion nähernden Werken des Malers, den diese Ablehnung tiefer verbittert haben muß als manche höhnische Kritik eines beliebigen Rezensenten.

4 km nach dieser Abzweigung gelangt man an einen Parkplatz (nahe dem Gehöft Les Cabassols). Dort beginnt der Wanderweg, der auf die Ste-Victoire hinaufführt. Durch zahlreiche Serpentinen ist der Aufstieg nicht sonderlich beschwerlich und auch von weniger gut Trainierten zu bewältigen. Für Hin- und Rückweg muß man zwischen drei und vier Stunden rechnen. Kurz vor dem Gipfel erreicht man die Reste des einstigen **Klosters Notre Dame-de-Ste-Victoire,** das bis 1879 in Betrieb war. Noch heute finden Wallfahrten zu der kleinen Kapelle statt. Steil darüber ragt das Gipfelkreuz auf, die *»Croix de Provence«* (1010 m über dem Meeresspiegel), von wo sich ein überwältigendes Panorama über die ganze Provence bietet. Nach Süden sieht man die Chaine de l'Etoile, die die Ebene um Aix gegen Marseille abgrenzt, nach Westen den Etang de Berre und dahinter die Ebene der Großen Crau; nach Norden schweift der Blick über die Geländestufen des Lubéron und des Vaucluseplateaus bis zum Mont Ventoux, nach Osten steigen in der Ferne die Alpen auf.

Setzt man im Tal die Fahrt auf der D 10 weiter ostwärts fort, erreicht man rasch die Ortschaft **Vauvenargues.** Etwas außerhalb liegt auf einer Erhebung das gleichnamige Schloß, ein quadratischer schlichter Bau der Renaissance (Farbt. 18). In seinen Mauern verfaßte der früh verstorbene *Luc de Clapier, Marquis de Vauvenargues,* (1715–47) seine »Réflexions et Maximes«. Der Autor, der seine militärische Laufbahn der anfälligen Gesundheit wegen hatte aufgeben müssen, war mit Voltaire und dem Comte de Mirabeau, dem Vater des Revolutionärs, befreundet. Er gehört in die Reihe der großen Moralisten des 18. Jh. Seine Schriften, die von tiefer Gläubigkeit zeugen, stellen den Maximen La Rochefoucaulds ein positives Bild des Menschen entgegen.

Mitte der fünfziger Jahre erwarb *Pablo Picasso* (1881–1973) das Schloß. Er hatte den Plan, in Vauvenargues seinen Alterssitz zu beziehen. Doch lange hielt es das größte Malergenie unseres Jahrhunderts in dem einsam gelegenen Schloß nicht aus und kehrte an die Côte d'Azur zurück. Nach seinem Tode wurde Picasso im Park des Schlosses Vauvenargues, das er seiner Frau vermacht hatte, beigesetzt. Bislang ist das Schloß für die Öffentlichkeit nicht zugänglich. Mittlerweile aber ist der Plan gefaßt, in Vauvenargues ein Picasso-Museum einzurichten, das angeblich schon bald seine Pforten dem Publikum öffnen soll. Aix wäre dann um eine unschätzbare Attraktion reicher.

Rundfahrt um den Etang de Berre

Salon-de-Provence 307 – Château de la Barben 309 – Vernègues 310 – St-Chamas 310 – Oppidum St-Blaise 311

Rund um den Etang de Berre

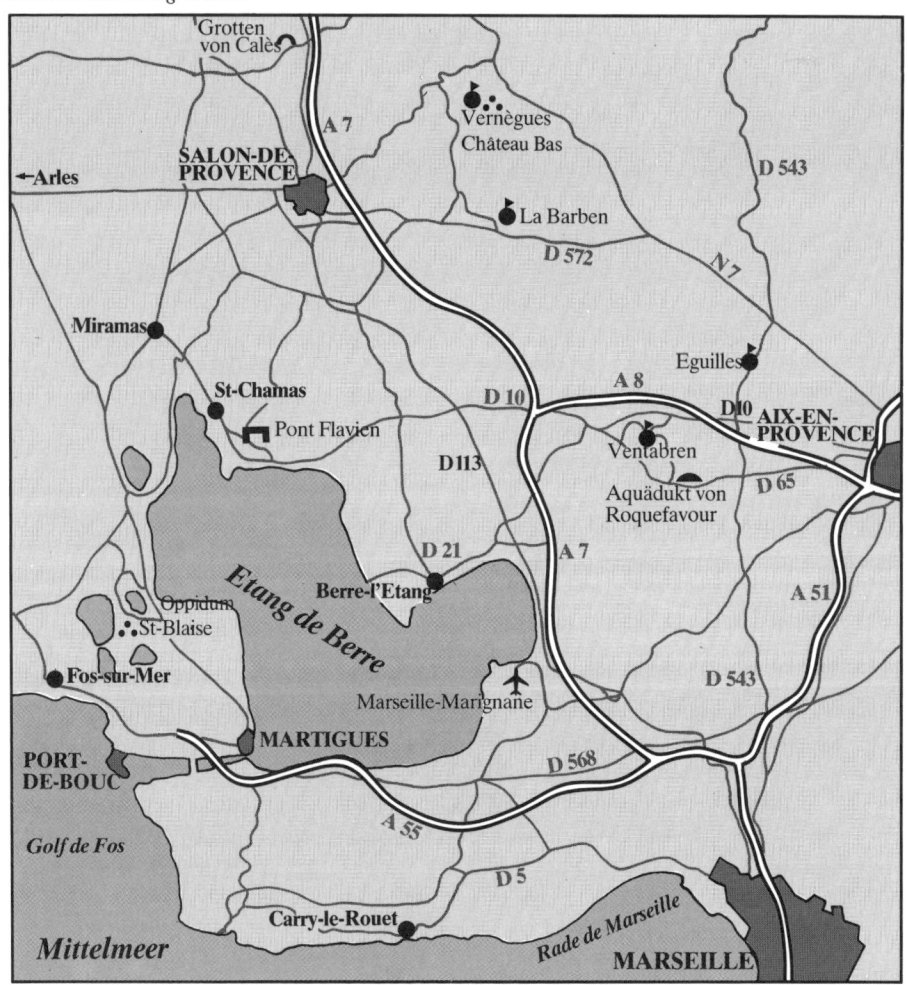

Der Etang de Berre westlich von Aix-en-Provence ist der größte Binnensee der Provence, er hat einen Umfang von 75 km. Da er mit Tiefen bis zu 9 m im Gegensatz zu dem auf weite Strecken kaum knietiefen Etang de Vaccarès in der Camargue schiffbar ist, wurde er schon früh durch einen Kanal mit dem offenen Meer verbunden und der Schiffahrt dienlich gemacht. Heute zeigt eine Rundfahrt um den Etang de Berre das Janusköpfige der Provence. Die vorgeschichtlichen, römerzeitlichen und mittelalterlichen Stätten dokumentieren die jahrtausendalte Geschichte der Region, die gigantischen Industrieanlagen, vor allem am Westufer des Etang de Berre, haben dagegen eine gespenstische Kulisse geschaffen. Dieser Umstand hält viele von einem Streifzug in der Nähe des Sees ab; aber es gibt doch einige versteckte Kostbarkeiten, die den Weg durchaus rechtfertigen und gerade demjenigen, der mit viel Muße unterwegs ist, ergänzende Eindrücke vermitteln.

Wir verlassen Aix auf der D 10 in westlicher Richtung. Bald erkennt man auf einer Anhöhe das Dorf **Eguilles**. Seine Häuser scharen sich um ein Renaissanceschloß, das 1642 auf den Grundmauern einer mittelalterlichen Burg entstand. Von dem Vorgänger wurde der quadratische Donjon in das neue Schloß einbezogen, das heute als Rathaus des Ortes dient. Von seiner Terrasse bietet sich ein weites Panorama über das Tal des Arc.

Auf der anderen Seite der Autobahn (A 8) grüßt das Dorf **Ventabren** herüber, ein abgelegener malerischer Ort, in dem etliche Städter aus Aix und Marseille ihren Sommersitz haben (Abb. 79). Über dem Dorf ragt die Ruine einer Burg empor, die einst zum ausgedehnten Besitz der Barone von Baux gehörte. Nicht weit davon überspannt der **Aqueduc de Roquefavour** das Tal des Arc. Der Bau wurde 1842 als Teilstück einer Wasserleitung von der Durance nach Marseille eingeweiht. Es ist eindrucksvoll, zu sehen, wie noch im 19. Jh. der Pont du Gard als Vorbild diente. Der Aquädukt von Roquefavour besitzt wie jener drei Arkadengeschosse, die die Wasserleitung tragen. Er ist stattliche 400 m lang und 84 m hoch. Aber wie überlegen ist dagegen das römische Bauwerk! Da die Brückenpfeiler hier genau denselben Abstand zueinander haben, wirkt das Ganze stereotyp und langweilig. Die Technik der Römer konnte man kopieren, ihre Kunst, ein funktionales Bauwerk lebendig und ästhetisch zu gestalten, blieb unerreicht.

Salon-de-Provence (Abb. 74)

Obwohl Salon, knapp 10 km vom Nordufer des Etang de Berre entfernt, an der Via Aurelia lag, kam der Ort erst im Mittelalter dank seiner verkehrsgünstigen Lage zu Geltung. Da Salon nicht zum Hoheitsgebiet eines der Grafen der Provence zählte, sondern dem Bischof von Arles unterstand, wurde die Stadt nach dem Anschluß an die deutsche Krone 1033 reichsunmittelbar. Das erklärt, weshalb sich die deutschen Kaiser wiederholt für Salon eingesetzt haben. Friedrich II. mußte zweimal eingreifen, als der Bischof von Arles versuchte, Teile der Stadt zu veräußern. Noch 1365 bestätigte Karl IV. in einem der letzten kaiserlichen Erlasse in der Provence Salon seine Rechte. Mit dem schwindenden Einfluß des deutschen Kaisers in der Provence wurde

Salon zum Spielball zwischen den rivalisierenden Mächten, dem Bischof auf der einen, dem Grafen auf der anderen Seite. Auch über den Anschluß der Provence an Frankreich Ende des 15. Jh. hinaus konnte die Stadt einen gewissen Sonderstatus behaupten, der im 17. Jh. im Bau eines neuen Rathauses seinen sichtbaren Ausdruck fand. Im 16. Jh. begann von Salon aus die Fruchtbarmachung der Großen Crau. Der Erbauer des Canal de Craponne, Adam de Craponne (1525–76), legte den Grundstein für die Bewässerung der bis dahin landschaftlich ungenutzten Ebene. Seitdem gehören Obst, Gemüse und Olivenöl zu den wichtigsten Erzeugnissen des ländlichen Umfeldes von Salon. Weil die Ebene der Crau das ideale Terrain zur Anlage von Lande- bzw. Startbahnen besitzt, wurde Salon bereits 1936 einer der wichtigsten Militärflughäfen Frankreichs und Ausbildungsstätte der Luftwaffe.

Michel de Nostradamus. Zeitgenössisches Porträt

Im Zentrum der Altstadt erhebt sich der Hügel, der das *Château de l'Emperi* trägt, dessen Name an die lange, enge Bindung Salons an die deutsche Krone erinnert. Die mächtige Festung wurde im 12. Jh. auf Betreiben der Bischöfe von Arles errichtet und im 13. Jh. erweitert. Selbst ein Erdbeben, das 1909 zahlreiche Dörfer rund um Salon vernichtete, hat die solide Architektur nur geringfügig beschädigt. Da der Gebäudekomplex in der Renaissance umgebaut wurde – er erhielt damals unter anderem größere Fenster –, hat er etwas von seinem einst martialischen Aussehen verloren. Heute befindet sich in der Burg ein militärhistorisches Museum. Mit über 10 000 Exponaten, einer für Frankreich einzigartigen Sammlung (Uniformen, Waffen, Orden etc.), ist die Geschichte des Kriegswesens von der Zeit Ludwigs XIV. bis zum Ersten Weltkrieg lückenlos dokumentiert. Den breitesten Raum nimmt die Napoleonische Epoche ein.

Unterhalb der Burg begegnet uns in der schlichten *Kirche St-Michel* des ausgehenden 12. Jh. die provençalische Romanik wieder. Das kleine Tympanon des Portals besteht aus einzelnen Reliefplatten. Im Zentrum thront der Kirchenpatron Michael mit zwei Schlangen zu Füßen

(Abb. 74); darunter erscheint ein Agnus Dei. Alles übrige ist in ornamentalen Formen gehalten. Indem jede Platte ein anderes Motiv zeigt, wirkt das Ganze wie einem Lehrbuch der Ornamentik entnommen. Hier stellt sich dasselbe Problem wie früher schon einmal in St-Gabriel (südöstlich von Tarascon). Der Stil ist unbeholfen und mutet altertümlich an. Vermutlich aber ist das Portal zur selben Zeit entstanden wie die Kirche selbst. Der Künstler war ein Vertreter der »Zweiten Garnitur«, der in der Anfertigung schmückender Details geschickter war als in der Erfassung der menschlichen Figur.

Mit der ehemaligen *Dominikanerkirche St-Laurent* besitzt Salon ein weiteres wichtiges Sakralbauwerk des Mittelalters. Der gemessen an der bescheidenen Größe der Stadt auffallend weiträumige Saal des 14. Jh. wirft ein bezeichnendes Schlaglicht auf die Bestimmung der Dominikaner als Predigerorden, der nach der Niederringung des Katharertums in Südfrankreich eine beherrschende Stellung innehatte. In der dritten Kapelle der linken Seite befindet sich das Grab des Astrologen *Nostradamus.* Michel de Notre-Dame, genannt Nostradamus, wurde 1503 in St-Rémy geboren. Nach dem Studium der Medizin ließ er sich in Salon nieder und gelangte dort als Wunderheiler schnell zu Ruhm. Katharina von Medici berief ihn an den Hof, wo er eine Zeitlang der Leibarzt Karls IX. war. Nach seiner Rückkehr in die Heimat widmete er sich ganz der Niederschrift seiner düsteren Prophezeiungen, die bereits 1555 unter dem Titel »Centuries« in Lyon erschienen. In seinen verschlüsselten Visionen hat Nostradamus bedrückend realistisch die Katastrophen unseres Jahrhunderts, vor allem die beiden Weltkriege, vorhergesehen. Seit einigen Jahren genießen seine Schriften, in denen bestimmte Wendungen als Ankündigung eines Dritten Weltkriegs im 20. Jh. zu interpretieren sind, wieder große Popularität. Der Vatikan setzte sie 1781 auf den Index, weil Nostradamus auch den Untergang des Papsttums vorausgesagt hat. Der Jude Nostradamus wurde nach seinem Tode 1566 in St-Laurent beigesetzt, weil schon sein Vater, ein bekannter Arzt in Aix, zum Katholizismus übergetreten war.

Wer den Spuren der menschlichen Frühzeit in der Provence nachgehen möchte, findet 8 km nördlich von Salon, nahe dem Dorf Lamanon, am Fuße der Alpilles, in den **Grotten von Calès** die Reste keltoligurischer Behausungen, die in den Felsen geschürft wurden und bis in das Mittelalter Verfolgten als Versteck gedient haben sollen. Man erreicht sie auf einem Fußweg (ca. 20 Minuten) von der D 17 aus.

Château de la Barben

Von Aix aus ist das Château de la Barben im Tal der Touloubre ein beliebtes Ausflugsziel. Vom 14. Jh. an in verschiedenen Bauperioden entstanden, wurde das Schloß während der Revolution fast völlig zerstört und im 19. Jh. praktisch von Grund auf neu gebaut. Zu seinen Kostbarkeiten gehören Wandbehänge aus Aubusson und Flandern. An heißen Sommertagen bietet ein Spaziergang in den gepflegten Parkanlagen eine angenehme Erfrischung.

Vernègues

Das Dorf Vernègues, 12 km nordöstlich von Salon, wurde 1909 durch das bereits erwähnte Erdbeben restlos zerstört und ist seitdem unbewohnt (Betreten der Ruinenstätte gefährlich und deshalb offiziell verboten!). In seiner Nähe liegt das Weingut *Château-Bas,* in dessen Park sich die Überreste eines römischen Tempels befinden. Erhalten sind Teile des Podiums und der Cellawände, die linke im vorderen Teil sogar bis zum Ansatz des Architravs. Eine einzelne Säule steht noch in voller Größe. Der sichtbare Bestand reicht aus, um zu erkennen, daß es sich hierbei um ein Bauwerk handelt, das der Maison Carrée in Nîmes nahesteht, denn wie dort deckt sich die Cella mit dem Umfang des Podiums. Sie besaß gleichfalls nur an der Eingangsseite eine offene Säulenhalle.

Dieser Platz diente offenkundig über Jahrhunderte als Kultstätte, denn an die linke Cellawand lehnt sich eine winzige romanische Kapelle. Ringsum von dichtem Immergrün umwuchert, erinnert die Ruine an eine Idylle aus den Bildschöpfungen Claude Lorrains.

St-Chamas (Abb. 75)

Außerhalb von St-Chamas, dort, wo die D 10 den Ort in Richtung Aix-en-Provence ostwärts verläßt, überspannt der römische *Pont Flavien* die Touloubre (Abb. 75). Anders als der Pont Julien vor Apt ist diese Brücke nicht nur als nüchterne Zweckarchitektur gedacht, sondern

Der römische Pont Flavien bei St-Chamas. Stich von Bance, 19. Jh.

erfüllt zugleich repräsentative Zwecke, denn den 26 m langen Brückenbogen schmücken zwei 7 m hohe Tore, die an die Stadtgründungstore denken lassen. Ihnen sind vier kleine Löwen aufgesetzt (einer noch original, die drei anderen Repliken von diesem). Die Fragmente einer Inschrift an einem der beiden Architrave geben Auskunft darüber, daß der Bau von einem Caius Donnius gestiftet wurde, der ein Priester des Augustus und der Roma war. Priester einer bestimmten Gottheit nannte man Flamen, daher die Bezeichnung der Brücke. Demzufolge war es nicht nur Sache von Städten oder Gemeinden, der Weltmacht oder der jeweils herrschenden Dynastie ihre Reverenz zu erweisen, sondern auch einzelne Privatleute konnten Denkmäler zu Ehren des Staates und seiner höchsten Repräsentanten errichten und somit etwas für den eigenen unsterblichen Ruhm unternehmen.

Oppidum St-Blaise

Neben dem Hauptort der Saluvier, Entremont, konnten noch viele andere keltische Oppida in diesem Bereich der Provence nachgewiesen werden, und zahlreich konzentrieren sie sich gerade um den Etang de Berre. Auf der Landenge zwischen dem See und dem Golf von Fos wurde eine große Siedlung freigelegt, das Oppidum St-Blaise, in dem man das antike *Mastramela* vermutet. Auf dieser verkehrs- wie verteidigungstechnisch gleichermaßen bedeutsamen Anhöhe ließen sich auch die Griechen noch vor der Gründung von Marseille nieder. Im 4. Jh. v. Chr. erhielt die Stadt eine Wehrmauer, die im Gegensatz zu anderen Oppida nicht aus verschieden großen Bruchsteinen, sondern aus ebenmäßig bearbeiteten Quadern errichtet wurde, eine Technik, deren nur die überlegenen griechischen Handwerker fähig waren. Teile dieser Stadtmauer sind noch gut auszumachen. Die genaue Untersuchung der Quader hat ergeben, daß Mastramela mit Steinen beschossen und erobert wurde. Die Überlegungen der Historiker gehen dahin, den Fall der Festung in Zusammenhang mit Caesars Eroberung von Marseille zu sehen. Die neu entstehende römische Siedlung Ugium blieb bis in das 13. Jh. hinein bewohnt, dürfte aber kaum mehr die Position des keltisch-griechischen Oppidum gehabt haben. Seit der endgültigen Zerstörung durch die Horden des Raimund von Turenne ist die Siedlung unbewohnt geblieben. Aufrecht steht einzig die *St-Blaise-Kapelle* aus dem 12. Jh.

Von der Anhöhe überschaut man den gesamten Etang de Berre. Konnte man bis hierher noch geflissentlich an den Spuren des 20. Jh. vorübersehen, so verdichten sich nun nach Westen und Süden die Zeugen des Fortschritts zu einer bedrückenden Kulisse. Die alten Häfen von Fos und Martigues sehen ihre kleinen historischen (und durchaus sehenswerten) Zentren durch einen Gürtel aus Stahl und Beton eingeschnürt. Der Hafenkomplex, der von Port-de-Bouc über Fos-sur-Mer mit Unterbrechungen bis nach Marseille reicht, ist heute nach Rotterdam der zweitgrößte Umschlagplatz Europas für Rohöl, das noch an Ort und Stelle in großen Mengen weiterverarbeitet wird. In diversen Pipelines wird der Rohstoff nach Norden gepumpt.

Bei Martigues überquert man auf einer erst kürzlich fertiggestellten Autobahnbrücke den Canal de Caronte, der den Etang de Berre mit dem Golfe de Fos verbindet. Von hier geht es durch die Hügel der Chaine de l'Estaque nach Marseille.

Marseille

Viele Provencereisende scheuen das hektische Großstadtgetriebe und verzichten deshalb auf einen Besuch von Marseille. Dabei ist es ein leichtes, den befürchteten Turbulenzen zu entgehen, indem man seinen Besuch einfach auf einen Sonntag legt. Ein paar genußvolle Stunden am Alten Hafen mit dem Verzehr der köstlichen Bouillabaisse gehören eigentlich unabdingbar zu einer Reise in die Provence.

Da die Geschichte von Marseille im historischen Abriß eingangs immer wieder als exemplarisch zitiert wurde, erübrigen sich die Details an dieser Stelle. Wir halten das grundlegende Phänomen dieser Stadt fest: Obwohl sie oft totgesagt wurde, erhob sie sich im Laufe ihrer bewegten Geschichte immer wieder wie ein Phönix aus der Asche zu neuem Leben. Ihre erste Demütigung war nach der Landnahme durch die Römer die Erhebung von Narbonne zur Provinzhauptstadt, dann wurde sie durch Caesar vernichtet. Nach jahrhundertelangem Siechtum erlebte sie nicht zuletzt durch die Kreuzzugsbewegung einen neuen Höhenflug, den Karl von Anjou jäh und brutal stoppte. Mit der Entdeckung Amerikas schien ihr Rückgrat endgültig gebrochen, denn die Neuorientierung der Welt, der auflebende Atlantikhandel, verurteilte das Mittelmeer vorerst zu einem Schattendasein. Aber seit der Eröffnung des Suezkanals hat sich Marseille kometenhaft entfaltet, besitzt heute den größten Hafen Frankreichs und ist mit etwas mehr als einer Million Einwohnern die drittgrößte Stadt des Landes. Trotz des wechselvollen Schicksals zieht sich die Beziehung Marseilles zum Meer als roter Faden durch die Jahrhunderte seiner Geschichte. Vom Meer her wurde es gegründet und besiedelt, das Meer bescherte ihm Reichtum und oft genug Rückschläge, wenn man etwa nur an das Intermezzo der Araberinvasion denkt. So orientiert sich auch heute die ganze Erscheinung der Stadt zur Meerseite hin. Man sollte deshalb einen Schiffsausflug zum Château d'If unternehmen, denn von dort erschließt sich einem das weltoffene Bild von Marseille am ehesten (Abb. 76).

Vieux Port (Farbt. 34, 35; Abb. 89)

Keimzelle der phokäischen Gründung ist das natürliche Becken des Alten Hafens, an dessen Nordseite das griechische Massalia errichtet und mit einer Mauer umgeben wurde. Das römische Massilia deckte sich weitgehend mit der Griechenstadt, und auch im Mittelalter wuchs die Stadt über die alten Begrenzungen kaum hinaus. Zur Sicherung der Hafeneinfahrt wurde im 12. Jh. auf der Nordseite ein Turm errichtet, den König René im 15. Jh. zu der *Festung St-Jean*

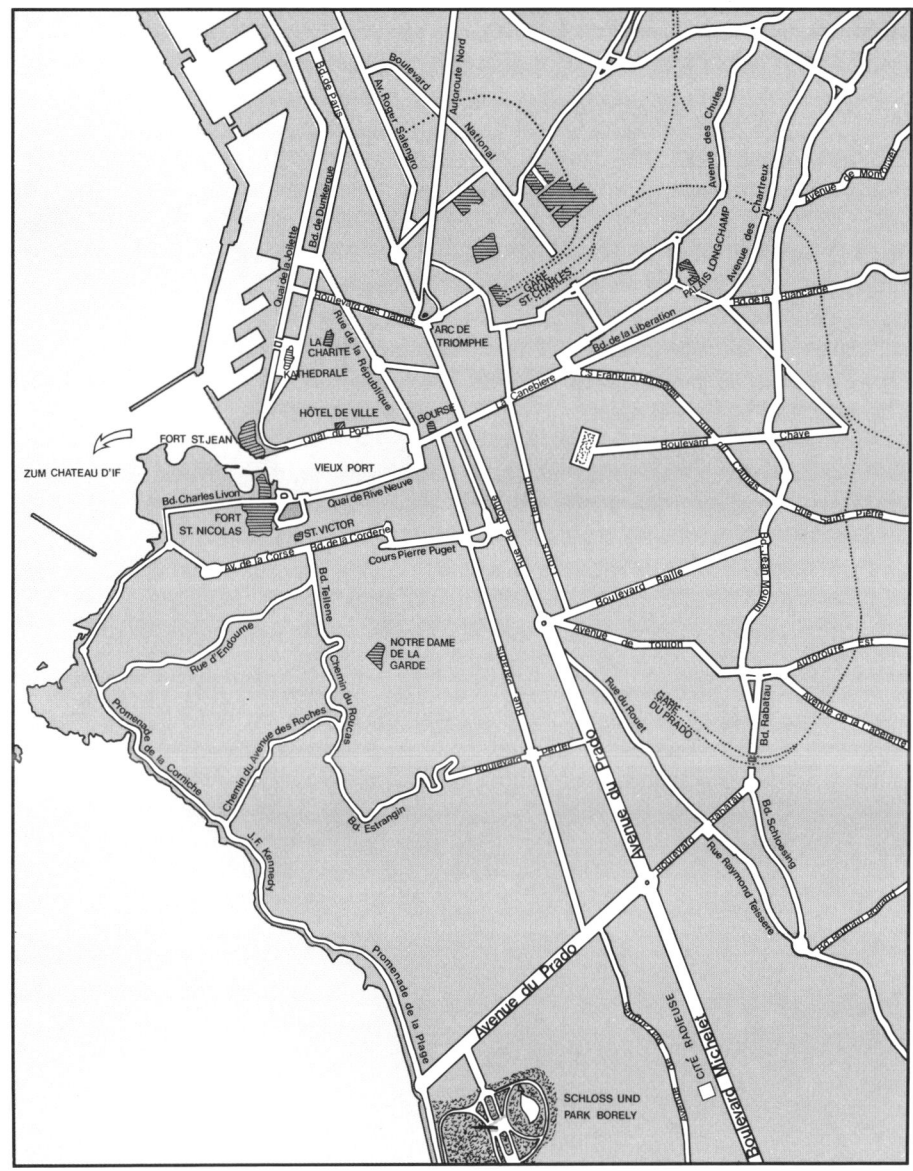

Marseille

313

Der Hafen von Marseille um 1800. Stich aus dem 19. Jh.

ausbauen ließ. Ihr Name erinnert daran, daß die Gründung des Bauwerks auf die Johanniter zurückgeht. Das *Fort St-Nicolas* ist gleichfalls mittelalterlichen Ursprungs und erhielt seine heutige bauliche Gestalt im 17. Jh. Ludwig XIV. ging es dabei weniger um eine Sicherung des Hafens als vielmehr um eine Demonstration der königlichen Zentralgewalt in der stets unruhigen und nach Autonomie strebenden Stadt.

Das Gewirr der Gassen rings um den Alten Hafen war seit dem 19. Jh. zu einer Brutstätte der internationalen Kriminalität geworden. Als sich im Zweiten Weltkrieg in diesem Labyrinth Deserteure der Deutschen Wehrmacht und Gruppen der Resistance verbargen, machten die Besatzer kurzen Prozeß und sprengten systematisch den gesamten Altstadtbezirk. Verschont wurden lediglich das *Rathaus* aus dem 17. Jh., das in der Art eines genuesischen Palazzo gehalten ist, und einige andere historische Baulichkeiten. Gewöhnlich findet man in der Literatur diese »Säuberungsaktion« scharf verurteilt. In Wahrheit ist man in Marseille gar nicht so unglücklich über die Sprengungen gewesen, denn in diesem seltenen Fall kam der Vandalismus der Besatzer der Bevölkerung zugute, die vorerst von der Geißel des Bandenunwesens befreit war. Die Anfang der fünfziger Jahre entstandenen Wohnblocks haben einen etwas nüchterneren Rahmen geschaffen.

Das Becken des Alten Hafens ist den Erfordernissen der modernen Seeschiffahrt schon längst nicht mehr gewachsen. Es dient heute nur noch als Fischerei- und vor allem Segel- bzw. Motoryachthafen, dessen buntbewegte Szenerie das kühle Neubauambiente erfrischend belebt.

Bei dem Abriß der Altstadthäuser kamen Teile der römischen Hafenanlagen zum Vorschein. Man kann diese hinter dem Rathaus befindlichen Ausgrabungen der »Docks romains« besichtigen.

An der östlichen Schmalseite des Hafens verläuft der Quai des Belges, von dem die berühmte Prachtstraße Marseilles, die *Canebière,* im rechten Winkel stadteinwärts führt. Ihr Name soll sich von den Seilereien, die es in früheren Zeiten hier gab, ableiten (lat. *cannabis* = Hanf).

Reste der griechischen Stadt wurden 1967 bei Ausschachtungsarbeiten hinter der Börse (nicht weit vom Alten Hafen) freigelegt. Seitdem ist in diesem Bereich systematisch weitergegraben worden. Dabei wurde festgestellt, daß das Hafenbecken in antiker Zeit gut hundert Meter weiter ins Landesinnere vorstieß und am Ende eine hornähnliche Biegung vollzog. So ist erst seit kurzem Caesars früher als ungenau abgetane Beschreibung für richtig erkannt worden, wonach Massilia an drei Seiten von Wasser umspült gewesen sein soll.

Kathedrale La Major

Die Situation als Hafenstadt hatte Marseille schon früh für das Christentum empfänglich gemacht. Der Legende zufolge soll der hl. Lazarus die neue Religion gepredigt haben und der erste Bischof von Marseille gewesen sein. Historisch belegt ist das Christentum auf jeden Fall seit Aurelianischer Zeit, d. h. um die Mitte des 2. Jh. Im Schatten von Arles konnte der Bischof jedoch keine überragende Position gewinnen. So hat die im 12. Jh. errichtete Kathedrale auch nur bescheidene Ausmaße und ist heute ohnehin kaum mehr als ein Torso. Von den einstmals fünf Langhausjochen blieb lediglich eines erhalten. Daran schließen sich die oblonge Vierung und der Chor an, der in Umkehrung des gewohnten provençalischen Musters außen halbrund und innen polygonal ist. Die ihn säumenden quadratischen Kapellen wurden dem romanischen Bau im 13. Jh. hinzugefügt.

Innerhalb der Ausstattung verdienen drei Dinge Beachtung: der *Reliquienaltar des hl. Serenus,* dem die Vorderseite eines Sarkophags aus dem 12. Jh. integriert wurde, eine in Terrakotta ausgeführte *Kreuzabnahme,* die der florentinischen Werkstatt der della Robbia nahesteht, und der *Lazarusaltar* mit Szenen aus dem Leben des Lazarus und Darstellungen verschiedener Heiliger von *Francesco Laurana* (um 1480). Von dem aus Dalmatien gebürtigen und in Italien ausgebildeten Künstler, der nach der Eheschließung mit einer Tochter aus einer Marseiller Familie in der Provence blieb, begegnete uns bereits eine Kreuztragung in St-Didier in Avignon.

Die romanische Kirche steht heute im Schatten der erdrückenden neuen Kathedrale, um deretwillen der alten Major zwei von damals noch vorhandenen drei Jochen des Langhauses und der Kreuzgang genommen wurden. Napoleon III. legte 1852 den Grundstein zu dem monströsen Bau, der 1893 fertiggestellt war. Die romanische und byzantinische Formen kopierende Architektur ist in ihrer kalten Pracht (140 m Länge) Ausdruck des Wiederaufschwungs Marseilles im 19. Jh.

St-Victor

Auf der Südseite des Hafens erhebt sich wehrhaft wie eine kleine Burg die Kirche St-Victor, die auf eine der ältesten Klostergründungen Frankreichs zurückgeht. Die Legende berichtet von einem römischen Offizier namens Victor, der unter Maximian, dem Mitregenten Diokletians, in Marseille den Märtyrertod erlitt. Über dessen Grab errichtete Johannes Cassianus, der aus dem Osten nach Marseille eingewandert war, Anfang des 5. Jh. ein Kloster. Ausgrabungen in den sechziger Jahren haben die Frühdatierung bestätigt und durch den Fund frühchristlicher Gräber aus diokletianischer Zeit auch die Gründungslegende auf historisch gesicherten Boden gestellt. Nach der Zerstörung durch die Sarazenen sorgten Benediktiner für den Wiederaufbau. In den romanischen Bau wurde die frühchristliche Basilika als Krypta inkorporiert. Weiterführende Baumaßnahmen im 13. und 14. Jh. schufen das heutige Aussehen einer Wehrkirche. Im 18. Jh. wurde das Kloster in ein Stift umgewandelt, in dem nur Angehörige provençalischer Adelsgeschlechter Aufnahme fanden. In der Revolution wurden die Konventsbauten zerstört, einzig die Kirche blieb erhalten. Ihr wehrhaftes Äußeres erklärt sich daraus, daß sie in die Festungsmauer miteinbezogen war, die die Südflanke des Hafens schützte.

Obwohl der dreischiffige Innenraum seine jetzige Gestalt erst im späten Mittelalter erhielt, macht er dank seiner gedrungenen Formen und der bescheidenen Lichtzufuhr einen durchaus romanischen Eindruck. Die Unregelmäßigkeiten des Grundrisses hängen mit dem felsigen Baugrund und den Substruktionen der Unterkirche zusammen. Deren ältester Teil gehört zu dem von Cassian begründeten und der Überlieferung zufolge von Papst Leo dem Großen geweihten Sanktuarium des frühen 5. Jh. Mehrere Räume sind dabei baulich miteinander verbunden worden: die Basilika, ein Atrium, wie es für frühchristliche Kirchen kennzeichnend ist, und Teile der spätantiken Nekropole, deren Gräber nach Art der römischen Katakomben zum Teil in den gewachsenen Fels geschürft wurden.

Notre-Dame-de-la-Garde (Farbt. 35)

Als Pendant zur neuen Kathedrale erhebt sich auf der Südseite des Alten Hafens die gleichfalls im 19. Jh. errichtete Wallfahrtskirche Notre-Dame-de-la-Garde. Ihrem Schwesterbau gegenüber zeichnet sie sich durch ihre exponierte Lage aus. Dieser Hügel soll es gewesen sein, den die keltische Fürstentochter Gyptis dem Griechenjüngling Protis als Mitgift in die Ehe brachte. In antiker Zeit krönte ein Poseidontempel den Hügel, den später eine Kirche ablöste. Ein Gemeinsames all dieser Bauten blieb bis in unsere Tage unverändert: Sie sind stets ein nach allen Seiten weithin sichtbares Erkennungsmerkmal der Hafenstadt gewesen und den Seeleuten ein markanter Blickfang auf ihrer Heimkehr.

Von der Anhöhe bietet sich eines der eindrucksvollsten Städtepanoramen Frankreichs. Man erkennt die sichere Lage des rundum von Felsen geschützten Hafenbeckens, dem auf der Seeseite eine Inselgruppe als Riegel gegen das offene Meer vorgelagert ist. In einem weiten Halbkreis zieht sich die Küste der Rade de Marseille im Westen bis zur Chaine de l'Estaque und im Südosten bis zur Klippe des Marseillevêyre-Massivs.

Die Corniche

Nahe dem *Parc du Pharo* auf der Südseite der Hafeneinfahrt (im Park selbst das Schloß der Kaiserin Eugenie, Gattin Napoleons III., das heute Krankenhaus ist) beginnt die bekannte

Küstenstraße, La Corniche. Zur Landseite ist sie von zahlreichen Palais vorwiegend des 19. Jh. gesäumt, zur Meerseite folgen in weiten Abständen verschiedene Denkmäler aufeinander. Das auffallendste ist das des Marseiller Bildhauers *César* in Form des Flügels einer Schiffsschraube. Es erinnert an die Gefallenen der Kolonialkriege. Die Corniche endet an der Avenue de Prado, an deren Anfang eine Kopie von Michelangelos David aus Florenz steht. Hier wurden erst vor wenigen Jahren ein künstlicher Strand und ein Segelyachthafen angelegt.

Marcel Pagnol und der Borély-Park

An der Avenue de Prado liegt der weitläufige Parc Borély, der durch die Beschreibung Marcel Pagnols in seinen Kindheitserinnerungen einem Millionenpublikum vertraut ist.

Pagnol wurde 1895 in Aubagne, einem östlichen Vorort von Marseille geboren. Bereits als Achtzehnjähriger verfaßte er seine erste Komödie, doch es sollte noch zehn Jahre dauern, bis er mit dem Lustspiel »Topaze« in Paris den großen Durchbruch erlebte. Nun entstanden in rascher Folge drei weitere Bühnenstücke, »Marius« (1929), »Fanny« (1930) und »César« (1931), die alle im Hafenmilieu von Marseille spielen und deshalb auch die »Marseiller Trilogie« genannt werden. Ab 1930 arbeitete Pagnol auch als Drehbuchautor und Regisseur. Neben der Verfilmung der Marseiller Trilogie ist der Streifen mit dem Titel »Die Frau des Bäckers« eines seiner bekanntesten Werke. Erst verhältnismäßig spät wandte sich Pagnol der Prosa zu, und hierin erreichte er seine größte Meisterschaft. In dem Roman »Die Wasser der Hügel« (1965) beschreibt er die Härten bäuerlichen Lebens in den Bergregionen der Haute-Provence und schildert schonungslos die Ressentiments der Einheimischen gegenüber Fremden. Die Kindheitserinnerungen, »Marcel – eine Kindheit in der Provence« (1957) sowie die Fortsetzungsbände »Marcel und Isabelle – Die Zeit der Geheimnisse« (1961) und »Die Zeit der Liebe« (postum 1977) sind eine

Mädchenkopf auf einer griechischen Vase, 4. Jh. v. Chr.
Marseille, Musée Borély

317

mitreißende Liebeserklärung an die Provence, ihre Landschaften und ihre Menschen. Gerade der erste Band sei jedem Provencereisenden als einstimmende Lektüre empfohlen. 1946 wurde Marcel Pagnol mit der größten Ehrung, die das literarische Frankreich zu vergeben hat, ausgezeichnet: Man wählte ihn in die Academie Française. Pagnol starb im Frühjahr 1974 in Paris.

Musée Borély

Am Ende des Parks liegt das prachtvolle Borély-Palais, das sich ein Marseiller Kaufmann und passionierter Kunstsammler dieses Namens 1767–78 errichten ließ. Heute befindet sich darin die gut bestückte und didaktisch hervorragend sortierte Sammlung des Musée d'Archéologie Méditerranéenne, das, angefangen mit der ägyptischen Kunst über die griechische bis hin zur römischen, alle mittelmeerischen Kulturepochen der Antike dokumentiert. Stattlich ist die Zahl ägyptischer Kleinkunstwerke (Amulette, Schmuck, Bronzen etc.). Die griechische Zeit ist vor allem durch attische und korinthische Keramiken vertreten, während die Römerzeit in Architekturfragmenten, Münzen, Porträts und anderen, meist aus Marseille selbst stammenden Fundgegenständen erscheint. Die keltischen Stücke, überwiegend im Oppidum Roquepertuse geborgen, werden in einem Nebengebäude aufbewahrt. Den keltischen Schädelkult dokumentiert ein Türsturz mit ovalen Nischen zur Anbringung der Köpfe.

Château d'If

Wir kehren vom Borély-Park zum Alten Hafen zurück. Vom Quai des Belges verkehren Ausflugsschiffe zum Château d'If. Das kleine Fort wurde im 16. Jh. als Vorposten zur Sicherung des Hafens von Marseille angelegt und im 17. Jh. in ein Staatsgefängnis umgewandelt. Zahlreiche Prominente verbüßten in der Festung, von der es praktisch kein Entrinnen gab, ihre Haftstrafen, unter anderen der Graf von Mirabeau. Das Château d'If hat seinen festen Platz in der Weltliteratur, seitdem Alexandre Dumas den Graf von Monte Christo in seinen Kerkermauern die Bekanntschaft des Abbé Faria machen ließ, der dem unschuldig Inhaftierten zur Flucht und zu Reichtum verhalf.

Im Hinterland der Côte d'Azur

St-Maximin-la-Ste-Baume

Die Gründung des Wallfahrtsortes ist, wiewohl mit frommen Legenden verbrämt, ein Politikum gewesen. Folgendes war vorausgegangen: Der schon berichteten Legende über Stes-Maries in der Camargue zufolge hatten sich die Büßerin Magdalena und Maximin in der Einöde östlich von Aix niedergelassen. Magdalena zog sich dort in eine Grotte (provençalisch = Baoumo) zurück, um in völliger Entsagung ein gottgefälliges Leben zu führen. Um ihre Gebeine vor den Sarazenen zu retten, wurden sie nach Vézelay in Burgund überführt, wo sie fortan ein Anziehungspunkt für die Pilger waren und dem Ort einen kometenhaften Aufstieg bescherten. Als das Haus Anjou die Herrschaft über die Provence angetreten und mit der Ausrottung der Staufer nach Süditalien übergegriffen hatte, fehlte es der jungen Dynastie an der nötigen Popularität. Diese ließ sich im Mittelalter am ehesten durch spektakuläre Reliquien sichern, die immer als himmlische Legitimation weltlicher Macht angesehen wurden. 1270 ließ deshalb Karl II. von Anjou, damals noch designierter Nachfolger seines Vaters, Karls I., gezielt in St-Maximin graben, wo man auf Anhieb die vermeintlich »echten« Reliquien der Magdalena fand. Sofort entbrannte der Streit zwischen Vézelay und den Dominikanern, die eifrig für die neue Wallfahrt nach St-Maximin warben. Das Argument der Dominikaner: Im 8. Jh. seien andere Reliquien nach Burgund gebracht worden, um die anrückenden Sarazenen auf eine falsche Fährte zu locken, die tatsächlichen Gebeine der Magdalena hätte man hingegen verborgen. Die Angelegenheit kam schließlich vor den Papst. Der sah sich, wie zuvor durch die Staufer, nun durch die Anjous eingekreist und konnte sich einen Affront gegen den mächtigen Nachbarn des Patrimonium Petri nicht leisten. 1298 entschied Bonifaz VIII. zugunsten von St-Maximin. Damit hatte Karl II. der Herrschaft der Anjou den Anschein göttlicher Legitimation gesichert, zugleich entwickelte sich St-Maximin zu einem neuen Publikumsmagneten – das burgundische Vézelay dagegen geriet schnell in Vergessenheit.

Kaum war der päpstliche Entscheid verkündet, begannen die Dominikaner unverzüglich mit dem Bau eines großen Pilgerzentrums. Noch vor Ablauf des 13. Jh. wurde der Grundstein für die Abteikirche und das dazugehörige Kloster gelegt. Die Bauarbeiten zogen sich, bedingt durch längere Unterbrechungen, bis in das 16. Jh. hin. Die Kirche ist mit 73 m Länge und fast 29 m Gewölbehöhe der größte gotische Sakralbau der Provence und überragt die Häuser der Ortschaft weithin sichtbar. Es eignet ihm aber nicht jene für die nordfranzösischen Kathedralen

François Ronzen, Detail vom Passionsaltar in St-Maximin-la-Ste-Baume mit einer Ansicht des Papstpalastes in Avignon

bezeichnende Verbundenheit mit der dazugehörigen Stadt, sondern er mutet eher wie ein urzeitlich-fremder Koloß an. Nirgends – außer noch in Albi – wird deutlicher, daß die gotische Bauweise in Südfrankreich letztlich keine geistige Heimat fand. Dabei ist der Bau weitgehend bodenständigen Traditionen angeglichen. Man verzichtete auf Türme und die bezeichnend gotischen Schmuckformen wie Wimperge, Skulpturenportale, Fialen, Tabernakel, Krabbenbesatz, Kreuzblumen und dergleichen mehr, was sicher nicht allein mit dem dominikanischen Armutsideal zu erklären ist. Das ausgewogene Verhältnis von Breite zu Höhe im Innern der dreischiffigen Basilika (Mittelschiff 13 m breit und 29 m hoch; zum Vergleich Reims: 11 m zu 38 m) erzeugt einen hallenartigen Eindruck, der wenig mit dem straffen Vertikalstreben der nordfranzösischen Kathedralgotik gemein hat. Auch bei der Chorgestaltung blieb man der überlieferten Form einer Dreiapsidenanlage ohne Umgang und Kapellenkreuz treu, was in Anbetracht der Tatsache, daß der Bau als Pilgerkirche gedacht war, um so mehr überrascht. Da ebenfalls auf ein Querhaus verzichtet wurde, ist ein Raum von sachlicher Einheitlichkeit geschaffen worden, der dennoch nicht jene zwingende Logik vermittelt wie die nach ähnlichen Gesichtspunkten konzipierte Kathedrale in Vienne. St-Maximin, eher ein politischer als ein religiöser Bau, bleibt letztlich kühl und distanziert. So mochte auch im 19. Jh. Viollet-le-Duc, der unermüdliche Bewahrer mittelalterlicher Kunst, eine Restaurierung nicht befürworten, weil er fand, daß die erforderlichen finanziellen Mittel in keiner angemessenen Relation zum künstlerischen Rang der Kirche stünden.

Die Ausstattung – Altäre, Orgel, Kanzel, Stuckdekorationen – entstammt vorwiegend der Barockzeit. Beachtung verdient das großformatige *Altarpolyptychon* in der nördlichen Chorkapelle. Es wurde 1520 von dem flämischen Wanderkünstler *François Ronzen* geschaffen und zeigt Stationen aus der Passion Christi in quadratischen Feldern. Ronzen berichtet in diesen Bildern eindrucksvoll von seiner weitläufigen Reisetätigkeit, indem er das Geschehen zum Teil in real bestimmbare Orte stellt. So erkennt man unschwer das Kolosseum in Rom, die Piazzetta in Venedig (mit der Südwestecke der Markuskirche im Vordergrund) und den Papstpalast in Avignon. Gerade die letztgenannte Vedute ist von derart bestechender Genauigkeit, daß man sie bei der Restaurierung der Fassade des Papstpalastes als Vorlage zu Rate zog.

Eine andere Kostbarkeit ist in der fünften Kapelle der Südseite ausgestellt, das *Pluviale Ludwigs des Heiligen von Toulouse*. Dieser älteste Sohn Karls II. von Anjou (1274–97) entsagte mit zweiundzwanzig Jahren dem Anspruch auf das väterliche Erbe zugunsten seines Bruders Robert und trat in den Franziskanerorden ein. 1297 zum Bischof von Toulouse geweiht, starb er noch im selben Jahr und wurde 1317 kanonisiert. Sein reichbestickter bischöflicher Ornat zeigt dreißig Szenen aus dem Leben Mariens und der Passion Christi.

Die *Krypta*, deren Zugang sich im vierten Joch des linken Seitenschiffes befindet, ist die Keimzelle von St-Maximin-la-Ste-Baume. Sie ist eine Grabkammer, die vermutlich zu einer spätantiken Villa gehörte. Die vier Sarkophage, die man anläßlich der von Karl II. verordneten Ausgrabung hier fand, dienten dem König als Beweis für die Echtheit der Magdalenenreliquien. Sie stehen den Sarkophagen in Arles nahe und stammen möglicherweise auch aus dortigen Werkstätten. Der älteste dürfte der sogenannte Sarkophag des hl. Maximin sein, dessen nicht durch Arkaden unterbrochene Schilderungsweise noch dem 4. Jh. angehört. In das 5. Jh. fällt der sogenannte Sarkophag der hl. Magdalena. Unter fünf Arkaden zeigt er drei Wunderszenen, Christi Ankündigung des Verrates durch Petrus (Hahn) und die Auferstehung, die in dieser Zeit immer durch das Anastasiskreuz und die Grabwächter dargestellt wurde.

Der spätgotische *Kreuzgang* auf der Nordseite der Basilika soll wohl ebenso wie diese durch seine gewaltigen Abmessungen beeindrucken und bleibt gerade deshalb in seelenlosem Imponiergehabe gefangen.

Brignoles

Die Autobahn A7, »La Provençale«, erlaubt ein rasches Vorankommen ostwärts. Wer aber gemütlich durch die Lande ziehen möchte, wählt ab St-Maximin die kleine D 28 und ab dem Dorf Le Val die D 562. Man streift dabei das Städtchen Brignoles, das im Zentrum des heute wichtigsten Abbaugebietes Frankreichs für Bauxit liegt. Auch landwirtschaftlich spielt Brignoles eine wichtige Rolle. Alljährlich findet im Frühjahr eine Weinmesse statt, auf der die Erzeugnisse des Vorjahres versteigert werden. Ihre respektable Position verdankt die Stadt ihrer Lage an der wichtigen Ostwestachse, die schon die Römer ausgebaut hatten, und der Tatsache, daß die Grafen von Anjou in Brignoles ihre Sommerresidenz einrichteten. Daran erinnert nur noch der Name der Place des Comtes de Provence im Zentrum der Stadt.

Im Museum von Brignoles wird der älteste römisch-christliche Sarkophag des Landes aufbewahrt. Er stammt aus dem 3. Jh. und wurde vermutlich, da es zu dieser Zeit in der Provence noch keine eigenen Werkstätten gab, aus Italien importiert.

Zisterzienserabtei Le Thoronet (Farbt. 10; Abb. 77, 78)

Der Besuch des Klosters Le Thoronet führt wieder in eine einsame Gegend. Bereits 1136 hatte Raimund von St-Gilles, Graf von Toulouse, die Mönche von Mazan (Ardèche) veranlaßt, in der Provence eine Filiation zu gründen. Diese entstand nahe der Ortschaft Tourtour, wurde aber bereits nach knapp fünfzehn Jahren aus ungeklärten Gründen wieder aufgegeben. Um 1160 siedelten sich die Mönche 15 km weiter südlich an, wo ihnen Raimund ein neues Stück Land überließ. In einer überraschend kurzen Bauzeit von nur eineinhalb Jahrzehnten entstand die Kirche; die Konventsbauten waren bereits um die Wende zum 13. Jh. fertiggestellt. Das Kloster verfügte über ein sicheres Einkommen, da zu der Schenkung Raimunds weitere großherzige Spenden in Form von Landbesitz hinzukamen. Schon bald aber scheint die strenge Regel gelockert worden zu sein. Im 15. Jh. wurde das Dormitorium in einzelne Zellen unterteilt, im 16. Jh. war das Kloster nur noch von einer Handvoll Mönche bewohnt. Nach der endgültigen Auflösung durch die Revolution gelangten die Baulichkeiten schließlich 1854 in Staatsbesitz, 1873 wurde die dringend notwendig gewordene Restaurierung eingeleitet, die zugleich den mittelalterlichen Zustand wiederherstellte, nachdem die Kirche im 18. Jh. durch eine Barockisierung entstellt worden war.

Gemäß dem von dem Ordenskapitel 1134 verfügten Statut, wonach die Klöster der Zisterzienser »weder in Städten, Kastellen oder Dörfern, sondern an entlegenen Orten, fern vom Verkehr der Menschen«, also in völliger Einsamkeit zu liegen hatten,[41] findet man Le Thoronet selbst heute noch fernab jeder menschlichen Behausung. Da es unter den drei erhaltenen Zisterzienserklöstern der Provence das älteste ist, steht es den Maximen Bernhards von Clairvaux noch am nächsten und ist ein eindrucksvoller Zeuge von der ganz unter dem Zeichen der Entsagung stehenden Frühzeit des Ordens.

Die *Kirche* hält sich an den Idealplan eines zisterziensischen Baus: ein basilikales Langhaus, das sich in vier von einer Spitztonne überwölbte Joche gliedert. Die ausladenden Querhausarme springen weit vor; sie sind dem Langhaus lediglich appliziert und durchdringen es nicht in Form einer ausgeschiedenen Vierung. In diesem Punkt weicht Le Thoronet wesentlich von Silvacane und Sénanque ab. Auf eine Durchfensterung des Obergadens wurde wie in fast allen Kirchen des Ordens verzichtet, aber da die vorhandenen Fenster nicht farbig sind, ist der Raum hinreichend

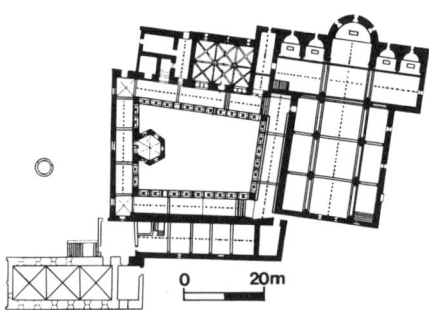

0   20m

Zisterzienserabtei Le Thoronet, Grundriß

Zisterzienserabtei Le Thoronet, perspektivischer Schnitt durch den Kreuzgang. Nach Viollet le Duc

erhellt. Der Chor beschreibt ein schlichtes Halbrund, an dessen Seiten sich je ein Paar gleichfalls gerundeter Apsiden zu den Querhausarmen öffnen, die – wie in Sénanque – am Außenbau durch glatte Wandflächen ummantelt sind. Mit Ausnahme der Runddienste, die um der optimalen Raumnutzung willen erst auf halber Höhe der Arkadenpfeiler ansetzen und als Gurte ins Gewölbe fortgeführt sind, findet man nicht den geringsten Ansatz zu einer plastischen Ausschmückung der unverputzten Wände. Träger des zisterziensischen Ausdruckswillens ist deshalb einzig der Stein, dessen perfekte handwerkliche Bearbeitung zur künstlerischen Aufgabe avanciert. Wolfgang Braunfels bemerkt dazu: »Stein wirkt immer dauerhafter als Holz oder Verputz, strenger und zugleich fester. Man gewinnt den Eindruck, daß sich in diesen Gewölbefluchten die Mönche auf die Dauer eingeschlossen haben. Hier läßt sich nichts verrücken. Das ist zugleich Kerker und Paradies. In der steinernen Welt entfaltete sich jene Zisterzienserästhetik, die zur Gotik überleitete. Wo Farbe und Figur verboten war, drängte die Steinbehandlung zu neuer Vollendung. Schlichtheit und geometrische Klarheit der Form wird zum Ideal erhoben.«[42]

Der nördliche Querhausarm hat zwei Türen; eine führt ebenerdig in die kleine Sakristei, die zweite, die man über eine Treppe erreicht, leitet gemäß dem gängigen zisterziensischen Muster in das Dormitorium. Dessen spätere Unterteilung in einzelne Zellen ist im Zuge der Restaurierungsarbeiten wieder rückgängig gemacht worden. Ein weiterer Durchgang im nördlichen Seitenschiff stellt die Verbindung zum *Kreuzgang* her. Da man bei seiner Errichtung das unebene Gelände berücksichtigen mußte, hat er einen unregelmäßigen Grundriß und seine

Galerien bewegen sich auf verschiedenen Niveaus, die untereinander mit Stufen verbunden sind. Die Gänge sind zur Hofseite in einer Arkadenreihe geöffnet, in deren Bögen kleine Biforien mit einer Rundöffnung darüber eingestellt sind (Abb. 78). Im Hof sieht man eine Kostbarkeit, das Brunnenhaus, das einzig erhaltene Beispiel in der Provence (Farbt. 10). Ursprünglich gab es in jedem Kreuzgang einen solchen Brunnen, der nicht nur die Versorgung mit Wasser gewährleistete, sondern zugleich den »fons vitae« (Lebensbrunnen) symbolisierte. Lediglich der Kapitelsaal im Ostflügel läßt das Vordringen gotischen Formengutes erkennen. Seine sechs aus Kappen und Kreuzrippen gebildeten Gewölbeeinheiten ruhen auf zwei frei im Raum stehenden Säulen. Als letzter Teil der komplexen Anlage entstand erst nach der Wende zum 13. Jh. der Konversenbau an der Nordwestecke des Kreuzgangs. Küche und Refektorium sind nicht erhalten; sie befanden sich an der Nordseite des Kreuzgangs.

Den besten Eindruck von der gesamten Klosteranlage gewinnt man von der Terrasse, die man vom Dormitorium aus erreicht. Aus der erhöhten Perspektive überschaut man den Kreuzgang und die dahinter aufgehende Kirche. Das »unerbittlich Schlichte« (Braunfels) dieser Architektur erscheint wie die steingewordene Manifestation des zisterziensischen Entsagungsideals.

Château Entrecasteaux

Wer auf seiner Reise durch die Provence bis nach Le Thoronet vorgedrungen ist, sollte von dort einen Abstecher 15 km nordwestlich zum Schloß Entrecasteaux unternehmen. Das inmitten einer von Le Nôtre entworfenen Parkanlage steil auf einem Felssporn gelegene Schloß wurde im frühen 18. Jh. errichtet, sein Ursprung reicht aber bis in das 11. Jh. zurück. Die bestehende Anlage ist schlicht und verzichtet auf jedweden barocken Pathos, wie er ohnehin dem provençalischen Empfinden weitgehend fremd geblieben ist. Bekannteste Schloßherrin war Madame de Grignan, die Tochter der Marquise de Sévigné; im 18. Jh. war Antoine Raymond Joseph de Bruny Chevalier d'Entrecasteaux (1737–93) sein Besitzer, der als königlicher Vizeadmiral mehrere überseeische Expeditionen unternahm. Eine ständige Ausstellung im Schloß erinnert an sein Lebenswerk. In der Revolution wurde der Beschluß gefaßt, das Bauwerk niederzureißen, was aber durch das engagierte Eintreten eines Bürgers aus Entrecasteaux verhindert werden konnte. Seitdem wechselte das Schloß mehrfach den Besitzer. Nach jahrelangem Verfall erwarb schließlich der schottische Maler Jan McGarvie-Munn den Bau, der mittlerweile zu einer Ruine verkommen war. Er leitete die Restaurierung in die Wege. Dank der Initiative des neuen Schloßherrn wurde Entrecasteaux 1982 in den erlauchten Zirkel der als »Monument historique« klassifizierten Denkmäler aufgenommen. McGarvie-Munn erlebte diesen Erfolg nicht mehr; er starb 1981. Seine Erben haben die Restaurierung, die ausschließlich privat finanziert wurde, mittlerweile zum Abschluß gebracht und das Schloß zur Besichtigung freigegeben. Sie bemühen sich darüber hinaus, Entrecasteaux zu einem Kulturzentrum auszubauen. Es finden Konzerte und wechselnde Ausstellungen statt.

Von Draguignan bis Grasse

Entlang den hügeligen Ausläufern der Seealpen wurden zahlreiche prähistorische Siedlungs-plätze nachgewiesen. Überall verstreut findet man eine stattliche Anzahl von *Dolmen*. Der größte von ihnen, der »*Pierre de la Fée*« nahe dem Städtchen Draguignan, war zusammengestürzt und ist wieder aufgerichtet worden.

Entlang der D 562, die Draguignan und Grasse verbindet, reihen sich mehrere Dörfer, die hoch über dem Tal auf den Anhöhen vorspringender Felsklippen liegen, jedes von einer originellen Barbarotte bekrönt. Hierher haben sich viele zurückgezogen, denen das Getriebe der »kermesse côtière«, wie es die Einheimischen nennen, zu hektisch geworden ist. 1966 ließ sich Max Ernst in *Seillans* nieder, wo er 1976 starb. Der große Surrealist hat die Gegend seiner letzten Wahlheimat mit schwärmerischen Worten beschrieben.

Nur einen Steinwurf weiter liegt *Fayence,* dessen Name an das aus Italien übernommene Kunsthandwerk erinnert. Wer von Seillans aus auf der D 19 nach Fayence hinüberfährt, kann einen kurzen Halt an der *Kapelle Notre-Dame-de-l'Ormeau* einlegen, die einen reichgeschnitzten und polychrom gefaßten Renaissancealtar besitzt. Vorbei am See von St-Cassien gelangen wir schließlich nach Grasse, der Welthauptstadt des Parfüms.

Die Route-Napoléon

Grasse 326 – Castellane und Senez 328 – Digne 328   (vgl. Karte in der vorderen Umschlagklappe)

Von Cannes über Grasse, Castellane und Digne bis nach Sisteron durchzieht die N 85 die majestätische Bergwelt der Seealpen. Man nennt diese Strecke auch die Route-Napoléon, weil auf ihr der aus dem Exil auf Elba zurückgekehrte Kaiser nach Norden zog. Die Ereignisse dieser Tage seien kurz festgehalten. Am 1. März 1815 war Napoleon mit einer Gruppe ihm treu Ergebener im Golfe de Juan nahe Cannes gelandet. Für seinen Marsch auf Paris vermied er die bequeme Straße im Tal der Rhône, einmal wegen der massiven Truppenkonzentrationen dort, zum anderen, weil ihm die Stadt Marseille alles andere als wohlgesonnen war und seine Pläne zu vorzeitigem Scheitern hätte bringen können. Am 2. März brach der Trupp auf und erreichte gegen Abend Séranon. Bereits am Mittag des folgenden Tages speiste Napoleon in der Unterpräfektur in Castellane, abends war er bis Barrême gelangt. Am 5. März stand Napoleon vor Sisteron. Daß die Zitadelle an diesem Tag unbewacht war, ist als Zeichen des Stimmungswandels zugunsten des Rückkehrers gewertet worden. Die kritischste Situation entstand am 7. März, bereits außerhalb der Provence. Nahe der Ortschaft Laffrey, 15 km vor Grenoble, sah sich Napoleon Regierungstruppen gegenüber, die seinem eigenen Kontingent zahlenmäßig weit überlegen waren. Die Verhandlungen mit den Kommandierenden der Gegenseite scheiterten. In dem Augenblick, als der Befehl erschallte, das Feuer zu eröffnen, soll sich Napoleon vor seine Truppe gestellt und den gegnerischen Soldaten zugerufen haben: »Ich bin euer Kaiser. Wenn ihr mich erschießen wollt, bitte, da bin ich!« Nach Sekunden des Schweigens liefen die Regierungstruppen mit dem Ruf »Es lebe der Kaiser« zu Napoleon über. In einem Triumphzug ohnegleichen erreichte er wenig später Paris, das die kurz zuvor wieder inthronisierten Bourbonen fluchtartig verlassen hatten. Doch schon nach hundert Tagen, am 18. Juni 1815, scheiterte der Plan einer Wiedererrichtung des Kaisertums endgültig. Napoleon unterlag bei Waterloo den Truppen Wellingtons und Blüchers, floh nach Rochefort und von dort weiter auf die Atlantikinsel Aix, um sich dann, von der erdrückenden feindlichen Übermacht eingekreist, am 15. Juli den Engländern auszuliefern, die ihn im Herbst desselben Jahres in die Verbannung auf die Insel St-Helena schickten. Dort starb Napoleon 1821.

Grasse (Farbt. 31)

Die Anfahrt zur »Welthauptstadt des Parfüms« bereitet vielen eine Enttäuschung. Wenn man weiß, daß jährlich bis zu 400 Tonnen Jasminblüten, 500 Tonnen Rosen und etwa dieselbe Menge

Orangenblüten – den Lavendel gar nicht mitgerechnet – hier verarbeitet werden, erwartet man, die Stadt inmitten blühender Felder anzutreffen. Aber nichts dergleichen ist zu sehen; fast die ganze Blütenpracht verbirgt sich unter Plastikfolien oder in Treibhäusern. Doch in der Stadt selbst wird man wieder entschädigt: Die 25 Fabriken, in denen Parfüm hergestellt wird, verströmen einen Duft, der alle Gassen erfüllt.

Die Parfümherstellung ist ursprünglich nur ein wirtschaftlicher Nebenzweig der schon im Mittelalter florierenden Handelsstadt gewesen, die sich auf die Verarbeitung von Leder spezialisiert hatte. In der Renaissance kam es dann in Mode, parfümierte Handschuhe zu tragen, und schon bald verlegten sich die Gerber ganz auf die Erzeugung der Duftstoffe. Grasse ist durch sein mildes Klima dazu prädestiniert. Die Lage in etwas mehr als 300 m Höhe läßt die Sommertemperaturen nicht zu heiß werden, andererseits schirmen die Berge ringsum die kalten Nordwinde im Winter ab. Wenn man bedenkt, daß etwa 10 000 Jasminblüten ein Kilo wiegen und wiederum 500 kg dieser Blüten vonnöten sind, um nur ein Kilo ätherisches Öl zu gewinnen, versteht man die stolzen Preise dieses bezeichnend französischen Luxusgutes.

Wir beginnen den Rundgang durch die Altstadt an der Place du Cours (Parkgarage). Über den Boulevard Fragonard und durch die Fußgängerzone gelangt man zur *Kathedrale,* die an exponierter Stelle am Rande des Plateaus steht, auf dem sich die Stadt ausbreitet. Der romanische Bau ist in der Barockzeit verändert und erweitert worden. Sein massiges Mauerwerk mit nur wenigen Fenstern läßt an einen Festungsbau denken. Das rechte Seitenschiff bietet eine kleine Pinakothek erlesener Bilder. Erst 1972 gelangten drei frühe *Rubens-Gemälde* hierher. Die ursprünglich für Rom gedachten Arbeiten zeigen Kreuzigung, Dornenkrönung und die Auffindung des Kreuzes durch die hl. Helena. Eine Rarität ist die großformatige Fußwaschung von *Jean-Honoré Fragonard,* dem bedeutenden aus Grasse stammenden Rokokomaler, denn es ist eines der ganz wenigen Beispiele religiöser Malerei des Künstlers. Aus dem Atelier des in Nizza tätigen *Louis Bréa* (1443–1520) stammt das sogenannte Honoratus-Triptychon.

Die zum Teil hügelan steigenden Gassen der verwinkelten Altstadt führen zur *Place aux Aires,* deren langgezogene, trapezförmige Fläche von einigen Palais des späten Mittelalters und der Renaissance gesäumt wird. Hier findet fast täglich der Gemüsemarkt statt, und an der nördlichen Schmalseite, rund um einen ausladenden Brunnen, der Blumenmarkt, der sich gerade hier in Grasse immer durch eine besondere Vielfalt auszeichnet (Farbt. 31)

Wer sich für die Parfümherstellung interessiert, findet in zahlreichen Fabriken die Möglichkeit zur Besichtigung. Einen Besuch lohnt ferner das *Fragonard-Museum,* das sich in einem Park nahe der Place du Cours befindet. Der 1732 als Sohn eines Gerbers in Grasse geborene Künstler machte bereits als Zwanzigjähriger von sich reden, als er den ersten Preis der Academie Royale de peinture gewann. Drei Jahre später entstand im Auftrag der Bruderschaft von St-Sacrement jene Fußwaschung, die jetzt in der Kathedrale in Grasse hängt. 1756–61 hielt sich Fragonard in Rom auf, wo er trotz der Warnungen seines Lehrers François Boucher mit Hingabe die Werke Raffaels und Michelangelos studierte. 1761 nach Paris zurückgekehrt, wurde er einer der begehrtesten Maler der Hocharistokratie. Mit lockerem Pinselstrich und einer Farbenfülle, die an die venezianische Malerei erinnert, schuf Fragonard vorwiegend Pastoral- und die damals sehr beliebten Boudoirszenen. Als Chronist des zu Ende gehenden absolutistischen Zeitalters

327

hat Fragonard seinen festen Platz in der Kunst des 18. Jh. Sein künstlerischer Esprit stellt ihn auf eine Stufe mit den großen Zeitgenossen Boucher und Watteau. Mit dem Geschmackswandel, der mit der Revolution einherging, geriet Fragonard jedoch schon zu Lebzeiten in Vergessenheit. Er starb 1806 verarmt und nahezu unbeachtet in Paris.

1791 hatte sich Fragonard vorübergehend in seine Heimatstadt zurückgezogen und in der Villa seines Freundes Maubert Quartier bezogen. Das unter Denkmalschutz stehende Gebäude kam erst 1971 in den Besitz der Stadt, die es bis 1975 umfassend restaurierte. Die vier wertvollsten Werke der Sammlung, »Rendez-vous«, »Verfolgung«, »Briefe« und »Der gekränkte Liebhaber«, wurden 1898 verkauft und befinden sich heute in der Frick Collection in New York. In Grasse hängen Kopien. Andere Gemälde, wie z. B. die »Drei Grazien«, lassen Fragonards Abhängigkeit von seinem Lehrmeister Boucher erkennen.

Castellane und Senez (Farbt. 37)

Von Grasse führt die Route-Napoléon in unzähligen Serpentinen in nordwestlicher Richtung in die Bergwelt der Alpen. Zu den eindrucksvollsten Abschnitten dieser Fahrt gehören die Pässe Col du Pilon und Pas de la Faye. Bei *Castellane* erreicht man den Verdon. Die Stadt, die seit dem 5. Jh. Sitz eines Bischofs war, besitzt noch Reste ihrer mittelalterlichen Stadtmauer und mit der *Kirche St-Victor* ein schlichtes Denkmal der Romanik. Castellane ist ein beliebter Ausgangspunkt für Kanufahrer und Wanderer zu Ausflügen in die Verdonschlucht, die von hier aus in westlicher Richtung verläuft.

Eine andere alte Bistumsstadt, die diesen Rang ebenso wie Castellane schon lange nicht mehr besitzt, ist *Senez,* das man 20 km nordwestlich von Castellane erreicht. Die kleine romanische *Kirche Notre-Dame-de-l'Assomption* besitzt einen sehenswerten Zyklus von Wandteppichen aus Arras (16. Jh.) und Aubusson (18. Jh.).

Digne (Abb. 82)

An der Bléone, einem Nebenarm der Durance, erreicht man Digne, den Hauptort der sogenannten Lavendelalpen. Die Stadt war im 14. Jh. dem Treiben der Grandes Compagnies schutzlos ausgeliefert, weshalb die Einwohner die Siedlung im Tal aufgaben und sich auf der nahen Anhöhe niederließen. Die romanische *Kathedrale* wurde damals aufgegeben, sie dient heute als Friedhofskirche und ist deshalb leider meist geschlossen. Den Rang der Bischofskirche übernahm die auf der Anhöhe errichtete *Kirche St-Jerôme,* die im 15. Jh. restauriert und zum Teil entstellend umgebaut wurde.

Bei Digne macht die N 85 einen Knick nach Westen und folgt dem Tal der Bléone in westlicher Richtung. Nahe der Mündung des Flusses in die Durance bei der Ortschaft Château-Arnoux ändert sie ihre Richtung wieder nordwärts und führt wenig später nach Sisteron, dem alpenländischen Tor zur Provence.

Streifzüge in der Haute-Provence

Gréoux-les-Bains 330 – St-Martin-de-Brômes und Allemagne-en-Provence 330 – Riez 330 – Plateau de Valensole 332 – Moustiers-Ste-Marie 332 – Gorges du Verdon 332

In dem Maße, wie die Dichte der historischen Denkmäler in östlicher Richtung abnimmt, steigert sich die landschaftliche Kulisse wie ein natürlicher Ausgleich ins Grandiose. Über die genaue Festlegung der Grenze zur Haute-Provence ist man sich nicht ganz einig. Es gibt Bücher, in denen bereits die Höhenzüge des Lubéron und des Vaucluseplateaus dieser Region zugeordnet werden. Dem liegt zugrunde, daß man ganz allgemein das weite Dreieck der Rhôneebene als die niedere und das gesamte Bergland als die obere Provence anspricht. Für die Geographen jedoch beginnt die Haute-Provence erst östlich des Durancetales, dort nämlich, wo die Seealpen ansteigen. Dieser Definition wollen wir uns anschließen.

Wir wählen nördlich von Aix-en-Provence zunächst die Route im Tal der Durance flußaufwärts. 10 km hinter Peyrolles gabelt sich die Straße; die N 96 überquert den Fluß und folgt dessen rechtem Ufer aufwärts (dieser Route im letzten Kapitel), die D 952 beschreibt einen Bogen in östlicher Richtung und führt schon nach kurzem in das Tal des Verdon.

Die Haute-Provence zwischen Durance und Route-Napoléon

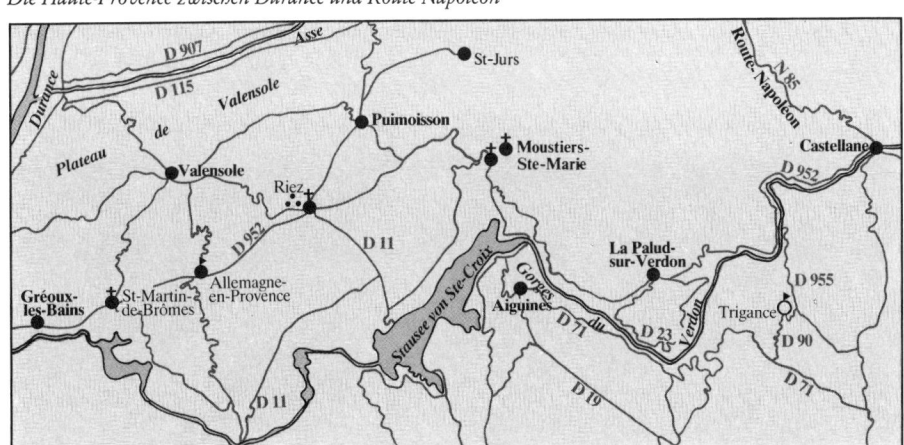

Gréoux-les-Bains (Abb. 80)

Die erste größere Ortschaft, durch die man auf dieser Strecke kommt, ist Gréoux-les-Bains, wie der Name ankündigt, eine Thermalstation. Die heilfördernde Wirkung der Griselis-Quelle bei rheumatischen Erkrankungen war schon den Römern bekannt. Wahrscheinlich gab es bereits in keltischer Zeit an dieser Stelle ein kultisches Heilungszentrum. Im 19. Jh. geriet Gréoux jedoch fast völlig in Vergessenheit, nachdem die Thermalquellen in der Auvergne groß in Mode gekommen waren. Erst seit 1960 erfolgte eine Reorganisation des Kurbetriebes, der mittlerweile wieder bis zu 15000 Patienten jährlich anzieht. Die vielen neuen Häuser des Ortes, darunter eine stattliche Zahl an Pensionen und Hotels, werden von den Resten der alten Stadtbefestigung und der Ruine einer Burg der Tempelritter überragt.

St-Martin-de-Brômes und Allemagne-en-Provence (Abb. 81)

Bald hinter Gréoux macht der Verdon einen Knick nach Süden. Wir folgen der D 952 weiter im Seitental des Colostre. Das bäuerliche Kirchlein in *St-Martin-de-Brômes* macht deutlich, daß man die vom Geist der Jahrtausende geprägten Niederungen der unteren Provence hinter sich gelassen hat und in Regionen vorstößt, die zu allen Zeiten nur dünn besiedelt und arm waren. Als malerische Abrundung gesellt sich der Kirche ein mittelalterlicher Donjon hinzu.

Die ausgefallene Bezeichnung des nächsten Ortes, *Allemagne-en-Provence*, ist durch Wortverschleifung aus »Ara magna« (= großer Altar) entstanden und hat nichts mit Deutschland zu tun. Der Ort und sein Umfeld gehörten seit dem 13. Jh. den Baronen von Castellane, die hier um 1500 eine Burganlage errichteten. Sie wird derzeit restauriert.

Riez

Vier antike Säulen auf freiem Feld legen Zeugnis von der römischen *Colonia Julia Augusta Apollinaris Reiorum* ab. Die monolithenen Granitschäfte, die auf einem getreppten Sockel stehen, tragen einen Steinbalken. Sie gehörten vermutlich zu einem Tempel, dessen ursprüngliche Gestalt aus dem spärlichen Rest nicht zu rekonstruieren ist.

Das Christentum ist verhältnismäßig spät in das entlegene Tal vorgedrungen. Aber seit dem 5. Jh. war die Stadt ein Bistum, das erst in der französischen Revolution aufgelöst wurde. Als besonderen Schatz besitzt Riez noch das frühchristliche *Baptisterium*, das den Taufkapellen in Aix und Fréjus eng verwandt ist. Es befindet sich nur wenige Schritte von den römischen Säulen entfernt. Der Außenbau hat die schlichte Form eines Würfels mit einem kegelförmigen Dach. Das Innere ist dagegen zu einem Oktogon gebrochen, dessen Wandflächen abwechselnd in rechteckige und gerundete Nischen vertieft erscheinen. Die mächtigen Säulen, die die Taufzelle umstehen, sind Spolien aus einem römischen Bau. Sie tragen ein achtteiliges Kuppelgewölbe, das in dieser Form erst in der Romanik angelegt wurde. Die Bauzeit ist – ähnlich wie in Aix – nicht eindeutig zu bestimmen, sie liegt etwa im 5. oder 6. Jh., womit das Baptisterium in Riez zu den ältesten christlichen Sakralbauten Frankreichs zählt.

Riez, die römische Tempelruine. Stich aus dem 18. Jh.

◁ *Riez, das Innere des frühchristlichen Baptisteriums. Stich aus dem frühen 19. Jh.*

Riez, Grundriß des frühchristlichen Baptisteriums

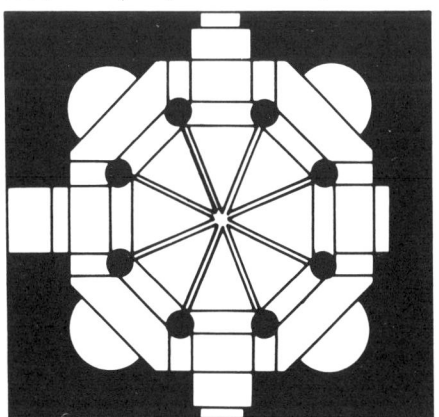

331

Plateau de Valensole

Zweimal im Jahr bietet die karge Hochebene, die von den Tälern des Colostre (im Süden) und der Bléone (im Norden) eingefaßt wird, ein berauschendes Erlebnis: im Frühjahr (März/April), wenn die zartrosafarbene Blüte der Mandelbäume das Land mit Duft und Farbenpracht erfüllt, und im Hochsommer (Ende Juli/Anfang August), sobald diese sinnenbetörende Rolle dem Lavendel zufällt. Am dichtesten sind die Lavendelfelder im Umkreis des Städtchens Puimoisson im Herzen der Hochebene – ein Eldorado für Photographen. Unvergeßlich ist der Blick, den man von dem Dorf St-Jurs auf dieses Schauspiel der Natur erlebt.

Moustiers-Ste-Marie

Im 5. Jh. gründete der hl. Maximin, Bischof von Riez und zuvor Mönch auf der Insel Lérins, in einem tiefen Taleinschnitt ein Kloster, das in den Quellen des 11. Jh. »castrum monasterium« genannt wird. Am Fuße dieses Klosters entwickelte sich ein städtisches Gemeinwesen, das seine Blütezeit im 18. Jh. erlebte, nachdem bereits im 16. Jh. die Kunst der Fayencetöpferei aus Italien eingeführt worden war. Damals wuchs die Bevölkerung auf über 3000 Seelen an – heute sind es nicht einmal mehr 700. Produkte der Moustiers-Manufakturen waren in ganz Frankreich begehrt und schmücken noch heute zahlreiche kostbare Sammlungen. Die Häuser des Ortes gruppieren sich um die *romanische Kirche*, deren hoch aufragender Glockenturm sich vor dem dahinter aufgehenden Felsmassiv abzeichnet. Der übrige Baukörper wurde in gotischer Zeit umgebaut. Vom Dorf führt ein Weg in die Schlucht, in der sich die Mönche von Lérins ihr Kloster angelegt hatten. Über dem Felseinschnitt hängt an einer mehr als zweihundert Meter langen Kette ein Stern, der der Überlieferung zufolge bereits im 13. Jh. dort angebracht worden sein soll. Ein Ritter namens Blacas habe ihn als Zeichen seines Dankes für die Befreiung aus sarazenischer Gefangenschaft gestiftet. Vom einstigen Kloster, das in der Revolution aufgelöst wurde, steht noch die *Kirche Notre-Dame-de-Beauvoir*. In seiner stämmigen Gestalt wirkt der Bau des 12. Jh. wie eine kleine Festung.

Gorges du Verdon (Farbt. 40)

Die Schlucht des Verdon bietet das vielleicht spektakulärste Naturereignis Europas. Der Verdon entspringt in den Alpen der Haute-Provence, 2500 m ü. d. M. Vom Col d'Allos führt sein Verlauf zunächst fast geradlinig nach Süden, bei Castellane ändert er seine Richtung und fließt nach Westen. Nach 175 km führt er nahe dem Nuklearforschungszentrum Cadarache seine Wasser der Durance zu. Man kann seinen Verlauf in drei Abschnitte unterteilen. Der erste reicht von der Quelle bis nach Castellane. Der anfangs kleine, ungezügelte Gebirgsbach wird zwischen

St-André-les-Alpes und Castellane zu einem langgezogenen See gestaut. Der zweite Abschnitt, von Castellane bis Moustiers, umfaßt den berühmten *Grand Cañon*, in den der Mensch nicht regulierend eingegriffen hat (Farbt. 40). Von Moustiers bis zur Mündung ist der Verdon dann wieder mehrfach gestaut. In Jahrmillionen hat der Fluß sein Bett in den Kalkstein der Alpen gegraben. Die Berghänge fallen senkrecht teils bis zu 1000 m zur Talsohle ab, in der sich das türkisblaue Band des Verdon entlangzieht.

Wir verlassen Moustiers auf der D 952, die von nun an kontinuierlich bergauf führt. Schon bald erstreckt sich nach Westen die silbrig glänzende Fläche des *Stausees von Ste-Croix*, der erst Anfang der siebziger Jahre angelegt wurde (Farbt. 19). Da die Straße nur an wenigen Stellen hart den Rand der Schlucht berührt, sucht man die ausgeschilderten Aussichtspunkte am besten zu Fuß auf. In La Palud beginnt eine andere Höhenstraße, die *Route des Crêtes*, die erst vor wenigen Jahren fertiggestellt wurde und bis auf annähernd 1500 m führt. Die Ausblicke, die man von dort oben hat, sind einzigartig. Andererseits ist der Fluß so weit entfernt, daß eigentlich der rechte Maßstab fehlt. Diese Straße führt in einem weiten Bogen auf die D 952 nahe bei La Palud zurück. Gegen Castellane verflacht das Tal dann wieder.

Die eindrucksvolleren Ansichten der Schlucht bietet die Höhenstraße, die am Südufer entlangläuft. Wer den Besuch der Verdonschlucht in Form einer Rundfahrt von Moustiers aus unternimmt, wechselt 5 km nach dem Point Sublime auf dem Pont-de-Soleils auf das andere Flußufer und folgt der D 955 südwärts. Bei dem Dorf Trigance, dessen Häuser sich hügelan um die Ruine einer mittelalterlichen Burg scharen, zweigt man auf die D 90 ab, die nach weiteren 6 km in die D 71 mündet. Hier wendet man sich wieder westwärts (Ausschilderung: Moustiers). Wer dagegen nicht nach Moustiers zurückkehren, sondern von Castellane an der Route-Napoléon nordwärts nach Digne und Sisteron folgen will, schlägt gleich diese südliche Route ein (anfangs D 957), die den Verdon nahe seiner Einmündung in den Stausee von Ste-Croix passiert. Bald danach folgt man bergan der D 19, die in das Bergnest Aiguines führt. Dort zeichnen sich ein kleines Renaissanceschloß (Privatbesitz) und eine daneben befindliche Kirche des Mittelalters silhouettenhaft vor der unbewegten, tiefblauen Fläche des großen Stausees im Tale ab. In Aiguines verläßt man die D 19. Die D 71 leitet nun der *Corniche Sublime* entlang, von wo man die schönsten Aussichten in den Cañon erlebt.

Im Tal der Durance flußaufwärts

Und wieder folgen wir, wenn wir Aix-en-Provence in nördlicher Richtung verlassen, einer uralten Völkerstraße. Im Tal der Durance zog Hannibal ostwärts, um von dort die Alpen zu überqueren. Viele wählen heute diese Route für die Heimreise.

Die Durance entspringt nahe Briançon am Mont Genèvre. Bei Sisteron verläßt sie die Dauphiné und tritt in die Provence ein. Der Oberlauf ist bei Serre-Ponçon zum größten Stausee Frankreichs aufgestaut. Hat der Fluß bis Sisteron den Charakter eines schnell dahinfließenden Gebirgsbaches, so verbreitert sich das Tal von dort nach Süden. Bei Cadarache, wo Verdon und Durance ihre Wasser vereinigen, ändert die Durance den Verlauf und fließt praktisch parallel zur Mittelmeerküste in westlicher Richtung, um dann bei Avignon in die Rhône zu münden.

Folgt man der N 96, streift man den Ort **Peyrolles,** der noch Teile seiner mittelalterlichen Festungsmauer besitzt. Das Stadttor krönt ein besonders schönes Beispiel jener in der ganzen Provence verbreiteten eisernen Glockengestelle. Nahe bei Mirabeau wechselt man auf das andere Ufer hinüber. Das Schloß Mirabeau, etwas versteckt in einem Seitental gelegen, ist nicht zu besichtigen.

Manosque (Abb. 92)

Eine wichtige Etappe auf dem Weg nach Norden ist die Stadt Manosque, die auf eine Gründung der Grafen von Forcalquier zurückgeht. Von ihrer im 19. Jh. abgerissenen Befestigung sind zwei Tore erhalten, durch die man in das Labyrinth der mittelalterlichen Gassen und Plätze gelangt. Im Zentrum stehen die romanischen Kirchen *St-Sauveur* und *Notre-Dame,* beide durch spätere Umbauten stark verändert. Auf dem Wege zu ihnen kommt man in der Fußgängerzone, die sich von der *Porte Sauderie* (Abb. 92) im Süden bis zur *Porte Soubeyran* im Norden durch die ganze Altstadt zieht, an dem Geburtshaus *Jean Gionos* vorbei, dem neben Marcel Pagnol bedeutendsten Literaten der Provence im 20. Jh.

Giono wurde 1895 als Sohn italienischer Einwanderer geboren. Als er 1918 aus dem Ersten Weltkrieg in die Heimat zurückkehrte, trat er zunächst ins Bankgewerbe ein, das er vor dem Krieg erlernt hatte. Zehn Jahre später veröffentlichte er seinen ersten Roman, »Die Geburt der Odyssee«. Peter de Mendelssohn bemerkte dazu: »Die überwältigende Ähnlichkeit, ja innige

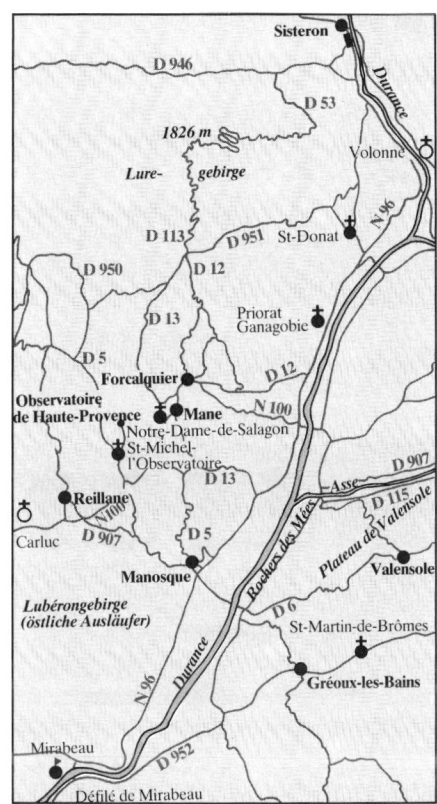

Das Tal der Durance zwischen Sisteron und der Enge von Mirabeau

Verwandtschaft zwischen Gionos engerer Heimat, Manosque, dem Tal der Durance, dem Luregebirge, und der Landschaft Homers wird jedem unverzüglich offenbar, der auch nur einen Tag in ihr verbringt, und je tiefer man sich in ihr verliert, desto eindringlicher offenbart sie ihr antikisches Gesicht.«[43] Die folgenden Romane sind leidenschaftliche Bekenntnisse zum Leben, denen, darin bleibt Giono dem einmal eingeschlagenen Weg treu, ein heidnisch-antikes Pathos innewohnt. »Ernte«, »Bergschlacht«, »Das Lied der Welt«, um nur die wichtigsten zu nennen, schildern das Leben der Bergbauern in der Haute-Provence. Die Zeitlosigkeit seiner Helden und ihrer Handlungen schafft eine kontinuierliche Parallele zu den griechischen Urvätern seiner provençalischen Heimat. Seine Intention hat Giono, der 1970 starb, so formuliert: »Ich habe für das Leben geschrieben. Ich habe das Leben geschrieben. Ich wollte alle Welt vom Leben trunken machen. Ich wollte das Leben wie einen schäumenden Sturzbach dahinbrausen und tosen lassen, damit er sich über alle diese trockenen und verzweifelten Menschen stürze, sie mit den kalten, grünen Wellenschlägen des Lebens peitsche, ihnen das Blut unter die Haut treibe, sie mit Frische, Gesundheit und Freude überwältige und mit sich fortschwemme.«

Carluc

Wer wieder einmal die ausgetretenen Pfade verlassen möchte, findet eine Reihe versteckter Kostbarkeiten abseits des Durancetales in der Senke zwischen Grand Lubéron und der Montagne de Lure.

Zwischen den Ortschaften Céreste und Reillane, nahe der N 100, überwuchern Ginster, Mohn und Steineichen die Reste des Priorates von Carluc. Aus einer frühmittelalterlichen Eremitage entstand das Kloster, das zu Beginn des 12. Jh. unter die Obhut von Montmajour kam. Von den drei Kapellen, die es der Überlieferung zufolge besaß, steht nur noch das *St-Pierre-Kirchlein*. Ein Teil des Klosters wurde, dem Vorbild der Gründer folgend, in den Fels geschürft. An die Peters-Kapelle schließt nach Norden ein Korridor an, der ursprünglich von einem Gewölbe überfangen war, heute liegt er offen da. Er mündet nach etwa 25 m in die Reste

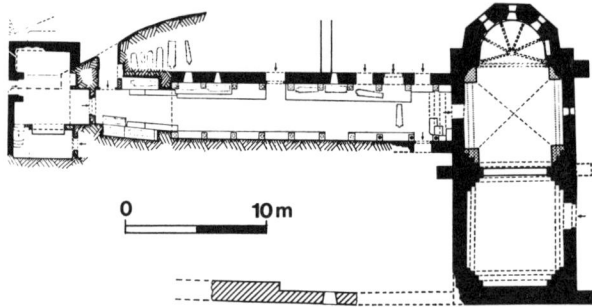

Carluc, Grundriß der romanischen Kirche St-Pierre und Lageplan der Galerie

der *Kapelle St-Jean-Baptiste,* an die sich wiederum nach einigen Metern das *Oratorium Notre-Dame* anschloß. Diese beiden Kapellen waren zum Teil aus dem Fels geschlagen, zum Teil aus behauenen Steinen aufgemauert. Der Besuch des einsam gelegenen Priorats führt eindrucksvoll vor Augen, wie das Mönchstum des frühen Mittelalters schon lange vor den Zisterziensern als Wegbereiter der Kultur wirkte.

St-Michel-l'Observatoire (Abb. 83)

Ebenfalls seitab der N 100, auf halber Strecke zwischen Reillane und Forcalquier, liegt die Ortschaft St-Michel mit ihrer gleichnamigen romanischen Kirche, deren gedrungene Formen sich kraftvoll über die verwinkelten Dorfgassen erheben. Der ursprünglich bescheiden dimensionierte Bau wurde im 14. Jh. erweitert (Vergrößerung des Chores, Anbau eines südlichen Seitenschiffes an den bis dahin einschiffigen Saalbau), nachdem das dazugehörige Priorat dem Kloster St-André in Villeneuve-lès-Avignon unterstellt worden war. Der Namenszusatz »l'Observatoire« stammt aus neuerer Zeit. Knapp 3 km nördlich von St-Michel nämlich befindet sich das *Observatorium der Provence* (erreichbar über die D 305), das mit modernsten Teleskopen bestückt ist. Das größte von ihnen hat einen Durchmesser von annähernd 2 m. An bestimmten Tagen ist der Besuch der Sternwarte möglich (Öffnungszeiten in den Gelben Seiten).

Notre-Dame-de-Salagon

Kurz vor dem Städtchen Mane an der N 100 zeugt die auf freiem Feld stehende romanische Kirche Notre-Dame-de-Salagon von einem einstigen Priorat, das wie das nahe St-Michel seit dem 14. Jh. der Abtei St-André in Villeneuve-lès-Avignon assoziiert war. Die Kirche entstammt der zweiten Hälfte des 12. Jh. Wie alle Bauten der späten Romanik ist auch dieser aus präzise gefugten Quadern geschichtet. Im Portalbereich wird ein Wille zu plastischer Dekoration erkennbar. Die Kapitelle des gestuften Eingangs zeigen Palmetten und andere Blattformen, die sich in einem kleinen Fries in der Westwand weiter fortsetzen. Eine Ausgrabung, die im Sommer 1985 im Innern der ursprünglich einschiffigen Kirche durchgeführt wurde (das linke Seitenschiff ist eine Hinzufügung aus dem 14. Jh.), brachte den Nachweis, daß auch an dieser Stelle der christliche Kultbau auf antiken Fundamenten steht, die vermutlich zu einer römischen Villa gehörten.

Forcalquier

Das heutige Erscheinungsbild des Städtchens läßt kaum mehr etwas von seinem einstigen Rang ahnen. Die Heimsuchung durch die Grandes Compagnies im 14. Jh. und durch die Religionskriege zweihundert Jahre später hatte zur Folge, daß der Sitz der einst mächtigen Grafen von Forcalquier seine Bedeutung verlor. Die Burg auf der Anhöhe wurde während der Revolution gänzlich abgetragen, und an ihrer Stelle errichtete man im 19. Jh. die *Wallfahrtskapelle Notre-Dame-de-Provence,* von wo sich ein weiter Rundblick über die Haute-Provence bietet. Von der mittelalterlichen Substanz zeugen noch die etwas klobige *romanische Kirche* mit einem gotischen Stufenportal, das *Stadttor* und Reste des *Franziskanerklosters,* das 1236 als eine der ersten Niederlassungen des damals noch jungen Ordens in Frankreich gegründet wurde.
Über die D 12 gelangen wir zurück in das Tal der Durance.

Ganagobie (Abb. 90, 91, 93)

Das schönste Juwel der Romanik in der östlichen Provence ist das Priorat Ganagobie, das auf einem kargen Plateau hoch über dem Tal der Durance liegt. Die Gründung reicht in das 10. Jh.

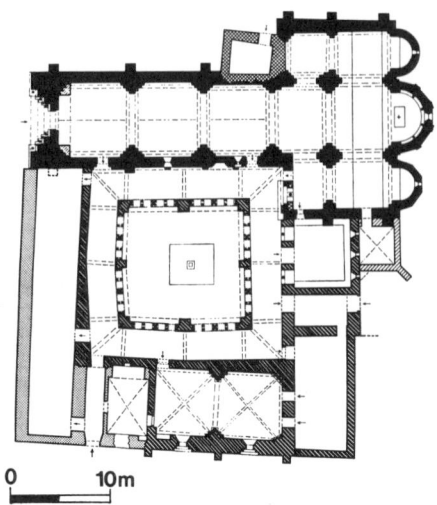

0   10m

Ganagobie, Grundriß der Prioratskirche und der Konventsgebäude

zurück, als Bischof Jean III. von Sisteron das Kloster auf einem Grund ins Leben rief, der zu seinem Familienbesitz zählte. Er verfügte den Anschluß an Cluny, das damals unter seinem Abt Majolus seinen atemberaubenden Aufstieg begann. Die bestehenden Klosterbauten entstanden im 12. Jh. Durch die Berichte der kluniazensischen Inspektoren, die das Priorat regelmäßig besuchten, sind wir über die Geschichte des Klosters recht gut informiert. Während noch im 14. Jh. ein Dutzend Mönche in Ganagobie gelebt hatte, waren es im frühen 15. Jh. nur noch vier. Nachdem im 16. Jh. Hugenotten das Kloster überfallen und ausgeraubt hatten, wurde es zwar noch einmal wiederaufgebaut, verfiel aber nach der Säkularisation endgültig. Erst 1897 erfolgte von Marseille aus die Wiederbelebung des Klosters, das heute von Benediktinern bewohnt ist.

Nach ersten restauratorischen Maßnahmen um die Jahrhundertwende ist die planmäßige Wiederherstellung des gesamten Klosterkomplexes seit 1957 in mehreren Etappen durchgeführt worden. Im Herbst 1985 wurde die Restaurierung der Mosaiken abgeschlossen.

Schon das *Portal* hält eine Überraschung bereit (Abb. 91). Abweichend von dem in der Provence verbreiteten Muster eines in erster Linie ornamentalen Skulpturenschmucks trägt das Tympanon eine Darstellung des Weltgerichts. Um Christus in der Mandorla gruppieren sich die vier Evangelistensymbole, zwei Engel in den Zwickeln bereichern die Szenerie. Im Türsturz erscheinen die zwölf Apostel als Beisitzer des Jüngsten Gerichtes. Diese für die Provence seltene Ikonographie – man begegnet ihr sonst nur noch in Arles und St-Gilles – hängt wohl mit der engen Bindung Ganagobies an das burgundische Mutterkloster zusammen. Gleichfalls ungewöhnlich sind die arabisierenden Auszackungen der Portaleinfassung, die wahrscheinlich erst nachträglich, in gotischer Zeit, ausgeführt wurden. In der Unbeholfenheit des künstlerischen Ausdrucks und der geringen Tiefe des Reliefs steht das Portal den Arbeiten in

St-Gabriel und Salon (St-Michel) nahe, ist gleichwohl wie diese kein Werk der frühen Romanik, sondern fällt in das spätere 12. Jh.

Der *Kirchenraum* ist ein einschiffiger Saal, der in drei quadratische Joche unterteilt ist. Die Zuspitzung der Tonne ist wie der plastische Dekor des Portals von Cluny inspiriert. Ebenso ist die Empore an der Westwand vom Mutterkloster herzuleiten, eine Art Sängerkanzel, von der während der Liturgie ein Echo auf den Gesang im Kirchenschiff antwortete. Bis vor wenigen Jahren war das Langhaus nach Osten durch eine provisorische Wand abgeschlossen, denn der Chor lag in Trümmern; aber von 1975 an ist die Chorpartie originalgetreu wieder aufgebaut worden. An das breit ausladende Querhaus schließt sich das Halbrund des Chores mit zwei kleineren Apsiden zu seinen Seiten. Hauptchor und die südliche Seitenapsis sind nach altem provençalischem Vorbild außen polygon und im Innern halbrund. In der östlichen Querhaushälfte und in den drei Apsiden hat man schon im 19. Jh. anläßlich der Wiederbesiedlung von Ganagobie unter einer dicken Schuttschicht *Mosaiken* entdeckt. In einer beispiellosen Rettungsaktion wurden sie, als man sich an die Wiedererrichtung des Chores machte, vom Boden gelöst und in die Restaurierungswerkstätten der Denkmalbehörde in Périgueux gebracht (Dep. Dordogne), die derzeit die fortschrittlichste ihrer Art in Frankreich ist und nach der vorbildlichen Sanierung historischer Altstadtzentren in Südwestfrankreich (z. B. Sarlat) internationalen Ruf besitzt. Seit 1985 befinden sich die Mosaiken wieder an ihrem angestammten Platz.

Bilderreich wird das in der Romanik vorherrschende Thema, der Kampf zwischen guten und bösen Gewalten, ausgebreitet. In der linken Apsis prescht ein Ritter mit eingelegter Lanze auf seinem Schlachtroß gegen ein geflügeltes Ungetüm. In dem anschließenden Abschnitt im linken Querhausarm erkennt man mehrere Fabelwesen und Tiere, die traditionelle Sinnbilder des Bösen darstellen. Dagegen ist der Elefant (im Hauptchor) eine geläufige Metapher für die Gutmütigkeit. Mangels Kenntnis dieses Tieres aus eigener Anschauung ist der Dickhäuter dem Künstler einer Kuh ähnlich geraten. In das romanische Bestiarium gehören auch die Tierkreiszeichen, die Fische und der bogenschießende Kentaur. Neben einem kunstvoll verzierten Teppichmuster im rechten Querschiffarm erscheint ein zweiter Ritter, der seine Lanze einem Drachen durch das aufgerissene Maul stößt (Abb. 90). Es handelt sich um eine der ältesten

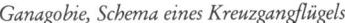

Ganagobie, Schema eines Kreuzgangflügels

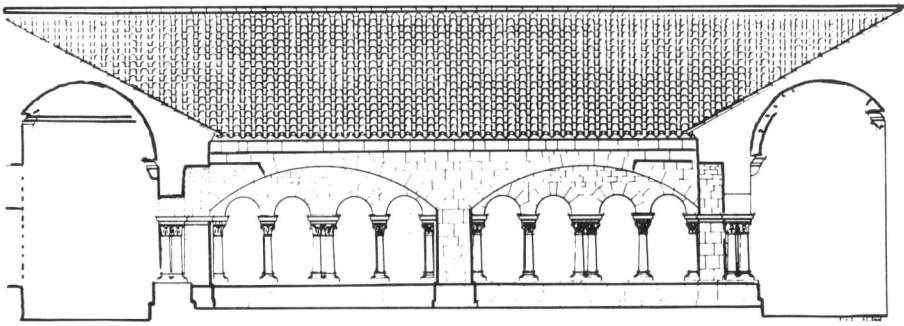

Darstellungen des hl. Georg in der abendländischen Kunst. In einem Medaillon über dem Ritter erscheint ein Hirsch als Symbol Christi. Insgesamt wirkt es, als habe der Mosaizist das Bildprogramm nach der Auffassung gerichtet, wonach der Norden Sitz des Bösen, der Süden die Richtung der Verheißung ist, wie es z. B. auch aus der Inschrift an der Kathedrale in Vaison-la-Romaine hervorgeht. Im nördlichen Abschnitt überwiegen nämlich die bösen Tiergestalten, zudem ist der Kampf zwischen Ritter und Bestie noch nicht entschieden. Dagegen halten im Mittelteil die Sinnbilder des Guten und des Bösen zahlenmäßig einander die Waage. Im südlichen Abschnitt nimmt dann die Szene, in der der Ritter als Urbild des christlichen Kämpfers über die Bestie triumphiert, den breitesten Raum ein, ergänzt durch die Christusmetapher des Hirschen.

Die zahlreichen Ornamentformen künden wie die vielgestaltigen Portale von der Nähe der romanischen Kunst in der Provence zur Antike.

Hinsichtlich der Datierung erweist sich eine Inschrift an der Rundung des Hauptchores als wertvoll: ME PRIOR ET FIERI BERTRANNE JUBES ET HABERI ET PETRUS URGEBAT TRUTBERTI MEQ. REGEBAT. Frei übersetzt: »Der Prior Bertrand hat den Auftrag gegeben, mich zu machen (gemeint ist das Mosaik), Petrus Trutbert hat meine Herstellung bewerkstelligt und beaufsichtigt.« Der seltene Fall einer Künstlersignatur im 12. Jh. informiert nicht nur über den Urheber des Werkes, sondern teilt zugleich mit, daß diesem offenbar Helfer zur Verfügung standen. Demnach war eine ganze Werkstatt tätig. Auch der Auftraggeber wird genannt. Allerdings gab es im 12. Jh. zwei Klostervorsteher des Namens Bertrand, 1135–52 war der eine, 1173 der andere im Amt. Nach dem Stil ist keine eindeutige Festlegung möglich; man muß sich also damit begnügen, daß die Mosaiken zwischen 1135 und 1173 ausgeführt wurden.

Die Mosaiken von Ganagobie bedecken eine Fläche von annähernd 70 qm und sind damit das größte zusammenhängende Fußbodenmosaik der Romanik in Frankreich, nur noch vergleichbar mit denen in Otranto (Apulien) und denen in der Krypta von St-Gereon in Köln, die etwa aus derselben Zeit stammen.

Der *Kreuzgang* war, ähnlich wie die Ostpartie der Kirche, fast vollständig zerstört, wurde aber bereits in den ersten Jahren unseres Jahrhunderts rekonstruiert (Abb. 93). Er zeigt das in der Provence verbreitete System der Entlastungsbögen über kleinen Arkaden mit Doppelsäulchen. Da plastischer Dekor fast völlig fehlt, ähnelt er den zisterziensischen Kreuzgängen der Zeit.

St-Donat

Von Ganagobie steigt nördlich das Luregebirge an, das die Fortsetzung des Vauclusehochlandes nach Osten darstellt. Seine höchste Erhebung markiert mit 1826 m ü. d. M. das »Signal de Lure«. Am Fuße dieses Höhenzuges (Abzweigung D 101 von der N 100) liegt die frühromanische Kirche des einstigen Priorats von St-Donat, dessen Gründung der Überlieferung zufolge auf den Eremiten Donatus im 6. Jh. zurückgeht. 1018 wurde das Kloster zunächst St-André in Villeneuve-lès-Avignon angegliedert, ab dem 14. Jh. der Obhut von Cluny unterstellt. Von den

Konventsgebäuden steht nur noch die Kirche, die seit der Revolution nicht mehr benutzt wird und sich in schlechtem Zustand befindet. Wenn hier nicht bald restauratorische Maßnahmen ergriffen werden, ist der Bau ernstlich gefährdet. Seine Erhaltung ist gerade deshalb ein dringendes Gebot, weil er, in der ersten Hälfte des 11. Jh. entstanden, eines der wenigen Beispiele der Vorromanik in der Provence ist.

An das dreischiffige Langhaus schließt sich das Querhaus an, das wie in karolingischen und ottonischen Kirchen als eigener Baukörper abgegrenzt erscheint, sich also mit dem Langhaus nicht in einer ausgeschiedenen Vierung kreuzt. Die Chorpartie besteht aus einer Hauptapsis und zwei begleitenden kleineren Konchen. In ihrer völligen Schmucklosigkeit und der Einfachheit ihrer Formen ist die Kirche ein reiner Vertreter der beginnenden Romanik. Verblüfft stellt man aber fest, daß bereits in dieser Frühzeit bestimmte Grundzüge festgelegt sind, die für die reife Romanik des 12. Jh. in der Provence kennzeichnend sind. Das gilt für die Choranlage mit drei Apsiden und ganz besonders für das Langhaus, in dem sich die Seitenschiffe als schmale Raumfluchten ganz dem beherrschenden Mittelschiff unterordnen. So entsteht trotz des basilikalen Musters ein hallenartiger Eindruck, der für die provençalischen Kirchen der Provence noch über die Romanik hinaus bis zur Gotik charakteristisch bleibt.

Wenn man die kleine D 101 wieder talwärts fährt, blickt man kurz vor der Einmündung in die N 100 über das Tal der Durance hinweg auf eine merkwürdige Felsbildung am Fuße des Plateau de Valensole. Es sind durch Auswaschungen entstandene zyklopische Säulen, im Volksmund die»Penitents de Mées« (Büßer von Mées) genannt (Farbt. 36). Dahinter gehen in der Ferne die Grate der Kalkalpen auf.

Sisteron (Farbt. 28; Abb. 94, 95)

In Sisteron erreichen wir den nördlichsten Punkt der Provence. Diese Pforte zur Provence hat seit Menschengedenken eine militärische Schlüsselstellung innegehabt. Vom römischen *Segustero* ist so gut wie nichts bekannt. Vereinzelt haben Grabungen Spuren der antiken Besiedlung nachweisen können, so z.B. 1949, als in der Nähe des Bahnhofs Teile eines Grabdenkmals geborgen wurden, und in der *Kathedrale*, die über einem antiken Friedhof errichtet wurde. Der höhlenartige Charakter dieses romanischen Bauwerks deutet auf einen lombardischen Einfluß hin, der sich auch am Außenbau in Form einer Zwerggalerie niedergeschlagen hat.

Majestätisch thront die *Zitadelle* über der Stadt (Abb. 94). Sie wurde im späten 16. Jh. im Auftrag Heinrichs IV. anstelle einer mittelalterlichen Wehrburg nach dem damals neuesten Stand der Fortifikationsarchitektur angelegt. Das in mehreren Terrassen übereinander gestaffelte Bollwerk gipfelt in einer Plattform, von der man nach unten auf den Zusammenfluß von Durance und Buëch schauen kann (Abb. 95). In Jahrmillionen hat die Durance gleich unterhalb der Zitadelle ihr Bett durch den Felsen gegraben, so daß eine tiefe Schlucht entstanden ist. In einer vehementen Laune der Natur scheinen auf der gegenüberliegenden Flußseite die Verwerfungsfalten des Felsens auf die Dächer der sich zu seinen Füßen kauernden Häuser nieder-

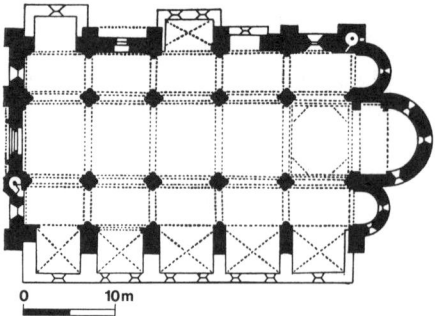

0   10m

Sisteron, Grundriß der Kathedrale Notre-Dame

zustürzen (Farbt. 28). Drückt dieses Naturereignis nicht geradezu sinnbildhaft das Wesen der ganzen Provence aus? So wie die Durance ihre Spur unauslöschlich in den spröden Stein gefurcht hat, haben über drei Jahrtausende alle Völker und Kulturen, die sich im mediterranen Frankreich ausbreiteten, diesem Land ihr Signum eingebrannt. Und uns, die wir auf den Spuren der Vergangenheit wandeln, schreibt die Provence ihr farbenprächtiges, lichterfülltes Bild für immer in die Erinnerung und ins Herz.

Anmerkungen

1 Rolf Legler, *Côte d'Azur – Frankreichs Mittelmeerküste von Marseille bis Menton,* Köln 1982, S. 330 ff.

2 Alfred Läpple, *Kirchengeschichte,* München 1965, S. 34.

3 Wilhelm Sickel, »Das Thronfolgerecht der unehelichen Karolinger«, in: Eduard Hlawitschka (Hrsg.), *Königswahl und Thronfolge in Fränkisch-Karolingischer Zeit,* Darmstadt 1975, S. 132.

4 Joachim Storost, »Die Kunst der provençalischen Troubadours«, in: *Deutsches Dante-Jahrbuch,* NF Jg. 25/26, 1957, S. 136–152.

5 Madame de Sévigné, *Briefe,* hrsg. und übers. von Theodora von der Mühll, Frankfurt 1979 (Auswahl).

6 Tacitus, *Annales,* III. Buch, Kapitel 40–47.

7 Vitruv, *De Architectura Libri Decem,* V. Buch, Kapitel 7.

8 Jean-Henri Fabre, *Das offenbare Geheimnis – Aus dem Lebenswerk des Insektenforschers,* hrsg. von Kurt Guggenheim und Adolf Portmann, Frankfurt 1977 (eine Auswahl aus den Souvenirs entomologiques).

9 Kurt Guggenheim, *Sandkorn für Sandkorn – Die Begegnung mit Jean-Henri Fabre,* Zürich 1979.

10 F. und C. Morenas, *Circuits de découverte du Ventoux,* Saignon 1976 (ein spezieller Wanderführer zum Mont Ventoux).

11 J.-H. Fabre, a. a. O., S. 98.

12 Ernst Kantorowicz, *Kaiser Friedrich der Zweite,* 1927, Reprint Düsseldorf und München 1973, S. 569.

13 Franz Xaver Seppelt und Georg Schwaiger, *Geschichte der Päpste,* München 1964, S. 212.

14 Barbara Tuchman, *Der ferne Spiegel – Das dramatische 14. Jahrhundert,* München 1982, S. 209.

15 André Grabar, »Un thème de l'iconographie chrétienne: l'oiseau dans la cage«, in: *Cahiers Archéologiques,* 16. Jg. 1966, S. 9–16.

16 Stendhal, *Mémoires d'un touriste,* Paris 1838.

17 Zitiert nach dem Katalog zur Ausstellung: *Im Licht von Claude Lorrain,* München 1983, S. 221.

18 Nach Katalog zur Ausstellung: *Sculpture funéraire à Avignon au temps des Papes,* Avignon 1979.

19 Der Auftraggeber war der Geistliche Jean de Montagnac. Der Vertrag, den dieser mit dem Künstler schloß, ist erhalten und im ungekürzten Wortlaut veröffentlicht in: *Etudes Vauclusiennes,* 14./15. Jg., auch erschienen als Sonderdruck unter dem Titel: *Le Couronnement de la Vierge par Enguerrand Quarton,* Avignon 1982.

20 *Als Mensch unter Menschen – Vincent van Gogh in seinen Briefen an den Bruder Theo,* hrsg. von Fritz Erpel, Leipzig 1980.

21 Der Brief ist gerichtet an Lou Andreas-Salomé und abgedruckt u. a. in: Hans Egon Holthusen, *Rilke,* Hamburg 1958, Neuauflage 1981, S. 97.

22 Zitiert nach: Franz Wellner, *Die Troubadours – Leben und Lieder,* Leipzig 1942.

23 Zbigniew Herbert, *Ein Barbar in einem Garten,* Frankfurt 1965, S. 58.

24 Carra Ferguson O'Meara, *The Iconography of the Facade of St-Gilles-du-Gard,* London und New York 1977.

25 Richard Hamann, *Die Abteikirche von St-Gilles und ihre künstlerische Nachfolge,* Berlin 1958.

26 Wer von Aigues-Mortes nicht in die Provence zurückkehrt, sondern die Fahrt in westlicher Richtung fortsetzt, findet den passenden Anschluß in: Rolf Legler, *Languedoc-Roussillon,* Köln 1981.

27 Zitiert aus den *Lettres de mon Moulin.*

28 Jean-Jacques Rousseau, in: *Les Confessions,* Première Partie, Livre VI.

29 Marcel Pagnol, *Marcel – Eine Kindheit in der Provence.* Die genannte Passage findet sich im Einleitungsteil.

30 Zeitschrift *Test,* Nr. 9, 1985.

31 Hierzu ausführlich: Gerhard Rohlfs, *Primitive Kuppelbauten in Europa,* München 1957.

32 Wolfgang Koeppen, *Reisen nach Frankreich,* Stuttgart 1961, Neuauflage Frankfurt 1981, S. 45.

33 Alphonse de Lamartine, *Portraits de Révolutionnaires – Gestalten der Revolution,* zweisprachige Ausgabe französisch-deutsch, München 1973, S. 12/13.

34 Moritz Hartmann, *Tagebuch einer Reise durch Languedoc und Provence.* Ein Reisebericht aus dem Jahr 1851, Neuauflage Berlin 1980, S. 211.

35 Charles Sterling, *Les peintres du Moyen âge,* Paris 1941.

36 Diese Ansicht fußt auf den Ergebnissen von: J. Boyer, »Documents inédits sur le triptyque de l'Annonciation d'Aix«, in: *Gazette des Beaux-Arts,* 101. Jg. 1959, S. 301 ff.

37 John Rewald, *Cézanne, sa vie, son œuvre, son amitié pour Zola,* Paris 1939, S. 44.

38 L. Venturi, *Cézanne, son art et son œuvre,* Paris 1938, Nr. 245.

39 Sylvie Gache-Patin, »Douze œuvres de Cézanne de l'ancienne collection Pellerin«, in: *Revue du Louvre,* April 1984, Nr. 2, S. 137.

40 Zitiert nach G. Bazin aus dem Artikel über Cézanne in *Kindlers Malerei Lexikon.*

41 Frei zitiert nach dem lateinischen Originaltext der zisterziensischen Baubestimmungen, der abgedruckt ist in: Wolfgang Braunfels, *Abendländische Klosterbaukunst,* Köln 1969, S. 300.

42 Braunfels, ebd. S. 122.

43 Peter de Mendelsohn im Nachwort zu Jean Giono, *Ernte,* Frankfurt 1978.

Praktische Reise-Informationen

Auskünfte

Informationen für eine Reise in die Provence (Hotelverzeichnisse, Ortsprospekte, Veranstaltungskalender etc.) erhält man vom Amtlichen Französischen Verkehrsbüro, das in der Bundesrepublik Deutschland, in Österreich und in der Schweiz Außenstellen hat.

Die Büros für die Bundesrepublik:
Kaiserstraße 12, 6000 Frankfurt
Tel. 0 69/74 05 51

Berliner Allee 26, 4000 Düsseldorf
Tel. 02 11/8 03 75 u. 76

Für Österreich:
Landstraßer Hauptstraße 2, 1030 Wien
Hilton-Center Nr. 259
Tel. 02 22/75 70 62

Für die Schweiz:
Bahnhofstraße 16, 8022 Zürich
Tel. 01/2 11 30 85 u. 86

3, rue du Montblanc, 1201 Genf
Tel. 0 22/32 86 10

Man kann sich auch direkt an die Fremdenverkehrsbüros der jeweiligen Departements wenden. Hier sind im einzelnen zuständig (Telefonvorwahl von Deutschland 00 33):

Für das Dep. Alpes de Haute-Provence:
Office de Tourisme
Le Rond-Point, 04000 Digne
Tel. 92/31 42 73

Für das Dep. Bouches-du-Rhône:
Office de Tourisme
4, Canebière, 13000 Marseille
Tel. 91/54 91 11

Für das Dep. Gard:
Office de Tourisme
6, rue Auguste, 30000 Nîmes
Tel. 66/67 29 11

Für das Dep. Var:
Office de Tourisme
8, Avenue Colbert, 83000 Toulon
Tel. 94/22 08 22

Für das Dep. Vaucluse:
Office de Tourisme
41, Cours Jean Jaurès, 84000 Avignon
Tel. 90/82 65 11

Darüber hinaus besitzt praktisch jeder größere Ort sein eigenes Verkehrsbüro *(Syndicat d'Initiative)*, das meist zentral liegt und leicht zu finden ist (Kürzel bei der Ausschilderung »SI«, gelegentlich auch nur »i«). Dort kann man sich während der Reise selbst mit weiteren Detailinformationen über die jeweilige Region oder Stadt versorgen.

Auf den internationalen Touristikmessen, die alljährlich im Februar bzw. März in München und Berlin stattfinden, ist die Region Provence – Côte d'Azur in der Regel mit einem eigenen Informationsstand vertreten. Über die genauen Messetermine informiert die lokale Tagespresse.

Karten und Ausrüstung

Etwa gleich genau und übersichtlich sind die gelben Karten von *Michelin* und die sog. *cartes touristiques* des *Institut Géographique National (IGN)*. Der Maßstab der Michelinkarten (1:200 000) erlaubt die Eintragung auch kleinster Details, entsprechend hoch ist der Informationswert; der Nachteil jedoch ist, daß man für das in diesem Band behandelte Reisegebiet mehrere Karten benötigt (Nr. 93, 77, 81 und 84). Die IGN-Karte (NR. 115) hat einen etwas größeren Maßstab (1:250 000), bietet dafür den Vorteil, das ganze Reisegebiet in einer einzigen Karte unterzubringen. Zur besseren Übersicht und auch im Hinblick auf die An- bzw. Rückreise sollte man neben der Gebietskarte eine große Frankreichkarte mitführen (z. B. die rote Michelinkarte Nr. 989). Diese Karten sind in Frankreich überall an Tankstellen, Kiosken, Buchhandlungen etc. zu erwerben. Inzwischen werden sie auch von vielen Buchhandlungen in Deutschland, Österreich und der Schweiz geführt.

Neben üblicher Reiseausrüstung sollte man folgende Dinge mitnehmen: Bei Fahrten im Frühjahr Gummistiefel und gegebenenfalls Ölzeug, auf jeden Fall irgendeine Garnitur regenfester Kleidung, wegen der manchmal zwar kurzen, dann aber oft sintflutartigen Regengüsse. Auch bei Reisen im Hochsommer sollte man auf eine Garnitur wärmerer Kleidung nicht verzichten, da zwischen Niederungen und Höhenlagen extreme Temperaturschwankungen herrschen können; zumal vermag der Mistral auch an einem warmen Sommertag binnen kurzem das Thermometer um bis zu 10 Grad und noch mehr sinken zu lassen. Ein Fernglas erleichtert nicht nur die Betrachtung höher gelegener Kapitele oder anderer Baudetails (z. B. die eisernen Glockengestelle), sondern erweist sich gerade während eines Besuchs der Camargue als praktisch unverzichtbar bei der Beobachtung seltener Vogelarten. Für Fotografen empfiehlt es sich, ausreichend Filmmaterial mitzunehmen, das in Frankreich beträchtlich teurer ist als bei uns. In die Reiseapotheke gehört ein insektenabweisendes Präparat und ein schmerz- bzw. juckreizstillendes Gel gegen Schnakenstiche (die man sich gerade in der Camargue leicht zuzieht). Sonnenempfindliche Urlauber (und Kinder) müssen die extreme Stärke der UV-Strahlung in den Sommermonaten einkalkulieren und ein Sonnenschutzmittel mit einem möglichst hohen Lichtschutzfaktor mitführen.

Verkehrsmittel

Die in diesem Band behandelten Gebiete sind am besten mit dem Pkw zu bereisen, da zahlreiche abseits der Hauptverkehrswege gelegene Sehenswürdigkeiten oft gar nicht oder nur sehr umständlich mit öffentlichen Verkehrsmitteln zu erreichen sind. Vorschläge zur Anreise und zur Gestaltung einer Rundfahrt durch die Provence sowie gesonderte Hinweise für den Autofahrer folgen unten.

Daneben ist die Anreise mit der *Bahn* möglich. In diesem Fall wählt man am besten ein festes Standquartier, von wo aus man die Umgebung mit örtlichen Busunternehmen bereisen kann. Die geeigneten Ausgangspunkte für Exkursionen dieser Art sind in der westlichen Provence die Städte Arles und Avignon, für die östliche Provence die Stadt Aix-en-Provence. Die aktuellen Bahnpreise sowie Auskünfte über Vergünstigungen (z. B. Seniorenpaß, Ermäßigung für kinderreiche Familien etc.) erfährt man außer in amtlichen Reisebüros auch direkt bei der Vertretung der Französischen Eisenbahnen (SNFC) in 6000 Frankfurt, Rüsterstraße 11, Tel. 0 69/72 84 44. Ein Reisevergnügen ganz eigener Art ist die Fahrt mit dem neuen Hochgeschwindigkeitszug *TGV (= train de grande vitesse),* der erst seit kurzem von Paris über Lyon nach Marseille verkehrt und Spitzengeschwindigkeiten bis zu 300 km/h erreicht. Erwähnt sei auch die Möglichkeit der Anreise mit dem Autoreisezug. Von Hamburg, München und Basel verkehren Züge, die private Pkws verladen, nach Avignon.

Die kostspieligste, aber auch die bequemste und zugleich zügigste Art, in die Provence zu gelangen, ist der *Flug*. Der wichtigste Flughafen der Provence, *Marseille-Marignane* am Etang de Berre, hat Linienverbindungen nach Lyon und Paris, wohin man wiederum von München, Frankfurt, Hamburg, Wien und Zürich gelangen kann. Von daheim kann man bei praktisch allen großen internationalen Autoverleihfirmen einen Pkw mieten (in der Hochsaison mindestens acht Tage im voraus), den man direkt am Flughafen in Empfang nimmt. Meist werden französische Fabrikate angeboten.

Da sich die Provence seit jeher großer Beliebtheit erfreut, bieten auch zahllose Reiseveranstalter organisierte Gruppenreisen an, die meist mit dem Omnibus durchgeführt werden. Der Pauschalreisende sollte jenen Veranstaltern den Vorzug geben, die von einem oder zwei Standquartieren aus das Besichtigungsprogramm in Form von Tagesausflügen organisieren.

Hinweise für den Autofahrer

Vor Antritt einer Reise sollte man als Autofahrer eine Versicherung abschließen, die über den Rahmen der allgemeinen Haftpflicht hinausgeht. Empfehlenswert ist eine Teilkaskoversicherung, durch die u. a. auch Glasschäden abgedeckt sind. Diese treten leider wegen des oft verwendeten Rollsplits häufiger auf; deshalb auch in den kleinsten Ortschaften immer der beruhigende Hinweis auf ein *Dépôt de parebrise* (Lager mit Windschutzscheiben).

In Frankreich besteht Gurtpflicht; Zuwiderhandlungen werden mit Bußgeld geahndet. Die Höchstgeschwindigkeit beträgt auf Landstraßen 90 km/h, auf großen Nationalstraßen 110 km/h und auf Autobahnen 130 km/h. Geschwindigkeitsübertretungen sowie andere Verkehrswidrigkeiten werden mit zum Teil drastischen Bußgeldern bestraft, wobei auch Ausländern gegenüber kein Pardon gewährt wird. Lediglich beim Falschparken drücken die Gesetzeshüter gegenüber den Gästen aus dem Ausland gelegentlich ein Auge zu, wenn nicht gerade der Verkehr dadurch behindert wird.

Lassen Sie sich durch das Aufblenden entgegenkommender Fahrzeuge auf Landstraßen oder Autobahnen nicht irritieren. Die Franzosen haben die Angewohnheit, sich durch dieses Signal gegenseitig auf Verkehrskontrollen aufmerksam zu machen. Sollten Sie an diesem Spielchen teilnehmen, seien Sie sich im klaren darüber, daß – falls das Warnsignal von der Polizei bemerkt wird – ein Bußgeld fällig ist. An Sonn- und Feiertagen sind Alkoholkontrollen recht häufig.

Bei den Urlaubskosten sind die hohen Autobahngebühren zu berücksichtigen, ferner die Benzinkosten, die deutlich höher liegen als in der BRD, in Österreich und der Schweiz. Bleifreies Benzin gibt es in Frankreich derzeit noch nicht. Außerdem ist zu berücksichtigen, daß viele Autos, die hierzulande mit Normalbenzin auskommen, in Frankreich mit Super betankt werden müssen, weil der französische Treibstoff eine geringere Oktanzahl hat.

Warnung vor Autodieben

Der Autor empfiehlt, den nachfolgenden Zeilen *besondere Aufmerksamkeit* zu schenken: Die hohe Arbeitslosenquote hat vor allem in den großen Städten – ganz besonders in

Marseille und in Aix-en-Provence – einen beträchtlichen Anstieg der Kriminalität zur Folge. Die Autos von Ausländern sind begehrte Diebstahlsobjekte geworden. Wenn Sie folgende Hinweise berücksichtigen, können Sie sich sorgenfrei durch das Land bewegen.

Vor Antritt einer Reise sollte man unbedingt eine Reisegepäckversicherung abschließen. Grundsätzlich keine beweglichen Gegenstände im Fahrzeug liegen lassen, bzw. wenn es unvermeidlich ist, nur im abgesperrten Kofferraum. Wenn möglich, das Auto auf bewachten Parkplätzen abstellen. Sollte einem dennoch das Mißgeschick widerfahren, daß das Fahrzeug aufgebrochen wird, wendet man sich an das nächste Polizeikommissariat und läßt den Fall und vor allem die abhanden gekommenen Gegenstände protokollieren. Man erhält davon einen Durchschlag, der die unverzichtbare Grundlage für die Schadensregulierung mit der heimischen Versicherung ist. Daß ganze Fahrzeuge gestohlen werden, kommt seltener vor und betrifft in der Regel nur Besitzer »hochkarätiger« Limousinen. Die Hitliste führen der Golf GTI sowie die großen Mercedes- und BMW-Limousinen an. Besitzer solcher Fahrzeuge sollten nicht ohne fest eingebaute Warnanlage auf Reisen gehen und daran denken, die Rezeption der Hotels darüber zu informieren, damit im Falle eines nächtlichen Alarms der Besitzer umgehend benachrichtigt werden kann.

Weitere nützliche Informationen

Lebensmittelgeschäfte sind in der Regel an Montagen geschlossen, haben dafür aber an Sonntagen geöffnet. Sie schließen abends überwiegend um 19.00 Uhr, in ausgesprochen touristischen Gegenden oft auch später. Zwischen 12 und 14 Uhr herrscht überall im Land Mittagszeit. Das hat den Vorteil, daß dann die Straßen angenehm wenig befahren sind. In den Städten sollte man als Autofahrer die Stoßzeiten morgens vor 9, mittags kurz vor 12 bzw. 14 und abends zwischen 17 und 18 Uhr meiden.

Sollten Sie einen *Arzt* aufsuchen müssen, so ist das Honorar gleich nach der Konsultation in bar zu entrichten (bei der Gelegenheit staunt man über die vergleichsweise bescheidenen Sätze französischer Mediziner). Die Rechnung kann dann nach der Rückkehr der heimischen Krankenversicherung zur Erstattung eingereicht werden. Dasselbe gilt für den rezeptierten Einkauf von Medikamenten.

Bei auftretenden Schwierigkeiten, etwa bei Verlust der Reisekasse, der Ausweispapiere, oder wenn man nach einem Unfall Hilfe benötigt, wendet man sich an die diplomatischen Vertretungen.

Für Deutsche:
3338, Avenue de Prado, 13000 Marseille
Tel. 91/77 08 98

Für Österreicher:
111, rue Ste-Cécile, 13000 Marseille
Tel. 91/47 21 21

Für Schweizer.
7, rue d'Arcole, 13000 Marseille
Tel. 91/53 36 65

Will man von einem Departement in ein anderes telefonieren, ist der Departementkennzahl (hier immer vor dem Schrägstrich angegeben) die Ziffer 16 vorauszuwählen, bei Auslandsgesprächen die 19 und dann die Landeskennziffer (z. B. für die BRD 49).

Die Einfuhr von *Devisen* ist unbeschränkt. Beim Einwechseln ausländischer Währung gegen französische Francs (offizielle Kürzel: FF) erweisen sich Euro- bzw. Reiseschecks als günstiger gegenüber dem Eintausch von Bargeld. Zudem ist zu beachten, daß die Banken oftmals unterschiedliche Tageskurse ausgeben. Die Ausfuhr von FF ist beschränkt. Über die geltenden Bestimmungen informiert man sich am besten bei der Einreise beim Zoll, der auch Broschüren mit genauen Angaben darüber bereithält, welche Waren man bis zu welcher Menge bzw. bis zu welchem Wert zollfrei aus Frankreich ausführen kann.

Abschließend noch ein wichtiger Hinweis für *Hundebesitzer:* In den letzten Jahren hat sich in Südfrankreich eine tückische Hundekrankheit zunehmend verbreitet, die sog. Babesiose, die von Zecken übertragen wird. Wer seinen Hund mit in den Urlaub nimmt, sollte ihn deshalb nach Möglichkeit nicht unangeleint im freien Gelände stromern lassen. Sollte er sich dennoch einmal selbständig gemacht haben, untersuchen Sie das Tier auf Zeckenbefall und entfernen Sie die Schmarotzer umgehend. Wenn Sie Veränderungen im Verhalten Ihres Hundes bemerken (Appetitlosigkeit, Lähmungserscheinungen) suchen Sie unverzüglich den nächsten Tierarzt auf (*Vétérinaire;* die Tierarztpraxen sind in Frankreich durch grüne Kreuze kenntlich gemacht). Das erforderliche Serum ist praktisch in jeder Praxis verfügbar. Wenn das erkrankte Tier nicht behandelt wird, führt die Babesiose in den meisten Fällen zum Exitus.

Routenvorschläge

Insgesamt vereint vorliegender Band trotz des Zwanges zu einer gewissen Selektion eine derartige Fülle von sehenswerten Stätten, daß

man unmöglich alle Anregungen im Laufe einer einzigen Reise aufgreifen kann. Das Buch richtet sich deshalb zugleich an »Neulinge«, die das Land zum ersten Mal bereisen, wie an »Kenner«, denen sich mit Hilfe der Lektüre noch unbekannte Erlebnisse eröffnen mögen. Letzterer wird sich seine eigenen Routen zusammenstellen; wer jedoch zum ersten Mal die Provence bereist, wird vielleicht für Anregungen zur Gestaltung seiner Fahrt empfänglich sein. Nachstehend wird ein zweiwöchiges Programm vorgeschlagen, das die wichtigsten Punkte berücksichtigt und versucht, landschaftliche und kunstgeschichtliche Eindrücke ausgewogen miteinander zu verbinden. Zeiten für An- bzw. Rückreise sind dabei nicht miteinkalkuliert.

1. Tag: Von Norden her kommend eine Rundfahrt im Tricastin. Romanische Kirche in La Garde-Adhémar, anschließend zur Kathedrale in St-Paul-Trois-Châteaux. Am Nachmittag die Schlösser Suze-la-Rousse und Grignan. Gute Übernachtungsmöglichkeiten in der einstigen päpstlichen Enklave Valréas.

2. Tag: Am Vormittag Orange mit seinen römischen Denkmälern (Theater und der sogenannte Triumphbogen). Anschließend nach Vaison-la-Romaine (antike Ausgrabungen und romanische Kathedrale). Am späteren Nachmittag Fahrt auf den Mont Ventoux, Rückfahrt in Richtung Rhônetal durch die Schlucht der Gorges de la Nesque. Übernachtung in Orange, Avignon oder in einem der Städtchen am Fuße des Mont Ventoux (z. B. Carpentras oder Pernes-les-Fontaines).

3. Tag: Für das Programm der folgenden sechs Tage kann man sich ein festes Standquartier wählen. Wer ein städtisches Flair bevorzugt, findet in Avignon oder Arles die idealen Ausgangspunkte, wer die ländliche Ruhe mehr schätzt, schaut sich am besten in der Kleinen Crau bzw. in den Alpilles um, wo es zwischen St-Rémy und Fontvieille ein reichhaltiges und in der Qualität breitgefächertes Angebot an Unterkünften gibt.

Ganzer Tag in Avignon. Am Vormittag Besichtigung des Papstpalastes, des Museums früher italienischer Malerei im Petit Palais und ein Rundgang durch die Stadt. Am Nachmittag Villeneuve-lès-Avignon: Kollegiatskirche mit der Elfenbeinmadonna, Museum mit der Marienkrönung des E. Quarton, Kartause. Als letztes sollte man den Turm Philipps des Schönen besuchen, von dessen oberer Plattform sich gegen Abend der schönste Blick auf Avignon bietet.

4. Tag: Rundfahrt in den Alpilles. Zu Beginn Besuch der Burg von Tarascon. Anschließend Abstecher zu der romanischen Kapelle St-Gabriel. Vor und nach dem Mittagessen die Denkmäler von St-Rémy: zunächst die römischen Monumente auf dem Plateau Les Antiques (Juliermonument und Stadtgründungsbogen), dann die Ausgrabung der Stadt Glanum, zum Abschluß das Kloster St-Paul-de-Mausole. Am späten Nachmittag zur Felsenstadt Les Baux.

5. Tag: Ganztägiger Besuch der Stadt Arles. Am Vormittag die römischen Denkmäler (Theater und Amphitheater) sowie die Museen d'Art païen und d'Art chrétien mit den römischen Kryptoportiken. Am Nachmittag die Kathedrale St-Trophime mit dem dazugehörigen Kreuzgang, die Gräberallee Les Alyscamps und zum Tagesabschluß die Abtei Montmajour vor den Toren von Arles.

6. Tag: Ausflug in die Camargue. Eventuell zum Auftakt nach St-Gilles (wer allerdings fotografiert, stattet der großen romanischen Portalanlage besser am Nachmittag einen Besuch ab – vgl. 7. Tag). Vormittags zum Kreuzfahrerhafen Aigues-Mortes. Mittagessen in Le Grau-du-Roi (Fischspezialitäten!). Am Nachmittag zum Wallfahrtsort Les-Saintes-Maries-de-la-Mer (Badegelegenheit). Anschließend in das Naturschutzgebiet am Etang de Vaccarès. Am schönsten ist die Sonnenuntergangsstimmung am Ostufer des großen Binnensees.

7. Tag: Ausflug in die Nachbarlandschaft Languedoc. Vormittags zum Pont du Gard, dem gewaltigen römischen Aquädukt bei Remoulins. Anschließend nach Nîmes. Rundgang durch die Stadt mit Besichtigung der römischen Denkmäler. Gegen Abend nach St-Gilles, wo man in den späten Nachmittagsstunden die besten Lichtverhältnisse antrifft.

8. Tag: Fahrt in das Vauclusehochland. Zunächst nach Gordes, dort Besichtigung des Renaissanceschlosses mit dem Vasarely-Museum. Anschließend zur Zisterzienserabtei Sénanque. Zum Mittagessen bieten sich in Fontaine-de-Vaucluse idyllische Plätze und fangfrische Forellen (z.B. im Jardin de Petrarque). Am Nachmittag zu den Ockerfelsen von Roussillon und/oder (noch eindrucksvoller) zu jenen von Rustrel. Auf dem Wege dorthin Halt in Apt (Kathedrale Ste-Anne mit zweigeschossiger Krypta).

9. Tag: Verlegung des Standquartiers weiter nach Osten. Besonders reizvoll ist der Aufenthalt in Aix-en-Provence, es darf aber nicht unerwähnt bleiben, daß diese Stadt ein ungemein teures Pflaster ist (Hotelpreise bis zu 30% über dem Landesdurchschnitt). Auf dem Wege nach Osten Fahrt durch das Lubérongebirge. Besichtigung der Schlösser in Lourmarin und Ansouis sowie des Zisterzienserklosters Silvacane.

10. Tag: Ganzer Tag in Aix-en-Provence: Kathedrale St-Sauveur mit frühchristlichem Baptisterium, reicher Ausstattung und romanischem Kreuzgang, Musée Granet mit den Cézannegemälden. Am Nachmittag das Vasarely-Museum und die Ausgrabungen des keltischen Oppidum Entremont. Eventuell noch an diesem Tage Ausflug zur Montagne-Ste-Victoire.

11. Tag: Morgens Wanderung auf das Massiv der Montagne-Ste-Victoire, anschließend nach Marseille, oder gleich morgens Fahrt nach Marseille. Dort Besichtigung der romanischen Kirche St-Victor, Fahrt auf den Aussichtspunkt bei der Wallfahrtskirche Notre-Dame-de-la-Garde. Mittagessen am Alten Hafen (Bouillabaisse!). Am Nachmittag Schiffsausflug zum Château d'If und/oder Besuch des Archäologischen Museums im Château Borély im gleichnamigen Park.

12. Tag: Ausflug in das Hinterland der Côte d'Azur. Zunächst nach St-Maximin-la-Ste-Baume mit der großen gotischen Wallfahrtskirche. Anschließend zum dritten Zisterzienserkloster der Provence, Le Thoronet. Von dort Weiterfahrt zum Château Entrecasteaux. Entweder Rückkehr nach Aix oder Übernachtung in einem der malerischen Orte zwischen Draguignan und Grasse (z. B. Seillans oder Fayence).

13. Tag: Fahrt durch die Verdonschlucht. Von Aix aus über Gréoux-les-Bains, Riez (frühchristliches Baptisterium) und Moustiers-Ste-Marie bzw. von Castellane aus in umgekehrter Richtung.

14. Tag: Fahrt im Tal der Durance flußaufwärts. Halt in Manosque, malerisches Städtchen. Anschließend zum Kloster Ganagobie mit eindrucksvollen romanischen Fußboden-

mosaiken. Am Nachmittag Besuch der Zitadelle von Sisteron.

Der Haupttext bietet Anregungen, diesen Programmvorschlag nach Belieben zu variieren, zu kürzen oder zu erweitern.

Einkäufe

Von den landestypischen Produkten, die sich zum Mitbringen eignen, nennen wir zuerst die *Herbes de Provence,* die Kräutermischungen, die man überall angeboten findet. Besonders schmuck ist die Verpackung in bunt bedruckten Leinenbeutelchen, aber diese Form hat den Nachteil, daß das Aroma relativ rasch entweicht. Besser kauft man die Kräuter in Tüten aus Klarsichtfolie, was nicht nur eine bessere Geschmackskonservierung verspricht, sondern zudem sieht man, was man sich einhandelt. Je kleiner gehäkelt die Kräuter sind, desto weniger Aroma geben sie beim Kochen ab; besser sind die gröber geschnittenen Kräutermischungen. Man kann die Kräuter natürlich auch einzeln und unvermischt erwerben (vgl. hintere Umschlagklappe).

Wer vernascht ist, findet großes Vergnügen an dem *Nougat* der Stadt Montélimar, eine dem türkischen Honig verwandte feste Süßspeise, die auch in Supermärkten entlang der Autobahn in unterschiedlichen Formen angeboten wird. Eine andere Köstlichkeit sind die *Calissons d'Aix,* ein weiches Gebäck aus Honig und Mandeln, mit Oblaten unterlegt. In der Haute-Provence findet man eine stattliche Zahl von Imkereien, deren *Honig* oft nach Geschmacksrichtungen unterschieden ist. Vorzüglich sind jene weitgehend naturbelassenen und deshalb festen Honigarten, die das Aroma des Lavendels und des Thymians haben.

Wein kauft man relativ günstig direkt bei den Erzeugern, den *Caves cooperatives,* die in großer Zahl entlang der Straßen auf ihre Produkte und die Möglichkeit zur Weinprobe aufmerksam machen. Den Grundstoff zu einem köstlichen Aperitif bietet die *Crème de Cassis,* ein Likör aus schwarzen Johannisbeeren, der mit einem herben Weißwein gemischt (Verhältnis etwa 1 zu 5) unter dem Namen seines Erfinders, des früheren Bürgermeisters von Dijon, Abbé *Kir,* berühmt geworden ist. Mit Champagner zubereitet nennt man ihn den *Kir royal.*

Wer etwas Beständigeres mit nach Hause nehmen möchte, findet einen unerschöpflichen Motiv- und Farbenreichtum in den handbedruckten *Wollstoffen,* die man entweder vom laufenden Meter oder bereits zu Tüchern, Blusen, Kissen etc. verarbeitet erstehen kann.

Ein beliebtes Geschenk sind auch die kleinen Stoffbeutelchen, die mit getrockneten *Lavendelblüten* gefüllt sind. In den Schrank gelegt, verleihen sie nicht nur der Wäsche einen angenehmen Duft, sie halten darüber hinaus die Motten fern. Ebenfalls kann man *Lavendelöl* in kleinen Flaschen kaufen. Manche benutzen es als Heilmittel (zur Inhalation mit heißem Wasser bei Erkältungskrankheiten) oder als Badeessenz. Besonders angenehm kann man die Erinnerung an die Provence in den heimischen vier Wänden lebendig halten, wenn man Lavendelöl in einen sogenannten *Diffuseur* einfüllt. Das sind kleine irdene Gefäße, die oben glasiert, im Bodenbereich dagegen roh belassen sind, so daß das Lavendelöl ganz allmählich durch das poröse Material verdunstet und den Raum dezent mit dem bezeichnend provençalischen Duft erfüllt.

Eine alte Form des Kunsthandwerks wird noch in Arles und in Aubagne, dem Geburtsort Marcel Pagnols bei Marseille, gepflegt, die Herstellung kleiner aus Ton modellierter und farbig bemalter Krippenfiguren, die man in der Provence *Santons* nennt. In Moustiers-Ste-Marie findet man Kopien nach alten *Fayencen;* aber vieles ist leider für ein Massenpublikum verkitscht.

Schließlich erwähnen wir noch die *Trockenblumen,* die man in einigen Läden größerer Städte in überwältigender Vielgestaltigkeit findet. Aus ihnen lassen sich zauberhafte Gestecke herrichten, die – mit ein wenig Haarspray übersprüht – oft jahrelang ihre Farbenfrische bewahren.

Unterkünfte

Hotels   Praktisch alle Hotels werden von der staatlichen Tourismusbehörde alljährlich überprüft und klassifiziert. Die Hotels haben meist neben der Tür ein achteckiges Schild, das auf blauem Grund ein großes weißes H zeigt; links des Buchstabens ist die Jahreszahl der letzten Kontrolle angegeben, rechts gibt die Anzahl der Sterne Auskunft über Einrichtung und Komfort. (Diese Sterne sind nicht mit den berühmten Sternen im Hotelführer des Guide-Michelin zu verwechseln, die ausschließlich die Qualität einer Küche bewerten.) Hotels mit einem Stern sind schlichte Unterkünfte, deren Zimmer fließend Warm- und Kaltwasser haben. WC und Duschmöglichkeit befinden sich im Gang. Mit zwei Sternen sind Hotels gekennzeichnet, deren Zimmer überwiegend mit eigenem WC und Dusche oder Bad ausgestattet sind. In Drei-Sterne-Häusern ist diese Einrichtung in jedem Zimmer vorhanden, außerdem wird ein größerer Komfort geboten. Mit vier Sternen ist die oberste Klasse ausgezeichnet, bei deren

Zimmereinrichtung in der Regel Farb-TV und andere Besonderheiten (z. B. Minibar) vorhanden sind. Hotels dieser Kategorie verfügen fast immer über einen Swimming-pool. Die letztmögliche Steigerung sind Hotels mit vier Sternen, die zusätzlich noch ein L als Hinweis auf außergewöhnlichen Luxus tragen.

In der Hochsaison sind die Hotels in der Provence stark frequentiert und in den touristischen Zentren wie Aix, Arles oder Avignon oft ausgebucht. Es empfiehlt sich deshalb, von daheim oder auch mittels Gutscheinen (Voucher) über Reisebüros eine Reservierung vorzunehmen. Oft reicht noch ein Anruf am selben Tag. Bevor man morgens aufbricht, sollte man in dem Hotel anrufen, das man für die nächste Übernachtung ins Auge gefaßt hat. Bei mangelnden Kenntnissen der französischen Sprache erledigt dies auch der Portier oder Rezeptionist (gegen Trinkgeld) des zuletzt in Anspruch genommenen Hotels. Vollständige Hotelverzeichnisse mit aktuellen Preisangaben sind bei den oben aufgeführten Fremdenverkehrsämtern erhältlich. Die beste Information bietet der jährlich neu erscheinende rote Michelin-Führer.

Logis de France   Unter dem Namen Logis de France – Erkennungszeichen: Tafel mit einem gelben Kamin auf grünem Grund – sind Hotels der Ein- bzw. Zwei-Sterne-Kategorie zusammengefaßt, die meist eine besonders behagliche Atmosphäre und vor allem eine landestypische Küche vorweisen. Wer also bereit ist, beim Zimmerkomfort Abstriche zugunsten eines guten Essens zu machen, liegt bei der Wahl eines Hotels der Logis-de-France-Kette allemal richtig. Zudem ist der Preis immer recht moderat. In der Region Provence – Côte d'Azur gibt es insgesamt

370 Häuser, die das genannte Signum tragen. Ihre Liste wird jährlich veröffentlicht und kann kostenlos angefordert werden bei: *Fédération Régionale des Logis de Provence* Palais de la Bourse, 13001 Marseille Tel. 91/37 91 22

Appartements und Ferienhäuser   Die Vermietung von Appartements und Ferienhäusern von privater Seite konzentriert sich vor allem entlang der Küste. Die Mietdauer beträgt mindestens eine Woche, in der Hochsaison mindestens zwei, in Einzelfällen auch drei Wochen. Die Reservierung solcher Mietobjekte ist in den meisten Reisebüros möglich. Es lohnt sich aber auch, immer wieder den Anzeigenteil lokaler Tageszeitungen daheim zu studieren.

Gîtes Ruraux   Eine originelle Möglichkeit, die Ferien zu verbringen, ist die Anmietung einer Gîte rural (= ländliche Unterkunft). Viele Bauern haben der Organisation *Relais des Gîtes Ruraux de France* ein kleines Haus zur Verfügung gestellt, das diese an private Mieter weitervermittelt. Diese Häuser verfügen immer über eine vorgeschriebene Anzahl von Einrichtungen: Dusche, Küche mit Kühlschrank und Kochgelegenheit, leicht zugängliches WC u. a. m. Die Miete muß laut Statut niedriger als der ortsübliche Preis eines Hotels der untersten Kategorie sein. Nachteil: In einer so begehrten Region wie der Provence sind derartige Unterkünfte oft auf Jahre hinaus in den Sommermonaten durch Dauergäste ausabonniert. Dies ist dann aber für gewöhnlich bereits im Prospekt vermerkt. Jedes Departement bringt seine eigene Informationsbroschüre heraus. Man fordert sie schriftlich oder fernmündlich an (Schutzgebühr zwischen 10.– und 30.– FF).

Für das Dep. Alpes de Haute-Provence:
Chambre d'Agriculture
66, Boulevard Gassendi, 04000 Digne
Tel. 92/31 11 85

Für das Dep. Bouches-du-Rhône:
Relais dep. des Gîtes Ruraux
Maison du Tourisme, 4, La Canebière
13001 Marseille
Tel. 91/33 46 21

Für das Dep. Gard:
Service dep. du tourisme vert
Place des Arènes, 30000 Nîmes
Tel. 66/21 02 51

Für das Dep. Var:
Relais dep. des Gîtes Ruraux
1, Boulevard Foch, 83300 Draguignan
Tel. 94/68 55 43

Für das Dep. Vaucluse:
Chambre dep. du tourisme
La Balance, B. P. 147, 84008 Avignon Cédex
Tel. 90/86 43 42

Neben der Anmietung eines ganzen Hauses besteht in einigen Fällen auch die Möglichkeit, nur ein oder zwei Zimmer auf einem Bauernhof zu mieten. Neuerdings haben auch Eltern, die vielleicht innerhalb ihres Urlaubs eine Besichtigungstour ohne ihre Sprößlinge vorhaben, die Gelegenheit, ihre Kinder auf einem Bauernhof einzuquartieren. Die Ferieneltern sind sorgfältig nach pädagogischen Gesichtspunkten ausgewählt. Auch darüber informieren die Broschüren der Relais des Gîtes Ruraux.

Jugendherbergen Sie sind – anders als in Deutschland – nicht nur reine Wohnstätten für umherreisende Jugendliche, sie bieten oft auch die Möglichkeit zur Teilnahme an handwerklichen Kursen, organisierten Wanderungen und gemeinsamem Musizieren. Verzeichnisse der Jugendherbergen fordert man an bei:
Fondation Française des Auberges de la Jeunesse
140, Boulevard Haussmann, 75000 Paris.

Camping Während sonst fast überall in Frankreich sogenanntes wildes Campen erlaubt ist (das Einverständnis des jeweiligen Grundbesitzers vorausgesetzt), herrscht in der Provence ein generelles Verbot für Campen in freier Natur. Dadurch soll die Gefahr von Waldbränden, die meistens durch Unachtsamkeit entstehen, herabgesenkt werden. Der Zelt- oder Wohnwagenbesitzer ist deshalb auf die stark frequentierten offiziellen Plätze angewiesen, die oft hoffnungslos ausgebucht sind. Es empfiehlt sich also auch hierbei eine rechtzeitige Reservierung. Über Anzahl und Ausstattung der Campingplätze informiert ausführlich der grüne Camping-Führer von Michelin. Man kann aber auch Unterlagen anfordern bei:
Fédération Française de Camping et Caravaning
78, rue de Rivoli, 75004 Paris

Wandern, Radeln, Reiten

Keine andere Landschaft Frankreichs hat ein derart gut ausgebautes und bestens markiertes Netz an Wanderwegen wie die Provence. Neben großen Touren, die von Ort zu Ort führen (Sentiers de Grande Randonnée), gibt es eine große Zahl kleinerer Wanderwege, die in Form eines Rundganges zum Ausgangspunkt zurückführen. Man kann also ausgesprochene Wanderferien in der Provence machen oder als Autofahrer die Fahrt durch gelegentliche Wanderungen unterbrechen und auflockern. Informationen mit Broschüren und Wanderkarten erhält man in den örtlichen Syndicats d'Initiative, jedoch nur selten bei den oben genannten Fremdenverkehrsbüros der einzelnen Departements. Wer sich vor einer Reise eine Route zusammenstellen möchte, findet wertvolle Hilfen in dem Buch von Jean Boissieu mit dem Titel *Sentiers et Randonnées de Provence à pied et à bicyclette* (Marseille 1984). Außerdem sendet auf Anfrage gegen eine geringe Gebühr Informationsmaterial zu:

Comité National des Sentiers
de Grande Randonnée
8, Avenue Marceau, 75008 Paris
Tel. 1/723 62 32

Für ausgesprochene Bergwanderer bzw. Bergsteiger ist zuständig:

Le Club Alpin Français
1, rue des Feuillants, 13001 Marseille

Die Markierungen der Wanderwege sind überall einheitlich. Die großen Touren sind mit rot-weißen, die Rundgänge *(Sentiers pédestres)* mit gelben Strichen gekennzeichnet. Der waagerechte Strich bedeutet: geradeaus weiter; ein gekrümmter Pfeil weist auf eine Richtungsänderung. Gekreuzte Striche signalisieren, daß man verkehrt gelaufen ist. Begegnet man diesem Zeichen, geht man so weit zurück, bis man wieder entweder den waagerechten Strich findet oder den gekrümmten Pfeil, der die Änderung der Richtung anzeigt.

Wer Teile der Provence radelnderweise durchstreifen möchte, sollte sich klar darüber sein, daß die zahlreichen Höhenzüge oftmals beträchtliche Anforderungen an die Kondition stellen. Die beste Möglichkeit zum Radeln, vor allem für den weniger Trainierten, bieten die Ebenen der Camargue und der (landschaftlich weit weniger reizvollen, weil stark industrialisierten) Großen Crau. Wer nicht seinen eigenen Drahtesel auf dem Dachgepäckträger des Autos mitschleppen mag,

findet an verschiedenen Bahnhöfen der Französischen Staatseisenbahn die Möglichkeit, Räder zu mieten. Routenbeschreibungen sowie andere Informationen für den Radl-Reisenden verschickt gegen Entrichtung einer geringen Gebühr:

Bicy-Club de France
8, Place de la Porte Champerret, 75017 Paris

An verschiedenen Stellen in der Provence besteht die Möglichkeit, stunden- oder auch tageweise Reitpferde zu mieten. Die meisten Gelegenheiten dieser Art bieten sich in der Camargue. Dabei sollte man das Temperament der Camargue-Pferde nicht unterschätzen. Was da oft mit hängenden Ohren als scheinbar lustloser »Touristen-Gaul« am Wegesrand angepflockt steht, entpuppt sich im Moment des Aufsitzens als äußerst lebhaft. Wer keinerlei Reitkenntnisse hat, sollte das dem Pferdevermieter klarmachen, damit er ein passendes Tier auswählt. Es gibt daneben für den ausgesprochenen Reiter die Möglichkeit, einen ganzen Urlaub auf dem Rücken eines Pferdes zu verbringen. Wer sich für organisierte Rundritte durch die Provence interessiert, wendet sich an:

Association régionale de tourisme equestre de Provence
Equipage de Lauzet
30400 Villeneuve-lès-Avignon

Neben diesen Formen, sich aktiv durch die Provence zu bewegen, gibt es ein reichhaltiges Angebot weiterer sportlicher Betätigungen: Tennis, Tauchen, Angeln, Surfen, Kanufahren (besonders in den Gorges du Verdon) u. a. m. Wer sich hierüber näher informieren möchte, wendet sich am besten an das eingangs genannte Verkehrsbüro in Frankfurt (bzw. Wien oder Zürich), das entweder selbst die entsprechenden Unterlagen zur Verfüggung hat und bei Bedarf zusendet oder zumindest die erforderliche Kontaktadresse in Frankreich vermittelt.

Festivals allerorten

Dank der stabilen Witterungslage während der Sommermonate ist die Provence für Freilichtaufführungen geradezu prädestiniert. Das erste Festival der Nachkriegsära entstand in *Avignon,* wo sich bereits 1947 eine Pariser Theatertruppe unter Leitung des aus dem nahen Sète stammenden Jean Vilar für mehrere Wochen niederließ, um drei Premieren vorzubereiten. Daraus entstand das Theaterfestival von Avignon, das mittlerweile zu den großen kulturellen Attraktionen Frankreichs zählt. Den Rahmen für die Darbietungen bildet der große Innenhof des Papstpalastes (Neuer Palast), der nicht nur optisch eine ansprechende Kulisse, sondern darüber hinaus eine perfekte Akustik bietet. Inzwischen hat das Festival ein Volumen angenommen, das weit über den Papstpalast, ja sogar über die Stadtgrenzen hinaus gewachsen ist, denn nicht nur in Kreuzgängen und Kirchen in Avignon selbst, auch in den nahen Ortschaften Carpentras, Vaison-la-Romaine, Le Thor und Villeneuve-lès-Avignon finden Parallelveranstaltungen statt. Das Gesamtprogramm erstreckt sich meist über die gesamte Dauer des Monats Juli. Informationen und Platzreservierungen bei:

Bureau du Festival d'Avignon
8, rue de Mons, 84000 Avignon
Tel. 90/82 67 08

Bis zu den Anfängen des Festivals von Avignon war der kulturellen Szene Frankreichs die Form des turnusmäßigen Festivals vollkommen fremd. Seitdem sind nicht nur in der Provence, sondern überall im Lande Institutionen dieser Art ins Leben gerufen worden, die zum Teil Weltruf genießen; man denke nur an die Musikwochen im Mai im Grand Théatre in Bordeaux, den Dirigentenwettbewerb in Besançon oder die Scheunenkonzerte Svjatoslav Richters im Loiretal. Nirgends aber erlebt man eine derartige Dichte hochbedeutender Festivals wie in der Provence.

Neben Avignon hat sich *Aix-en-Provence* in besonderem Maße profiliert, wo seit 1948 ebenfalls im Juli das *Festival International d'Art Lyrique et de Musique* stattfindet, in dessen Mittelpunkt die großen Opernaufführungen im Innenhof des ehemaligen erzbischöflichen Palais stehen. Die Werke Mozarts spielen dabei traditionell eine tragende Rolle. Mittlerweile ist Aix zu einem Festspielort von Weltrang und eine regelrechte Konkurrenz zu Bayreuth geworden. Diese Rivalität kulminierte vorerst 1985, als der Opernstar Jessye Norman die bereits mit Bayreuth eingegangenen Verpflichtungen kurzfristig aufkündigte, um statt dessen in Aix zu gastieren. Für den Normaltouristen ist es fast unmöglich, Karten zu bekommen, selbst wenn man bereit ist, die astronomischen Eintrittspreise von mehreren hundert Francs hinzublättern. Der Billettverkauf findet im März statt und ist für gewöhnlich bereits nach zwei Tagen abgeschlossen. Für die Darbietungen des Rahmenprogramms aber, z. B. sehr stimmungsvolle Kammermusikmatinéen im Kathedralkreuzgang, findet man oft auch noch kurzfristig freie Plätze. Informationen und Programme erhält man über die Festspielleitung:

Festival Intern. d'Art Lyrique et de Musique
Palais de l'Ancien-Archevêché
Place des Martyrs de la Résistance
13100 Aix-en-Provence
Tel. 42/23 11 20

Um dem elitären Rahmen des etablierten Festspielbetriebes einen populären Akzent entgegenzustellen, wurde 1985 eine neue Idee geboren. Ein Tag im Juli wird künftig zum »Tag der Musik« in Aix deklariert. Von vormittags bis in die frühen Morgenstunden des darauffolgenden Tages musiziert, wer immer ein Instrument beherrscht, einzeln oder in Gruppen in sämtlichen Kirchen, auf allen öffentlichen Plätzen und Straßen der Stadt. Das Verblüffende anläßlich der Premiere dieses Musiktages war die Erfahrung, daß das Ganze nicht tumultartig oder nach Art der um ein Handgeld lungernden Straßenmusikanten vonstatten ging, sondern daß man wie in einem gigantischen Konzertsaal unter freiem Himmel hohe Qualität zum Nulltarif geboten bekam. Manches vielversprechende Nachwuchstalent kam dabei zu Gehör. Über das nächstanstehende Datum befragt man am besten das touristische Informationsbüro in Aix:

Office de Tourisme
Place Général de Gaullé
13100 Aix-en-Provence
Tel. 42/26 02 93

Den wohl würdigsten und der Bestimmung des Ortes am sinnvollsten entsprechenden Platz hat das Festival von *Orange,* das 1953 ins Leben gerufen wurde und dessen Darbietungen – Ballett-, Opern- und Theateraufführungen – im römischen Theater in der zweiten Julihälfte und Anfang August stattfinden. Informationen und Platzreservierungen bei:

Chorégies d'Orange
Place des Frères Mounet, B. P. 180
84105 Orange Cédex
Tel. 90/34 24 24

Neben diesen etablierten Festspielveranstaltungen bietet der Kulturkalender der Provence in der Zeit von Ende Juni bis Mitte September unzählige Konzerte (sehr schön die Schloßkonzerte in Lourmarin, Salon und Entrecasteaux), Ballettvorführungen (Arena in Nîmes), Opernaufführungen etc. Das Office régional de la culture Provence – Côte d'Azur bringt ein Programmheft heraus, das über alle Veranstaltungen informiert. Diese Broschüre mit dem Titel *Provence – Terre de Festivals* ist in den meisten Fremdenverkehrsbüros erhältlich. Man kann die aktuellen Programme auch in Marseille über einen Telefondienst abfragen, Tel. 91/77 20 20; ferner berichtet der Rundfunksender *France Inter Marseille* vom 1. Juli bis 31. August jeweils von 11 bis 13 Uhr auf der Frequenz 96,7 MHz über Termine, Orte und Programme.

Die provençalische Küche

Unter den verschiedenen regionalen Küchen Frankreichs nimmt die der Provence eine Sonderstellung ein. Zum einen fällt die häufige Verwendung der überall wildwachsenden Kräuter auf, die in anderen Gegenden Frankreichs nur sehr zurückhaltend oder, wie z. B. in Aquitanien, praktisch überhaupt nicht gebraucht werden, zum anderen erinnert manches – bedingt durch die geographische und die jahrhundertealte kulturhistorische Nähe zur Apenninhalbinsel – an die italienische Küche. Eine Art ungeschriebenes Gesetz ist die Verwendung frischer Nahrungsmittel, weshalb die Märkte eine so große Rolle im Alltagsleben der Provençalen spielen und in größeren Städten beinahe täglich abgehalten werden. Nur zögerlich bedient man sich konservierter Lebensmittel, und Tiefkühlkost wird um etwa 65% weniger konsumiert als in Deutschland. Einen breiten Raum nehmen deshalb die verschiedenen Gemüsearten ein, die entweder als Beilage zu einem Fleischgericht gereicht oder zu einem eigenen Hauptgericht gekocht werden. Das bekannteste dieser Art ist das *ratatouille*, ein Gemüseeintopf, der hauptsächlich aus Auberginen, Paprika, Zwiebeln und reichlich Knoblauch besteht. Kichererbsen, Bohnen, Spinat, Artischocken, Zucchini (in Frankreich nennt man sie *courgettes*) und gratinierte Tomaten gehören zu den beliebtesten Beilagen.

Neben den gewohnten Fleischgerichten von Rind, Schwein und Kalb haben die verschiedenen Hammel- bzw. Lammgerichte einen wichtigen Platz auf dem Speisezettel, wobei neben den Kräutern immer der Knoblauch dominiert. Es gibt sogar eine ausschließlich aus Knoblauch gekochte Suppe, die *aigo boulido*, der man früher heilende Kräfte nachsagte und die auch heute noch gerne als leichte Kost Rekonvaleszenten serviert wird. Ebenfalls auf Knoblauch basiert die *aioli*, eine cremige Soße, die in der Hauptsache aus zerstampften Knoblauchzehen, Olivenöl und Eigelb zusammengerührt wird. Obwohl der Außenstehende geneigt ist, die aioli eher als Zutat oder Abrundung einer Mahlzeit zu sehen, ist sie in Wahrheit ein echtes Nationalgericht der Provence, um das herum die unterschiedlichsten Speisen gereicht werden. *L'aioli géant* oder auch *l'aioli monstre* (Riesenaioli) nennt man ein Fest, sei es eine kleinere Familienfeier oder auch ein ganzes Dorffest, wo Lammkoteletts, Stockfisch, Kohl und Mohrrüben, Kartoffeln und andere Gemüsesorten die Variationen zum gleichbleibenden Thema der Aiolisoße abgeben. Frédéric Mistral meinte vom aioli, daß »er in seinem Wesen die Hitze, die Stärke, die Liebenswürdigkeit der Provence vereint und daneben die angenehme Eigenschaft besitzt, Fliegen zu verjagen«.

Ein herzhaftes Gericht, das vielleicht gerade Reisende aus Österreich besonders anziehen wird, ist das *bœuf à la Gardienne*, ein dem Gulasch verwandter Eintopf aus Rindfleisch, der als Nationalgericht der Rinderhirten in der Camargue seinen Ursprung hat. Beliebt sind auch die verschiedenen Vogelarten. Neben Huhn und Ente ist die Wachtel eine geschätzte Delikatesse. Der Verzehr von Singvögeln, früher sehr populär bei den Provençalen, ist mehr und mehr gebrandmarkt worden und hat entsprechend – nicht zuletzt auch dank einschlägiger Naturschutzgesetzgebung – an Bedeutung verloren.

Da die geringe Bewaldung nur wenig Lebensraum für Wildtiere bietet, erscheint Wildbret selten auf der Karte. Aber auch die zügellose Jagdleidenschaft der Franzosen hat den Wildbestand auf ein klägliches Volumen reduziert. Um so reichhaltiger präsentiert sich die Palette der Meerestiere, wenn auch hier durch die zunehmende Verunreinigung des Mittelmeeres die Ausbeute seit Jahren erkennbar abnimmt (was nicht ohne Rückwirkung auf die inzwischen saftigen Preise geblieben ist). Weltruf genießt die *bouilla-baisse*, die ihre Heimat in Marseille hat. Diese Suppe wird aus dem Sud von Fischresten, Safran, einem Schuß Pastis, Kräutern und Weißwein gekocht. In der durchgeseihten Suppe werden dann verschiedene Fischarten und Kartoffeln gegart, die anschließend separat zur Suppe serviert werden. Auch hierbei darf Aioli nicht fehlen. Der Verzehr von rohem Meeresgetier ist nicht jedermanns Sache, wer aber Geschmack daran hat, dem ist ein *plateau de fruits de mer* eine Offenbarung. Es besteht in der Regel aus Miesmuscheln, Austern, Seeigeln und Taschenkrebsen, die auf frischem Seetang angerichtet und mit einem kühlen Weißwein aus Cassis oder einem frischen Rosé genossen werden.

Unter den zahlreichen Käsearten nimmt der Ziegenkäse die erste Stelle ein. Je nach Alter gibt es ihn zart und cremig oder fest und bröckelig; immer paßt dazu ein Rotwein, der keinesfalls ein großer sein muß. Besonders schmackhaft sind jene Ziegenkäse, die über ihren natürlichen Reifeprozeß hinaus eine spezielle Behandlung erfahren, sei es, daß sie mit Knoblauch vermengt *(chèvre à l'ail)* oder in Olivenöl eingelegt werden *(petits chèvres à l'huile)*.

In der Reihe der Desserts dominieren die verschiedenen Gebäckarten, allen voran die Obsttorten, die mit den Früchten des Landes garniert sind.

Wer nach einer Reise in die Provence Lust verspürt, einige der dort kennengelernten Rezepte nachzukochen, findet in den Buchläden der Provence eine ganze Reihe von Kochbüchern (natürlich alle auf französisch). Wir nennen hier zwei Titel, die aus dem Rahmen der herkömmlichen Kochbuchliteratur fallen. Einen Genuß nicht nur für den Gaumen, sondern auch für das Auge dank einer Vielzahl künstlerischer Fotografien bietet der Band *Die Kultur der französischen Küche* von Robert Freson (Köln 1984), der (in deutscher Sprache) in einem ausführlichen Kapitel zur provençalischen Küche nicht nur deren Besonderheiten vor Augen führt, sondern auch etliche typische Rezepte mitteilt. Ebenso ungewöhnlich ist das Buch *La cuisine provençale* von Monique Lichtner (Weingarten 1979), das trotz des französischen Titels in deutscher Fassung vorliegt. Die Autorin präsentiert die ganze Bandbreite südfranzösischer Köstlichkeiten vom Aperitif bis zum Dessert in Rezepten, die von Aquarellen ihres Mannes, Werner Lichtner-Aix begleitet werden.

Kleine Weinkunde der Provence

Obwohl die Provence als erste Landschaft des heutigen Frankreichs den Weinbau bereits durch die Griechen kennenlernte, sind die Reben des Bordelais und Burgunds weitaus berühmter. Lange Zeit galten die Weine der Provence – den Châteauneuf-du-Pape einmal ausgenommen – als ausgesprochen minderwertig. Dies hat sich in den letzten Jahren dank einer intensiven Verbesserung der Weinkultur entscheidend geändert. 1977 wurden weite Bereiche in den Rang einer *A. O. C. (Appellation origine controllée)* erhoben, eines Weines mit gesetzlich garantierter Herkunft, eine Klassifikation, die etwa dem deutschen Gütesiegel »Qualitätswein« entspricht. Einen Nachteil hatte diese Aufwertung vieler Lagen jedoch: Kleine Weinbauern, die einen minderwertigen Wein produzierten, gerieten ins Hintertreffen und mußten nach den gültigen EWG-Richtlinien subventioniert werden, obgleich der Absatz ihrer Produkte stetig abnahm. Deshalb wurden staatlicherseits Prämien für ausgerissene Weinstöcke ausgelobt, und mittlerweile haben viele Bauern daraufhin auf andere Sparten, etwa Gemüse- oder Obstanbau, umdisponiert. Der eigentliche Nutznießer bei alledem ist der Konsument, der nun zu durchaus erschwinglichen Preisen solide, zum Teil hervorragende Weine genießen kann.

Seit jeher nimmt die Produktion des Roséweines in der Provence den ersten Rang ein. Da er kühl genossen wird, bietet er an warmen Tagen eine willkommene Erfrischung, was manchen dazu verführt, den Rosé zum Löschen des Durstes zu kippen. Besser halte man sich an das alte Rezept der Provençalen, wonach als Durstlöscher ein Anisschnaps mit ein wenig Wasser unübertroffen ist, und der

Alkoholpegel hält sich so in kontrollierbaren Grenzen. Der Rosé paßt praktisch zu jedem Essen, zu hellem wie zu dunklem Fleisch, zu Gemüse ebenso wie zu Fisch, und entbindet damit von der schwierigen Frage, welcher Wein zu welchem Gericht zu wählen sei. Der Rosé der *Côteaux d'Aix* und der *Côtes du Lubéron* ist relativ milde und fruchtig; den feinsten Geschmack hat der von *Tavel,* der strenggenommen schon zur Côtes du Rhône zählt. Herb ist der wegen seiner gedeckten Färbung *Gris* (Grauwein) genannte Rosé, der auf dem Sandboden der Camargue gedeiht. Weiß- und Rotwein nehmen demgegenüber eine untergeordnete Rolle ein. Sie sind dem Rosé insofern verwandt, als auch sie in der Regel kühl und vor allem jung getrunken werden. Man wird selbst unter den guten Roten selten einen entdecken, der älter als fünf Jahre ist, ein Alter, in dem ein großer Bordeaux überhaupt erst anfängt, seine Klasse zu entfalten. Für den Laien völlig undurchschaubar ist das Dickicht der Bestimmungen und Verordnungen, die sich zu einem Großteil auf den Verschnitt beziehen. Jeder Provencewein wird aus mehreren Reben verschnitten – einer der wesentlichen Schritte bei der Anhebung der Qualität in den siebziger Jahren. Im Bandolgebiet etwa werden sechzehn verschiedene Rebsorten angebaut, sieben für Weiß-, die restlichen für Rosé- und Rotwein. Wenn es heißt, ein Wein solle dort getrunken werden, wo er gezogen wird, so gilt dies in hohem Maße für die Weine der Provence. Wer sich die eine oder andere Flasche mit nach Hause nimmt, wird feststellen, daß der Wein durch den Transport spürbar an Geschmack verliert. Vielleicht gehört aber auch ein bißchen Imagination dazu. Ein Glas Rosé schmeckt eben einfach am besten, wenn man sich tagsüber der Sonnenglut der Provence ausgesetzt hat.

Weinzapfender Mönch. Detail einer Initiale aus einem Manuskript des 13. Jh.

Auch zu diesem Thema ist die Literatur uferlos. Ein Buch allein über die Weine der Provence gibt es nicht, und in den großen Kompendien kommen die weniger bedeutenden Regionen immer ein wenig zu kurz. Wir nennen deshalb als Anregung einen Titel, der es sich zur Aufgabe gemacht hat, gerade die Nebenschauplätze der Weinkultur und in dem Zusammenhang auch die Provence fundiert und sehr informativ vorzustellen: Peter-Paul Falkenstein, *Die anderen Weine Frankreichs – Ein Paradies zu erschwinglichen Preisen,* Stuttgart 1983.

Provence literarisch – Itinerar für den Literaturfreund

Im Haupttext wurde bereits auf die herausragenden Gestalten der provençalischen Literatur sowie auf deren Biographien und wichtigste Werke eingegangen. Wer ein besonderes Interesse für die reichhaltige Literatur des Landes hat, findet hier weitere Anregungen, die sich alphabetisch nach Orten gliedern und mit einer Bibliographie abschließen.

Aigues-Mortes In ihrer Novelle »Der Turm der Beständigkeit« schildert *Gertrud von Le Fort* das Schicksal der Marie Durand und ihrer Mitgefangenen in der Tour Constance. Die Erzählung ist nicht nur ein lebendiger Spiegel vom Leiden der Hugenotten in der Zeit nach dem Widerruf des Edikts von Nantes, der im Jahr der Niederschrift dieses Buches zum 300. Male wiederkehrt, sondern zugleich eine eindringliche Schilderung der Ödnis und Verlassenheit des versandeten Kreuzritterhafens, der erst in jüngster Zeit durch den Tourismus wieder eine heitere Note erhalten hat.

Aix-en-Provence Die Schriften des *Marquis de Vauvenargues* wurden bereits erwähnt. Zur Vita des *Grafen von Mirabeau* wäre nachzutragen, daß sein lasziver Charakter sich in einem kleinen erotischen Roman niedergeschlagen hat, der unter dem Titel »Die Bekenntnisse des Abbés« veröffentlicht wurde (deutschsprachige Ausgabe zuletzt München 1979). Der Untertitel »Die Kunst, Abwechslung in die Vergnügen der Liebe zu bringen« läßt keinen Zweifel an dem Ziel der Schrift, die dank ihrer galanten Darstellungsweise das Pornographische geschickt vermeidet.

»Die Lehre der Sainte Victoire« nennt *Peter Handke* (Frankfurt 1984) seine Schilderung von Wanderungen rings um und auf den geschichtsträchtigen Berg östlich von Aix. Es geht ihm dabei um weit mehr als eine reine Landschaftsbeschreibung, die er in poetischen Bildern beinahe zärtlich erfaßt. Handke berichtet von seinem eigenen Weg, der ihn letztlich zum Verständnis der Bilder Cézannes geführt hat. Er vermittelt, daß das Erlebnis der Provence seine Sichtweise, ja sein ganzes Leben geprägt hat. Es gibt in deutscher Sprache kein zartfühlenderes Bekenntnis zur Faszination, die die Provence auf den Menschen auszuüben vermag. *Karl Krolow,* der selbst seine Eindrücke von der Provencelandschaft in Verse gefaßt hat (einige davon veröffentlicht in der Gedichtauswahl »Zauber der Provence« mit Fotos von F. Kammermann, München 1985), schreibt in seiner Einführung zu Handkes Buch: »Es ist die Sprache eines einsamen Spaziergängers und Schrift- und Fährtensuchers, dem eine Blickwendung, eine andere Winkelung der Perspektive schon Veränderung und andere Einsicht bedeutet wie Cézanne, als er in seiner Landschaft des Midi den Höhenzug der Sainte-Victoire immer wieder vor Augen hatte und mit den Mitteln seiner Kunst festzuhalten versuchte.«

Arles In kaum einem anderen Ort ist der Geist *Frédéric Mistrals* derart lebendig wie gerade in Arles. Der Dichter investierte die Mittel, die mit der Verleihung des Nobelpreises für Literatur verbunden waren, in das von ihm gestiftete Museon Arlaten. Er war auch selbst zugegen, als sein Denkmal auf der Place du Forum eingeweiht wurde. Anstelle einer Festrede rezitierte der gefeierte Poet einige Strophen aus der »Mireille«, die ihn weltberühmt gemacht hatte. In deutscher Übersetzung gibt es leider nur eine verstümmelte Kurzfassung der Mireille. Wer Französisch beherrscht und darüber hinaus einen Blick auf die provençalische Sprache wagen möchte, findet eine provençalisch-französische Ausgabe mit dem Abdruck des vollständigen Textes.

Als *Rainer Maria Rilke* im Herbst 1909 die Provence bereiste, besuchte er unter anderem auch Arles. Der Eindruck der antiken Gräberallee Les Alyscamps hat sich in einem seiner »Sonette an Orpheus« niedergeschlagen. Der erbaulich-versöhnliche Tenor der Rilkeschen Zeilen weicht deutlich von dem Düster-Geheimnisvollen ab, das die Volkslegenden um die alten Gräber gewoben haben. P. Marion und H. Vidal haben diese unter dem Titel »Les Alyscamps et leurs légendes« gesammelt (Tarascon 1980). Das Büchlein kann man am Postkartenstand an den Alyscamps selbst erwerben.

Avignon Unauslöschlich ist mit der Papststadt der Name *Francesco Petrarcas* verbunden (vgl. auch Fontaine-de-Vaucluse), der entscheidenden Anteil daran hatte, daß die Päpste schließlich doch nach Rom zurückkehrten. Aber zugleich mit dem Fortgang der Päpste verlor die Stadt auch ihren kulturellen Rang. Der englische Philosoph *John Stuart Mill* (1806–73) erwarb in Avignon ein Haus, in dem er seine letzten Lebensjahre verbrachte. Sein Schicksal ist eng mit dem Jean-Henri Fabres verbunden, dem er in der Zeit größter Bedrängnis mit einem beträchtlichen Darlehen aushalf.

1888 wurde in Avignon *Henri Bosco* geboren, der auch in Deutschland mit seinem Roman »Der Esel mit der Samthose« bekannt wurde (zuletzt Stuttgart 1981). Bosco schildert darin und auch in seinen anderen Werken eine arkadische Provence, die zum Teil von Fabel- und Traumwesen bevölkert ist, in denen die Erinnerung an alte Sagen fortlebt. Bosco verbindet auf diese Weise das Erbe Mistrals mit dem Surrealismus in der Literatur des 20. Jh. Er starb 1976 in Nizza.

Les Baux Der Hof der Grafen von Baux galt im 12. Jh. als eine der Hochburgen der Troubadours in Südfrankreich. »Der provençalische Minnesang« (Darmstadt 1967), herausgegeben von Rudolf Baehr, bietet einen aufschlußreichen Querschnitt durch die neuere Forschung zu diesem Thema, das nicht zuletzt durch Gottfried Benn wieder aktualisiert wurde, als er feststellte, daß die Troubadourgesänge die Grundlage der europäischen Lyrik der Neuzeit seien. Für Rilke muß es anläßlich seines Besuches in der Provence 1909 eine freudige Pflicht gewesen sein, der Wiege seiner geistigen Urahnen eine Visite abzustatten, wie man aus seinem Brief an Lou Andreas-Salomé erfährt (vgl. S. 180 f.).

Beaucaire und Tarascon Als bedeutender Markt sah Beaucaire zahlreiche Reisende im Laufe seiner Geschichte. *Stendhal* allerdings ließ in seinen »Mémoires d'un touriste« kaum ein gutes Haar an der Stadt und ihren Bewohnern. Er befand, daß Beaucaire »eine kleine und häßliche Stadt« sei, deren Einwohner »sich wohlweislich davor hüten, irgendeiner Arbeit nachzugehen; sie verabscheuen jede Tätigkeit und gähnen dennoch andauernd«.

Ähnliches muß *Alphonse Daudet* vor Augen gehabt haben, als er mit der Romantrilogie des Tartarin von Tarascon die Bewohner der Stadt auf dem anderen Ufer der Rhône aufs Korn nahm. Die Veröffentlichung hatte übrigens ein gerichtliches Nachspiel. Daudet hatte seinen Romanhelden zunächst »Barbarin de Tarascon« genannt. Eine alteingesessene, angesehene Familie der Stadt trug aber eben diesen selben Namen und fühlte sich durch den Titel des Daudetschen Werkes verunglimpft. Der Autor mußte daraufhin kraft eines Gerichtsbeschlusses sein Buch in »Tartarin de Tarascon« umbenennen.

Fontaine de Vaucluse, Zeichnung Francesco Petrarcas in seiner Plinius-Handschrift. Er bezeichnet den Ort in der Beischrift als »Transalpina Solitudo mea iocundissima« (meine liebste transalpinische Einsamkeit).

Fontaine-de-Vaucluse Der kleine Ort, in dessen Nähe die Sorgue entspringt, wurde durch die wiederholten Aufenthalte *Francesco Petrarcas* bekannt. Auch nach seiner endgültigen Übersiedlung nach Italien erinnerte er sich gerne an Fontaine-de-Vaucluse, das er in einer Handschrift zu einer Zeichnung der Sorguequelle als seine »liebste transalpinische Einsamkeit« bezeichnete. In zahlreiche Sonette, die diesem Ort und seiner landschaftlichen Umgebung gewidmet sind, fließt die wehmütige Erinnerung an die verlorene Geliebte Laura ein, mit der Petrarca jedoch niemals Kontakt hatte, ja, vermutlich wußte die Angebetete nicht einmal etwas von seiner Leidenschaft.

Isle-sur-Sorgue Man kommt durch diesen Ort, wenn man von Avignon über Le Thor das Vauclusehochland ansteuert. Hier hat sich der 1907 in einem Bergdorf am Fuße des Mont Ventoux geborene Dichter *René Char* seinen Altersruhesitz gewählt. Char, dessen düstere und zuweilen schwer deutbare Verse in der Malerei des Surrealismus und – von literarischer Seite her – im Œuvre Baudelaires wurzeln, wählt oft provençalische Impressionen als Metaphern für Gefühlszustände. Peter Handke hat einen Teil der Gedichte René Chars ins Deutsche übertragen und sie unter dem Titel »Rückkehr stromauf« erst jüngst veröffentlicht (München und Wien 1984). Albert Camus (siehe Lourmarin) hat einmal voller Bewunderung von René Char gesagt: »Er ist unser größter lebender Dichter.«

Manosque Über *Jean Giono* wurde im Zusammenhang mit Manosque berichtet. Die Sprache Gionos ist schwer zu lesen und selbst für jemanden, der ausgezeichnet Französisch kann, kaum ohne Wörterbuch zu verstehen. Wer Giono im Original lesen will, findet in einer zweisprachigen Ausgabe einen hilfreichen Einstieg. Das Buch umfaßt drei Kurzgeschichten und erschien unter dem Titel »Mort du Blé – Ernte in der Provence« (München 1974).

Marseille Klar, daß Marseille als wichtige Hafenstadt zahlreiche illustre Häupter in seinen Mauern sah. Der Bogen spannt sich von Stendhal über Merimée, den Schöpfer der Carmen, bis hin zu George Sand, die hier mehrfach als Gast logierte, einmal 1839 zusammen mit F. Chopin auf der Rückreise von den Balearen. Der bekannteste Autor, den Marseille selbst hervorgebracht hat, ist *Edmond Rostand* (1868–1918), der durch das Bühnenstück »Cyrano de Bergerac« berühmt wurde. Rostand verließ seine Heimatstadt jedoch schon in jungen Jahren, um in Paris zu leben.

Marcel Pagnol, den Marseille, wenngleich er auch in Aubagne geboren wurde, für sich vereinnahmt hat, hat sich in einem seiner Werke eines ungeklärten Kapitels französischer Geschichte angenommen. Das Château d'If, die kleine Festung, die dem Hafen vorgelagert ist und in der Alexandre Dumas seinen »Graf von Monte Christo« in der Haft schmachten ließ, beherbergte eine Zeitlang einen Gefangenen Ludwigs XIV., dessen Identität nie bekannt wurde. Er war gezwungen, in den vierunddreißig Jahren, die er in der Haft verbrachte – er starb schließlich 1703 in Paris in der Bastille –, sein Gesicht immer hinter einer Maske zu verbergen und durfte bei Androhung der Todesstrafe mit niemandem sprechen. Pagnol hat diesen Stoff in dem historischen Roman »Die eiserne Maske« verarbeitet und gelangt darin zu der Überzeugung, daß es sich bei dem Unbekannten um den leiblichen Bruder Ludwigs XIV. gehandelt haben müsse (deutsche Fassung zuletzt München und Wien 1983).

Nîmes   Die heutige Hauptstadt des Departements Gard ist nicht nur der Geburtsort Alphonse Daudets, hier erblickte auch als Sohn eines Dirigenten 1932 *Jean Carrière* das Licht der Welt. Nach dem Versuch, 1953 in Paris als Musikkritiker Fuß zu fassen, kehrte Carrière schon binnen weniger Monate in die Provence zurück und wurde Sekretär und Schüler Jean Gionos in Manosque, wo er bis 1960 blieb. Für seinen ersten Roman, »Retour à Uzès« (1967) wurde er mit dem »Prix de l'Academie Française« ausgezeichnet, einer der höchsten literarischen Ehrungen Frankreichs. Mit seinem zweiten Buch, »Der Sperber von Maheux« (1972; deutsch Heidelberg 1980), gelang Carrière der Durchbruch zu internationaler Anerkennung. In diesem Buch schildert der Autor die zunehmende Verödung des Cevennenhochlandes. Die Eindringlichkeit der Landschaftsbeschreibung steht den Werken Gionos nahe. Mit der Darstellung des kargen bäuerlichen Lebens im südfranzösischen Hochland zeichnet er ein Bild, das die auf bunt schillernden Prospekten basierende Touristenperspektive korrigiert. Jean Carrière lebt heute als freischaffender Autor in dem Dorf Domessargues in der Nähe von Nîmes.

Guillaume Apollinaire (1880–1918), der exzentrische Wegbereiter des Surrealismus, traf im Dezember 1915 seine Geliebte, die Gräfin Coligny-Châtillon, im (heute noch bestehenden) Hotel du Midi an der Square Couronne (nahe dem Amphitheater). Eine Marmortafel neben dem Hoteleingang erinnert an die leidenschaftliche Begegnung. Inmitten des Platzes davor ist *Alphonse Daudet* ein stets von Tauben umflattertes Denkmal gesetzt.

Roussillon   1942 floh der irische Dichter und bedeutendste Vertreter des literarischen Nihilismus, *Samuel Beckett,* aus der von deutschen Truppen besetzten Zone in das Bergnest im Vauclusehochland. Er hielt sich dort bis 1944 versteckt und schlug sich als Tagelöhner durch. Diese Jahre müssen für Beckett sehr schmerzlich gewesen sein, denn er verließ Roussillon mit dem Schwur, niemals dorthin zurückzukehren. Die Erinnerung an die Landschaft mit den Ockerfelsen hat sich jedoch in seinem bekanntesten Drama, »Warten auf Godot«, niedergeschlagen.

Salon und St-Rémy   Im Zusammenhang mit Salon wurde bereits auf den Astrologen *Nostradamus* hingewiesen. Hier ist nachzutragen, daß die Nostradamus-Renaissance der letzten Jahre infolge reger Beschäftigung mit den visionären Prophetien des großen Juden eine Fülle neuer Literatur hervorgebracht hat. Besonders prägnante Titel sind: Jean Charles de Fontbrune, »Nostradamus – Historiker und Prophet«, Wien und Hamburg 1982; eine mehr biographisch orientierte Abhandlung, und: Konrad Klee, »Nostradamus – Prophet der Zeiten und Momente«, München 1982; ein ernstzunehmender Versuch, einige der verschlüsselten Vorhersagen zu interpretieren.

Literaturauswahl

Die wichtigsten Werke provençalischer Autoren in deutscher Übersetzung

Henri Bosco, *Der Esel mit der Samthose,* Stuttgart 1981

Jean Carrière, *Der Sperber von Maheux,* Heidelberg 1980

René Char, *Rückkehr stromauf,* Gedichte, übersetzt von Peter Handke, Wien und München 1984

Alphonse Daudet, *Tartarin von Tarascon* (alle drei Romane, *Die wunderbaren Abenteuer des Tartarin von Tarascon, Tartarin in den Alpen* und *Port-Tarascon,* in einem Band), München 1969

– *Briefe aus meiner Mühle,* zuletzt München 1983

Jean-Henri Fabre, *Das offenbare Geheimnis – Aus dem Lebenswerk des Insektenforschers,* hrsg. von Kurt Guggenheim und Adolf Portmann, Frankfurt 1977

Jean Giono, *Ernte,* Frankfurt 1978

– *Das Lied der Welt,* Frankfurt 1983

– *Bergschlacht,* Frankfurt o. J.

– *Die Geburt der Odyssee,* Zürich 1960

Frédéric Mistral, *Mireille,* verschiedene Ausgaben

Marcel Pagnol, *Marcel – Eine Kindheit in der Provence,* zuletzt München 1983

– *Marcel und Isabelle – Die Zeit der Geheimnisse,* zuletzt München 1979

– *Die Zeit der Liebe,* München und Wien 1977

– *Die Wasser der Hügel,* zuletzt München 1983

Die wichtigsten Titel zur Kunst- und Kulturgeschichte der Provence

Guy Barruol, *Provence romane – La Haute-Provence,* Zodiaque, St-Léger-Vauban 1977

Raymond Chevallier, *Römische Provence – Die Provinz Gallia Narbonensis,* Zürich und Freiburg 1979

Jean-Paul Clébert, *Lieux et Histoires secrètes de Provence,* Lausanne 1980

Moritz Hartmann, *Tagebuch einer Reise durch Languedoc und Provence,* Darmstadt 1853, Nachdruck Berlin 1980

Jean-Maurice Rouquette und Dom Willibrord Witters, *Provence romane – La Provence Rhôdanienne,* Zodiaque, St-Léger-Vauban 1974

Ingeborg Tetzlaff, *Drei Jahrtausende Provence – Vorzeit und Antike, Mittelalter und Neuzeit,* Köln 1985

Etienne Sved, *Provence des Campaniles,* Paris 1981

Weitere Titel zu Einzelthemen finden sich im Anmerkungsteil und innerhalb der Praktischen Reiseinformationen.

Öffnungszeiten der wichtigsten Denkmäler und Museen

(Stand Sommer 1985; ohne Gewähr)

Aix-en-Provence

Atelier Cézanne: Juni bis September 10–12 und 14.30–18 h, Oktober bis Mai bis 17 h. Geschlossen dienstags sowie an Feiertagen.

Entremont, Ausgrabung des keltischen Oppidum: Wie Atelier Cézanne.

Fondation Vasarely: Täglich außer dienstags 9.30–12.30 und 14–17.30 h.

Kathedrale St-Sauveur: Zur Besichtigung der hinter Holzverschalung geschützten Türe und des Triptychons des N. Froment wende man sich an den Mesner (nur außerhalb der Gottesdienstzeiten, Trinkgeld nicht vergessen). Trifft man ihn in der Kirche selbst nicht an, kann man an der Klingel seiner Privatwohnung läuten, die sich in der Nordostecke des Kreuzganges befindet.

Musée des Tapisseries: Täglich außer dienstags 15. Juni bis 15. Oktober 10–12 und 15–18 h, 16. Oktober bis 31. Dezember sowie 1. Februar bis 14. Juni 10–12 und 14–17 h. Geschlossen immer dienstags, an Ostern, am 1. November und im Januar.

Musée Granet: Täglich 10–12 und 14–17.30 h, 1. November bis 28. Februar bis 17 h. Geschlossen dienstags und an Feiertagen sowie vom 15. Dezember bis 15. Januar.

Pavillon Vendôme: Täglich 10–12 und 14.30 bis 18 h, in den Wintermonaten bis 17 h.

Arles

Alle im Haupttext genannten Denkmäler und Museen der Stadt Arles haben einheitliche Öffnungszeiten: 1. Juni bis 14. September 8.30–12.30 und 14–19 h, 15. September bis 31. Oktober bis 18.30 h, im November 9–12 und 14–17 h, im Dezember bis 16.30 h, im Januar und Februar 9–12 und 14–16.30 h, im März bis 17.30 h, im April 8.30–12 und 14–18.30 h, im Mai bis 19 h. Geschlossen am 1. Mai, 25. Dezember und 1. Januar.

Man kann ein Sammelticket für alle Sehenswürdigkeiten erwerben.

Avignon

Musée Calvet: April bis Oktober 9–12 und 14–18 h, November bis März bis 17 h. Geschlossen dienstags sowie am 1. Januar, 1. Mai, 14. Juli und 1. November.

Musée lapidaire: Wie Musée Calvet.

Papstpalast: Täglich 9–12 und 14–18 h, außerhalb der Saison 9–11 und 14–17 h. Geschlossen am 25. Dezember und 1. Januar. Der Besuch ist nur innerhalb einer Führung möglich, die außerhalb der Saison stündlich, während der Sommermonate halbstündlich stattfindet (Dauer ca. 50 Minuten). Am Eingang des Papstpalastes werden die aktuellen Zeiten auf einer Tafel angekündigt; während der Sommermonate findet in der Regel vormittags und nachmittags je eine Führung in deutscher Sprache statt.

Petit Palais (Sammlung Campana): Täglich 10–12 und 14–18 h. Geschlossen dienstags sowie am 1. Januar, 19. Mai, 14. Juli und 1. November.

Pont St-Bénézet: Täglich 9–12 und 14–19 h, November bis März bis 17.30 h. Geschlossen an Freitagen von November bis März sowie vom 15. Januar bis 28. Februar, ferner am 1. Januar, 14. Juli und 25. Dezember.

Beaucaire

Burg: April bis September 10–12 und 14–18.30 h, Oktober bis März 10–12 und 14–17.30 h.

Les Bouillons

Glasmuseum und Mühle mit gallorömischer Ölpresse: April bis Oktober 10–12 und 15–19 h, November bis März nur nach telefonischer Anmeldung unter 90/72 22 11.

Carpentras

Hôtel-Dieu: Täglich 9–11.30 und 14–18.30 h. Geschlossen an Wochenenden und Feiertagen. *Synagoge:* Montags bis freitags 9–12 und 15.30–18 h. Geschlossen an Wochenenden sowie an allen nationalen und jüdischen Feiertagen.

Cavaillon

Synagoge: April bis September 9–12 und 14–18 h, Oktober bis März 10–12 und 15–17 h. Geschlossen dienstags.

Château Ansouis

Führungen täglich 14.30–18.30 h. Geschlossen dienstags sowie am 25. Dezember und 1. Januar.

Château Entrecasteaux

April bis September 9–20 h, von Oktober bis März bis 19 h.

Château Grignan

Täglich 9.30–11.30 und 14.30–17.30 h. Geschlossen dienstags, mittwochvormittags, den ganzen November, am 25. Dezember und am 1. Januar. Die Teilnahme an der Führung (in der Saison halbstündlich, außerhalb der Saison stündlich) ist obligatorisch.

Château Lourmarin

Juni bis September 9–11.45 und 14.30–17.45 h, Oktober bis Mai bis 16.45 h. Geschlossen mittwochs von Oktober bis Ostern.

Château Suze-la Rousse

Führungen im Juli und August täglich außer dienstags 14.30–17.30 h, im übrigen Jahr nur an Sonntagen 15–17 h.

Château de la Tour-d'Aigues

Führungen nur in den Sommermonaten werktags 15 und 17.30 h, sonntags 10 und 16 h.

Ganagobie

Kloster: Besuch nur im Rahmen einer Führung möglich. Man trifft sich am Portal der Kirche. Beginn der Führungen täglich um 9.30, 10.30, 11.30, 14.30, 15.30 und 16.30 h, im Sommer zusätzlich um 17.30 h. Eintritt frei, es wird allerdings eine Spende erwartet.

Glanum

Siehe unter St-Rémy.

Gordes

Renaissanceschloß mit dem Vasarely-Museum: Täglich außer dienstags 10–12 und 14–18 h.

Grasse

Musée Fragonard: 10–12 und 14–18 h, in den Wintermonaten bis 17 h. Geschlossen montags sowie den ganzen November.

Le Thoronet

Zisterzienserkloster: 1. März bis 30. April 10–12 und 14–17 h, 2. Mai bis 30. September 10–12 und 14–18 h, 1. bis 31. Oktober wie im März und April, 1. November bis 28. Februar 10–12 und 14–16 h. Geschlossen dienstags, am 1. Januar, 1. Mai, Allerheiligen, 11. November und 25. Dezember.

Maillane

Mistral-Museum: Juni bis September 9–12 und 14–18 h, sonst 10–12 und 14–17 h, November bis März bis 16 h.

Marseille

Musée d'Archéologie im Château Borély: Täglich außer dienstags und mittwochvormittags 9.30–12 und 13–17.30 h.

Musée des Docks Romains: Täglich außer dienstags und mittwochvormittags 10–12 und 14–18.30 h.

Die anderen Museen der Stadt Marseille sind im Haupttext nicht behandelt worden. Wer diese auch besichtigen möchte, erhält im Musée Borély eine Broschüre über alle Museen der Stadt, mit ihren Anschriften und Öffnungszeiten.

Montmajour

Ehem. Kloster: 9–12 und 14–18 h, außerhalb der Saison bis 17 Uhr. Geschlossen dienstags, 1. Januar, 1. Mai, 1. und 11. November sowie am 25. Dezember.

Nîmes

Musée Archéologique im ehem. Jesuitenkonvent: Pfingsten bis September 9–12 und 15–18 h, Oktober bis Pfingsten 9–12 und 14–17 h. Geschlossen an Sonntagvormittagen, 1. und 2. Januar, 1. und 11. November sowie am 25. Dezember.

Römische Denkmäler – Amphitheater, Maison Carrée, Tour Magne: Täglich 9–12 und 14–17 h, April bis September bis 19 Uhr. Das Amphitheater ist im Juli und August 8.30–19.30 h geöffnet. Geschlossen nur am 1. Mai. Für die antiken Denkmäler löst man ein Sammelticket, die Museen haben gesonderte Tarife (im Haupttext nicht aufgeführt die unbedeutenderen Museen du Vieux Nîmes und des Beaux-Arts).

Orange

Römisches Theater: 26. März bis 30. September täglich. 8–19 h, 1. Oktober bis 25. März 9–12 und 14–17 h. Geschlossen am 1. Mai.

Pernes-les-Fontaines

Ferrandeturm mit den Fresken aus dem 13. Jh.: Keine festen Öffnungszeiten. Zur Besichtigung wende man sich an das nah gelegene Syndicat d'Initiative. Dort auch telefonische Anmeldung möglich (beim Besuch mit einer Gruppe unbedingt erforderlich) unter 90/61 31 04.

Salon-de-Provence

Armee-Museum im Château de l'Emperi: Täglich 10–12 und 14.30–18.30 h, Oktober bis März 14–18 h. Geschlossen dienstags sowie am 25. Dezember und 1. Januar.

Sénanque

Zisterzienserkloster: Juli bis September täglich 10–12.30 und 14–19 h, Oktober bis Juni 10–12 und 14–18 h.

Sérignan

Musée d'Histoire naturelle im Harmas des Jean-Henri Fabre: April bis September täglich 9–11.30 und 14–18 h, Oktober bis März bis 16 h. Geschlossen dienstags. Für größere Gruppen empfiehlt sich telefonische Anmeldung unter 90/70 00 44.

Silvacane

Zisterzienserkloster: Mai bis September 10–12 und 14–18 h, Oktober bis April bis 17 h. Geschlossen dienstags, am 1. Mai, 25. Dezember und 1. Januar.

Sisteron

Zitadelle: 23. März bis 2. November täglich 8–20 h, im übrigen Jahr geschlossen.

St-Blaise

Keltogriechisches Oppidum: Juni bis Mitte September täglich außer dienstags 9–12 und 15–19 h, im übrigen Jahr nur donnerstags, samstags und sonntags 9–12 und 14–17 h.

St-Maximin-la-Ste-Baume

Krypta in der gotischen Wallfahrtskirche: Zur Besichtigung wende man sich an das Syndicat d'Initiative, das gleich neben der Kirche liegt.

Kreuzgang: April bis November 9.30–11.30 und 14.30–18 h, im übrigen Jahr geschlossen.

St-Michel-de-Frigolet

Kloster: Führungen werktags 9, 10, 14, 15, 16, 17 und 18 h, sonn- und feiertags 10, 11.30, 14.30, 16, 17 und 18 h.

St-Michel-l'Observatoire

Sternwarte der Haute-Provence: Führungen 15. Juni bis 15. September jeden Mittwoch 14.15, 14.45, 15.15 und 15.45 h sowie am ersten Sonntag eines Monats 9 h. In den übrigen Monaten nur mittwochs 14 und 16 h.

St-Rémy-de-Provence

Ausgrabung der Stadt Glanum: Täglich 9–12 und 14–18 h, außerhalb der Saison bis 17 h. Geschlossen am 1. Januar, 1. Mai, 1. und 11. November sowie am 25. Dezember.

Tarascon

Burg der Grafen der Provence: April bis September täglich 9–12 und 14–18 h, Oktober bis März 10–12 und 14–17 h. Geschlossen dienstags sowie am 1. Januar, 1. Mai und 25. Dezember.

Vaison-la-Romaine

Ausgrabungen der antiken Stadt Vasio: Juli bis September täglich 9–18.30 h, Oktober bis März 9–12 und 14–17 h, an Sonn- und Feiertagen ab 10 h, April bis Juni werktags 9–12 und 14–18 h, an Sonn- und Feiertagen ab 10 h. Geschlossen am 1. Januar und 25. Dezember.

Valence

Museum: Täglich 9–11.45 und 14–17.45 h. Geschlossen an Feiertagen.

Vienne

Römisches Theater: April bis 15. Oktober 9–12 und 14–18.30 h, sonst 10–12 und 14–17 h. Geschlossen dienstags von April bis 15. Oktober, im übrigen Jahr montags, dienstags und an Sonntagvormittagen, ferner am 1. Januar, 1. Mai, 1. und 11. November sowie am 25. Dezember.

Antiken-Museum in der ehem. Kirche St-Pierre und Kreuzgang von St-André-le-Bas: Wie Römisches Theater.

Village des Bories bei Gordes

1. Februar bis 12. November täglich von 9 h bis zum Einbruch der Dämmerung, 13. November bis 31. Januar nur samstags und sonntags von 10 h bis zum Einbruch der Dämmerung.

Villeneuve-lès-Avignon

Fort und Kloster St-André: Juli bis September 10–12.30 und 15–19.30 h, außerhalb der Saison 10–12 und 14–17 h. Geschlossen dienstags sowie am 1. Januar, 1. Mai und 25. Dezember.

Kartause Val de Bénédiction: Wie Fort St-André, nur zusätzlich geschlossen an Christi Himmelfahrt, 14. Juli, 15. August, 1. und 11. November.

Kollegiatskirche, Sakristei mit der gotischen Elfenbeinmadonna: April bis September 10–12.30 und 15–19.30 h, Oktober bis März 10–12 und 14–17 h. Falls der Mesner (bzw. die Mesnerin) nicht anwesend ist, läutet man an einer Klingel, die sich links im Chor neben dem Zugang zur Sakristei befindet.

Musée de l'Hospice und Turm Philipps des Schönen: Wie Fort St-André.

Adressen, Telefonnummern und Bestimmungen aller Art können sich aus den verschiedensten Gründen manchmal rasch ändern. Wir bitten dafür um Ihr Verständnis. Verlag und Autor sind daher für jeden ergänzenden Hinweis dankbar (DuMont Buchverlag, Mittelstr. 12–14, 5000 Köln 1).

Kunstgeschichtliches Glossar

Akanthus Distelähnliche Pflanze. Die Form ihrer gezackten Blätter findet sich zuerst an korinthischen Kapitellen. Seit der Antike vielfach verwendetes und abgewandeltes Motiv.

Akroter Bekrönendes Element am Giebel antiker Tempel.

Apotropaion Von griechisch *apotropein* = abwehren. Plastisch geformte Motive an Bauten der Antike und des Mittelalters, die nach einer uralten totemistischen Vorstellung böse Geister abweisen sollen. An antiken Bauwerken in der Regel *Gorgoneion* = Haupt der Medusa, an mittelalterlichen Kirchen Fratzen.

Apsis Griechisch = Bogenrundung. Die das Ende eines Chores, gelegentlich auch der Seitenschiffe bildende Altarnische über fast immer halbrundem, in der Provence sehr oft auch polygonalem Grundriß.

Architrav Der waagerechte Steinbalken über Säulen, Pfeilern und Pilastern.

Archivolte Rahmenleiste an der Stirnseite eines Bogens oder die (meist plastische) Innengliederung einer Bogenlaibung.

Arkade Lateinisch = Bogen. Bogenstellung, d. h. ein Bogen über Säulen oder Pfeilern. Das Wort Arkade kann auch die fortlaufende Reihe von Bögen bezeichnen.

Attika Brüstungsartiger Aufbau über dem Hauptgesims eines Bauwerks, unter Umständen gegliedert oder mit Skulptur bzw. Reliefs verziert (so z. B. an den römischen Ehrenbögen).

Baptisterium Taufkirche. Als Zentralbau stets einer Bischofskirche zugeordnet; kommt aus dem Frühchristentum.

Barbarotte Bezeichnung für die in der Provence verbreiteten eisernen Glockenkäfige auf Kirchtürmen oder Stadttoren.

Basilika Griechisch = Königshalle. Die römische Basilika, ursprünglich Markt- oder Gerichtshalle, ist eine flachgedeckte Säulenhalle mit drei oder mehr Schiffen und einer apsidialen Rundung im Osten. Längsrichtung und Höhenstufung der Schiffe, wobei das Mittelschiff sein Licht von der über den Seitenschiffen aufsteigenden Fensterzone, dem *Licht-* oder *Obergaden*, empfängt, sind die Wesensmerkmale der Basilika, die in ihren zahlreichen Abwandlungen zum wichtigsten Typ des christlichen Kultbaus wurde. Seit dem mittleren 11. Jh. in der Regel eingewölbt.

Basis Griechisch = Fuß. Der ausladende, meist mehrfach profilierte Fuß einer Säule oder eines Pfeilers, der den Druck der Stütze auf eine größere Grundfläche verteilt.

Biforium Doppelarkade. Meist zwei kleine Bögen, die von einem größeren Bogen darüber überfangen werden.

Blende Das einem Baukörper vorgelegte, der Dekoration oder Gliederung dienende »blinde« Motiv, das nicht räumlich in Erscheinung tritt, z. B. Blendfenster, Blendarkade etc.

Borie Im ganzen Mittelmeerraum verbreitete primitive Kuppelbauten aus mörtellos geschichteten Steinplatten.

Caldarium Heißwasserbad in den römischen Thermen.

Cardo Lateinisch = Scheidelinie. Eine der beiden Hauptachsen im römischen Heerlager *(Castrum)* oder einer römischen Stadt. Bezeichnet meist die Nordsüdachse, die sich mit der anderen Achse, dem *Decumanus,* kreuzt, so daß vier gleich große Bereiche entstehen (»Stadtviertel«).

Cavea Zuschauerränge in römischen Theatern oder Amphitheatern.

Cella Lateinisch = Kammer. Geschlossener Innenraum des antiken Tempels, in dem ein Götter- bzw. Kultbild aufgestellt war.

Chor Griechisch = Tanz, Tanzplatz. Ursprünglich Raum für den Chorgesang der Geistlichen, seit dem 15. Jh. übliche Bezeichnung für den Altarraum und seine Annexe (Chorumgang, Kapellenkranz).

Dachreiter Dem Dachfirst meist über der Vierung aufsitzendes Türmchen zur Aufnahme einer Uhr oder Glocke. Besonders von den Reformorden des hohen Mittelalters (Zisterzienser, Kartäuser) anstelle eines aufwendigen Turmes verwendet.

Decumanus Bezeichnung für die gewöhnlich von Osten nach Westen verlaufende Längsachse im römischen Heerlager und in römischen Stadtanlagen (vgl. auch *Cardo*).

Dienst Der Wand oder Pfeilern vorgelegte Rundstab zur Aufnahme der Rippen, Gurte und Schildbögen des in der Gotik üblichen Kreuzrippengewölbes.

Donjon Hauptturm der mittelalterlichen Burgen Frankreichs.

Dormitorium Schlafsaal der Mönche in einem Kloster.

Flamboyant Stilbegriff für die französische Spätgotik mit ihrem züngelnden Maßwerkornament.

Fresko Italienisch = frisch (im Gegensatz zu *secco* = trocken). Auf feuchten Verputz aufgetragenes Wandgemälde, das durch gleichzeitiges Abtrocknen von Putz und Farbe besonders haltbar ist.

Frigidarium Kaltwasserbad in den römischen Thermen.

Gewände Die durch schrägen Einschnitt eines Fensters oder Portals in der Mauer entstehende Schnittfläche. Im Gegensatz dazu wird der rechtwinklige Einschnitt *Laibung* genannt.

Gewölbe Die grundlegende Gewölbeform ist das Tonnengewölbe. Sein Querschnitt hat einen Halbkreis, einen Segmentbogen, kann aber auch einen Korbbogen (= gedrückter Bogen) oder Spitzbogen bilden. Letzteres wurde aus der Romanik Burgunds übernommen und ist in der Provence besonders verbreitet. Wird über einem quadratischen Grundriß ein Tonnengewölbe mit zwei Diagonalstücken in vier Teile zerlegt, so entstehen zwei Wangenstücke und zwei Kappenstücke. Durch Zusammensetzung von vier Kappen entsteht das Kreuzgratgewölbe, das man in der Romanik meistens in den Seitenschiffen antrifft. In der Gotik treten an die Stelle der Grate Rippen (= Kreuzrippengewölbe).

Grisaille Bilder, die in verschiedenen Abstufungen und Tönungen in nur einer Farbe (meist grau in grau) gemalt sind.

Groteske Vegetabiles Rankenornament mit eingebundenen Darstellungen von Tieren, Menschen und/oder Fabelwesen. Häufiges Motiv in der römischen Kunst, besonders in der Wandmalerei, das im 15. Jh. wiederentdeckt wurde, zum Teil in Grotten (deshalb der Name). Gehört zum gängigen Formenschatz der Renaissance.

Gurt Plastisch hervorgehobener Verstärkungs- oder Markierungsbogen verschiedener Gewölbesysteme, der die einzelnen Raumabschnitte (Joche) bezeichnet.

Gymnasion Von griechisch *gymnos* = nackt. Antike Sportplätze bzw. -schulen, meist in architektonischem Zusammenhang mit einer Kultstätte.

Hallenkirche Langhauskirche, deren Schiffe gegenüber denen der Basilika durch gleiche Scheitelhöhe vereinheitlicht sind.

Hypokausten Fußbodenheizung in den römischen Thermen. Mittels Warmluft, die durch Hohlräume geleitet wurde, erhitzte man das Wasser in den Becken darüber.

Interglazial Warmzeit. Spanne zwischen zwei Eiszeiten.

Joch Gewölbeeinheit innerhalb einer Folge gleicher Einheiten sowie der dadurch bestimmte Raumabschnitt. Als Joch wird auch der von Pfeiler zu Pfeiler begrenzte Abschnitt einer Brücke bezeichnet.

Kalotte Französisch = Käppchen. Kuppelform, die mittels eines horizontal geführten Schnittes durch eine Kugel oberhalb ihres Großkreises (= Äquator) entsteht. Auch Bezeichnung für eine geviertelte Kuppel als Wölbung über einer Apsis.

Kämpfer Die oberste Platte eines Pfeilers oder einer Säule, die als Auflager für Bögen oder Gewölbe dient.

Kannelure Die senkrechte Kehle in Säulenschäften oder Pilastern.

Kapitell Oberer Säulen- oder Pfeilerabschluß unterhalb der Kämpferplatte. Die wichtigsten antiken Grundformen sind das dorische (ohne Verzierungen), ionische (mit Voluten) und korinthische (mit Akanthusblättern umkränzte) Kapitell. In der romanischen Architektur meist ornamental oder figural ausgeschmückt.

Kapitelsaal Wichtigster profaner Saal eines Klosters, in der Regel hallenartig und an der Ostseite des Kreuzganges gelegen. Im Kapitelsaal finden außer Beratungen und Lesungen (daher der Name) jene außerliturgischen Feste statt, die nicht an die Kirche selbst gebunden sind.

Kappe Das durch Grate oder Rippen ausgesonderte Teilstück eines Gewölbes.

Kassettendecke Eine flache oder gewölbte Decke mit gleichmäßig verteilten, zugleich vertieften Feldern, die quadratisch, polygonal oder rund sein können.

Kathedrale Bischofskirche.

Kenotaph Leergrab.

Konche Griechisch = Muschel. Andere Bezeichnung für Apsis oder apsidiale Rundung.

Konsole Ein aus der Mauer hervortretender Stein zum Tragen bzw. als Widerlager für Bögen, Architrave, Gesimse etc.

Kragsturzfigur Plastisch ausgestalteter Kragstein, oft als Träger des Architravs romanischer Portale.

Kuppel Gewölbe in Form einer Halbkugel über quadratischem Grundriß. Die Überleitung vom Quadrat zum Rund erfolgt entweder über *Pendentifs* (Hängezwickel) oder *Trompen* (kleine Nischen in den Ecken des Quadrats). Verbreitete Wölbungsart über der Vierung.

Laibung Siehe Gewände.

Lisene Senkrechter, flacher Mauerstreifen ohne Basis und Kapitell.

Mandorla Italienisch = Mandel. Heiligenschein in Mandelform, nur bei Christus- und Mariendarstellungen üblich, der – anders als der nur das Haupt umgebende Nimbus – die ganze Figur umstrahlt.

Maßwerk Das geometrisch »gemessene« Bauornament der Gotik. Tritt zum ersten Mal an der Kathedrale in Reims auf.

Narthex Schmale Vorhalle der antiken und später christlichen Basiliken.

Nymphäum Kultplatz der Nymphen (Quellgöttinnen), oft verbunden mit Wasserbecken und einer tempelartigen Anlage.

Obergaden Lichtgaden. Siehe Basilika.

Oppidum Befestigter Platz, der in Kriegszeiten als Fluchtort diente. Von den Römern auf keltische Siedlungsstätten angewandte Bezeichnung.

Orchestra Der im griechischen Theater kreisrunde, im römischen Theater halbkreisförmige Platz zwischen Bühne und Zuschauerrängen.

Ornament Das einzelne Motiv einer Verzierung. Ornamentaler Dekor überwiegt in

Ornamente ▷

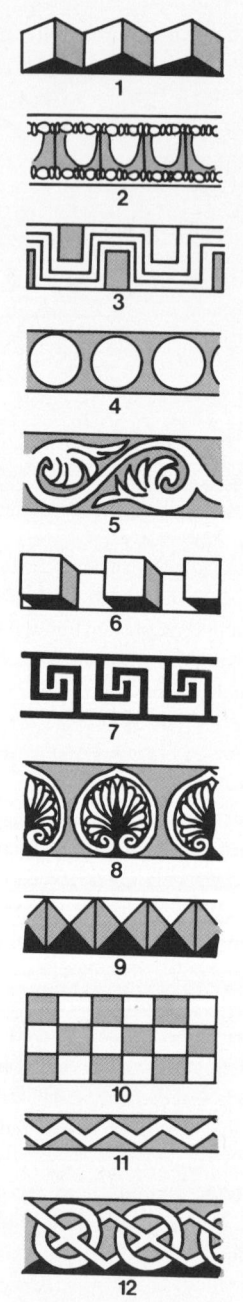

der Ausschmückung romanischer Kirchen und derer Portale in der Provence gegenüber figürlichen und szenischen Darstellungen. Die romanischen Bauornamente leiten sich überwiegend aus der römischen Antike ab.

Palästra Ringerschule, aber auch in einem weiteren Sinn Trainingsraum bzw. -gebäude für sportliche Übungen.

Pendentif Hängezwickel. Vgl. auch Kuppel.

Peripteros Antike Tempelform, bei der die Cella an allen vier Seiten von Säulen frei umstellt ist. Wo die Säulen der Cellawand als plastisches Motiv aufgeblendet sind, spricht man von einem *Pseudoperipteros* (z. B. Maison Carrée in Nîmes).

Peristyl Offene Säulenhalle, die einen Innenhof umgibt. In der römischen Villenarchitektur häufig vorkommender Bauteil *(Atrium)*.

Pilaster Flacher Wandpfeiler mit Basis und Kapitell (im Unterschied zur *Lisene*) antiker Herkunft.

Polygon Vieleck.

Portal Zu den wichtigsten Bestandteilen eines romanischen Kirchenportals vergleiche Schema auf der nächsten Seite.

Refektorium Speisesaal der Mönche.

Reliquiar Von lateinisch *relinquere* = zurücklassen. Behälter zur Aufbewahrung der sterblichen Überreste (Reliquien) eines Heiligen oder für die seinem Andenken geweihten Gegenstände.

Risalit Vorspringender Teil einer Fassade. Besonders in der Baukunst des Barock verbreitet.

Die wichtigsten Ornamente der provençalischen Romanik, die von antiken Vorbildern abgeleitet sind: 1 Zahnschnitt 2 Eierstab 3 Wellenband 4 Perlschnur 5 Rankenornament 6 Würfelfries 7 Mäander 8 Palmetten 9 Diamantfries 10 Schachbrettmuster 11 Zickzackornament 12 Flechtbandmuster

1 ——

3 ——
4 ——

—— 2

—— 5

—— 6
—— 7

8 ——

Die wichtigsten Bestandteile eines romanischen Kirchenportals (Beispiel Arles, St-Trophime): 1 Stirnarchivolte 2 Archivolten 3 Tympanon 4 Fries 5 Architrav 6 Gewände 7 Trumeau (Portalmittelpfeiler) 8 Sockelzone

Rundbogenfries Fries aus glatten oder ornamentierten kleinen Halbrundbögen. Der Rundbogenfries begleitet die teilenden oder abschließenden Gesimse romanischer Wände.

Saalkirche Einschiffige Kirche.

Sammelarkade Bogen, der eine Mehrzahl kleinerer Arkaden überfängt. Hat die statische Funktion der Entlastung. Gängiges Motiv in provençalischen Kreuzgängen.

Spolie Lateinisch *spolia* = Beute. Werkstück eines Baues (z. B. Säule), das für einen älteren (antiken) Bau geschaffen und in einen jüngeren übertragen wurde. In der Romanik Südfrankreichs wurden Spolien aus römischen Bauten oft verwendet.

Strebewerk In der gotischen Architektur das System von Strebepfeilern und -bögen zur Abstützung von Wänden und Gewölben und Aufnahme deren statischer Kräfte.

Sturz Der waagerechte Abschluß einer Tür- oder Fensteröffnung. Ähnliche, aber eingegrenzte Bedeutung wie Architrav.

Substruktion Unterbau zum Ausgleich von Terrainunterschieden.

Stylobat Stufen des antiken Tempelunterbaus, auf dem die Säulen stehen.

Tablinium Hauptraum und Speisesaal innerhalb des römischen Wohnhauses, diente traditionell auch als Empfangsraum des Hausherrn für Gäste.

Tepidarium Warmwasserbad in den römischen Thermen.

Thermen Römische Badeanlagen.

Triforium Laufgang in der Hochschiffwand romanischer und gotischer Kirchen. Kann räumlich oder auch nur aufgeblendet sein (siehe Blende). Das Triforium bildet im dreigeschossigen Aufriß einer Basilika das Zwischengeschoß zwischen Arkadenzone (unten) und Obergaden (oben). Durch die an der Hochschiffwand außen anliegenden Pultdächer der Seitenschiffe ist das Triforium eine von der Lichtführung her gesehen blinde Zone.

Triptychon Dreiflügeliger Altar.

Trompe Französisch = Jagdhorn. Bogen mit nischenartiger Wölbung zwischen zwei im rechten Winkel aufeinanderstoßenden

Mauern. Die Trompe dient in der Regel bei Türmen und Kuppeln zur Überleitung vom quadratischen zum oktogonalen oder kreisrunden Grundriß.

Tympanon Griechisch = Handpauke. Die das Bogenfeld eines Portals füllende Steinplatte (siehe Portal), häufig mit ornamentalem oder figürlichem Relief geschmückt. Vorwiegendes Thema romanischer Tympana in Frankreich ist die Darstellung des Jüngsten Gerichts. In der Provence relativ selten.

Velum Sonnensegel über römischen Theatern oder Amphitheatern.

Verkröpfung Eine Verkröpfung entsteht, wenn Gebälke oder Gesimse um Mauervorsprünge, Säulen, Pfeiler, Pilaster etc. herumgeführt werden.

Vierung Mittelraum, der bei der Durchdringung von Langhaus und Querhaus einer Kirche entsteht.

Wimperg Giebelförmige Bekrönung gotischer Fenster und Portale.

Zentralbau Bau, dessen sämtliche Teile auf einen Mittelpunkt bezogen sind (Quadrat, Kreis, Polygon). Gängige Bauform frühchristlicher Taufkapellen.

Bildnachweis

Farb- und Schwarzweißfotos:

Stephan Adam, Frankfurt/Main   Abb. 13, 14, 52
Amtl. Französisches Verkehrsbüro, Frankfurt/Main   Abb. 51
Thorsten Droste, Sittenbach   Umschlagvorderseite, Umschlaginnenklappe; Farbt. 1–3, 6–10, 15, 16, 18–22, 24–28, 31, 33, 35–38, 40; Abb. 1–12, 15–18, 21–25, 28, 30, 32–34, 37, 38, 41, 42, 45, 47, 48, 53–57, 63, 68–72, 74–76, 79–83, 85–88, 90–92, 95
Agence CEDRI, Paris   Farbt. 4, 17; Abb. 77
Collection Sites de France, Aix-en-Provence   Abb. 73
Edition Flammarion, Paris   Farbt. 12 (aus: »L'Ecole d'Avignon« von Michel Laclotte und Dominique Thiébaut, 1983)
Musée Calvet, Avignon   Abb. 20
Musée du Petit Palais, Avignon   Farbt. 14
Léo Pélissier, Lisle-sur-Tarn   Abb. 19, 26, 27, 31, 35, 36, 40, 43, 44, 46, 49, 50, 58–62, 64–67, 84, 89, 93, 94
Photographie Giraudon, Paris   Farbt. 13
PRENZEL-IFA, München   Umschlagrückseite; Farbt. 11
Martin Thomas / BILD-ARCHIV BUCHER, München   Farbt. 23, 29, 30, 32, 34, 39
VLOO, Paris   Farbt. 5
Anno Wilms, Berlin   Abb. 39
ZODIAQUE, Saint-Léger-Vauban   Abb. 29, 78

Abbildungen und Pläne im Text:

Baltimore Museum of Art, Baltimore   S. 303
Chr. Belser AG, Stuttgart/Zürich   S. 198 (aus: »Architektur der Romanik« von Hans Erich Kubach)
Biblioteca Vaticana, Cittá del Vaticano   S. 251
Bibliothèque d'Archéologie du Musée Borély, Marseille   S. 317
Caisse Nationale des Monuments Historiques et de Sites, Paris   S. 178 (aus: »Glanum« von François Salviat)
École Française de Rome, Rome   S. 295 (aus: »Renaissance et baroque à Aix-en-Provence« von Jean-Jacques Gloton)
Edition Ouest-France, Rennes   S. 274 (aus: »Die Abtei von Sénanque« von Emmanuel Muheim)
Hallwag Verlag, Bern   S. 234 (aus: »Römische Kaisermünzen« von Otto Paul Wenger)
Jardin de Flore, Paris   S. 292, 339 (aus: »Aix-en-Provence« von F. Pouillon)
L.-H. Labande, Le palais des Papes et les monuments d'Avignon au 14. siècle, Marseille 1925   S. 119
Jean-Philippe Lecat / Thorsten Droste, La Bourgogne, Paris 1985   S. 19 (Foto: Bucher-Verlag, München)

Librairie Ernest Flammarion, Paris   S. 69, 141 (aus: »L'Art Roman« von Henry Martin)
Monumenti, Musei e Gallerie Pontifice, Città del Vaticano   S. 25, 34
Musée Archéologique, Nîmes   S. 246
Musée du Louvre, Paris   S. 20
Musée du Vieux Nîmes   S. 233
Musée Granet, Aix-en-Provence   S. 298
Museo Nazionale Romano, Rom   S. 189
Nationalmuseum Vincent van Gogh, Amsterdam   Frontispiz, S. 180, 229
Office du Livre, Fribourg   S. 195, 241, 243 (aus: »Imperium Romanum«, hg. von H. Stierlin)
Raggi Verlag, Feldmeilen   S. 79
Philipp Reclam jun. Verlag, Ditzingen   S. 250 (aus: »Kunstführer Provence – Côte d'Azur – Dauphiné –
    Rhônetal« von Hans Feger)
Staatliche Antikensammlung und Glyptothek, München   S. 18, 26
ZODIAQUE, Saint-Léger-Vauban   S. 60, 68, 70, 87, 88, 93, 121, 123, 140, 179, 197, 204, 205, 248, 276, 278,
    282, 284, 294, 336, 338, 342 (aus: »Provence Romane I et II«)
Autor und Verlag danken den erwähnten Institutionen für ihre freundliche Genehmigung zur Wiedergabe der genannten Illustrationen in diesem Band.
    Alle übrigen Abbildungen entstammen dem Archiv des Autors.
    Die Karten in der Umschlagklappe, die Übersichtskarten und Stadtpläne im Text zeichnete Heinz-Josef Schmitz, Köln, nach Vorlagen des Autors.

Register

Personen

Orte

(in Klammern die lateinischen Ortsnamen)

Périgord und Atlantikküste

Kunst und Natur im Tal der Dordogne und an der Côte d'Argent von Bordeaux bis Biarritz

341 Seiten mit 46 farbigen und 107 einfarbigen Abbildungen, 130 Zeichnungen und Plänen, 29 Seiten praktischen Reisehinweisen, Register (DuMont Kunst-Reiseführer)

»Die hier zu findenden Zeugnisse aller Kulturepochen vermitteln ein geschlossenes Bild der abendländischen Kunstgeschichte. Droste führt kenntnisreich durch die Landschaften, deren natürliche und kulturelle Eigenarten er vor Augen hält. Zahlreiche Hinweise und Anregungen machen den Band zu einem nützlichen Nachschlagewerk für den Reisenden, ob er nun in die prähistorischen Höhlen des Vézère-Tals den Spuren des Cromagnon-Menschen folgt oder in den Badeorten am Atlantik Erholung sucht.« *Wiesbadener Tagblatt*

»Der kulturhistorisch zuverlässige und gut lesbare Guide, der mit zahlreichen Schwarzweiß- und Farbfotos, aber auch mit Skizzen und Zeichnungen ausgestattet ist, verfügt außerdem über einen praktischen Informationsteil. Er hilft bei der Reiseplanung, weist auf sportive Urlaubsmöglichkeiten hin, nennt Öffnungszeiten von Schlössern, Museen und Höhlen und widmet der Küche im Périgord sowie den Freunden guter Weine eigene Kapitel.« *Rheinischer Merkur*

Das Poitou

Westfrankreich zwischen Poitiers, La Rochelle und Angoulême – die Atlantikküste von der Loiremündung bis zur Gironde

364 Seiten mit 35 farbigen und 119 einfarbigen Abbildungen, 136 Karten und Zeichnungen, 50 Seiten praktischen Reisehinweisen, Register (DuMont Kunst-Reiseführer)

»Droste hat das Material, das ihm dieses erstaunlich unbekannte Westfrankreich liefert, kundig gebündelt und geordnet. Seine Beschreibungen sind präzise, sie ufern nicht aus, vermeiden aber auch den Telegrammstil für Pauschalreisende. Er läßt den Neugierigen nicht mit der Kunst allein, sondern bettet seine Beschreibungen immer wieder in die Geschichte, auch in Legenden ein. Immer werden die Texte durch Grundrisse und Querschnitte ergänzt; nicht zuletzt durch Schemata, unerläßliche Stützen für die Betrachtung der vielgestaltigen romanischen Fassaden.

Als unentbehrlich erweist sich auch der (gelbe) Abschnitt mit praktischen Reiseinformationen mit Auskunftsadressen, Anreisetips oder Hinweisen über Badeorte am Atlantik, vor allem aber mit offenbar sorgfältig recherchierten Öffnungszeiten. Ein kunstgeschichtliches Glossar rundet diese respektable, nützliche Edition ab.« *Frankfurter Neue Presse*

Venedig

Die Stadt in der Lagune – Kirchen und Paläste, Gondeln und Karneval

392 Seiten mit 37 farbigen und 148 einfarbigen Abbildungen, 104 Karten und Plänen, 18 Seiten praktischen Reisehinweisen, Glossar, Register (DuMont Kunst-Reiseführer)

»Thorsten Droste hat in der herausragenden Reihe des DuMont Verlages einen Kunst-Reiseführer über die Stadt in der Lagune verfaßt. Dieser exquisite und mit Fotos gut dokumentierte Führer gibt dem Kunstfreund umfassendste Auskunft von der Geschichte der Stadt über die architektonischen und künstlerischen Glanzstücke bis zu den versteckten Kostbarkeiten, die gerade in Venedig sonder Zahl sind.« *Oberösterreichische Nachrichten*

DuMont Kunst-Reiseführer

»Richtig reisen«